言語学翻訳叢書

19

認知語用論の意味論

Linguistic Meaning, Truth Conditions and Relevance: The Case of Concessives

真理条件的意味論を越えて

[著] コリン・イテン
Corinne Iten

武内道子
[訳] 黒川尚彦
山田大介

ひつじ書房

Linguistic Meaning, Truth Conditions and Relevance

The Case of Concessives

by Corinne Iten

Copyright©2005 by Corinne Iten

Japanese translation by Michiko Takeuchi, Naohiko Kurokawa, Daisuke Yamada

First published in English by Palgrave Macmillan, a division of Macmillan Publishers Limited under the title Linguistic Meaning, Truth Conditions and Relevance by Corinne Iten.
This edition has been translated and published under licence from Palgrave Macmillan through The English Agency (Japan) Ltd.
The author has asserted her right to be identified as the author of this work.

iii

目　次

原著者の謝辞	vii
訳者まえがき	ix

第 1 章　言語的意味と真理条件　　　　　　　　1

1.1 言語と世界	1
1.2 言語的意味への真性に基づくアプローチ	4
1.3 言語的意味決定不十分性の挑戦	6
1.4 「非真理条件的」言語的意味	16
1.5 「非真理条件的」言語表現	17
1.6 「非真理条件的」言語表現の意味論的クラス	27

第 2 章　「非真理条件的」意味への諸アプローチ　　31

2.1 真理条件的枠組みにおける「非真理条件的」意味	31
2.2 フレーゲ：意義、指示、トーン、発話の力	31
2.3 カプラン：意味の意味論と使用の意味論	38
2.4 前提によるアプローチ	42
2.5 発話行為理論	47
2.6 結論	66

第3章　関連性理論と「非真理条件的」意味　　67

3.1	イントロダクション	67
3.2	関連性と(意図明示的)伝達	67
3.3	概念的情報と手続き的情報	76
3.4	明示的伝達と非明示的伝達	86
3.5	関連性理論と真理条件	94
3.6	「非真理条件的」意味の多様性	100
3.7	結論	114

第4章　否認、コントラスト、訂正：*but* の意味　　115

4.1	譲歩性とその表現	115
4.2	*P but Q* の解釈	117
4.3	あいまい性分析	127
4.4	いくつの *but* があるのか	132
4.5	グライスの *but* の考え方	140
4.6	概念か手続きか	144
4.7	*But* の機能的単義性の見解	145
4.8	関連性理論による分析に向けて	153
4.9	顕在的想定の否認	161

第5章　譲歩と否認：*although* の意味　　173

5.1	*But* と *although* の違い	173
5.2	*Q although P / Although P, Q* の解釈	176
5.3	*Although* の意味への伝統的アプローチ	182
5.4	関連性理論による分析	190
5.5	*Q although P* 対 *Although P, Q*	202
5.6	*But* 対 *although* 再訪	204

第 6 章　*Even* と *even if* 　　209

6.1　譲歩的条件文	209
6.2　出発点：Bennett(1982)の分析	212
6.3　合意点と争点	215
6.4　全称的分析	216
6.5　代替案としての存在的分析：Francescotti(1995)	231
6.6　評価	237
6.7　*Even* の尺度的分析	240
6.8　*Even* の手続き的尺度分析	248
6.9　譲歩性再訪	256

結章　　259

意味論的無垢、合成性、認知	259
手続き的意味	261

注	263
参照文献	279
英日対照表	291
事項索引	295
語彙索引	299
人名索引	300
著者紹介	303
訳者紹介	304

原著者の謝辞

　まず Robyn Carston が、本書の最初の草稿について注意深い、刺激的なコメントをくれたことに、それにもまして、素晴らしい指導教授であり、同僚でもあってきてくれたことに対して感謝の意を表する。さらに、有益なコメントと議論をくれた Billy Clark, Diane Blakemore, Deidre Wilson および Noël Burton-Roberts に謝意を表したい。

　常のことだが、私は同窓である UCL の Department of Phonetics and Linguistics に多くを負っている。とりわけ Deirdre Wilson, Valérie Hazen, Neil Smith, Molly Bennet および Judith Crompton の諸氏に、言語学科に所属していた時に受けた励ましとサポートに対して感謝したい。また、Pragmatics Reading Group のメンバーからは多大な恩恵を受けた。その中でも Tim Wharton, George Powell, Milena Nuti, Richard Breheny, Sally McConell-Ginet には記して感謝する。過去数年間、オタワの Carleton 大学での私の同僚たちとの意見の交換から計り知れない恩恵を受けた。とりわけ、Rob Stainton, Catherine Wearing, Aryn Pyke, Steven Davis および Marie-Odile Junker の面々である。ごく最近では、Alison Hall の仕事が私自身の考えに新しい刺激を与えてくれた。

　長い間苦労をかけた家族と友人のサポートなしに本書を完成することはできなかったであろう。まず両親 Joseph and Beatrice Iten-Bugmann, 妹の Alexandra Iten Bürgi と彼女の夫 Beat Bürgi, 教父の Urs Burgmann の家族と、友人たち、Anne Golden, Julia Hoggett, Anne Suter, Jennie Lazenby, Markie Barratt, Lisa Lazenby, Fiona Bladon, Lorraine Henderson, Sam Burdett, Julia Lipinska, Robyn Carston, George Powell, Milena Nuti、Catherine Wearing, Ivan Herger、そして若くして亡くなった Sylvia Zysset、さらにオタワの Tone Cluster およびロンドンの Diversity の歌仲間たちにも謝意を表する。

　最後に、パートナーである Juriet Hurn にはあらゆる面のサポートに対して感謝を表したい。

訳者まえがき

本書は Corinne Iten 著 *Linguistic Meaning, Truth Conditions and Relevance: The Case of Concessives*(Palgrave Macmillan 2005、265 頁)の全訳である。

　著者自身の謝辞に、母校ロンドン大学(University College of London)の Department of Phonetics and Linguistics に多くを負っているとあることからわかるように、本書は彼女の同学科に提出した博士論文である。UCL の言語学科は、1985 年以来語用理論としての関連性理論発祥の地、牽牛の地である。Sperber & Wilson (1986,1995(第 2 版))によって生み出された情報授受理論である関連性理論は、ことばの使用の実際を扱う語用論理論として、語用論という学問分野を確立した。D. Wilson 教授を擁する UCL 言語学科には世界から多くの研究の徒が集まり、短い期間に多くの博士論文が提出され、瞬く間に語用論の中心地と目されるようになった。ことばの使用を人間の認知で切る関連性理論は、とみに認知語用論としての性格を強めてきた。

　翻訳書のタイトルが原書といささかの隔たりがあることについて記したい。従来、言語的意味をことばと世界の間の関係によってとらえ、その関係は真性という概念で特徴づけてきた。一方で、文は事象の真理条件を担う表示にはなり得ない。本書を通して筆者は、文の真理条件に対する貢献という観点から言語的意味をとらえようとするアプローチは成功し得ないことを実証しようと試み、文／発話の意味を分析する際真理条件という概念を捨てさせることになるだろうと訴える。代って、自然言語の文脈依存と言語的コミュニケーションにおける話し手の意図の重要性を考えると、認知的アプローチこそが採るべき道であると訴える。こういった原書の訴えを本訳書はタイトルにしている。以下で、原書の論証の守備範囲を少し詳述してみたい。

　人間がことばをもっていること自体驚くべきことであるが、もっと驚異に値するのは、有限の言語形式と、意味がそれ自身ではこれと特定できず、使用の個々の場

で決まってくるという性質の語彙を用いて、無限としか言いようのない思考を伝達しようとし、しかもたいていの場合伝達が成功裡に終わるという事実であろう。関連性理論の功績は、人間のことばによる伝達の実際に普遍的な原理を、人間の日常的認知活動の中に構築したことである。

　関連性理論のユニークな貢献は3方向に分けて考えられる。第1の方向は、話し手が思考を伝達しようとしてことばに載せたとき、使用した言語表現そのものによって伝えようとしたこととことばにしなかったが伝えようとしたことを区別したことである。第2の方向は使用する構成要素、平たく言えば語のもつ意味に関わる。第3の方向は、思考をことばに載せるとき避けられないことは、ひとつの事象を伝えるのに幾通りもの言い方があることを考えてもわかるように、思考とことばの表示との対応は決して一筋縄でいかないということである。したがって、これを聞き手が解釈した思考内容は、話し手の伝えようと意図した思考とは単に類似しているに過ぎないというテーゼである。本書は第2の方向に貢献する。

　われわれは、伝えたいと思う情報を、語を選び文法的に正しいと思う順序に並べて発するのであるが、その形式の意味（文の意味）と発したものの意味（発話の意味）の乖離こそが、人間のことばによる伝達の成功（時として不成功）を説明する際根源にある問題である。言語的体系の産物である文は、あくまで心的に生成された形式であり、話し手の思考はいかなる形式とも結びつく必要はない。ここに、文ないし表現自身の有している意味、すなわち言語的意味をどう考えるか、さらにこの意味をもとに伝達を成功裡に導かせる過程とはどういうものなのかという問いと興味が起こるのは当然である。

　この問いへの解決と興味の充足は人間の認知活動の中に求められるべきものであると、関連性理論は考えている。人間の言語使用の普遍的原理を認知メカニズムに求め、発話解釈を律している原理として語用論を確立したのである。本書は、ことばによる伝達の過程を律している関連性理論の原理に立脚して、伝達の実際を克明に追いながら、使用されている形式（語）のもつ意味とはどう考えられるのかを考察するものである。認知語用論の考える意味論の書である。

　伝統的に言語的意味論を考えると、ことばの使用は世界の事象について記述することがその中心であり、文は、そのための意味と世界の事象との対応関係、すなわち、真か偽かを問うことがその役割を果たすことであると思われてきた。一方で、自然言語の形式や語の意味の分析を始めると、意味はあるが、生起する文ないしは発話の真理条件に貢献しない表現が存在することにも気づくことになった。この言語表現を非真理条件的表現として括り、言語的意味の真性に基づいて分析を試みてきた。本書がターゲットとするのはまさに「非真理条件的」というレッテルを貼られてきた表現である。

言語的意味と真性の関係を議論し、「非真理条件的」と目される形式の言語的意味を考察し、言語的意味の2つの異なったタイプとして「真理条件的」と「非真理条件的」の区別が妥当であるかどうかの観点を常にもちつつ、著者は綿密な分析と内省の結論として真理条件という概念は言語表現の分析には適切な道具立てではないと論じる。さらに、言語的意味は認知的観点から分析されるべきであるという立場を採ると、言語的意味は、概念的意味と手続き的意味という2タイプに区別されるとする関連性理論の主張は極めて妥当であると擁護する。

本書後半の3章で、「非真理条件的」表現のひと組である「譲歩表現」のうち *but*、*although*、*even if* の3表現を取り上げ、言語事実の入念な観察と内省に照らして関連性理論の意味論的区別の妥当性を検証する。これら3表現の手続き的分析の提示によって、発話解釈の推論的プロセスを支配する手続き的意味の本質があぶりだされたといっていいだろう。手続きのコード化は、とかく曖昧模糊というレッテルを貼られ、漠然とした意味という印象をもたれがちであったが、その言語表現が1つの手続きをコード化しているということは、抽象的であるということであって、確固とした意味を有しているのである。

コンテクストと明示的内容と認知効果を聞き手が探すのを手助けするという手続き的意味の機能は、当初から30年を経て、理論の中で改訂と広がりを呈してきた。当初1つの表現がコード化するのは 'either or' であると考えられていたが、両方の意味タイプをコード化している表現もあること、語のアドホック概念構築には、コード化された概念をもとに何らかの、特定の手続きが機能すること、もっと進んで、発話において話し手の意味する語の概念は pointer にすぎないのではないかという主張、さらには、歴史的に概念を失い、手続き化への過程をたどった、あるいは目下たどりつつある語の存在とそのスウィッチングがなぜ行われるのか、なぜ概念から手続きへの方向なのかという問いなど、手続きのコード化への考察が昨今深化してきている。こういった考察のためにも標準的見解をしっかり押さえることが不可欠である。本書の貢献はまさにここにあるといいたい。

言語表現の意味を抽象レベルでとらえることによって、人間の情報授受における認知活動の「省エネ」主義と相俟って、瞬時的かつ無意識的な発話解釈の実際が説明されることになろう。人間が言語を有するという驚異にも増して、われわれの日常的言語使用の驚異を見事に説明することになるのである。本書の価値と貢献は計り知れないということを読み取ってもらえれば訳者として本望である。

著者コリン・イテンはスイスに生まれ、高校を卒業後、UCL 言語学科に入り、1996 年に BA を取得、その後博士課程へ進み、2000 年に言語学博士号をロンドン大学から授与された。この後ポスドクを数年務める時期に、武内は UCL 大学院短

期在外研究員として彼女の Semantic Theory のクラスを聴講する機会があった。当時彼女は博士論文に手を入れている時期でもあった。私はその 4, 5 年前に D. Wilson 教授のもとで visiting scholar であった時、*UCL Working Papers in Linguistics 9* に収めた論文(Takeuchi 1997)が日本語の譲歩表現のひとつだったこともあって、彼女がこれに関心を示してくれ、クラスの後彼女のオフィスで Procedural Semantics について議論をした。Gower Street に面した古い建物は通路は狭く、階段は急で、もちろんエレベーターはなく、4th floor まで(実際はグラウンドフロアから 5 階昇ることになる)しんどい思いをしながらも、嬉々として行き来したのを想い出す。

本原書出版の運びとなったころの 2004 年、彼女はロースクールの学生となり、College of Law(現在は University of Law)で Bar Vocational Course(BVC)を 2006 年に終えた。次いで Pump Court Chambers で 2006 年 10 月から研修を積み、翌 2007 年 10 月に正式に法廷弁護士(Barrister)の資格を取得した。以後ロンドンの Pump Court Chamber に所属し、弁護士として活躍、成功している。当初は刑事法、民事法にも興味があったが、今は家族法、とりわけ児童保護法を取り扱っているという。

本訳書最終校了間近になって、D. Wilson 教授の助けもあって、Barrister としての筆者とようやくコンタクトできた。遅ればせながらと銘打って彼女から日本語版へのことばが届いた。以下に紹介する。

> 私は武内道子氏の翻訳の企てと成就に感動し、光栄に思い、かつ驚いてもいる。前半の理論編での、言語的意味の分析は、真理条件的意味論では適切に扱われ得ず、認知語用の意味論こそ適切な分析を可能にするにいたる論証は、広範囲にわたる知識と緻密さが必要とされるだけに彼女の情熱に驚いている。現在関連性理論もその独自の意味論である手続きのコード化も進化していると聞くが、後半応用編の 3 表現の分析が標準理論の見解に立ってなされていることの意味を評価してくれていることは感動と光栄の至りである。この本が日本の読者に、理論の存在が言語現象の説明を行うのに必要であることが、武内道子氏のおかげで、「労力短縮」で理解されると確信し、喜ばしく思っている。

私は、本原書の出版以来研究と授業の両面でこれを座右においてきた。どんな概念も理論的枠組みの中で正当化され、したがって説明力をもつ。発話解釈がなぜかくあるのかを認知の観点から普遍的に説明しようとすれば、使用する語の意味も認知的に妥当な理論的枠組みでとらえられなければならない。認知語用論の考える意味論を、これほど緻密に、これほど包括的に、これほど説得力をもって議論したものを他に知らない。

早くから翻訳をしたいと心に決めていたが、若い人をその興奮の場に連れていき

たいと思い、まず授業の形で、原書の一言一句、関連性理論の全体像、背景となる諸知識を 2 年半にわたって、およそ 2 か月に 1 度の頻繁さと 1 回丸 2 日ないし 3 日の日程で、3 人が顔を合わせる研究会をもった。一通りの訳述が終わってさらに 3 人が合して原本と突き合わせて再度読むということもした。3 人の分担はおおむね次のようなものである。

```
     （訳出）；（プルーフリーディング）
1 章　武内・黒川・山田；武内
2 章　武内・黒川・山田；武内
3 章　武内・黒川・山田；黒川
4 章　山田；黒川
5 章　武内；黒川
6 章　黒川；武内
結章　黒川；武内
```

訳出とプルーフリーディング作業は、理解・納得を得るまで常に注意深く、徹底して議論した。最終的に武内が、1 章から結章まで通して読み下し、再々度原書にあたりながら修正を繰り返し、訳語と文体の統一に努めた。それでも思いがけない間違い、間違った思い込みがあるかもしれないと危惧する。読者諸氏の考え、批評を期待する次第である。

　なお索引と文献目録は主として黒川と山田が当たった。英日対照用語に関しては、Carston(2000) の日本語訳(内田聖二他訳(2008)『思考と発話—明示的伝達の語用論』研究社出版)におおむね従っている。原書で明らかな誤りとみられるものは訂正した。段落を新しくしたところもいくつかある。訳者注として若干コメントを付している。

　本書の出版意図を早くからひつじ書房の松本功社主に話していたが、出版にこぎつける過程には紆余曲折があり、思いがけず時間もかかった。このような形で出版できたのは辛抱強く待ち、時には発破をかけてくださった社主のおかげである。さらに、企画を取り上げていただいたときから海老澤絵莉氏にお世話になった。記して感謝申し上げる。

2018 年 3 月

武 内 道 子

第 1 章
言語的意味と真理条件

1.1 言語と世界

言語使用の中心をなすことの 1 つが世界に関する情報のやり取りであるということは、理論研究者であれ一般の言語使用者であれ多くの人が共有する直感である。言語学と言語哲学において、この直感は言語的意味を分析するために真性(truth)と真理条件(truth condition)という概念に拠ることで一般的にとらえられる。Strawson(1971, p.178)が言うように、

> 文とみなすべきほぼすべてにおいて、真理条件もしくはそれに関係する概念のいずれかで説明されうる実質的な意味の中核があるということは、コミュニケーション論者たち自身が暗に認めている真実である。

この引用が極めて明確に浮き彫りにしている点は、理論研究者の背景が何であれ(語そのものや文そのものの意味について何かを述べるにしろ、あるいは話し手が語や文を用いて意味することの方により関心があるにしろ)遅かれ早かれ真性と真理条件という概念を(時にはいやいやながらも)利用しているということである。理論研究者たちの間で一般的な見解や基本的な想定にかなりの違いがあることを考慮に入れたとしても、真理条件がこれほど広範囲に役割を果たしてきた(そして依然として果たしている)ということは実に驚くべきことである[1]。上で示唆したように、これに対するもっともありうる説明としては、話し手が言語を使用する 1 つの、しかも中心的なやり方は、世界について何か言うこと、つまり事象を記述することであり、したがって、表示と世界の事象との関係を記述する際、真か偽かを考えることが明白な役割を果たすように思われるのである。しかしながら、これまで長きにわたって用いられ、広く浸透しているからといって、言語的意味を分析する際の真性と真理条件の正確な役割について議論の余地がないわけではないのである。これはストローソン(と彼の前後の多くの研究者たち)によって観察されたもう 1 つの事実に帰せられるともいえる。

> 真理条件という概念が適切なように思われる文でさえも、真理条件的に説明されうるような違いではなく、その慣習的意味に間違いなく違いが生じる表現を

2

含んでいるかもしれない。 (Strawson, 1971, p.177)

言いかえると、言語学者や哲学者が真理条件の観点から自然言語の意味の分析を構築し始めるや否や、間違いなく意味はあるが、生起する発話の真理条件に貢献しない言語的要素に出くわすのである。本書が焦点を当てるのはまさにこのタイプの表現である。大まかにいうと、本書の目的は言語と世界の関係に関する議論に貢献することである。この関係のさまざまなとらえ方を探り、最終的には、純粋に真性に基づくアプローチというより、むしろ強力な認知的部門をもつアプローチの方が正しいと論じる。ストローソンの2つ目の引用で言及された類の言語的表現、いわゆる「非真理条件的(non-truth-conditional)」と称する要素がここでの議論においてとりわけ興味のあるものである。なぜなら、言語的意味の真性に基づく理論の存在は、せいぜい、あらゆる意味のある言語的手立ての下位分類(それがたとえ大きいものであっても)の分析にとどまるだけであるからである。本章では以下、言語的意味と真性の関係の一般的な議論を提示し、「非真理条件的」[2]言語表現という現象を紹介する。

　先に進む前に、どのような種類の「非真理条件的」意味をここで問題にするのかをできるだけはっきりさせる必要がある。というのも筆者は主に言語的意味に関心があるのであって、言語の使用で生じるより一般的な伝達的あるいは「語用論的」意味に関心があるのではないからである。これは例を挙げて説明するのがもっともよい。たとえば、(1)のシナリオを考えよう。

（1）　[スーザンとメアリーはメアリーのボーイフレンドのピーターについて話している。]

Susan　Is he good at buying you presents?

Mary　For my last birthday he bought me a pink scarf, even though I told him that I hate pink.

（スーザン　彼ってプレゼント買うのはうまいの？

　メアリー　この前の誕生日にピンクのスカーフを買ってくれたの、ピンクは嫌いって言っていたのに。）

このシナリオにおいて、メアリーの発話は、ピーターがこの前の誕生日にメアリーにピンクのスカーフを買い、(そのスカーフを買う前に)メアリーがピンクは嫌いであると話していた場合、そしてその場合に限り真である。しかしながらメアリーは明らかにそれ以上のことを意味している。つまり、ピーターが彼女にピンクのスカーフを買ったことと、ピンクが嫌いであると伝えていたこととの間に、ある種のコン

トラストないし不整合があるということをメアリーは意味(あるいは伝達しようと意図)しているのである。しかも、上記のシナリオにおいて、ピーターがプレゼントをするのは得意ではないということもメアリーが意味していると想定するのに正当な理由がスーザンにはあるだろう。言いかえると、メアリーがここで意味することのうち、発話の真理条件に影響を及ぼさない(それゆえ「非真理条件的」な)2つの側面がある。1つは記述された2つの事象間に不整合があるという想定で、もう1つはピーターがメアリーにプレゼントを買うのは得意ではないという想定である。メアリーの発話に対する解釈のこの2つの側面の違いは、前者が even though の言語的にコード化された意味のために生じるのに対し、後者はメアリーが発話を行った特定の会話の文脈のために生じる違いである。

　発話のシナリオがどんなものであれ、メアリーが even though を用いる限り、発話された2節間にある種の不整合があるということを常に伝達すると理解されるだろう。対照的に、もしスーザンがこれと異なる質問(たとえば、Does Peter listen to what you say?(ピーターはあなたが言うことに耳を傾けるの?))をしたとすると、メアリーはピーターがプレゼントを買うのが苦手だということを伝達しているとは理解されなかっただろう(代わりに、メアリーが伝達しているとスーザンが理解するもっとも可能性のある想定は、おそらくピーターはメアリーが言うことにしばしば耳を傾けないということであろう)。この例が示していることは、**意味論的に**、つまり発話された文の構成要素によって**言語的にコード化された**意味に基づいて生じる「非真理条件的」意味と、**語用論的に**、つまり文が発話されるコンテクストのもつ特定の性質に基づいて生じる「非真理条件的」意味との違いである[3]。すでに言及したように、本章と本書全体の焦点は、まさしく「非真理条件的」意味という意味論的側面に、もっと一般的にいえば意味論そのものにある。

　次節で、言語的意味に対する真理条件的アプローチについて議論する。そこでこのアプローチに対して2つの挑戦を示す。1つ目の言語的意味決定不十分性は1.3節のトピックであり、もう1つは、上で言及したのだが、「非真理条件的」言語的意味の存在であり、1.4節で詳細に紹介する。次に1.5節では、その意味が言語的意味理論の妥当な理論によって分析されるべきであると目されるが、これまで「非真理条件的」と分類され、そう見なされうる言語表現を列挙する。言語表現が真理条件性による2つの意味クラスのいずれかに分類されるかどうかについて簡潔に議論して本章を締めくくりたい。言うなれば、言語表現の2つの意味タイプ、すなわち、「真理条件的」と「非真理条件的」があるのかどうかについて考察する。

1.2 言語的意味への真性に基づくアプローチ

言語的意味に対する特定のアプローチに関する議論に入る前に、言語的意味論のいかなる理論も遵守するべきいくつかの「基盤となる規則」をもちだすのは有益だろう。特に、言語的意味論研究者の間で普遍的に受け入れられている2つの原則、つまり、**合成性**(compositionality)と**意味論的無垢**(semantic innocence)がある(たとえば、Davidson 1967/1984; Barwise and Perry 1981 を参照のこと)。合成性の原則とは、複合表現、たとえば句や文といった言語的意味はその構成要素の意味と結合方法から完全に派生できなければならないということである。意味論的無垢とは、あいまいでない表現の言語的意味はコンテクストに関わらず同じでなければならないということである。この2つの原則が共同して、言語的意味の体系性と生産性を保証し、かくしてヒトの認知的資質が有限であっても言語的意味が学習可能(複合表現の場合には派生可能)となるのである。合成性と意味論的無垢には言語的意味論への真理条件に基づくアプローチにおいて確固たる地位がこれまで与えられてきた。とはいえ、後の章で採る筆者のアプローチでも、**言語的**意味論の中心となる原則としてその正当性に異議を挟むつもりはない[4]。

では、本章の主要なトピックである言語的意味に対する真性に基づくアプローチに移ろう。そのようなアプローチのうちでもっとも重要なものは、おそらくDonald Davidson(1967/1984)による言語的意味の真理条件的理論であろう。この理論は文の意味は、文が真であることを特定することによってとらえられるという考えに基づいている。たとえば、(2)の文の意味は(3)の形式で表されるタルスキー〈訳者注:ポーランド出身の数学者〉の真理言明の中でとらえられよう。同様に、(2)に対応するドイツ語の文の意味は、(4)にあるような立言で与えられる。

(2)　　Snow is white.
　　　　(雪は白い。)　　　　　　　　　　　　　　　　　　　　(Tarski, 1944/1996, p.38)

(3)　　'Snow is white' is true if and only if snow is white.
　　　　(「雪は白い(英語)」が真となるのは雪が白い場合でありその場合に限る。)

(4)　　'Schnee ist weiss' is true if and only if snow is white.
　　　　(「雪は白い(ドイツ語)」が真となるのは雪が白い場合でありその場合に限る。)

一般的にいえば、ある文の真理条件は(5)の形式のT-文(T-sentence)で与えられ、s は文の名称であり、p は文そのもの(あるいはメタ言語に翻訳したもの)である。メタ言語が元の文の言語と同一である必要がないことは(4)が示している。

（5）　　　　*s* is true iff *p*.

合成性と意味論的無垢を仮定すると、個々のあいまいでない語彙の意味はそれが生起する文の真理条件に安定して貢献するものとみなされる。例を挙げると、（2）の真理条件に *snow* が果たす貢献は（6）の真理条件への貢献と同じであるとみなされる。

（6）　　　　Children like snow.
　　　　　　（子どもたちは雪が好きだ。）

大雑把にいうと、このような貢献はある特定の種類の冬の冷たい落下物（つまり、世界に存在する「雪」なるもの）の外延を示すものとして特徴づけられうる。

　今概観した真理条件的立場は直接的な言語・世界関係を想定している。たとえば、Gottlob Frege（1892）のような、他の真理条件に基づくアプローチは、言語と世界の関係は、抽象的構築物、つまり、「意義（sense）」あるいは「命題（proposition）」によって仲介されているという見解をとる。このような見方をとると、自然言語の文は、意義あるいは命題（すなわち真理判断可能な表示）を決定し、次に、真理値と関係する。そうすると、個々の語彙項目は命題の構成要素、ないしは原子的意義（atomic sense）を決定し、世界の様々な存在物と関係しているということである [5]。別のよく知られた、言語的意味に対する真性に基づくアプローチ（たとえば Dowty, Wall and Peters, 1981 を参照）は、自然言語の文は事象ではなく可能世界の集合と、個々の語彙は可能世界の諸相と、対の関係を結ぶというものである。より正確にいえば、自然言語の文の意味は文が真となる可能世界の集合によってとらえられ、個々の語彙は可能世界の諸相の外延を示しているとみなされる。

　言語的意味に対するこのようなアプローチの中には重要な違いがあり、それぞれに特有の長所と短所があるが、1つの中心となる想定を共有する。すなわち、言語的意味はまず、言語と世界の間の関係によってとらえられ、次にその関係が真性という概念で特徴づけられると考えているのである。このことは、これらのアプローチが中心となるところで長所と短所をいくつか共有しているということを意味する。ディヴィッドソンの真理条件的理論は直感的に把握するのがもっとも容易である（おそらくもっとも影響がある）ので、本書のこれ以降では、主により一般的な「真性に基づいた」アプローチというよりもむしろ「真理条件的」アプローチについての話になる。

　肯定的な側面を見ると、真性に基づく理論は、話し手が世界に**関する**（about）ことを言語を用いて述べるという一般的に疑う余地のない直感を首尾よく説明してく

6

れる[6]。真性に基づく理論は、言語の「アバウト性(aboutness)」をとらえるのに細かい点では異なるかもしれないが、言わんとすることはまったく同じである。すなわち、発話というのは、その発話が、その世界で真であるために保持しなければならない世界における事象に関してどうであると言えるものなのである。

　否定的な側面を見ると、言語的意味の真性に基づく理論が対処しなければならない2つの問題がある。それは、言語的意味決定不十分性と、ストローソンの2つ目の引用で言及され、(1)の *even though* で例示された「非真理条件的」意味類の存在である。

1.3　言語的意味決定不十分性の挑戦

言語的意味決定不十分性という問題の根源は、上で述べた言語的意味に対する真性に基づくアプローチが共有する仮定、つまり、**文**とは真性の担い手(truth bearer)、あるいは真性を完全に決定するものという仮定にある。確かに哲学者の多くは文と命題とを区別しないように思える。しかしながら、たいていの言語学者にとっては文と命題はまったく異なる種類の実体である。言語学者にとっては文とは音声的形態的統語的な実体であり、特にチョムスキー派の言語学者にとって、このことは文が言語的体系の産物、すなわち、一定の範囲の中で使用されうる心的に生成された形式であることを意味する。文の意味は(発話の意味と対照的に)文の構成要素と構造によって産出される意味である。一方、命題はより抽象的実体である。命題とは事象の真理判断可能な表示であり、いかなる言語形式とも結びつく必要がないのである。たいていの言語学者にとって、文とは厳密にいえば真でも偽でもなく、したがって文に真理条件を与えることは不可能である。

　しかしながら、文と命題のような真性の担い手との関係は、その区別を単に形式的なものにするほど単純なものであるかもしれない。つまり、文は命題にそのまま写像するといってもよいだろう。言いかえると、文そのものは命題であるとはいえないとしても、コンテクストから独立して命題を**表出する**といってよいだろう。これは、すべてとは言わないが、たいていの言語的意味への真性に基づくアプローチの基盤となっているように思える仮定であるが、この仮定こそが真性に基づくアプローチに最初の問題を提示するのである。言ってみれば、自然言語の文と命題(あるいはいかなる種類の真性の担い手)との関係が直接的な1対1の対応関係ほど単純ではないという十分な証拠があるのである。別の言い方をすれば、自然言語の文は**真理条件的内容を決定するには不十分なのである**。このことは言語的意味決定不十分性のテーゼでとらえられ、このテーゼは François Recanati(1993)、Kent Bach (1994)、Robyn Carston(2002 において極めて包括的に)らが議論している。本書の

もっとも重要な焦点は「非真理条件的な」言語的意味にあるので、言語的意味決定不十分性の問題を長々と話すつもりはないが、ここで注意を払うのに価するのは、真理条件が言語的意味を分析することが可能となる方法にこの問題が影響を及ぼすかである。つまりある文ないし表現のコード化された言語的意味がその真理条件的意味内容と同一であることがまずないという事実が、言語的意味に対する真性に基づくアプローチに強い疑問を投げかけるからである。

　自然言語の意味が真理条件的内容を下回るもっとも明白な例は指標性に求められる。たとえば、(7)の言語的内容はそれだけでは、ふつうの話し手がその発話の真理条件的内容として認識するであろう内容を決定しない。

（7）　　She likes chocolate.
　　　　（彼女はチョコレートが好きだ。）

せいぜい、英語話者なら(7)の真性に必要だが十分ではない一式の条件を特定することができるくらいだろう。つまり、ある女性なるものがチョコレートというモノを好きに違いないということを特定するくらいであろう[7]。したがって、これが発話の真理条件的内容であると言えるかどうかは、すぐ後でより詳細に議論されることになろう。コンテクストから取り出されれば、この文は、文の真性を保証する真となる命題を表出していないように思える[8]。しかしながら、ある特定の状況での発話であればそのような命題を表出することには疑問の余地はない。実際のところ、コンテクスト次第で、1つの文が異なる命題をいくらでも、たとえば(8)–(10)のいずれをも表出しうるだろう。

（8）　　SUE_X LIKES CHOCOLATE[9]
（9）　　(MARGARET THATCHER)$_X$ LIKES CHOCOLATE
（10）　　(ZOË BALL)$_X$ LIKES CHOCOLATE

文脈依存的な指標辞及び他の表現のコード化された言語的意味の問題としての位置づけは、言語的意味に対する真理条件的アプローチの支持者たちにもずっと認識されてきており、いくつもの様々な解決法が提案されてきた。そのような解決法はすべて、指標辞を含む文はコンテクストとの関係でのみ真理条件が与えられうるという仮定を共有している。しかしながら、指標辞の真理条件を分析する際に話し手の意図の位置づけという点に違いがある。指標辞のおそらくもっとも有名な分析である Kaplan(1989a, 1989b)は純粋指標辞(pure indexical)と指示詞(demonstrative)とを区別している。この立場では、I、here、now は純粋指標辞であり、その言語的意味

は、指示を付与するのに必要とされる作業をある特定の使用文脈において行うことである。たとえば、*I*をもつ発話に指示を付与するのに聞き手が要求されるのは、だれがその発話を行っているのかを決定することだけである。かなり一般的にいえば、指示が付与され、真理条件が決定されるために純粋指標辞が必要とするのは、文脈上のパラメーターの値だけである。そうなると、話し手の意図は考慮に入れる必要はないという主張となる。対照的に、*she* の発話に指示を付与するためには、聞き手は多くの推論的な作業を取り入れなければならない。*She* の言語的意味は、聞き手に関連のある女性の指示対象を探すように伝えるだけである。*She* や他の「非純粋」指標辞や指示詞に指示を付与するには、話し手の意図に依存する必要がある。

Perry(1998)は指標辞間の違いを2つの区別からとらえている。第1に、指示付与に、狭いコンテクスト(話し手、聞き手、発話の場所と時間を含む)が必要な指標辞とより広いコンテクストが必要な指標辞とを区別している。第2に、指示に話し手の意図を含む指標辞と含まない指標辞とを区別し、前者を「意図的(intentional)」、後者を「自動的(automatic)」とよんでいる。このことは、理論的に、4種類の指標辞があるということになる。すなわち、狭いコンテクストが必要な意図的指標辞、より広いコンテクストが必要な意図的指標辞、狭いコンテクストが必要な自動的指標辞、そしてより広いコンテクストが必要な自動的指標辞である。この枠組みでは、カプランの純粋指標辞は狭いコンテクストを含む自動的指標辞の例である。しかしながら、Perry(1998, p.5)が指摘しているように、与えられた状況で *here* がどれくらいの範囲を表そうとし、*now* がどれくらいの時間範囲を指示しているのかを決定するために、*here* と *now* が話し手の意図を参照する必要があるように思われるので、自動的指標辞に含まれないのは明らかである。言いかえると、*here* と *now* は狭いコンテクストが必要な意図的指標辞の例である可能性の方が高いと思われる。また、*he*、*she* および他の三人称代名詞は、より広いコンテクストが必要な意図的指標辞の例である。より広いコンテクストが必要な自動的指標辞があるかどうかは明らかではない。候補となる可能性があるのは、指示詞の *this* と *that* だろう。しかしながら、「話し手によって指示される実体」というようなものがより広いコンテクストの一部であると仮定し、また何が話し手によって指示されるのかを探し出すことに話し手の意図を参照することが含まれないと仮定する場合にのみ、*this* と *that* は自動的指標辞とみなされうる。このような想定はどちらも非常に疑わしい。指標性、とりわけ純粋指標辞とみなされるものについては、2.3 節で再度触れるつもりである。

指示付与が話し手の意図に依存する必要があるかどうかという問題は、以下のような理由で重要である。多くの意味論者、たとえば、Cappelen and Lepore(2004)

は、「コンテクストへの依存は…(中略)…慣習的意味によってのみ方向づけられたり制限されたりする」から、言語的意味が真理条件を決定するという主張に対して指標性が何の脅威にもならないと述べている。この主張は、たとえばペリーの *here* や *now* に関する考察によって疑問となる。確かに、指示詞には強すぎる主張であるように思われる。指示詞というのは、話し手の意図を考慮せずに指示が付与されることはあり得ないからである。実際、指示付与に話し手の意図を考慮する必要がないことがたとえあったとしても、真理条件は指標辞を含む**文**に付与されるのではなく、単に**コンテクストにおける文**つまり**発話**に付与されるという事実に変わりはない[10]。このことを考慮すると、すべての表現の言語的意味はそれが生起する文の真理条件に対して寄与する貢献を特定することで分析されるということは疑わしいように思われる。なぜなら文には真理条件を与えることができないものもあるからである。

例(11)–(15)は、すべて Carston(2002, p.22)から引用されたものだが、言語的意味に対する真理条件に基づくアプローチへのさらなる挑戦となる。ここでも、発話のコンテクスト、さらに決定的なことに、話し手の意図に言及することなく、例が真であるための必要十分条件を特定するのは不可能なように思われる。

(11)　　Paracetamol is better.　　[than what?]
　　　　(パラセタモールの方がよい。　[何より？])
(12)　　It's the same.　　　　[as what?]
　　　　(それは同じだ。　　　　　[何と？])
(13)　　She's leaving.　　　　[where?]
　　　　(彼女は出て行こうとしている。[どこを／へ？])
(14)　　He is too young.　　　[for what?]
　　　　(彼は若すぎる。　　　　　[何にとって？])
(15)　　It is raining.　　　　[where?]
　　　　(雨が降っている。　　　　[どこで？])

これらの例を明示的な指標辞を含む例と区別するのは、付加的な要素を要求することを示すものが表層の文法形式にはないということである。このため欠如部分を(Perry, 1986 に因んで)「(言語的に)発現されていない構成素(unarticulated constituent)」とよんでもよいだろう。とはいえ、後で議論するように、このような構成素のすべてが本当に発現されていないのかどうかについては疑義がある。

上記のすべての例において、言語的意味だけでは真理条件的内容を確立するのに十分ではなく、あるいは話し手が表出しようと意図した命題を決定するのに十分で

10

はないと思われる。しかしながら、Cappelen and Lepore (2004) と Borg (2005) はどちらもこの仮定を疑わしく思っている。つまり、指標辞を含む文とは異なり、(11)–(15) の文はコンテクストなしに (16)–(20) のような真理条件が与えられうると主張しているのである[11]。

(16)   'Paracetamol is better' is true iff Paracetamol is better.
        (「パラセタモールの方がよい」が真となるのは、パラセタモールの方がよい場合でありその場合に限る。)

(17)   'It's the same' is true iff the entity referred to by *it* is the same.
        (「それは同じだ」が真となるのは、*it* で指示された実体が同じである場合でありその場合に限る。)

(18)   'She's leaving' is true iff the person referred to by *she* is leaving.
        (「彼女は出て行こうとしている」が真となるのは、*she* で指示された人が出て行こうとしている場合でありその場合に限る。)

(19)   'He is too young' is true iff the person referred to by *he* is too young.
        (「彼は若すぎる」が真となるのは、*he* で指示された人が若すぎる場合でありその場合に限る。)

(20)   'It's raining' is true iff it is raining.
        (「雨が降っている」が真となるのは、雨が降っている場合でありその場合に限る。)

彼らの主張によれば、これらは**話し手が意図した真理条件**ではないかもしれないが、それでもやはり真理条件であり、まさしく唯一の**意味論的に関連のある**真理条件である。説明を簡潔にするため、このような立場を最小意味論 (Minimal Semantics) とよぶことにする。

　最小意味論がもたらす奇妙な帰結がいくつかある。第 1 に、文の実際の真理条件と母語話者が文に付与するであろう真理条件とのつながりが断たれるということである。すなわち、母語話者の直感がもはや意味理論の基準ではなくなるということである。このことは必ずしも大きな問題ではないとは思うが、ある特定の文が何を意味するのかをいかに知りうるのかという問いを生み出すこととなる。第 2 に、(11)–(15) のような文の字義通りの意味は (16)–(20) で与えられるような最小の真理条件でとらえられるのであれば、決して字義通りには用いられない自然言語の文が大量にあることになる。さらに、話し手は非字義性に気づくことなくそれらを非字義的に用いる (しかも聞き手はそのように理解する) のである。最後に、最小意味論者が、指標辞を含む文はコンテクストにおいてのみ真理条件が与えられるというこ

とを喜んで受け入れるとき、上記のような文がコンテクストの外で真理条件が与えられうると断固主張するのはやや奇妙というほかないように思われる。それはまるで最小意味論者が指標辞を含む文を分析するためにどうしても認めざるを得ない「（言語的に）発現されていない構成素」の場合に起こる仮定を必死に固持しようとしているようなものである。

　最小意味論者が文に真理条件が与えられうるという考えに固執しようとしているのに対し、基本的な真理条件の仮定を保持しつつ、言語的意味決定不十分性の問題を避けようとする別の方法は、**文**が真理条件の担い手ではないのに対し、**コンテクスト**での文の**発話**が真理条件の担い手であると主張することである。この素朴な主張は、言語表現の安定した意味を、発話の真理条件への貢献に言及することによって説明しようとする試みであろう[12]。このことが明らかに失敗に終わる運命にあるのは、指標辞が見事に例証しているように、1つの表現の言語的意味は安定的であるかもしれないが、その一方でそれが生起する発話の真理条件に対する貢献はコンテクストによって異なるからである。この貢献がまさにどのようなものであるかは、たいていの場合話し手の意図次第である。たとえば(7)が真であるのは、(8)が真の場合でありその場合に限るか、あるいは(9)が真の場合でありその場合に限るかどうかは、決定的に話し手の意図次第である[13]。これに関して問題となることは、適切な状況下で、たとえ指標的な要素をもたない言語表現を用いても、話し手はその場その場で異なったことを意味することができるということである。たとえば、コンテクストを考慮しないで、つまりただ言語的にコード化された意味をみるだけで、*bachelor* が「独身の成人男性」を意味することに異論はない。しかしながら、Carston (1996a; 2002, 5 章) が指摘しているように、話し手は言語表現を用いて、そのコード化された意味より制限されたことや緩和されたことを意味することがよくある。次のシナリオを考えてみよう。

(21)　　［スーザンはどうしても結婚して子供を産みたいと思っている。］

　　　　Peter　Do you think Susan will come to my party?

　　　　Mary　She only goes to places where there are lots of bachelors.

　　　　（ピーター　スーザンはパーティーに来ると思う？

　　　　　メアリー　あの娘、独身男性がたくさんいる場所にしか行かないのよ。）

(22)　　［夫のトムが、スポーツカーを運転し、豚小屋のような書斎をもち、よく
　　　　一晩中友達と飲み明かすことについてメアリーが］

　　　　Mary　He is such a bachelor.

　　　　（メアリー　あの人ったら、独身気取りなの。）

例(21)において、メアリーは明らかにどんな独身の成人男性でもよいと話しているわけではない。つまり、スーザンが男子修道院やゲイクラブに訪れるのをワクワクしているとメアリーが思っている可能性は極めて低い。そういう場所はどちらもおそらくは独身の成人男性でいっぱいであろう。メアリーがここで話しているような種類の独身男性は、すべての独身の成人男性の部分集合、つまり、結婚する気のある、ゲイでない、若々しい独身男性だけである。言いかえると、メアリーが意味しているのは、*bachelor*の言語的にコード化された意味より制限されたものである。

一方(22)では、メアリーは「独身の成人男性」より緩和されたものと条件の増えたものを同時に意味している。つまり、*bachelor* の外延は既婚の成人男性であるトムを含むように緩和されているが、典型的ではない独身の成人男性(たとえば責任感があり、清潔感のある、思いやりのある人)を除外するように制限されてもいる。自然言語表現の意味を、生起する発話の真理条件に対する貢献を特定することによってとらえるという企てに対して、このような例が提示する問題は明白である。それは、(指標的でない)言語表現は安定した言語的意味をもっているように思えるが、発話の真理条件への貢献は安定していないということである。しかも、真理条件への貢献は文脈上のパラメーターの直接的な機能ではなく、決定的に話し手の意図に依存するのである。

Higginbotham(1988)は、文自体というよりもむしろ文の発話の真理条件を本質的に提供するというより洗練されたアプローチを提案している。Burge(1974)に従い、条件文による真理条件によって指標辞を含む文に対するアプローチを提案している。たとえば(7)の文の真理条件は(23)で与えられる。

(23)　　　If *x* is referred to by *she* in the course of an utterance of (7), then that utterance is true just in case like(x, chocolate).

　　　　（もし(7)の発話の過程で *x* が *she* によって指示されるなら、その発話が真となるのは like(x, chocolate)の場合である。）

これは *she* の安定した言語的意味以上のことを文法に書き込むという問題を避ける利点がある。実際のところ、そのままでは、*she* の言語的意味の全範囲をとらえることはできない。もし(23)が(7)の意味に関して言うべきことのすべてを述べているのであれば、あらゆる指標辞が同義ということになってしまうだろう。(7)と(23)の *she* が他のいかなる指標辞でも置きかえられ、しかも条件文による真理条件は同一のまま留まることになろう。たとえば、(24)、(25)、(26)の真理条件はすべて、必要な変更を加えれば、(7)の真理条件と同じになるだろう。

第1章　言語的意味と真理条件　13

(24)　He likes chocolate.
　　　（彼はチョコレートが好きだ。）

(25)　It likes chocolate.
　　　（それはチョコレートが好きだ。）

(26)　You like chocolate.
　　　（あなたはチョコレートが好きだ。）

この問題を認識し、Higginbotham(1988, p.35)は指標辞間の違いをとらえる方法を提案し、(23)を(27)に置きかえているのである。

(27)　If x is referred to by *she* in the course of an utterance of (7), and x is female, then that utterance is true just in case like$(x, \text{chocolate})$.
　　　（もし(7)の発話の過程で x が *she* によって指示され、かつ x が女性であれば、その発話が真となるのは like$(x, \text{chocolate})$ の場合である。）

もちろん、こうすることで異なった指標辞を区別することが可能になる。たとえば、(24)の真理条件は以下のようになるだろう。

(28)　If y is referred to by *he* in the course of an utterance of (24), and y is male, then that utterance is true just in case like$(y, \text{chocolate})$.
　　　（もし(24)の発話の過程で y が *he* によって指示され、かつ y が男性であれば、その発話が真となるのは like$(y, \text{chocolate})$ の場合である。）

このアプローチを採れば、理論研究者がタイプの異なる指示表現間の違いをとらえられると考えられる。しかしながら、筆者には、この分析が、真理条件が付与される前に、ある条件、たとえば *she* の場合には女性であることという条件を満たすことを指示対象に要求するという事実については保留にしておきたい。話し手がオスの犬を指示しようと意図するとき(7)の発話がそれでも真と判断されうるのは、たとえば、指示された動物がチョコレートが好きである場合でありその場合に限るということが少なくともあり得るように思われる。しかしながら、(注10で暗示されているように)この種の例は指標辞のいかなる分析にとっても問題となる可能性があり、これをヒギンボサムの提案を評価する際重視しすぎるべきではないだろう。
　例(11)–(15)のような指標辞ではない例は、より深刻な問題を提示している。たとえば、どのようにして(11)の真理条件はとらえられるのだろうか。筆者が思いつくのは、条件文による真理条件で示される方法くらいであり、これは(29)のよ

14

(29) If *x* = *a* in the course of an utterance of (11) with logical form *Paracetamol is better than x*, then (11) is true iff better-than(Paracetamol, a).

(*Paracetamol is better than x* という論理形式をもつ(11)の発話の過程で *x* = *a* であれば、(11)が真となるのは better-than(Paracetamol, a)の場合であり その場合に限る。)

言いかえると、この種の例が条件文による真理条件を用いることで分析しうるのは、(11)の深層論理形式が、その表層形式にはなくても、変項を含んでいると想定する場合に限る。しかしながら、この解決法は、そのような例すべてに適用されると、論理形式のレベルに隠された指標辞が数多くあるとみなすという代償を払うことになる。実際のところ、*better* のような語に関しては、隠された指標辞を仮定するに十分妥当な場合であると筆者は信じている。しかしながら、Bach(2000)やRecanati(2002)、Carston(2000)は、完全命題を表出しない文によって生じる問題は隠された指標辞を仮定することによってすべて解決されうるという見方に対して妥当な反論を多く行っている。

さて、(21)と(22)のメアリーの発話の真理条件を分析することになると、事態は一層悪くなる。思い出してほしいのは、*bachelor* という語が2つの発話の真理条件に異なった貢献をするということである。つまり *bachelor* は、(21)では結婚に関心がある、ゲイではない、若々しい独身の成人男性の外延を示し、(22)では独身か独身であるように振る舞う、思いやりのない自己中心的で責任感のない成人男性の外延を示している。もちろん、今のところ、*bachelor* の言語的意味が「独身の成人男性」に対応する概念などではないと提案しようとする人はいない。したがって、仮にコンテクストなしで文の真理条件を与えるつもりなら、このような例は何の問題にもならないだろう。しかしながら、Higginbotham(1988)は自然言語の文脈依存性を真摯に考慮し、それゆえに指標辞を含む文の発話に真理条件を与えようとしている。このことが問題の根源なのである。たとえば、(22)のメアリーの発話に真理条件を与えるには必ず話し手の意図に言及する。そうすると、*bachelor* が発話の真理条件に「独身の成人男性」だけを提供するものととらえることはできない(そうなると真理条件が間違ってしまうだろう)。しかしながら、メアリーがここで心に浮かべている *bachelor* の特定の使用にどのようにして真理条件が与えられるのかはまるではっきりしない。唯一思いつく選択は(30)のようなものである。

(30) If in an utterance of 'He is such a bachelor' *he* refers to *x* and the speaker

intends *bachelor* to mean *inconsiderate, selfish, irresponsible, messy adult males who either are unmarried or behave as though they are,* then the utterance will be true if and only if *x* is an inconsiderate, selfish, irresponsible, messy adult male who either is unmarried or behaves as though he is.

（「あいつはそういう独身男性だ」という発話において *he* が *x* を指示し、話し手が *bachelor* によって、「独身か独身であるようにふるまう、思いやりのない自己中心的で責任感のない不潔な成人男性」を意味するよう意図しているなら、その発話が真となるのは *x* が独身か独身であるようにふるまう、思いやりのない不潔で自己中心的で責任感のない成人男性である場合でありその場合に限る。）

条件文の左側と右側の両方に存在する大量の要素があるという意味で循環論的であることは別にしても、(27)のような条件文によるT-文ができることも(30)はできない。すなわち、(27)が *she likes chocolate* という発話ごとの真理条件を作り出す基になる1つのスキーマを提供する一方で、(30)は *he is such a bachelor* という発話に対して同様のことができない。つまり、(30)が提供するのは、*he is such a bachelor* という文の発話の部分集合の真理条件を作り出す手段を提供しているにすぎないのであって、話し手は、*bachelor* という語によって、独身か独身のように振る舞う、軽率で自己中心的で責任感のない成人男性の外延を示そうと意図しているのである。言いかえれば、(27)はことによると英語話者の意味論的言語能力の一部をとらえうるが、(30)ではこれをとらえることはできないであろう。

　上記のようなことを考慮すると、文あるいはそれが生起する発話の真理条件に対する貢献という観点から言語表現の意味をとらえようとする企ては成功し得ないように思われる。つまりコンテクストなしの文には、文の完全な言語的意味か話し手が表出しようと意図する命題のどちらかをとらえる、完全で意味決定的な真理条件を付与することはできないのである。発話であれば可能だが、問題は言語的手立てによる、それが生起する発話が真理条件に対してなす貢献がコンテクストによって安定していないということである [14]。このことは文や発話の意味を分析する際に真理条件という概念を完全に捨てさせることになろう。実際に、アンスクンブル＆デュクロの論証理論は最終的にそうしている（この議論に関しては、Iten 2000a を参照のこと）。しかしながら、そのような結論は必要ないと筆者は信じている。実際のところ、真性に基づく分析が言語のアバウト性をとらえるのに十分な役割を果たしているとすれば、あまり望ましい結論ではないだろう。

　ここで提示された証拠が示しているのは、文の意味と文の構成素の言語的意味が、話し手によって実際に使用されるとき、真理条件的な観点だけでは分析し得な

いということである。もちろん、実際の言語使用の複雑さや話し手の意図性という「扱いにくいもの」を横に置いて、言語を観念的で理想化された抽象的対象として研究するのは理論研究者の特権である（たとえば Katz 1984 を参照のこと）。実際にそうすることで、全面的に（あるいは少なくとも主に）真理条件的言語意味論を提供することが可能となるかもしれない。ただ、これは筆者のような言語処理と発話解釈の心理的に実在する分析に関心のある研究者の採る選択肢ではない。しかしながら、たとえ真理条件が発話解釈に心理的な役割を一切果たさないと分かっていても、言語的意味に対する伝統的な真理条件的アプローチによって供される豊富な知見を軽視するのはまったく愚かなことだろう。

　3章では、Sperber and Wilson（1986）の関連性理論によって採られている認知的アプローチを概観する。この理論は真性に基づくアプローチの利点（特に、アバウト性をとらえられること）を保持しつつ、その一方で自然言語の文脈依存性と言語的コミュニケーションにおける話し手の意図の重要性をも重視しているのである。

1.4　「非真理条件的」言語的意味

上述したように、言語的意味決定不十分性と文脈依存性による挑戦は、抽象的対象としての言語に集中し、言語使用を説明することに関心を向けないという分析によって避けられよう。だが、言語的意味への真理条件に基づくアプローチに伴う2つ目の大きな問題である「非真理条件的」言語的意味の存在は、同じように扱えない。

　真性に基づく異なった理論間で合意されている立場は、真性（真理条件、可能世界あるいは命題と見せかけようとも）に言及することによって文の意味が分析できるというものである。1.2節の冒頭で述べたように、文の言語的意味は、その構成要素の意味とそれらの結びつきかたを基盤とした合成性によって分析できるはずであると（真理条件的立場の文献に限らず）合意されている。文の意味が真性によって与えられるというアプローチにとって、このことが意味するのは、言語表現の意味は、それが生起する文の真特性（truth property）への言語表現の貢献によって与えられるはずだということである。言語的意味論のもう1つの基盤である意味論的無垢を死守するため、言語的意味の貢献は、コンテクストにかかわらず一定であると仮定せねばならない。だが言うまでもなく、この仮定は指標辞やその他の文脈依存的表現の場合に問題となる。というのも、主文の真特性に対する言語表現の貢献は、コンテクストを通して一定ではないからである。しかしながら、これは何も、こうした文の言語的意味がコンテクストを通して一定ではないということを意味するのではない。このことは、言語的意味の意味論的無垢が維持されるべきものであれば、文

脈依存的表現の言語的意味は、単に文の真特性への貢献によって分析され得ないことを意味する。言いかえれば、「非真理条件的」分析がなされなければならないということである。

1.2 節で述べたように、真理条件や表出命題への貢献によって、語彙の意味を定義するという仕組みのために問題を呈する言語表現が上記以外にもある。その真理条件的貢献がコンテクストとともに変わる表現ではなく、主文ないし主発話そのものの真特性にまったく影響しないと思われる表現である[15]。そうした表現の例の1つとして、(たとえば(1)で用いられている)*even though* がある。実際、他にも同じような言語的項目は多くあり、主文ないし主発話の真特性にまったく貢献することはないのであるが、より一般的な社会的規約というよりも言語的コード化の問題として、明らかに有意味的である。そのような表現の言語的意味は、他の表現と同じくらいコンテクストを通して一定であるように思われる。さらには、文の意味というのは、純粋に文の「真理条件的」および「非真理条件的」構成素の意味とその結合の仕方を基に分析されうるし、分析されるべきであると信じる理由がある。あり得ないことのように思われるのはあらゆる構成要素の意味が真理条件の観点から分析されることである。こう考えると合成性と意味論的無垢が真性に基づく言語的意味へのアプローチにつきまとう問題によって脅かされることはない[16]。次節では、「非真理条件的」と大まかに分類できるさまざまなタイプの言語表現を列挙し、簡潔に議論する。そして 1.6 節では、「非真理条件的」が意味論的分類に役立つラベルであるかどうかを考察する。

1.5 「非真理条件的」言語表現

1.5.1 指標辞

(31)　　*He* saw *her yesterday.*[17]
　　　　(昨日 彼は 彼女に 会った。)

(32)　　*I*'ll have some of *that.*
　　　　(私は その中のいくらかを手にするだろう。)

上述したように、(31)の *he*、*her*、*yesterday* や(32)の *I* のような代名詞や指標辞の安定した言語的意味は、それらが生起する発話の真理条件への貢献の観点から把握することができない。それでも、満たされるはずの指示対象に関する何かを指示することによって、真理条件的内容に**制約を課す**のは明らかである。たとえば(32)の *that* のような指示詞も同様である。このような文脈依存的表現の場合、指示付与にどのくらい狭く制約を課すか、および、聞き手の推論にどの程度委ねるのかは

18

コンテクストに応じて変わる。これは、1.3 節で述べたように、Kaplan(1989a, 1989b)による純粋指標辞と指示詞の間にある古典的区別でとらえられる。

おそらく、指標辞(指示詞も)は真理条件に影響するのは間違いないので、「非真理条件的」意味を議論してきた多くの研究者は、このカテゴリーに代名詞を含めてこなかった[18]。しかしながら、指標辞や指示詞の言語的にコード化された意味を分析することはむしろ、それがいかに真理条件的内容に影響するかを要求するので、ここでは含めることにする。この時点で、読者は(33)の *Peter* と *the book* のような固有名詞や確定記述の取り扱いをどうするのか疑問に思われるかもしれない。

(33)　　*Peter* burnt *the book*.
　　　　(ピーターはその本を燃やした。)

いずれの表現も、指示するために日常的に用いられ、したがって、指標辞と重要な特性を共有している。しかしながら、ここで固有名詞を含めないのは、指標辞と同じ意味で固有名詞が言語的意味をもつのかどうかは明確ではないからである(たとえば Recanati 1993, pp.149–152 を参照)。また、確定記述を除外したのは、確定記述が意味論的に指示的ではなく、事実、真理条件的言語的意味を有するという確かな証拠があるからである[19]。

1.5.2　法指標辞

(34)　　Shut the door.
　　　　(ドアを閉めなさい。)

(35)　　Do you like chocolate?
　　　　(チョコレートは好きですか。)

(34)と(35)の文の発話は、真理条件がまったく与えられないことは明らかで、広く認められている事実である。たしかに、(34)と(35)の文が真であるために成立しなければならない事象はこの世界には存在しない。なぜなら、(34)と(35)は、単に真にも偽にもなり得ないからである。また、要求(request)[20]も真か偽か問えるものではなく、応じるか無視するかのいずれかである。同様に、質問も答えるか否かのどちらかであって、真か偽かはそれに帰属しない。しかしながら、これまで言語学者が再三指摘してきたように、明らかに質問と要求にも関連する命題があり、それらは真理条件が与えられうる[21]。すなわち(34)が(36)に、(35)が(37)に沿った命題と密接に関連があることは議論の余地がないだろう。

第 1 章　言語的意味と真理条件　19

(36)　X_{HEARER} SHUTS THE DOOR_Y

(37)　X_{HEARER} LIKES CHOCOLATE

大雑把にいうなら、(34)の発話が伝達することは、(38)にみられるように言いかえられ、(35)の発話が伝達することは(39)のように言いかえられる。

(38)　The speaker is requesting the hearer to shut the door.
　　　（話し手は聞き手にドアを閉めるように要求している。）

(39)　The speaker is asking whether the hearer likes chocolate.
　　　（話し手は聞き手にチョコレートが好きかどうかを尋ねている。）

事実、*shut*、*door*、*like*、*chocolate* といった語の意味は、明らかに「真理条件的」ではあるが、非平叙文で用いられるとき、その意味が異なるということはありそうに思えない。もちろん、意味が異なると仮定する分析は、意味論的無垢に違反するという事実とは別のことである。意味をなす要素のうち、真理条件に貢献しない要素は、(34)と(35)の場合、非平叙構文である。この点で、法標識は指標辞や指示詞に似ている。つまり、このいずれの構成素タイプも、その意味は当該発話の真理条件に**貢献**しない。ただし、指標詞と指示詞はそれ自身に**制約を課す**のに対し、法標識はそれ自身に制約を課さない。むしろ、法標識は、表出命題に対する話し手の態度や、話し手が遂行しようとしている発話行為のタイプを指示するようにみえる。言いかえると、指標辞は与えられた発話が質問なのか要求なのか、断言なのかを指示し、その結果その発話にそもそも真理条件が与えられるかどうかを決定する。この法標識と真理条件の関係については、3.5 節でさらに検討する。

1.5.3　発語内的副詞と態度副詞

(40)　*Frankly*, Peter is a bore.
　　　（率直にいえば、ピーターはつまらない奴だ。）

(41)　*Sadly*, I can't stand Peter.
　　　（悲しいことに、ピーターには我慢できない。）

(42)　*Fortunately*, Mary was able to repair the car.
　　　（幸いにも、メアリーは車を修理できた。）

(43)　*Regrettably,* Mary was unable to repair the car.
　　　（残念ながら、メアリーは車を修理できなかった。）

Frankly などの発語内的副詞と、*sadly*、*fortunately*、*regrettably* などの態度副詞の例

は、(34)や(35)のような例とは異なる。すなわち、前節で挙げた例とは異なり、(40)や(41)のような文の発話は真理条件が付与されうる。だが、果たして(40)の真理条件の中で *frankly* が真性を担うのか、あるいは *sadly* が(41)の真理条件に貢献するのかは明確ではない。同じことが(42)の *fortunately*、(43)の *regrettably* にもいえる。これらの発話すべての真性は、元来、発語内的副詞ないし態度副詞を除いたその文の表出命題の真性に基づいているという意識がある。たとえば、(40)の発話は、次の(44)と(45)の両方を伝達しているかも知れない。

(44)　PETERX IS A BORE

(45)　YSPEAKER IS SAYING FRANKLY Y THAT PETERX IS A BORE

しかしながら、(40)の真偽は、(44)の真偽にのみ(あるいは少なくとも基本的に)依存している。他の例についても同様のことがいえる。発語内的副詞と態度副詞は、それが生起する発話の真理条件に貢献しない、ないしは影響しないという直感は議論の余地がないわけではないので、これについては2章で詳細に議論する[22]。

　議論を進める前に、上例の *frankly* と *sadly* 対 *fortunately* と *regrettably* の間には興味深い違いがあるので、それを指摘しておこう。例(46)と(47)から分かるように、*frankly* も *sadly* も様態副詞として機能する場合、それが含まれている発話の真理条件に貢献する。このことから、この2つの表現があいまいなのではないかとの問いが生じる。この問いについては1.6節で否定的な見解を述べるつもりである。

(46)　Peter spoke frankly.
　　　（ピーターは率直に話した。）

(47)　Mary smiled sadly.
　　　（メアリーは悲しそうにほほ笑んだ。）

興味深いことに、*fortunately* と *regrettably* がそれを含むそれぞれの発話の真理条件に貢献する発話は、(48)や(49)のように皆無とは言えないまでも、極めてまれである。

(48)　Things turned out most fortunately.
　　　（事態は結果的にとても幸いな方向に行った。）

(49)　She left regrettably soon after she arrived.
　　　（彼女は着くやいなや残念そうに去った。）

第 1 章　言語的意味と真理条件　21

1.5.4　発語内的不変化詞と態度不変化詞ならびに間投詞[23]

発語内的副詞と態度副詞が当該の文の真特性に影響するか否かは意見が分かれるところだが、一方、発語内的不変化詞と態度不変化詞ならびに間投詞は真特性に影響しない、もしくは少なくとも標準的な方法では影響しないことは議論の余地がないようである。

(50)　*Oh*, you're such a bore.
　　　（あぁ、お前はなんてつまらない奴なんだ。）

(51)　Peter is an interesting man, *huh*!
　　　（ピーターは面白い人なんだね！）

(52)　You like Peter, *eh*?
　　　（ピーターが好きなんでしょ？）

(53)　*Alas*, I can't stand Peter.
　　　（もう、ピーターには我慢できない。）

たとえば、*eh* や *huh* のような発語内的不変化詞は、非平叙文形式と似たような効果をもつと思われる。たとえば、大雑把にいって *eh* は (52) を質問に変える効果がある[24]。ほかにも、*oh* や *alas* などは、発語内的副詞と態度副詞と似た機能を果たす。*Alas* は、*regrettably* のような態度副詞とよく似た効果があり、また *oh* は驚きから軽蔑までの感情を表すことができるようである。

　指標辞を除いて、ここまで議論してきたすべての要素には、1 つの共通項がある。それは、その要素を使用することで、その発話の表出命題が埋め込まれた高次表示の構築に至ることである。したがって、(35) のような疑問文の発話は、(54) の高次表示を伝達するといえる。

(35)　Do you like chocolate?
　　　（チョコレートは好きですか？）

(54)　Y<small>SPEAKER</small> IS ASKING X<small>HEARER</small> WHETHER X LIKES CHOCOLATE

同様に、上述したが、(40) の発話は (45) を伝達することになる。しかしながら、加えて当該の発話の（主たる）真理条件的内容に相当する (44) も伝達することになる。

(40)　Frankly, Peter is a bore.
　　　（率直にいえば、ピーターはつまらない奴だ。）

22

(45)   Y_{SPEAKER} IS SAYING FRANKLY THAT PETER_X IS A BORE

(44)   PETER_X IS A BORE

最後に（42）の発話は、（55）と（56）を伝達するかもしれない。

(42)   Fortunately, Mary was able to repair the car.
        （幸いにも、メアリーは車を修理できた。）

(55)   MARY_X WAS ABLE TO REPAIR THE CAR_Y

(56)   IT IS FORTUNATE THAT MARY_X WAS ABLE TO REPAIR THE CAR_Y

このことから、（35）の発話と（40）と（42）の発話との間の興味深い違いが明らかとなる。いずれも命題を**表出**している。つまり、識別可能な基礎の**命題内容**を有しているが、（34）、（35）、（51）、（52）の発話者は、その命題内容（表出命題）を**伝達して**いない。一方、（40）–（43）と（50）は、その命題内容を伝達している。なぜそうなるのかについて、何らかの説明をせねばならない。この問題については、3章でいくらか詳しく考察する。

1.5.5 「前提的」表現

1.5.2 節から 1.5.4 節で議論してきた言語的手立てはいずれも、表出命題に対する話し手の態度に関して何らかの情報をコード化していると見なせるが、本節で議論する表現の多くは、この世界に存在する何らかの実体に関する話し手の態度に関する情報をコード化している。本節で議論するすべての表現について、下記の例でイタリックで示した「前提的」要素は、真理条件的内容に影響せず、発話解釈に貢献する。たとえば、（57）と（58）は両者とも、同じコンテクストで発話されたとすれば、ピーターが車を修理した場合に、かつその場合にのみ真であるのであって、このことが困難であったことを（58）が含意しているという事実は、この発話の真理条件的内容には影響しないのである。

(57)   Peter repaired the car.
        （ピーターは車を修理した。）

(58)   Peter *managed* to repair the car.
        （ピーターは<u>何とか</u>車を修理した。）

1.5.2 節から 1.5.4 節までに議論した言語的手立てとは異なり、*manage* は、その発話の残りの命題内容が埋め込まれた高次表示にならない。むしろ、まったく独立し

た命題(58)、ここでは(59)に沿ったことを伝達するように *manage* が仕向けるということである。

(59)　IT IS DIFFICULT FOR PETER$_X$ TO REPAIR THE CAR$_Y$

上述したように、この命題はこの発話の真理条件的内容の一部とはみなされない。しかも、1.1 節にて例示したような会話的推意でもない。なぜなら、特定の表現の言語的意味から直接生じた結果であるからである。たしかに、Stalnaker(1974)の語用論的前提という概念が、ここで述べたいことにもっとも近いのかも知れない。すなわち、主張されていない付加的命題が、話し手によって当然あるいは前提とみなされうるからである。しかしながらこのことは、ここで議論しているすべての例に等しく当てはまるわけではない。さらに、前提の問題は極めて困難なもので、すでに数多くの文献がある。当面は、ラベルよりも記述の内容が問題となる。したがって、このサブセクションのタイトルでは、「前提的」とかぎ括弧をつけて表記した。

　以下の一連の例は、先ほどの *manage* と同じ意味で「前提的」表現である。(61)は、発話時に遅れずジョンが来ているとは予想していなかったことを含意している。一方、(60)にはそういった含意はない。この事実は、この 2 つの発話の真理条件を左右する問題ではない。

(60)　John is here.
　　　（ジョンはここに来ている。）
(61)　John is here *already*.
　　　（ジョンは<u>すでに</u>ここに来ている。）
(62)　Jane isn't here.
　　　（ジェーンはここに来ていない。）
(63)　Jane isn't here *yet*.
　　　（ジェーンは<u>まだ</u>ここに来ていない。）

同様に、ジェーンがこの場所に来ることになっていることは(63)の真理条件の一部ではない。どちらの想定も、話し手の主張というより、前提とされているものとしてみられるであろう。

　次に、(64)と(65)の真理条件的内容は同じであり、本質的には(66)の真理条件的内容と同等である。

(64)　You'll be *spared* a lecture.

24

（あなたは講義を<u>受けないですむ</u>だろう。）

(65) You'll be *deprived* of a lecture.

（あなたは講義を<u>受けられない</u>だろう。）

(66) You'll not be given a lecture.

（あなたは講義を受けないだろう。）

Spare と *deprive* を使うことで伝達される、あるいは前提とされる付加的命題は、ある対象、ここでは講義に対する話し手の態度が関わるという点で特別なものである。すなわち、*deprive* の場合、その態度は肯定的であり、*spare* は否定的である。

　さて、(68)と(70)も、世界の実体に対する（否定的な）態度を表している。その態度は、双方とも真理条件的に同等である(67)と(69)においては必ずしも表出されていない。

(67) Some dog ate my steak.

（どこかの犬が私のステーキを食べた。）

(68) Some *cur* ate my steak.

（どこかの<u>野良犬</u>が私のステーキを食べた。）

(69) Peter ate my steak.

（ピーターが私のステーキを食べた。）

(70) *That bastard* Peter ate my steak.

（ピーターの<u>クソ野郎</u>が私のステーキを食べた。）

このような否定的な態度が、これまで議論してきた例において前提とされてきたものと同じ意味で、前提とされているかどうかはそれほどはっきりしない。それでも、そうした態度は主張されることも、会話的に含意されることもなく伝達され、したがって前提としてとらえることに一理あるかもしれない。

　本節で取り上げる最後の一連の例でも、同じことが観察される。もし(71)–(74)のいずれかを、同じシナリオで、同じ話し手が同じ聞き手に対して発した場合、まさに同じ状況でそれぞれの文は真である。

(71) Je *t'*aime.

（<u>君</u>が好きだ。）

(72) Je *vous* aime.

（<u>あなた</u>が好きだ。）

(73) Ich liebe *dich*.

第 1 章　言語的意味と真理条件　25

（<u>君が</u>好きだ。）

(74)　Ich liebe *sie*.

（<u>あなたが</u>好きだ。）

表明している態度が肯定的か否定的かという違いよりも、これらの例は話し手と聞き手の間に想定される親密さの程度において異なる。すなわち、(71)と(73)は、(72)と(74)よりも、話し手と聞き手の関係が親密であることを合意する。くり返しているが、このことは発話の真理条件的内容の一部として伝達されるものではない。しかし、それでもイタリックの表現が言語的にコード化された意味によるのである。やはり、こうした話し手と聞き手の間の関係についての想定を、まさしく「前提的」とみなすかどうかについては疑わしいと思われる。くり返すが、主張されていないのは確かである。この種の例と前提のもろもろの概念については、2.4 節でさらに詳しく議論する。

1.5.6　焦点化詞

下記の(75)、(76)、(77)の *even*、*too*、*also* といった焦点化詞は、その主発話の真理条件には違いを生み出さない[25]。3 つの発話はいずれも、ジョンがパーティーに来た場合に、そしてその場合に限り真となる。

(75)　*Even* John came to the party.

（ジョン<u>さえ</u>パーティーに来た。）

(76)　John came to the party *too*.

（ジョン<u>も</u>パーティーに来た。）

(77)　John *also* came to the party.

（ジョンはそのパーティーに<u>も</u>来た。）

こうした焦点化詞が前節で議論した表現と共有していることは、高次表示ではない付加的命題が伝達されるという結果になるという事実である。その意味で、こうした焦点化詞も「前提的」である。ただし、これは別の節で扱う。なぜなら、こうした焦点化詞には焦点特性があるからである。これは、伝達される付加的命題の正確な内容は、どこに焦点があるか次第であることを意味している。たとえば、(75) の *even* の焦点が *John* にあるとすれば、この発話は他の誰がパーティーに来るよりも、ジョンがパーティーに来そうにないことをほのめかしていると思われる。焦点が *came to the party* にあるならば、(78)のもっとも自然な解釈として、この文の付加的想定は、ジョンがこのパーティーに来る可能性が、ジョンがとったどんな行動

26

よりも低いという想定だろう。

(78)   John even came to the party.
        （ジョンはパーティーに来さえした。）

(76)と(77)の *too* と *also* はどちらも、その焦点がどこにあるかに応じて、このパーティーに来たのはジョンだけではなかったこと、あるいはジョンが来たのはこのパーティーだけではなかったこと、またはジョンがしたことはこのパーティーに来たことだけではなかったことを指し示しているようである。

1.5.7　連結語
「談話」または「語用論的」連結語、もしくは「談話」または「語用論的」標識(Blakemore, 2002 参照)と言及されることもある非論理的連結語は(79)から(84)にみられるが、いずれも付加的命題も伝達しているとみられる。

(79)   Peter is a bore *but* I like him.
        （ピーターはつまらない奴だが好きだ。）
(80)   I like Peter *although* he's a bore.
        （ピーターはつまらない奴なのに好きだ。）
(81)   Peter is a bore. *Nevertheless*, I like him.
        （ピーターはつまらない奴だ。それでも、好きだ。）
(82)   Peter is a bore. *However*, I like him.
        （ピーターはつまらない奴だ。しかし、好きだ。）
(83)   You'll like Peter. *After all*, you're into bores.
        （ピーターのことを気に入るよ。何てったって、つまらない奴が好きなんだから。）
(84)   You seem to go for bores. *So*, you'll like Peter.
        （つまらない奴を求めているようだね。だったら、ピーターのことが気に入るよ。）

たとえば(79)の *but* は、ピーターがつまらない人物であることと、話し手がピーターを好きであることの間にコントラストもしくは不整合があるという命題を導き出すものとしてみなされうる。(79)–(84)の付加的命題はいずれも、2 つの節ないし文の真理条件的内容が相互にどのように関係しているのかに関するので、これらは「前提的」表現とは別に扱った方がより有用かもしれない。

第 1 章　言語的意味と真理条件　27

　もちろん、こうした連結語すべてが本節でイタリック表記した他の表現と共通することは、接続する文や節の真理条件的内容に影響しないということである。そのため、たとえば、(79)の発話の表出命題が真となるのは、ピーターがつまらない人であり、話し手がピーターを好きな場合である。*But* の使用によって伝達される付加的想定は、ピーターがつまらない人物であることと話し手がピーターを好きだということの間にコントラストあるいは不整合があるというようなものだが、当該発話の真理条件の一部ではない[26]。

　例(79)–(82)は、「非真理条件的」連結語の特筆すべき特性を浮き彫りにする。すなわち、その多くは酷似した意味をもっているか、結果的に酷似した解釈になるように思われる。ただし、それらがあらゆるコンテクストで完全に相互交換可能であるわけではない[27]。このように、*but*、*although*、*nevertheless*、*however* はいずれも、連結する節・文の間に不整合があることを指示しているように思われる。このことから、これらはいずれも「逆接的(adversative)」あるいは「譲歩的(concessive)」連結語として分類することができる。これは「非真理条件的」表現の下位区分となり、後の章で考察する[28]。

1.6　「非真理条件的」言語表現の意味論的クラス

1.5 節で列挙した言語的手立ては、本質的にまったく異なる性質をもつので、「非真理条件的」言語表現という意味論的クラスといったものがあるのかという問いを生じさせる。明らかに、自然言語の意味論への真性に基づいたアプローチによると、そのクラスがあるべきだという。ある表現が生起する主文の真特性にどのように貢献しているか、あるいはどう影響しているのかを特定することによって、安定した言語的な意味が与えられるというのが「通常の」ケースである。一方、その他の表現はいずれも、「非真理条件的」であるということになる。

　しかし、言語の意味決定不十分性が実際に意味しているのは、コンテクストを離れては**文**に真理条件を与えられないということである。その結果、個々の言語表現の真理条件的意味を推論するにあたり、理論研究者が利用する唯一の真理条件は、**発話**真理条件である。1.3 節で議論したように、これに関する問題とは、発話真理条件と決定的には個別の言語表現が発話真理条件に果たす貢献とが、コンテクストに強く依存するということである。

　「真理条件的」表現か「非真理条件的」表現かという意味論的クラスを定義する試みにとってさらに深刻であり、真理条件の文脈依存性は、所与の言語表現が**どのように**真理条件に影響するかだけでなく、そもそも影響するのか**否か**ということに及ぶ。発語内的副詞や態度副詞がこの最たる例である。たとえば、(40)において、

frankly は主文の真理条件に影響しないように思われる。しかし(46)では、*frankly* は明らかに真理条件に影響する。

(40)　　Frankly, Peter is a bore.
　　　　（率直にいえば、ピーターはつまらない奴だ。）
(46)　　Peter spoke frankly.
　　　　（ピーターは率直に話した。）

ここで生じる問いは、果たして *frankly* を意味論的に「真理条件的」とみなすべきなのか、「非真理条件的」とみなすべきなのかである。これを解決する 1 つの方法として、この種の言語表現は、「真理条件的」意味と「非真理条件的」意味の間で語彙的にあいまいであるとすることである。しかし、これはありそうな解決でもないし、望ましい解決でもないことは確かである。むしろ、*frankly* は、IN A FRANK MANNER の方向で、両発話の解釈に貢献をする。すなわち、(40)の場合は表出命題のレベルというよりはむしろ、高次命題 YSPEAKER IS SAYING IN A FRANK MANNER THAT PETERX IS A BORE に現れる [29]。このことと「非真理条件的」として分類されるべき、あるいはされうる一連の言語表現のもつ質的に異なる性質が、（言語的）意味論的分類の道具立てとして「真理条件的」・「非真理条件的」の区別の有益性に深刻な疑いを投げかける。指標辞、法標識、発語内的副詞と態度副詞、発語内的不変化詞と態度不変化詞、「前提的」表現、焦点化詞、「非真理条件的」連結語の間には、あまりにも違いがありすぎるので、それらすべてを同じ意味論的クラスにまとめられるとも、同じタイプの意味をコード化しているともいえないように思える。

　指標辞は、その言語的意味は一定であるものの、使用の状況が異なれば、真理条件的内容へは異なった貢献をする。法標識は真理条件にいかなる**貢献**もしないが、それにもかかわらず、当該の発話が真理条件をもつか否かを決定するようにみえる点において、真理条件に**影響を与える**。発語内的不変化詞や態度不変化詞の一部についても同じことがいえる。発語内的副詞や態度副詞は、真理条件に貢献することも影響を与えることもないようだが、真理条件に貢献し影響を与える、対応する様態副詞とは異なる言語形式をもたない。*Cur* などの「前提的」言語表現の中には、真理条件に貢献する意味（「イヌ」）と、真理条件に貢献しない意味（態度に関すること）の両方をもつように思われる。同様に、*but* のような連結語は「真理条件的」意味（*and* と同じ）と、「非真理条件的」意味（コントラストや不整合という含み）との両方をもつものと考えてもいいかもしれない。最後に、発語内的不変化詞や態度不変化詞（たとえば *alas*）、一部の「前提的」言語表現（*already* など）、さらに焦点化詞や一部の連結語（*after all* など）は、真理条件に何ら貢献するようにも影響を与えるようにも到

底思えない。まとめると、主発話の真理条件的内容に一貫して影響を与えるとは思えない言語表現の範囲は、驚くほど多岐にわたるのである。言語的意味決定不十分性の事実によって、言語的意味が真特性(への貢献)と同一視され得ないことを認めざるを得ないのであれば、1つの言語表現が、それが生起する発話の真理条件に対して貢献しないやり方が多々あるのは特に驚くことではない。このことが意味するのは、1.5節で列挙した言語表現と大多数の言語表現の間にある真理条件的ふるまいの違いが、単にそれらの表現がコード化する意味タイプの外にあるというしかない。さらに、意味タイプ間に違いがあるとすれば、真性という概念だけでとらえられるものではないように思われる。

　言語的意味の異なったタイプについての問いと、いかにそれが「真理条件的」・「非真理条件的」区別と関係するのかについては、2章の終わりで再度取り上げることになろう。その前に2章では、異なった言語学的・哲学的伝統の中で研究をしている研究者が、「非真理条件的」表現をどう扱ってきたかをみてみる。3章では、真性に基づいた理論的見解というより、認知的観点に基づいて、異なった意味論的区別をする関連性理論を紹介する。認知的考察は、言語意味論での伝統的な真理条件的理論が直面してきた問題を回避し、一方でなお、発話というのは一般的に**物事について**であるという直感をとらえながら、「真理条件的」と「非真理条件的」言語的意味を同じように分析することを可能にすることを論証するつもりである。論旨の最たるものは特定の例から生まれると信じているので、「非真理条件的」言語表現の下位分類である、いわゆる「譲歩表現」に的を絞って考察する。4章、5章、6章では、*but*、*although*、*even if* について徹底的に議論をする。結章は、本書の主張を要約するとともに、「非真理条件的」言語表現、もっといえば言語的意味一般についての将来的研究の展望を述べる。

第2章
「非真理条件的」意味への諸アプローチ

2.1 真理条件的枠組みにおける「非真理条件的」意味

20世紀を通じて言語学や言語哲学における文献では言語的意味に対する真理条件的アプローチが優位であったが、多くの理論研究者が「非真理条件的」表現の存在を認識してはいた。1章の冒頭のストローソンの引用で記したように、このことは、ある文脈で発せられたときに得られる文の意味に焦点を当てる研究者と同じくらい、言語の抽象的な意味特性に主として関心のある研究者についてもいえることである。いずれの場合にも、真理条件的には扱えない言語表現の存在に対するもっともよくある反応は、「非真理条件的」意味をとらえるために本質的な真理条件的枠組みに新たな概念を1つないしいくつか補うというものであった。

　本章の目的は、基本的に真理条件的枠組みでの「非真理条件的」意味に対するアプローチをいくつか概観することである。文の意味と発話の意味は主として認知的観点から説明されうる(そしてされるべきである)と最終的に提案するつもりだが、認知的観点ではなく完全に真理条件的意味論で「非真理条件的」意味をとらえようとする試みから多くの知見を得ることができると思われる。

　まず、発話の意味というよりも文の意味に関心のある理論研究者の見解について議論することから始めよう。たとえば、フレーゲやカプランはどちらも文の意味に関心があるが、両者の説明の仕方は大きく異なっている。本章の後半では、文を用いて**話し手が**意味することの方により関心がある理論研究者の見解をみていく。そのような研究者には、基本的に、発話行為論者であるオースティン、サール、バック＆ハーニッシュ、グライス、バックがある。中間的な立場に当たるのが前提によるアプローチであるが、文の意味と発話の意味に対するアプローチの中間として議論される。全体を通して、本書で注目するのは、すべての「非真理条件的」意味が同じように分析されるのかどうか、および「真理条件的」・「非真理条件的」区別は意味論的な性質をもったものと想定されるのかどうかである。

2.2 フレーゲ：意義、指示、トーン、発話の力

　このように文の内容は文が表出する思考をしばしば上回る。しかし反対のこともしばしば起こる、つまりことば遣いだけで、文書や蓄音機で永久に残すこと

ができたとしても、思考の表出には十分ではない。

(Frege, 1918 in McGuinness, 1984, pp.357–358)

1章で言及したように、この引用は、言語的意味への真理条件的アプローチにとってもっとも大きな2つの問題である「非真理条件的」表現の存在と言語的意味決定不十分性をフレーゲがどのように認識していたのかを表すものと見られるだろう。フレーゲにとって思考が事実上真理条件であるということを念頭に置くと[1]、上の引用の第2文が示すのは、文の言語的意味が真理条件を与える完全命題形式を生み出さないことがしばしばあるとフレーゲが認識していたということである。フレーゲが自然言語をできるかぎり論理言語と平行したものとしてとらえたいと考え、自然言語の文に厳密な(意味の)合成的説明を試みたとすれば、このような(言語的)意味決定不十分性の認識は極めて重大である。しかしながら、本書にとって重要なのは、もちろん引用の第1文の方である。それは、フレーゲが真理条件的にはとらえられない言語的意味の要素があるということも認識していたことを示している。

　フレーゲがどのように言語を扱っているのかをみる際、重要なことはフレーゲが単に、そしてもともとは、言語哲学者ではなく、数学者であり論理学者でもあるということに留意することである。フレーゲはこの能力の故、数学や論理学の解説に必要とされる言語の諸側面にのみ関心を抱いていたのである。論理学者は議論の妥当性に関する事実をとらえるために、つまりいかに帰結の真が前提の真から導かれるのかを示すために言語を必要とするということから、フレーゲの主たる関心は真理条件的意味にあったのである。しかしながら、Dummett(1981, p.83)が指摘しているように、フレーゲは、哲学者としての能力から、言語は論理学や数学の目的のみならず、あらゆる機能において使用されるものとして分析したかったのである。このことを通して、フレーゲはすべての言語的意味が真理条件的にとらえられるとは限らないと認識するようになった。フレーゲのような人がそのような意味の存在を認識したというまさにこの事実が、筆者の考えでは、真理条件的にはとらえられない意味が自然言語にとってどれほど重要であるかを示している。おそらくフレーゲは自然言語ができるだけ理想的な論理言語に近いものであってほしいと考えていたであろう。それゆえに、真理条件的に扱うことができない意味の諸相をとらえるために「トーン(tone)」や「発話の力(force)」という概念を導入しなければならなかったのは皮肉なことである。本節では以下、意味に関するフレーゲの考え、特にトーンと発話の力の概念を概観するが、これは Miller(1998)に拠るところが大きい。ミラーはフレーゲの枠組みの中核部分に関する非常に明瞭な概要を提示しているのである。

フレーゲの意味システムは厳密に合成的(compositional)である。言いかえると、複合表現の指示(reference)はそれを構成する部分の指示によって決められ(Miller, 1998, p.11)、同じことが複合表現の意義(sense)にも当てはまる(Miller, 1998, p.29)。意味の合成性には2つのやり方が認められる。1つは、複合表現の意義と指示からみていくものである。この立場は、単一表現の意義はそれを含む複合表現の意義に貢献し、単一表現の指示はその複合表現の指示に貢献するというものである。もう一方は、単一表現の意義と指示から始まり、そこから複合表現の意義と指示を組み立てるというものである。フレーゲは前者の方法を採用したように思える。すなわち、文の意義と指示から始め、固有名詞、述語、連結語、数量子の意義と指示を算出するという方法を採った。それゆえに、意義、指示、トーン、発話の力という概念はすべて文に適用される際に導入される。フレーゲによると、文の**指示**は真理値である。**意義**は指示を決定するものであるから、文の意義はその真理条件であり、フレーゲはこれを思考(thought)とよんでいる[2]。

　フレーゲにとって、固有名詞の指示はそれが表す対象(object)である。述語の指示は対象から真理値への関数である。たとえば、*is green* という述語の指示は、緑色の対象を真理値の「真」に、それ以外のすべての対象を「偽」に写像する関数である。連結語の指示は真理値から真理値への1階の関数である。たとえば、*P and Q* という形式の文における連結語 *and* の指示は、*P* に対する真理値「真」と *Q* に対する真理値「真」から *P and Q* に対する「真」を導出する関数である。最後に、数量詞の指示は概念(concept)[3]から真理値への2階の関数である(Miller, 1998, p.18)。たとえば、*all x are F*(たとえば、*everyone is mortal*(だれもが死ぬ運命にある))における数量詞 *all* の指示は、量化の領域内にあるどの対象も *F* の外延で「真」という値と対になる場合、*x is F* という概念を入力とし、「真」という値を出力する関数となる。

　このように固有名詞、述語、連結語、数量詞の指示が特徴づけられ、意義が指示を決定するものとしてとらえられるとすると、固有名詞、述語、連結語、数量詞の意義がどのように特徴づけられるのかを考えるのは極めて難しくなる。むしろ、文の意義、つまり文の真理条件をみることから始め、固有名詞、述語、連結語、数量詞の意義がそれを含む文の真理条件に貢献するととらえる方がはるかに容易だと思われる。つまるところ、文(あるいは文の発話)の真理条件に関する直感をわれわれが備えているように思えるが、その一方で個々の表現はそれが生起する文の真理条件にどう貢献するのかに関する直接的な直感をどのようにもちうるのかをとらえるのはそれほど容易なことではないのである[4]。しかしながら、フレーゲが気づいていたように、意義と指示の観点ではとらえられない意味の要素が存在するのである。

34

　非平叙文がフレーゲの意義と指示という概念に対する最初の問題を呈する。明らかに、(1)のような疑問文は真理値をもたず、それゆえに指示ももたない。真理値をもたないのであるから真理条件ももちえない。このことは、疑問文は意義ももたないということを意味している。

（1）　　Do you like chocolate?
　　　　（チョコレートは好きですか。）

Miller(1998, p.57)によると、フレーゲは、文の意味は文の意義とその**発話の力**を示すものから構成される順序対(ordered pair)によって与えられると述べることでこの問題を回避している。たとえば、(1)は(2)に示される順序対として表されるだろう。

（2）　　〈you like chocolate, force of a question〉

これは、1章で言及された点、つまり個々の非平叙文には真理条件を与えうる関係命題が存在するという一般的な合意と結びついている[5]。言いかえると、たとえば(1)のような質問を構成する語には意義と指示がある一方で、疑問文形式は、その文が質問の力を伴っているとみなされることを指示する。このことが意味するのは、フレーゲの枠組みでは、法標識(mood indicator)は発語内効力についての情報をコード化しているとみなされうるということである。
　しかしながら、意義や指示の観点ではとらえられないまったく異なる種類の意味があり、以下のフレーゲの 'The Thought' からの引用が示すように、それは発話の力という概念でも説明できない。

　　実然文(assertoric sentence)〈訳者注：「京都は大阪より大きい」のように真偽の判断が可能な文のこと。〉には、しばしば思考と断言(assertion)に加えて、断言ではカバーできない第3の成分が含まれる。これはしばしば聞き手の感情や気分に作用するよう、あるいは聞き手の想像を刺激するよう意図されている。たとえば、regrettably(残念ながら)や fortunately(幸いにも)のような語がこれに含まれる。　　　　　　　　　　(Frege, 1918, in McGuinness, 1984, p.356)

次の引用では具体例がいくつか提示されている。

　　horse(馬)、steed(軍馬)、nag(老いぼれ馬)、prad(オーストラリア英語で馬)のいず

れの語を使おうが思考には差異はない。実然文の発話の力がこのような語の相違点を担うことはない。いわゆる気分、雰囲気、詩の装飾(illumination)や、イントネーションやリズムで表されるものは思考に属さないのである。

　聞き手の理解の助けとなるものが言語にはたくさんある。たとえば、文の一部を強勢や語順で強調したりすることがある。ここでは、still や already のような語に焦点を当てよう。Alfred has still not come(アルフレッドはまだ来ていない)という文を用いる人は、実際に Alfred has not come(アルフレッドは来ていない)と言うのと同時にアルフレッドの到着が予期されるということをほのめかしているが、あくまでほのめかしにすぎない。したがって、アルフレッドの到着が予期されていないから文の意義は偽であるということはだれも言えないのである。また、but が and と異なる点は、but の使用は後続する内容が先行する内容から予測されうる内容とコントラストをなすことを暗示する点である。そのような会話のほのめかしは思考には違いをもたらさない。

(Frege, 1918, in McGuinness, 1984, p.357)

フレーゲはこのカテゴリーに受動構文と能動構文の違いや *A gave B to C* という形式の文と *C received B from A* という形式の文との違いも含めている。以下の 'On sense and reference' からの引用が示すように、*although* もこの類の語である。

　although で始まる従属節も完全な思考を表す。この接続詞は実際に意義をもたず、当該節の意義を変えるのではなく、独特のやり方で(*but* や *yet* の場合と同様に)その節を飾るだけである。たしかに譲歩節を、全体の真理値を変えずに同じ真理値の別の譲歩節で置きかえることは可能だろう。しかし、そうするとこの接続詞による節の飾り方におそらく違和感があるように思えるかもしれない。それはまるで悲しい主題の歌がはつらつと歌われるようなものである。

(Frege, 1892, in Geach and Black, 1970, pp.73–74)

このパラグラフで言及されたすべての要素には、フレーゲが**トーン**あるいはときに「装飾」や「色づけ(colouring)」とよぶものが含まれている。これに関してすぐに目を引くのは、このような要素の多くが互いにどれほど異なっているのかということである。トーンとは聞き手の気分や感情に作用したり、想像を刺激したりするものであるというフレーゲの主張は *horse* と *steed* の違いや *dog* と *cur* の違いをとらえるのに的確かもしれないが、その一方で *still* と *already* の意味や *but* と *and* の違いに関する場合にはあまり適切でないように思われる。また、フレーゲが議論している要素には意義(と指示)とトーンを含むものもあれば、トーンだけで意義(も指示)

もないように思われるものもある。*Dog* や *cur* には意義も指示もあるとみなすのは容易である。というのも、どちらの表現もそれを含む文の真理条件的内容に貢献するからである。事実、どちらにも同じ意義と指示が含まれている。両者の違いは、真理条件的にはとらえられないもので、そのトーンにある。同じことが *but* と *and* にも当てはまる[6]。対照的に、1.5.3 節で例証したように、*fortunately* や *regrettably*、*still* や *already* のような語は、それを含む文の真理条件に一切貢献しない。言いかえると、そのような語には意義(と指示)はないということになる。そのような語にはトーンだけがあり、それを含む文のトーンにのみ貢献し、意義と指示には貢献しないのである。

　フレーゲのトーンという概念には問題がいくつもある。おそらくもっとも重大な問題は、その概念が発話の力では扱えない「非真理条件的」現象を表すのに便利な名称にすぎないように思えることだろう。上で言及した要素が文のトーンに貢献するということによって、フレーゲは実質的にこの意味を分析しておらず、そしてトーンが合成的かどうか、あるいはどのように合成的なのかに関して触れてもいない。もしトーンが理論的に有用な概念であるとすれば、十分な説明が必要となる。フレーゲが前面に押し出しているのは、Dummett(1981, p.85)が指摘しているように、トーンを「考え(idea)」という概念と結びつけているということだけである。フレーゲにとって、「考え」とは人の心に浮かぶ主観的な「イメージ」である。このようなイメージは、フレーゲによれば(たとえば Geach and Black, 1970, pp.60–61 にあるが)、共有されることができず、原則的に伝達不可能なものである。したがって、同じ語であっても、一方の聞き手の心に浮かんだ考えと別の聞き手の心の中のものとは異なったものになろう。これに関する問題は、*dog* と *cur* の違いが明らかに慣習的な言語的意味にあり、それゆえにその違いがすべての英語話者にとって、少なくとも、多かれ少なかれ同じであるはずだということである。フレーゲはたしかに言語的意味が客観的であることを望んでいる。Dummett(1981, p.85)は、彼自身は疑っていることだが、たとえ考えが主観的(そして、それゆえにトーンも主観的)であっても、原則的に伝達不可能という結論には至らないと論じている。フレーゲがトーンの扱いに「不注意」(ダメットの言)だったことに対する Dummett(1981, p.88)の説明は面白味に欠ける。すでに述べたように、フレーゲの関心は主に真性と論理の問題にある。それでも、文の真偽を左右する要素以外の言語的意味があるとフレーゲが認識していたという事実こそ、本章にフレーゲの見解を含めるのに十分な理由であるように思われる。

　言語的意味に関するこれまでの議論から、フレーゲが文に指示、意義、発話の力、トーンを付与するということを踏まえると、ある表現の言語的意味を構成するのは一体何なのかという問いが生じる。果たしてそれは指示、意義、発話の力、**お**

およびトーンの4つなのか。Dummett(1981, pp.83–84)が指摘するように、フレーゲは「意味」という一般的で直感的な概念を担う表現を一切用いていない。指示が意味と同一視できないのは、文の指示が真理値であるという理由によることは明らかなように思われる。そうすると、真の文はすべて同じ指示、つまり「真」という値をもち、偽の文はすべて「偽」という指示をもつことになる。ゆえに、もし意味が単に指示であったとすれば、真の文はすべて同じ意味、つまり「真」という値をもつことになってしまうし、同じように考えれば、偽の文もすべて同じ意味、つまり「偽」という値をもつことになってしまうだろう。このことは、指示が明らかに意味を決定するのに十分ではないことを示している。実際、フレーゲはある表現が指示をもたずに意義をもちうるということを指摘している。言いかえるなら、真理値をもたずに真理条件をもちうる文があるということである。

> the celestial body most distant from the Earth（地球からもっとも離れた天体）という表現には意義はあるが、それが指示する(mean)[7] ものが存在するかどうかはかなり疑わしい。
> (Frege, 1892, in Geach and Black, 1970, p.58)

したがって、指示は意味を決定するのに十分でないだけでなく、必要でもない。このことは Dummett(1981, p.84)に反映され、そこではもしフレーゲが「意味」という一般的で直感的な概念を分析することを望んでいたのであれば、指示ではなく、意義と発話の力とトーンの観点から分析していたであろうという見解が述べられている[8]。

　まとめると、フレーゲは意義、発話の力、トーン、そして(間接的に)指示という概念を用いて語と文の意味を分析し、発話の力という概念に訴えて、たとえば、非平叙文タイプの文を分析している。トーンという概念を用いて、*fortunately* や *regrettably* のような態度副詞(句)や *horse*、*steed*、*nag*、*prad* のような文体的な違い、*but* や *although* のような連結語を分析している。筆者の知る限り、フレーゲは発語内的副詞や発語内的不変化詞、態度不変化詞、焦点化詞について議論していないが、トーンという概念が、もし理論的に有用であれば、これらの現象にも適用されうるといってもよいように思われる。

　1章の最後に列挙していながらまだ議論していない表現がもう1種類ある。それは指標辞(indexical)である。これは、Perry(1977/1991, p.146)が指摘しているように、フレーゲの枠組みにとって深刻な問題となる。簡潔にいえば、その問題とは、指標辞にはコンテクストに関係なく安定した言語的意味あるいは特性があるにもかかわらず、それが生起する発話の真理条件に対する貢献がコンテクストによって異なるということである。問われるのは、指標辞の安定した意味はフレーゲの枠組み

でどのようにとらえられるのかということである。意義は指示を決定し、指標辞の言語的意味は多かれ少なかれその指示を決定するのに役立つので、意義が指標辞の安定した意味を代用しうると想定されるかもしれない。しかしながら、フレーゲも気づいているように、文の意義はその真理条件であり、指標辞を含む文の真理条件はコンテクストによって異なるのである。それゆえに、指標辞による文の真理条件に対する貢献、つまり指標辞の意義は安定した意味とはなり得ない。指標辞の安定した意味は意義に先立つレベルになければならないが、フレーゲの枠組みはそのようなレベルを認めていない。次節ではカプランの研究を取り上げるが、そこでは指標辞を扱うことができる理論的枠組みが提示されている。

2.3　カプラン：意味の意味論と使用の意味論

カプランはおそらく代名詞と指示詞の扱いでもっともよく知られているだろう。それゆえに、1.5.1 節で議論された要素に関してカプランがもっとも多くのことを言っていることが期待される。そして、このことはカプランの刊行物を見る限り間違いない。しかしながら、1999 年の 'What is meaning? Explorations in the theory of "Meaning as Use"' という草稿で、カプランは、Kaplan(1989a, 1989b)で代名詞と指示詞に関して議論したこととかなり類似した観点から、1 章の最後で列挙した他の要素の多くについて議論している。以下で、指標辞に関するカプランの理論を簡単に概観する。次に、非真理条件的意味をもつより広範囲の表現を扱うために、カプランがこの理論をどのように拡張することを提案しているのかについて議論する。

　Kaplan(1989a, 1989b)は意味特性(character)と内容(content)という概念を用いて指標辞の意味を分析している。表現の**意味特性**とは、与えられた**使用文脈**(context of use)においてその表現の(命題的・真理条件的)**内容**を産出する関数である。したがって、文全体の内容は異なる可能世界、言ってみれば**評価の環境**(circumstance of evaluation)において真か偽か判断されうる。おそらくたいていの自然言語の表現、たとえば(3)の *saw* は、あらゆる使用文脈において同一の命題構成要素を提供することから、たいていの表現に関して意味特性と内容は一致する。しかしながら、指標辞は事情が異なる。すなわち、指標辞が真偽に貢献する命題構成要素はコンテクストによって変わるのである。したがって、(3)の *yesterday*[9] のような指標辞の意味特性は与えられたコンテクストにおいてその内容と異なっている。

（３）　　　He saw her yesterday.
　　　　　（昨日彼は彼女に会った。）

もし (3) が 2004 年 1 月 1 日に発せられたら、*yesterday* はその発話の表出命題に 2003 年 12 月 31 日を与えるだろう。発せられたのが 2003 年 12 月 25 日であれば、表出命題に貢献する内容は 2003 年 12 月 24 日だろう。すなわち、*yesterday* が提供する命題構成要素(つまり、内容)はコンテクストによって変化する一方で、与えられた使用文脈においてこの内容を産出する規則(つまり、意味特性)は安定的である。英語話者ならだれでも知っているように、*yesterday* は発話の前日を指し示すのである [10]。このように、カプランは指標辞がコンテクストに関係なく安定しているあるコード化された意味をもっているという考えだけでなく、指標辞の文脈依存性もとらえている。

これまでのところ、カプランは 1 章の最後で議論した他の要素のほとんどを分析するのは困難なように思われる。つまり、その要素のうちの多くが主発話の表出命題に貢献するわけではないからである。したがって、その要素のうちの多くが内容をもっているとみなされるわけではないのである。実際のところ、たとえば (4) の *cur* のような真理条件に貢献する表現に関してでさえ、これまで提示したようなカプランの枠組みでは見落とされるように思われる意味要素(たとえば、犬に対する話し手の否定的な態度)がある。それは発話の真理条件的内容の一部とはならないからである。

(4)　　A cur ate my steak.
　　　　(野良犬が私のステーキを食べた。)

しかしながら、Kaplan(1999) は (5)–(8) のような例を *goodbye, ouch, oops* のような表現と同じように扱っている。

(5)　　That bastard Peter ate my steak.
　　　　(ピーターのクソ野郎が私のステーキを食べた。)

(6)　　(a) Je t'aime.
　　　　　　(君が好きだ。)
　　　　(b) Je vous aime.
　　　　　　(あなたが好きだ。)

(7)　　Peter is a bore but I like him.
　　　　(ピーターはつまらない奴だが好きだ。)

(8)　　I like Peter although he is a bore.
　　　　(ピーターはつまらない奴なのに好きだ。)

要するに、このような表現が指標辞と共有しているのは**意味の意味論**（Semantics of Meanings）というよりも（あるいは、と同様に）**使用の意味論**（Semantics of Use）に与えられる特性であるということである。形式意味論で一般に受け入れられている考えに反して、Kaplan（1999）は使用の意味論の枠組みで上述したような表現が扱われるべきであるのは、表現の有無が論証の妥当性を左右するからであると論じている。この考えを裏づけるために、カプランは(9)と(10)に似た2例を挙げている。

(9) That bastard Peter ate my steak.
　　Peter ate my steak.
　　（ピーターのクソ野郎が私のステーキを食べた。
　　　ピーターが私のステーキを食べた。）

(10) Peter ate my steak.
　　That bastard Peter ate my steak.
　　（ピーターが私のステーキを食べた。
　　　ピーターのクソ野郎が私のステーキを食べた。）

カプランの直感は、(9)の論証が妥当であるのに対し、(10)の論証は妥当でないというものである。明らかに、この2つの論証の妥当性が真性の保持だけに拠るのであれば、普通の理解の範囲では、どちらの論証も妥当となるはずである。

　このような例の分析のために、カプランは**記述内容**（descriptive content）と**表現内容**（expressive content）という概念を導入している。カプランによると、1つの表現が、事実ないし事実でないことを**記述している**（describe）なら、それは記述内容をもち、1つの表現が事実ないし事実でないことを**表現している**（express）（あるいは、見せている）のであれば、それは表現内容をもっていることになる。記述内容は真理条件的あるいは命題的内容に相当し、表現内容はそうではないように思われる。記述内容は表示的であるが、表現内容はそうではない。カプランは表現することと記述することの違いを次のように説明している。もしある人が悲鳴をあげたとすると、その人は恐怖を見せている、あるいは表現しており、もし *I'm in fear* と発話すれば、恐怖を記述していることになる。表現することと記述することの違いは直感的には明白だが、この2つの概念の理論的定義には著しく欠けるものがある。

　記述内容と表現内容という概念に平行して、カプランは**記述的正確性**（descriptive correctness）と**表現的正確性**（expressive correctness）という概念を導入している。1つの表現は、それが記述していることが事実に即している場合、記述的に正確であり、表現していることが事実に即している場合、表現的に正確である。(9)と(10)の論証に戻ろう。カプランによると、*that bastard* は軽蔑を表現している。したがっ

て、(9)の前提である *That bastard Peter ate my steak* が表現的に正確となるのは、話し手がピーターに軽蔑の態度を示す場合でありその場合に限られる。また、記述的に正確となるのは、ピーターが話し手のステーキを食べた場合でありその場合に限られるのである。

このように、カプランは(9)の論証と(10)の論証の違いをとらえることができる。すなわち、(9)の前提は記述内容と表現内容をもち、帰結は記述内容のみをもつ。一方、(10)では、前提は記述内容のみ含まれるのに対し、帰結は前提にはない表現内容が加わっている。明らかに、論証は真性が保持されれば妥当である論理的妥当性という伝統的な概念に基づくと、この(9)と(10)の違いは、なぜ前者は妥当であるが後者は妥当でないのかを説明しない。もしカプランがこのような論証の妥当性に関する自らの直感を保持したいのであれば、論理的妥当性あるいは真性のいずれかを定義し直さなければならない。

カプランは論理的妥当性の再定義をまず試みている。カプランによる新しい定義に基づくと、論証が妥当となるのは、真性を保持する場合ではなく、「情報限定化(information delimitation)」を遵守する場合である。言いかえると、論証が妥当となるのは、その前提に含まれていない意味情報が帰結にも含まれていない場合でありその場合に限るということである。この定義に基づくと、(9)が論理的に妥当な論証であるといえるのは、その前提に含まれていない情報が帰結に含まれていないからである。そして、(10)が論理的に妥当でないのは、論証の前提には存在しない表現内容が帰結に含まれているからである。

カプランは真性の概念を広義に定義するという第2の選択についても検討している。この広義の定義に基づくと、文が真となるのは、それが記述的に正確であるだけでなく表現的にも正確である場合でありその場合に限ることになる。カプランはこれを「真プラス(truth-plus)」とよんでいる。この案を採用すると、論理的妥当性はやはり真性の保持という観点で定義することができ、ここで問題の「真」が「真プラス」となるだけである。この再定義でも、(9)が論理的に妥当であり(10)が妥当でないというカプランの直感をとらえることができる。すなわち、(9)が妥当であるのは、論証の前提の表現的正確性と記述的正確性が帰結の記述的正確性を保証するからである。また、(10)が妥当でないのは、論証の前提の記述的正確性が帰結の記述的・表現的正確性を保証するには十分ではないからである[11]。

全体として、カプランによる表現内容という概念の導入は、あらゆる意味論的意味が真理条件の観点からは扱えるものではないという一般に認められた事実の再認識とみなすことができる。しかしながら、カプランが論理という手段を用いて「非真理条件的」意味を何とかしてとらえようとしたことは、それまでよりもいささかの異論をよび起こした。明らかに、カプランの1999年の論文は本質的にプログラ

ムの一環であり、表現と記述の区別が直感的に説明されているだけでなく、答えて
いない問いがいくつもある。その中でおそらくもっとも喫緊の問題は、記述内容と
表現内容という概念が意味特性と内容というカプランの初期の概念とどのように整
合するのかということである。明らかなように思われることは、カプランの初期の
研究における「内容」が後の Kaplan (1999) における「記述内容」に対応するとい
うことである。同様に明らかなことは、「意味特性」が記述内容に対応し得ないの
は、それが初期の異なったレベルに存在する（意味特性は記述内容を決定するもので
あるということを思い起こしてほしい）からである。加えて、意味特性が表現内容にも
対応し得ないのは、記述内容と同じレベル、すなわち記述的正確性あるいは表現的
正確性のために文が判断されるレベルに必ず存在しなければならないからである。
そうすると、問題は「表現的意味特性 (expressive character)」のようなものがある
のかどうかである。これはおそらく記述内容へ行きつく「意味特性」という概念が
指標辞の意味を分析するのにいまだに必要とされるためであろう。もし表現的意味
特性のようなものがあれば、その役割は何だろうか。指標辞の意味特性が使用の規
則とすれば、表現的意味特性も使用の規則となると考えられる。たとえば、*yester-
day* の意味特性は「発話時の前日を指し示すために使用せよ」のようなものとな
り、*bastard* の意味特性は「対象物に対する軽蔑的態度を表現したい場合に使用せ
よ」のようなものとなるだろう。このことが正しければ、カプランの「使用の意味
論」の領域は意味特性とおそらくは表現的意味特性であるのに対し、「意味の意味
論」の領域は記述内容にあるといえるだろう。しかしながら、表現内容とはどのよ
うなものか、そして実際のところ、与えられた使用文脈で表現的意味特性がどのよ
うに表現内容を決定するのかという問いが残るのである。

　潜在的には、カプランの「使用の意味論」は、1 章の最後に列挙した表現の大半
を分析できるように思われる [12]。しかしながら、現段階では、それがどのように行
われるのかに関する詳細な分析はない。とはいうものの、フレーゲによる「非真理
条件的」意味の扱いに比べれば、カプランのアプローチは、あらゆる「非真理条件
的」表現を分析することができる枠組みを提供する方向に向かって理にかなった道
筋をつけた、あるいはその緒に就いたといえよう。

2.4　前提によるアプローチ

前提によるアプローチは、主に文の形式的特性を扱うアプローチと話し手が文を使
用して伝達を可能にする言語表現の特性に焦点を当てるアプローチの中間に位置し
ている。前者はフレーゲやカプランの採ったアプローチであり、後者は次節で扱う
発話行為のアプローチである。1.5.5 節で述べたように、前提の解釈にはいろいろ

あるが、いずれの解釈も、ある文が真・適切であると断定する場合に前提が真でなければならないという想定を共有している。この意味で、前提は形式的概念でもあり、言語的伝達の領域に属する概念でもある。本節では、前提がこれまでどのように特徴づけられてきたのか、さらに、「非真理条件的」意味をもつ表現を分析する上でどのように用いられるのか(あるいは用いられるのかどうか)を概観する。

　本節で考察する前提についての最初の定義は、古典的な**意味論的**あるいは**論理的**なものである。この考え方において、前提とは意味論的含意の特別な下位類である[13]。ウィルソンは論理的前提を以下の通り定義している。

> 文 S が他の文 P を前提とするのは、S が真であれば P も必然的に真であり、not-S が真であれば P も必然的に真であり、かつ P が偽あるいは真理値を欠いていれば、S と not-S の双方が必然的に真理値を欠く場合でありその場合に限る。
> (Wilson, 1975, p.16)

(11)と(12)はこの種の前提を説明する際によく取り上げられてきた例である。たとえば、もし(11)が真であれば(13)も必然的に真となり、その否定(12)が真であれば(13)も必然的に真となり、かつ(13)が偽であれば、これまで言われてきたとおり、(11)と(12)は真理値を欠く。

(11)　　Peter has stopped smoking.
　　　　（ピーターは禁煙している。）

(12)　　Peter hasn't stopped smoking.
　　　　（ピーターは禁煙していない。）

(13)　　Peter has been a smoker.
　　　　（ピーターはずっと喫煙家である。）

前提に対するこの考え方は、言語的意味決定不十分性を無視しているという事実は別にして、「非真理条件的」言語的意味を説明できない。たとえば、直感的に(14)は(15)に類することを前提としているように思われる。

(14)　　Peter managed to repair the car.
　　　　（ピーターは何とか車を修理した。）

(15)　　Repairing the car was difficult for Peter.
　　　　（ピーターにとって車を修理するのは難しかった。）

44

このことは、(14)の否定である(16)も同様に(15)を伝える事実から、なおさら説得力が増すように思われる。

(16)　　Peter didn't manage to repair the car.
　　　　（ピーターはどうにも車を修理することができなかった。）

しかしながら(15)は、(14)と(16)のいずれの論理的前提にもなり得ない。なぜなら、(15)はいずれの発話によっても意味論的に含意されないからである。1.5.5 節で述べたように、(14)が真であるのはピーターが車を修理した場合でありその場合に限る。その行為の難しさに関するいかなる想定も、(14)の真理条件的特徴づけに含まれない。(15)が真でないコンテクストで(14)を発する者がいたとしても、その話し手が嘘をついていると責められるいわれはない。せいぜい(14)を不適切に発したかどで責められるか、おそらく聞き手を誤解させたことで責められるくらいであろう。同じ理由から、1.5 節における他の表現のいずれも論理的前提では説明できない[14]。Burton-Roberts(1989, p.127)は論理的ないし意味論的前提の定義の代替案を提示している。それによると、文 S は、S が真であるとき必ず P も真であるという場合でありその場合に限って他の文 P を前提とするが、P が偽だからといって S が偽になるわけではない。この解釈は前提を一種の（弱い）意味論的含意とみなしているから、純粋な「非真理条件的」意味の場合にも当てはまらない。しかしながら、「非真理条件的」意味を分析するためにひょっとして用いられるかもしれない前提の（非論理的）解釈がある。

　Stalnaker(1974/1991)は、前提の**語用論的**概念を支持している。ストルネーカーによると、前提とすることは文や命題によってなされるものではなく、話し手によってなされるものである。この理解において、前提とは話し手によって当然とみなされる（そして聞き手によっても当然とみなされると考えられる）想定である。ストルネーカーは語用論的前提に関して、仮に以下のように特徴づけている。

　　命題 P が所与のコンテクストにおいて話し手の語用論的前提となるのは、話し手が、P を想定ないし信じ、聞き手が P を想定ないし信じていると想定ないし信じ、かつ話し手がこのような想定をしていると聞き手が認識していると想定ないし信じている場合である。　　　　　　　　　　　　（Stalnaker, 1974/1991, p.473）

ストルネーカーはこの特徴づけが語用論的前提の定義とみなされるべきではないと指摘している。なぜなら、何かを想定ないし信じるということが関連のある意味で一体どういうことであるかが明確ではないからである。たとえその特徴づけが明確

第2章 「非真理条件的」意味への諸アプローチ 45

になったとしても話し手は聞き手に知られていない事柄を前提とすることができるし、また話し手にも聞き手にも知られている事柄を前提とすることはできないので、この定義はさらに修正が加えられる必要があるとも指摘している。とはいえ、ストルネーカーは共有された背景知識(あるいは少なくとも信念や想定)という概念が前提という現象の分析に用いられうると主張している。Stalnaker(1974/1991, p.475)によると、共有された背景的想定としての前提の生じ方には少なくとも2通りある。1つ目は意味論的なものである。つまり、所与のコンテクストにおける話し手がある特定の前提をしているという仮定を必要とするのは、語の慣習的(またはコード化された)意味であるという点において意味論的である。たとえば、X $managed$ to Vという形式の文は、XがVするのは難しいと話し手が想定することを聞き手が想定することを話し手が想定するなどなどのコンテクストにおいてのみ適切に発せられうるということが、X $managed$ to Vという形式の文における動詞 $manage$ の意味論的特性であるように思われる。

　語用論的前提が生じうる2つ目は完全に語用論的なものである。言いかえると、前提が時として生じうるのは、単にQを前提としていなければ、理性的な話し手が命題Pを表出する文を発することは意味をなさないだろうという理由からである。Stalnaker(1974/1991, p.476)はX $knows$ $that$ Pという形式の文における $know$ の例について議論している。話し手がこの形式の文を発話するときはたいていPを前提としているものとみなされるという事実を説明するのに、動詞 $know$ の意味にあらかじめ組み込まれた前提的制約があると主張する必要はないとストルネーカーは信じている。ストルネーカーは以下のように論じている。仮に話し手が、Pの真性が疑わしい、ないしはわからないというようなコンテクストでX $knows$ $that$ Pと発話するとしたら、話し手は以下の2点において異議を唱えることがあると述べていることになる。すなわち、話し手が発話した主な目的がPの真性について主張することにあるのか、あるいはXの知識の状態について主張することにあるのか、明確でないということである。言いかえると、話し手はこの会話がどの方向に向かって欲しいと考えているかを不明瞭なままにしているということである。したがって、X $knows$ $that$ Pによって意味されることと、「人は通常順序立てて伝達をしたいと考えるものであり、さらに通常何らかの目的をもっているものである」(Stalnaker, 1974/1991, p.476)ということを考慮すると、Pの真性が立証されていないようなコンテクストで、話し手がX $knows$ $that$ Pと発話することは一般的に理にかなわないだろう。このようなコンテクストにおいて、話し手は(Pだけ、ないしはX has $found$ out $that$ Pのような)異なった発話をすることによってより効率的に伝達を行うことができるだろう[15]。明らかに、1.5節で議論したどの例も語用論的前提の点から扱われるのであれば、前提は1つ目の方法、つまり議論の対象となってい

46

る表現の意味論的特性の結果として生じるとみなされるべきである。

　ストルネーカーと同様に、Recanati(1998, pp.626–627)も論理的概念としての前提には納得していない。むしろ、前提は真理条件に含まれず、発話の慣習的(コード化された)意味の一部であると想定する方が魅力的であると考えているようである。ルカナティによると、(11)や(12)における動詞 *stop* と結びつくような前提は「使用条件あるいはコンテクストへの制約」として解釈されるべきであるという。言いかえると、動詞 *stop* は、コンテクストがある特定の命題(たとえば(11)や(12)の場合における(13))を含んでいなければならないという情報をコード化しているとみなされるのである。そうなると、(11)や(12)の発話は(13)が利用可能なコンテクストにおいてのみ適切であると主張しているということになる。

　前提が論理的概念ではなく、文脈的制約であるという概念は *manage* のような場合には上述した流れで容易に当てはめられうる。しかしながら、文脈的制約という概念をより明確にする必要がある。たとえば、(17)における *fortunately* のような談話副詞はコンテクストに制約を課すだろうか。(17)の発話は(18)が利用可能なコンテクストにおいてのみ適切であり、それゆえに *fortunately* が文脈的制約をコード化していると主張することもできるだろう。

(17)　　Fortunately, Mary was able to repair the car.
　　　　(幸いにも、メアリーは車を修理することができた。)
(18)　　The speaker thinks something is fortunate for someone.
　　　　(話し手は何かが誰かにとって幸いであったと思っている。)

これは、前提という概念がコンテクストへの制約以外の何物でもないなら、伝統的に前提として説明されてこなかった現象全般が前提をもっているものとみなされることを示している。しかしながら、こうした現象の多くが、直感的には前提であるようには思われない。たとえば、ほとんどの人が(19)の発話は(20)を前提としていると認めるだろうが、(17)が(18)を前提としているとは誰も信じないように思われる。

(19)　　The king of France is bald.
　　　　(フランスの国王ははげている。)
(20)　　There is a king of France.
　　　　(フランスには国王がいる。)

文脈的制約という概念の定義次第で、1.5節に列挙した表現はほぼすべてルカナ

ティのいう前提をもっているといえる。しかしながら、その表現の伝える情報は共有された背景知識の一部である必要がないから、その多くを前提という点から扱うことによって何が得られるかは明らかでない。仮に前提という概念がコンテクストへの制約に等しいとすると、直感に訴えるものを失う。筆者には、前提という現象と「非真理条件的」意味論の現象は完全に区別されるように思われる。直感をとらえる前提という概念を求めるのであれば、ストルネーカーのような分析がもっともうまく説明できそうではあるが、この考え方では「非真理条件的」意味の説明を同時に行うことはできない。これは文脈的制約という概念を用いて行われるのがよさそうだが、ルカナティの分析より実質的な議論はこれまでなされてきていない。

2.5 発話行為理論

2.5.1 イントロダクション

フレーゲや他の形式意味論者らとは違い、発話行為論者が主に自然言語に関心を抱いているのは、それが日常のコミュニケーションに用いられているからである。実際、発話行為論者は、形式論理学という伝統にしっかり根ざし、言語を形式的に分析しようとしていたフレーゲとその支持者たちのアプローチに反対していた。フレーゲが文の意味に関心を抱いている一方で、発話行為論者らは話し手の意味に関心を抱いていた。言いかえると、発話行為論者にとって、もっとも興味深い問いは「文が何を意味するか」ではなく、「話し手が文を発することで何を意味したのか」である。おそらくもっとも有名な発話行為論者は、オースティン、サール、グライスであろう。本節では、オースティンとサールの発話行為理論から始めて、バック＆ハーニッシュとルカナティによるその発展を辿ることにする。特に、バック＆ハーニッシュとルカナティは非平叙文タイプの意味と、発語内的副詞や態度副詞の意味について大いに意見を述べていると思われるからである。続いて、グライス自身の発話行為理論について述べるが、この理論は特定の「非真理条件的」連結語の意味について詳述している。最後に、グライスによる「非真理条件的」連結語に対するアプローチに関する、バックの最近の批評について少し触れることにする。

2.5.2 オースティンとサール：発語行為と発語内行為

How To Do Things With Words において、Austin(1962, p.1)は、言語は真か偽のいずれかの陳述をすることよりもっと多くのことのために用いられうるという観察から始めている。この観察によってオースティンは、ある種の動詞、すなわち「遂行動詞」へと目を向けるようになり、「遂行動詞」は陳述を行うためではなく（少なくとも1人称単数で、一定の方法で用いられるときは陳述ではない）、その名が示すように、

48

行為を遂行するために用いられると考えるに至った。この例として(21)の *I warn you*(警告する)がある。さらなる例として、*I promise*(約束する)、*I hereby pronounce you man and wife*(ふたりが夫婦であることをここに宣言する)、*I ask you*(尋ねる)、*I bet*(賭ける)などがある。

(21)　I warn you that there's a bull in that field.
　　　　（その野原には雄牛がいると警告しておくよ。）

遂行動詞を含む発話を行う際に遂行する行為について研究することによって、オースティンは一般的に発話を行う際にどのような行為を遂行するのかについて考察するようになった。その結果、今では古典的なものとなってしまったが、発語行為、発語内行為、発語媒介行為を区別するに至った(Austin, 1962, pp.95–101)。

　発語行為(locutionary act)とは何かを言述する**という**行為である。Austin(1962, pp.92–98)は、発語行為がさらに音声的(phonetic)行為、用語的(phatic)行為、意味的(rhetic)行為から構成されていると分析している。音声的行為とは音を発する行為であり、次に用語的行為とは語を構造の中で発する行為、つまり、1つの言語の文法に則った音を発するということであり、最後に意味的行為とは、一定の意味をもつ構造の中で(オースティンが「意義」や「指示」とみなす)1つの言語の語を発することにある。発語行為はある発語的意味をもつ文を発しているものとして特徴づけることもできる。たとえば、オースティンは(21)の発話の発語的意味は、(22)に近いものであると言いたいのだろうと思われる。

(22)　There's a bull in field$_x$.[16]
　　　　（野原に雄牛がいる。）

これが問題と思われるのは、*I warn you that* はたしかに(21)の発話において遂行される音声的行為かつ用語的行為の一部をなすにはちがいないからである。つまり、それは発せられた音の一部であり、構造の中で発せられた語の一部でもあるということである。オースティンが否認しようとしたことは、*I warn you that* が意味的行為の一部をなすということ、つまりこれらの語はこの種のコンテクストにおいて特定の意義と指示をもって発せられるということだけである。しかし、これは「意義」と「指示」が、発話の真理条件に付随するものとしてフレーゲ流に理解されるときに限って可能である。それでもなお、オースティンは *I warn you that* が(21)の真理条件には貢献しないことを提示するべきだろう。この心配はさておき、オースティンによる発語的意味の特徴づけはまったく明瞭というわけではなく、理論研究

者によって異なる解釈がなされてきた。これについては後ほど詳細に議論するが、差し当たりそのままにしておき、発語内行為という概念に話題を移そう。

発語内行為(illocutionary act)とは、何かを述べている**最中**に遂行される行為のことである(Austin, 1962, p.99)。言い方を変えると、ある種の発語内効力を伴った文を発するという行為である。一般的に、人が発語行為を遂行すると必ず発語内行為をも遂行することになる(ただ、必ずしも発語行為で示される発語内行為とは限らない[17])。(21)の場合、遂行される発語内行為は警告という行為である。言いかえると、その文は警告という発語内効力を伴って発せられるのである。この発語内効力は遂行動詞によって明示的に示されなければならないというわけではないことに注意してほしい。たとえば、(21)の発話は *I warn you that* を伴っていなくても、警告という行為として成立するだろう。最後に、**発語媒介**行為(perlocutionary act)とは、何かを言うこと**によって**遂行される行為、つまり、聞き手の感情や思考、行動に影響を与える行為のことである(Austin, 1962, p.101)。たとえば、(21)であれば、聞き手を怖がらせるという発語媒介行為を遂行するために用いられることが可能であろう。

上述したように、オースティンが、何が発語行為という概念に当てはまるものと考えていたのかについては諸説ある。言い方を少し変えると、1つは文の発語的意味を構成するのはいったい何か、もう1つは何が発話の発語内効力を作り出すのかがはっきりしないということである。この問いは、本章の脈絡においてとりわけ重要である。なぜなら「非真理条件的」言語的意味をもつ表現こそが、オースティンによる発語行為と発語内行為の区別に関する問題をもっとも明確に浮き彫りにすると思われるからである。これらの問題は以下の通りである。

おおまかに言って、発語的意味の解釈には2通りあるように思われる(その中間の可能性もいくつかあるが)。1つ目は、文の発語的意味をその言語的意味(コード化された意味)プラス指示付与とあいまい性の除去[18]と同一視する解釈である。2つ目は、発語的意味を命題内容(発話の場における文の真理条件)と同一視する解釈である。中間の可能性はいずれも、どっちにしても、発語的意味を命題内容プラスすべてではないがある程度の「非真理条件的」言語的意味と同一視することになるように思われる。オースティンは(21)における *I warn you* のような明示的遂行表現は発語的意味の一部ではないと考えているようである。しかしながら、*I warn you* は明らかに(21)の言語的意味の一部をなしている。このことから、オースティンは発語的意味を1つ目の方法で解釈するつもりはなかったことがわかる。さらに、*I warn you* のような明示的遂行表現に加えて、問題となる要素は、(23)と(24)の非平叙文形式のような法標識か、(25)の *frankly* のような発語内的副詞であり、おそらく(26)の発語内的不変化詞 *eh* によってコード化された意味もそうである。

50

(23)　Shut the door.
　　　（ドアを閉めて下さい。）

(24)　Do you like chocolate?
　　　（チョコレートは好きですか。）

(25)　Frankly, Peter is a bore.
　　　（率直にいえば、ピーターはつまらない奴だ。）

(26)　You like Peter, eh?
　　　（ピーターが好きなんでしょ？）

I warn you のように、これらの表現はすべて（*eh* は例外となる可能性もあるが）言語的
意味をもっているが、これらがコード化している情報は発語的というよりも発語内
的である。つまり、(23)の命令文形式は命じる、命令する、提案するなどの発語
内行為と結びつくことができる。(24)の疑問法は発話が質問という力をもってい
ると理解されるべきであることを指示しているようである。(25)の *frankly* は、話
し手が何かを告白するないしは何かを認める（あるいは、少なくとも率直に言う）とい
う行為を遂行していることを指示しているかもしれない。最後に、(26)の *eh* には、
(24)の疑問法と同じような効果があるように思われる。

　上述したように、これまでオースティンの解釈の仕方は理論研究者によってさま
ざまであり、それぞれが異なる区別をしてきたこともある。たとえば、Searle
(1968/1973)は、オースティンが中間的可能性の1つを意図していると解釈してい
る。すなわち、サールによると、オースティンのいう発語的意味には、ほんの一部
の「非真理条件的」言語的意味を除いてすべての「真理条件的」言語的意味が含ま
れるという。サールはこの解釈を Austin(1962, p.95)の引用に基づいて行ってい
る。そこでは、以下のような用語的行為と意味的行為の報告文の例を挙げている。
まず前者の例としては、He said "I shall be there"(「そこにいるだろう」と彼は言った）
(用語的行為の報告)、He said that he would be there(そこにいるだろうと彼は言った）
(意味的行為の報告)、He said "Get out"(「出て行け」と彼は言った)(用語的行為)を挙
げ、次に後者の例には、He told me to get out(出て行くようにと彼は命じた)(意味的
行為)、He said "Is it in Oxford or Cambridge?"(「それはオックスフォードにあるか、ケ
ンブリッジにあるか」と彼は言った)(用語的行為)、He asked whether it was in Oxford
or Cambridge(彼は、それがオックスフォードにあるのかケンブリッジにあるのか尋ねた）
(意味的行為)を挙げている。この例から、オースティンが発語的意味を、命題内容
に言述(saying)、命じ(telling)、尋ね(asking)という総括的な発語内効力を加えたも
のになると考えていたと結論づけられるように思われる。これがオースティンによ
る発語的意味の定義であれば、発語行為と発語内行為の区別がなくなってしまうと

サールは議論している。ではサールの論旨を示そう。

Searle(1968/1973, p.147)は、上述した意味的行為(したがって、その発語行為)の報告には、発語内的動詞 say、tell、ask があらかじめ含まれていると指摘している。そうなると、サールはこれらの動詞は総称的な発語内的動詞であると認めていながら、それでもやはり発語内的動詞そのものであると主張している。オースティンが発語行為を特徴づけるためにこの動詞を用いたという事実は、発語行為を無意識に発語内行為として特徴づけてしまい、それゆえ両者の区別が崩壊してしまったということになる。

オースティンの発語行為という概念の代わりに、Searle(1968/1973, p.155)は、**命題行為**(propositional act)、つまり発語内効力が中立的命題を表出するという行為を導入している。サールによると、この命題行為によって発話の**力**とその**内容**の違いがとらえられるというのである。要約すれば、Searle(1968/1973)は、文を発話するときに遂行される行為を次の4つに区別している。すなわち、音声行為、用語行為、命題行為、そして発語内行為である。この図式では、1.5節で議論した要素は指標辞を除いて、いずれも表出命題に貢献しないのであるから、発語内効力によって分析されなければならないであろう。上述したように、非平叙文や、発語内的副詞、発語内的不変化詞にとって、これは問題ではないかもしれないが、態度副詞や態度不変化詞、「前提的」表現、談話連結語が発語内効力によってどのように分析されるかを理解するのは難しい。要するに、サールの分類法では言語的意味のいくつかの要素が説明されないままなのである。

Strawson(1973)は、Searle(1968/1973)とほぼ同じ証拠を考察し、少し異なる結論にたどりついている。Strawson(1973, pp.50–56)は、発語的意味の可能な3つの解釈を順番に分析している。まず1つ目の解釈は、上述した1つ目とまったく同じであり、発語的意味はあらゆる言語的意味に指示付与とあいまい性の除去を加えたものである。Strawson(1973, p.52)は、これがオースティンの考えたものではないであろうと結論づけた。なぜなら Austin(1962, pp.73–76)は、法や強勢、副詞や連結語といった言語的意味をもつ要素をいくつも列挙しながら、そういった要素について、発話の力をより明確にし、役割が明示的な遂行表現に取って代わられうる(ただ、Austin(1962, p.73)のいう「変化や喪失」なしに取って代わられるのではないが)だろうと述べているからである。これらの要素は発話の発語内効力を明確にするが、当該文の意味をより正確にはしないとみなされるので、文の発語的意味の一部とはなりえず、したがって発語的意味は言語的意味全体を下回るものとなるはずである。

ストローソンによる第2の解釈は、上述した2つ目と同じである。この解釈では、発語的意味はある状況で発せられた文の真理条件的内容以上でも以下でもない

ということになる。Strawson(1973, p.54)は、これもオースティンの意図した解釈ではなさそうであるとの結論に達している。なぜなら、発語的意味がどう評価されるのか(たとえば真であるか偽であるか)は、評価されるものが一体何なのか、つまり、たとえば、言明なのか助言なのかどうかによるのである。このことによって、ストローソンが考察し採用することとなる第3の解釈に到達することになる。

Searle(1968/1973)の選んだ解釈と同様、ストローソンの第3の解釈は、中間的可能性として上記で示されたものである。ストローソンもまたAustin(1962, p.95)が意味行為を特徴づけたやり方から、オースティンにとって、意味行為に意義と指示を特定する以上のことが関わっているにちがいないと結論づけている。したがって、ストローソンの議論によれば、発語的意味には、言われていることを「平叙文」「命令文」「疑問文」プラスStrawson(1973, p.55)が言うような「おそらくもう1つか2つ」に大まかに分類したものが含まれているはずである。ストローソンは、Searle(1968/1973)とは異なり、この考えが問題であるとは考えていない。実際、Strawson(1973, p.60)はこれに基づいた解釈スキーマを提案している。このスキーマは(27)で与えられるようなものだが、発語的意味と発語内効力は別々に特定される。平叙文の発語的意味は表出命題であり、命令文の発語的意味はStrawson(1973, p.60)に言わせれば「表出命令」である。ストローソンは、言われていることの他の一般的な類に対して、「表出命題」や「表出命令」と平行する用語が導入されるべきだと付け加えているが、どういう用語がよいのかは提案していない。

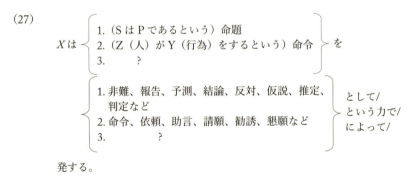

(Strawson, 1973, p.60)

この発語・発語内の区別の解釈によれば、Searle(1968/1973)の解釈と同様に、1章の最後に列挙した要素のほとんどが発語内的意味によって分析されなければならないだろう。ただ、サールとストローソンの違いの興味深いところは、非平叙文形式が、サールには発語内効力を決定するものとして扱われているのに対し、ストロー

第 2 章 「非真理条件的」意味への諸アプローチ　53

ソンにはいかなる種類の発語的意味が扱われているのか、つまり発語的意味は命題なのか、命令なのか、あるいはそれ以外のものであるのかを決定するかのようにみえることである。おそらく、このアプローチの方が、なぜ言明は真理条件をもち、質問や依頼は真理条件をもっていないのかを説明するのにより適しているだろう。

　Bach and Harnish(1979)は、Strawson(1973)に酷似した発語的意味の概念をもっているようである。彼らは発語行為を言われていることの観点から特徴づけている。これはこれまでさまざまな解釈がなされてきた概念であり、もっとも有名なのはグライスによる解釈であり、より近年のものにはバックがあるが、これらは次の2つの節で議論する。バック&ハーニッシュは文の法性に対応させて、異なった言述を区別している。Bach and Harnish(1979, p.25)によると、平叙文を発する際に遂行される発語行為は(28)に、命令文を発する際に遂行される行為は(29)に相当する。一方、疑問文は2つの発語行為が考えられる。すなわち、(30)はyes/no疑問文であり、(31)はwh疑問文である(「wh-x」は命題P内の未知の要素を表す)。

(28)　　S is saying that it is the case that P.
　　　　（S は P であることが事実だと言っている。）
(29)　　S is saying that H is to make it the case that P.
　　　　（S は H が P であることを事実とするべきであると言っている。）
(30)　　S is asking(or saying that H is to tell S)whether or not it is the case that P.
　　　　（S は P であることが事実かどうかを尋ねている（あるいは H が S に伝えるべきであると言っている）。）
(31)　　S is asking(or saying that H is to tell S)(wh-x P).
　　　　（S は wh-x P であることを尋ねている（あるいは H が S に伝えるべきであると言っている）。）

実際、バック&ハーニッシュによる命令文と疑問文の特徴づけは、深刻な問題に直面する。この問題は次章で議論するが、そこで Wilson and Sperber(1988a)によって提案された、それに代わる分析を擁護する。

　発語行為という概念に関するルカナティの解釈は、これまで議論してきたもののいずれとも少し異なっている。ルカナティは、おそらくオースティンが、遂行される発話行為の種類の指し示しのうち少なくともいくばくかを発語的意味の一部にしようとしている点においては、ストローソンやサールに同意しているが、だからといって発語・発語内の区別が崩壊するとは結論づけていない。Recanati(1987, pp.258–260)は実際の発語内行為と指示された発語内行為の違いを強調している。ルカナティによると、指示された発語内行為は、内容についてというよりも発語内

54

効力についての情報をコード化している言語的意味の結果であるという[19]。ルカナ
ティにとって、発語的意味はあらゆる言語的意味(指示された、つまり「非真理条件
的」言語的意味を含む)を併せた発話の命題内容に相当するのである。ルカナティの
議論では、指示された発語内行為は実際の発語内行為とは異なっており、それゆえ
に、発語行為と発語内行為もまた異なっているという。この区別のルカナティのよ
りどころは、文の言語的意味が受け取られるべき発語内効力をいかに正確に指示し
たとしても、当該文が発せられる状況ごとに、実際にその発語内効力をもって話し
手が文を発しようと意図したのかどうかを聞き手が決定しなければならないことに
ある。たとえば、話し手が(24)を発するとして、その言語的意味は明らかに(24)
を質問として受け取るように指示している[20]。しかしながら、その話し手は、台詞
を述べているだけで、質問をまったく意図していない女優かもしれない。もう1つ
の可能性は、話し手が誰かの真似をしている場合であり、このとき実際に遂行して
いる発語内行為は、(実際に発語内行為だとすれば)質問をするという行為ではなく、
聞き手をからかうという行為である。

(24)   Do you like chocolate?
        (チョコレートは好きですか。)

ともかく、ルカナティが言わんとしているのは、実際に遂行された発語内行為が指
示された発語内行為と同じ場合でも、聞き手はそうであるということを導き出さな
ければならないということである。それゆえ、指示された発語内行為を含む発語行
為は、発語内行為、つまり実際に遂行された発語内行為とは異なるのである。ルカ
ナティの考えでは、発語的意味はあらゆる言語的意味を包含しているので、1章の
最終節で議論した要素はすべて発語的意味に貢献しているとみなされることにな
る。
　今や問題は、いかに発語的意味が特徴づけられうるのかということである。本節
で言及した発話行為論者の誰もこの問いについての答えはもち合わせていないよう
である。明らかなことは、最後の解釈と中間的解釈では発語的意味のごく一部が真
理条件的観点から分析されうるということである。しかしながら、発語的意味の
「非真理条件的」側面がいかにとらえられるかについては何の提案も見出せない。

2.5.3　グライス：言うことと慣習的に推意すること

グライスは、(形式的な)文の意味に関心のある哲学者らと「日常言語学派」の哲学
者との間で意見の分かれている中で双方にまたがる、ある意味でハイブリッド的立
場にある。このことは、グライスの意味の理論と会話の理論をみれば明らかにな

る。グライスは、話し手の意図によって意味を特徴づけることはまっとうであると信じていた一方で、以下のような考えも堅持したいと考えていた。すなわち、自然言語の語の中には、たとえば *and* のように、それに相当する論理演算子、つまり真理関数的連結「&」と同じ意味論を与えられうる語があるという考えである。

Grice(1957/1989)は 'Meaning' という論文の中で、自然的意味(natural meaning)と非自然的意味(non-natural meaning(meaning$_{NN}$))の 2 つのタイプの意味区分を示した。Those spots mean measles(この発疹ははしかを意味する)は自然的意味の例であり、Those three rings on the bell(of the bus)mean that the bus is full((バスの)ベルが 3 回鳴るのは満員を意味する)は非自然的意味の例である。グライスによると、人間のコミュニケーションは非自然的意味の問題である。たとえば、Grice(1957/1989, pp.213–223)は発話者の意味について、以下のように特徴づけている。

> 「A は *x* によって何かを意味$_{NN}$ した」は「A は *x* という発話によって聞き手の中に何らかの効果が生じるよう意図し、しかもその意図を認識させることによってその効果を生み出す」と(ほぼ)同義である。そして、つけ加えていえば、A が何を意味したかを問うことは、意図された効果の特定を求めることである。
> (Grice, 1989, p.220)

そうすると(言語的意味がその 1 つのタイプである)無時間的意味(timeless meaning)は発話者の意味の観点から特徴づけられ、それは以下のグライスからの引用が示す通りである。

> 「*x* は(無時間的に)しかじかのことを意味$_{NN}$ する」は、最初の案としては、(漠然とした)「人々」が *x* によって効果を生み出すよう意図(その意図の「認識」についての条件付きで)したことについての何らかの言明またはその言明の選言と同一視されてもいいだろう。
> (Grice, 1989, p.220)

この 2 つの定義は妥当であり、非自然的意味は、それが無時間的意味であれ発話者の意味であれ、言語的意味のみに限定されない。グライスは「発話」という語を広い意味でとらえたいとしている。つまり、言語的発話に限定されるのではなく、上述した方法で聞き手にある効果を生み出すために用いられる、ジェスチャーや写真を見せるといったあらゆる行為に関わるということである。これ以後の論文において、発話者の意味と発話タイプの意味(あるいは無時間的意味)の概念のどちらも、より洗練された定義立てがなされている(Grice, 1968/1989, 1969/1989 を参照)。ただ、文と語の意味を、発話者の意味の観点から、したがって発話者の意図の観点から説

56

明していくという基本的な関心事は残る[21]。さらに、発話者の意味が言語的意味の域を超えるものであるという考えも残されている。

　明らかに、本章で特別関心のあることは、グライスがどのように「非真理条件的」言語的意味を分析するかということである。これを説明するために、グライスのもっとも根本的な区別はどのようなものと考えられるかというところから始めよう。Grice(1975/1989, pp.24–25)は 'Logic and conversation' という論文の中で、話し手が何かを非自然的に意味する(mean$_{NN}$)2通りの方法を区別している。すなわち、「言うこと(saying)」と「推意すること(implicating)」である。この時点においてグライスは、単に「言われていること(what is said)」を、発した語の慣習的意味と密接に関係しているものとしたかったと述べている。後に Grice(1969/1989, 1968/1989)において、「言われていること」の概念を拡張しようとする試みに取り組み、発話者の意味と無時間的意味の概念とを結びつけている。

　Grice(1969/1989, p.87)は、発話者 U が p であると「言う」ことが何を意味するのかに関して、次のような、彼が言うところの「ひどく簡略化しすぎた」定義立てを行っている。

　　発話者 U は以下の条件を満たす何かしらの x を行った
　　1. x によって発話者 U が p ということを意味した。
　　2. x が以下の 3–5 のような発話タイプ S(文)の一事例である、すなわち、
　　3. S が「p」という意味であり
　　4. S がある規則体系(統語規則)によって許可されるようなやり方で配列された
　　　 要素(たとえば語)の列から成り
　　5. S の諸要素の特定の意味、その順序、およびその統語論的性格によって、S
　　　 が「p」という意味になる。

(Grice, 1989, p.87)

グライスは続けて、次のような理由により、この定義立ては依然として広すぎると述べている。たとえば、発話者 U が何かをするということは、(32)のような文を発することかもしれない。

(32)　　She was poor but she was honest.
　　　　(彼女は貧しかったが正直だった。)

発話者が(32)を発することで意味すること、およびその文が意味することは両者とも、*but* によって貢献される要素を含んでいる。しかしながら、グライスは *but*

による貢献が、彼独自の意味の「言われていること」の一部であってほしくないと考えている。このことについてグライスは 'Utterer's meaning, sentence-meaning, and word-meaning' という論文の中でもう少し詳しく述べている（Grice, 1968/1989）。この論文の中でグライスは、「発話者 U が言ったこと（what U said）」と「発話者 U が慣習的に意味したこと（what U conventionally meant）」の区別に焦点を当てている。Grice（1968/1989, p.121）にとって、「発話者 U が慣習的に意味したこと」は(33)のような、必要十分条件によって定義される。

(33)　　発話者 U が p であると慣習的に意味したのは以下の(a)(b)の場合でありその場合に限る。
　　　　(a)発話者 U が X を発したとき、X の意味に「p」が含まれ、
　　　　(b)発話者 U が X を発したとき意味したことの一部が p であった。

(33)の定義によれば、「慣習的に意味すること」は「言われていること」以上でもあり以下でもあるように思われる。すなわち、(32)の意味に対する *but* の貢献が、慣習的に意味されたことの一部であり、言われていることの一部ではないという点では「言われていること」以上であり、また、言われていることが、慣習的に意味されたことの一部ではない指示表現の値を含むという点では「言われていること」以下である。これに加えて、Grice（1968/1989, pp.120–122）は、*but* や *therefore*、*moreover* といった要素による貢献が「言われていること」の一部であるとは考えていないことを、以下のように明らかにしている。

> ところで、私が好んで用いる意味で「言う(say)」を使うとき、S₁〔Bill is a philosopher and he is, therefore, brave.〕（ビルは哲学者で、したがって勇敢である。）を発する人が、ビルが勇敢であることが、ビルが哲学者であることからの帰結であると言ったことになるとは認めたくない。ただビルが哲学者であり、かつ勇敢であると言っているのであろう。むしろ「therefore(したがって)」という語の意味論的機能は、話し手が一定の論理的帰結が成り立つことを指し示す(indicate)ことを可能にするのであって、それを言う(say)ことを可能にするのではないと筆者は主張したいのである。　　　　　　　　（Grice, 1989, p.121）

グライスが描く「発話者の意味」は、言われていることと推意されていること（what is implicated）の 2 種のみであり、「非真理条件的」表現を言われていることの一部にしたくないのは明らかなので、それは推意されていることの一部になるはずである。したがって Grice（1975/1989, p.25）は、*but* のような表現の意味をとらえるため

58

に**慣習的推意**(conventional implicature)という概念を取り入れている。

しかしながら、グライスが *therefore* のような語を「言われていること」に貢献するものとしたくなかったことは明らかであるが、その理由についてはかなり不可解である。このような「言う」の意味は、*therefore* のような語の意味を排除しながら、「言う」の概念を理解する他の可能なやり方よりも「理論的により有用である」と期待するとグライスは言っているにすぎない(1968/1989, p.121)。この概念に意味をもたせる1つの方法は、グライスが「言われていること」を、少なくとも断言の場合には、発話の真理条件的内容と一致させたいと仮定することである。いずれにせよ、Neale(1992)の解釈は以下の通りである。

> グライスは自身が思ったほど明示的に述べていないのだが、「言われていること」は発話者 *U* による「表明陳述」あるいは「表出命題」の代わりとなる(この後すぐに触れる但し書きとともに)ことは、熟考すれば(そしてあちこちの彼の言をまとめると)明らかである。発せられた文が断言という発話行為(つまり、「直説法」のとき)と慣習的に関係のある場合、言われていることはまさしく「真理条件的」であろう[22]。
>
> (Neale, 1992, pp.520–521)

本書の目的からすると、この引用が教えてくれることは、関心を寄せるべき要素は、たとえば *but* や *therefore* のように、話し手が慣習的に意味したことの一部であって、話し手が「言った」ことの一部を成さないものに他ならないということである。

グライスは、「言われていること」には *therefore* のような語による貢献が含まれていないことを保証するために、自身の言われていることの定義を修正している。その修正は発話行為には特殊な中心的下位類があると規定することによってなされるが、そこには何かを断言する発話行為や誰かに何かをするよう命じる発話行為が含まれるように思われる[23]。さらに、Grice(1968/1989, pp.121–122)は、*X* を発した話し手は *p* という内容を伴った中心的な発話行為を遂行する場合に *p* であると「言った」のであり、*X* はこの中心的な発話行為の遂行を指示するような意味をもつ何らかの慣習的な言語的手立てを具現化するものであると規定している。たとえば、(34)を発する話し手が芝生は青いと言ったことになるのは、*the grass is green* と発すると、芝生が青いと断言するという中心的発話行為を遂行したからである。おそらく断言の遂行を指示することがこの文の直説法のもつ慣習的意味と言っていいだろう。

(34)　　The grass is green.

（芝生は青い。）

　この新しい定義に基づいて、*therefore* や、*moreover*、*but* のような語を、言われていることから除外するグライスのやり方は、そのような語が一定の非中心的発話行為の遂行を指示すると述べていることになる。たとえば、*therefore* は結論づけという発話行為の遂行を指示するだろうし、*moreover* は付加という発話行為を指示するだろう（Grice, 1989, p.122）[24]。

　Grice（1989, pp.359-368）は、'Retrospective epilogue' の第 5 のテーマで、このことについてより詳細に述べている。グライスは「中心的」なタイプの意味作用をとらえようとすることから始め、「形式性（formality）」と「言表性（dictiveness）」という 2 種の異なる中心的概念を最終的に仮定している（1989, p.360）。意味作用は、使用された表現の慣習的意味に分類されれば、形式的である。一方、言表性は言われていることと結びついている。グライスは以下のように述べている。

　　　特別な中心性は以下の意味作用の事例に帰せられるべきである。すなわち、その意味作用の中で、「指し示される意味」は、有意味表現（またはその使用者）が、含意したり、示唆したり、ほのめかしたり、その他の完全に直接的とは言えない方法で伝えられるのではなく、「言う」ことそのものであるか、またはその一部を形成しているか、あるいは特別にかつ適切にそれと関係しているかのいずれかである。　　　　　　　　　　　　　　　　　　　　　　　　　　（Grice, 1989, p.360）

言いかえれば、ある表現が言表的であるのは、その意味が言われていることと結びつけられる（ただ、ここではグライスは思ったほど明確にも詳しくも説明していないのであるが）場合である。

　筆者が特に関心を抱いている要素、すなわちグライスの初期の用語で言えば慣習的推意を伝達する要素は、今や形式的だが非言表的なものとして分析される。このことは、その要素は話し手が慣習的に意味したことの一部であり、話し手が言ったことの一部ではないということを、言い方を変えているだけのことであると思われる。グライスによると、形式的ではあるが言表的ではない要素が存在することはかなり驚くべきこと、Grice（1989, p.362）自身の弁を借りれば「少々驚愕すべきこと（slightly startling）」であるかもしれない。これまでのように、グライスはこの「驚愕すべき」可能性を分析するのに発話行為に助けを求めている。彼は以下の例（35）を引き合いに出し説明している。

(35)　　　My brother-in-law lives on a peak in Darien; his great aunt, on the other hand, was a nurse in World War I.

（私の義理の兄はダリエンの山頂に住んでいる。一方、彼の大叔母は第一
次世界大戦中に看護師であった。）

(Grice, 1989, p.361)

グライスが指摘するように、(35)の聞き手は当惑し、話し手の義理の兄がダリエ
ンの山頂に住んでいることと大叔母が第一次世界大戦中に看護師であったこととの
間にどのようなコントラストがあるのかと間違いなくいぶかり始めることだろう。
万が一話し手に対比する意図がないとわかった場合、話し手は *on the other hand* と
いう表現を誤って使用したことで間違いなく非難されることになろう。しかしなが
ら、(35)の陳述を偽とするには至らないだろう。これに対する Grice(1989, p.362)
の説明は、(35)を発するとき、事実上話し手は、異なっているが関係のあるレベ
ルにあるいくつかの発話行為を遂行しているというものである。したがって、(35)
を発している話し手は、(36)と(37)の１階レベルの陳述をし、それと同時にその２
つの低次の発話行為の遂行に対してコメントをするという高次の発話行為を遂行し
ているのである。*On the other hand*(おそらく *but*、*although* およびその他数多くの表現
も)の場合、このコメントは(38)に示されるように対比するという発話行為である。

(36)　　My brother-in-law lives on a peak in Darien.
　　　　（私の義理の兄はダリエンの山頂に住んでいる。）

(37)　　His great aunt was a nurse in World War I.
　　　　（彼の大叔母は第一次世界大戦中に看護師であった。）

(38)　　There is a contrast between asserting(36)and asserting(37).
　　　　（(36)を断言することと(37)を断言することの間にはコントラストがあ
　　　　る。）

　要約すると、グライスは、低次の発話行為に対してコメントをするという高次の
発話行為の遂行に関する慣習的推意をコード化していると述べることによって、
「非真理条件的」連結語の意味を分析しているのである。グライスは、発語内的副
詞や態度副詞、発語内的不変化詞や態度不変化詞の意味をも同じように分析できる
であろうということは想像に難くないように思える。たとえば *frankly* は、１階の
発話行為が率直な態度で遂行されていることを指示することによって、その遂行に
対してコメントをしているものとしてとらえられうる。しかしながら、焦点化詞の
使用は、どのような高次の発話行為を遂行しているのかを推測するのはより困難で
ある。グライスが、*cur* や *spare*、*deprive* といった「前提的」表現や、1.5.5 節で列

挙した他の表現をどう扱うのかに関しては一層明らかではない。ただ、明らかと思われることは、指標辞を慣習的推意をコード化する語として扱わないであろうということである。グライスの見解では、少なくとも指標辞の指示対象[25]は「言われていること」の一部であり、彼によると「言われていること」は語の意味、あいまい性の除去、そして指示付与によって決定されるものということである(Grice, 1975/1989, p.25)。

2.5.4　バック：「慣習的推意」への反論

前節で示したように、グライスが考える「非真理条件的」表現の扱いにおいて、グライスが用いた中心的概念は慣習的推意である。Bach(1999)はこの概念に反する立場をとっている。バックの議論の出発点 Bach(1999, p.327)は、グライスの枠組みにおいてその概念が落ち着かない立場を占めているのは、それが「言われていること」の一部ではない意味論的(つまり、言語的にコード化されている)意味を表しているからだということにある。バックは続けて、伝統的に慣習的推意を伝達すると分析されてきたあらゆる表現は 2 つのカテゴリーのどちらかに分類されると論じている。それは実際に、言われていることの一部であるのか、あるいは 2 階の発話行為を示す手段かのどちらかである[26]。ここでは、本章で議論している「非真理条件的」言語的手立てをどのように扱っているのかに関するバックの論旨とその内容を概観するにとどめておく。

　慣習的推意という概念に対するバックの反論の第 1 歩は、従来慣習的推意を伝達しているとみられてきた数多くの言語的手立てが実際には「言われていること」に貢献することを示すことにある。このことを実際に示すために、バックはそのような言語的手立てにいわゆる「IQ(Indirect Quotation)」テストを行っている。このテストは、「間接引用における that 節は報告発話内の言われていることを特定する(Bach, 1999, p.339)」という考えに基づいている。しかし、これは *but* や *although* のような連結語は言われていることの一部ではないという仮定に問題を引き起こすことになる。なぜなら、(39)や(40)が示すように、どちらの語も間接引用に何の問題もなく生起することが可能であるからである。

(39)　Mary said that Peter is a bore but she likes him.
　　　(メアリーは、ピーターはつまらない奴だが彼が好きだと言った。)

(40)　Mary said that she likes Peter although he is a bore.
　　　(メアリーは、ピーターはつまらない奴なのに彼が好きだと言った。)

この(39)と(40)の文の解釈の可能性は幾通りかあるが、極めて重要な点は、それ

62

それ(7)と(8)のメアリーの発話の間接報告文として理解されうることにある。

(7)　　Peter is a bore but I like him.
　　　　（ピーターはつまらない奴だが好きだ。）
(8)　　I like Peter although he is a bore.
　　　　（ピーターはつまらない奴なのに好きだ。）

このことから、バックはこの種の連結語が実際には言われていることに貢献すると結論づけている。なぜなら、間接引用中にこれらの連結語が生起できるからである。しかしながら Bach(1999, pp.343–350)は、このような結論に反する要因がいくつもあることを認め、それらをひとつひとつ解決しようしている。

　第1に、バックによれば、*but* はそれ固有のコントラストの関係をコード化するのではなく、コンテクストに応じて変化する意味内容をもっているというのである[27]。このことから、バックの主張は、*but* の意味について真理条件によるどんな分析も必ず反例にさらされると主張する。この問題へのバックの解答は、*but* は「2連言肢間に何かしらのコントラストがある」といったようなものをコード化していると述べることによって、*but* の真理条件的貢献をはっきり特定しないままにし、かつ文脈依存的なものにするというものである。このことから、伝達命題を導出するために語用論的拡充（バックの用語では「完成(completion)」）の過程が必要となるように思われる。

　第2に、*but* が指示するコントラストは、話し手が断言していることの一部ではなく、共有される背景知識（つまり語用論的に前提とされる知識）の一部として理解されることが多い。この主張に対するバックの解決方法は、言われていることがすべて必ずしも重要である必要はなく、それゆえ *but* の貢献が、言われていることの一部であることと語用論的に前提とされることとの間の不整合性はないと述べることである。

　第3に、一般的にいわれるように、たとえば(41)の発話は、たとえ2連言肢間に何のコントラストも認められなくとも、2連言肢がどちらも真である限り真である。

(41)　　Peter is a nice guy but I like him.
　　　　（ピーターはいい奴だが私は彼が好きだ。）

バックは、この直感は強制された選択の結果であると考えている。バックによると、同一文が2つ以上の命題を表出し、それゆえ部分的に真であり部分的に偽で

あるという可能性が考慮されるべきであるということである[28]。たとえば(41)は、ピーターはいい奴であることとメアリーが彼を好きであることという 2 つの 1 次命題と、ピーターがいい奴だということが、メアリーがピーターのことが好きだということとコントラストの関係にあるという 2 次命題を、表出しているものとして理解される。この場合、2 つの 1 次命題は真であると判断され、その一方で 2 次命題は偽と判断されることがあるかもしれない。その論旨は、2 次命題が偽であることが発話全体を偽とするのに十分でないのは、まさにそれが 2 次的であるからであるということである。したがって、発話全体が真であるか偽であるかを言う選択を迫られたのであれば、(41)の発話は部分的に真であり部分的に偽であるというのが至極もっともであろう。

最後に、Bach(1999, p.347)も認めているように、but が言われていることに貢献するという考えがあまり心惹かれるものでないのは、この考えが but を含む発話によって言われていることに余分な節が含まれるという主張に結果としてなると思われるからである。たとえば、(41)の 2 節からなる 1 つの発話によって言われていることは、(42)–(44)の 3 節によって特定されることになるだろう。実際、バックは、これを裏づける証拠を出してはいないが、グライスに慣習的推意による分析を選ばせたのは、まさにこのような考察によるものであったと主張している。

(42)　Peter is a nice guy.
　　　（ピーターはいい奴だ。）

(43)　John likes Peter.
　　　（ジョンはピーターが好きだ。）

(44)　There is a certain contrast between someone being a nice guy and other people liking them.
　　　（ある人がいい奴だということと、その人のことを他の人が好きであることの間に何らかのコントラストがある。）

バックはこの種の懸念への反論として、言われていることは but を含む文により特定または報告されることが可能であり、余分な節がなければならないと想定する必要はないと述べている。Bach(1999, pp.350–355)は、but のような表現は、元命題を保持する命題に作用する演算子として機能し、その一方で新たな命題も産み出すと論じている。たとえば、Bach(1999, p.352)は、still について、still を省いた文によって描写される事態が言及時までの間続いていたことを指示する演算子とみなしている。残念なことに、バックは、but が作用する 2 つの命題にどう影響を与えているとみているのかについては何も言及がない。

バックの見解は多くの争点と批判を生みだしているが、単一の文が2つ以上の命題を表出するかもしれないという提案については次章でより詳細に言及する。慣習的推意や言われていることへのアプローチについてのさらなる批評については、Blakemore (2002, pp.53–58) や Carston (2002, pp.173–177)、Hall (2003, pp.8–14) を参照してほしい。現段階では、バックの IQ テストに関しては、1.5 節で列挙した表現のうちごくわずかなものだけが、but や although のようにふるまうということに気を留めておくだけで十分である。下記 (45) の even のような焦点化詞や、(46) の that bastard や (47) の manage といった、1.5.5 節で「前提的」表現という名の下に列挙した要素は、明らかに間接引用中に生起することができる。したがって、バックはこれらの表現を still や but と同じように (つまり、言われていることの要素として、そしておそらくは命題演算子としても) 分析したいのだと思われる。

(45)　　Jack said that even John came to the party.
　　　　(ジャックはジョンでさえパーティーに来ると言った。)

(46)　　Jack said that that bastard Peter ate his steak.
　　　　(ジャックは自分のステーキをピーターのクソ郎が食べたと言った。)

(47)　　Jack said that Peter managed to repair the car.
　　　　(ジャックはピーターが何とかその車を修理したと言った。)

一方、(48)–(52) が示すように、他の連結語や発語内的副詞や態度副詞、発語内的不変化詞や態度不変化詞は IQ テストに通らない。

(48)　　*John said that Peter is a bore nevertheless he likes him.

(49)　　*John said that frankly, Peter is a bore.

(50)　　*John said that sadly, he can't stand Peter.

(51)　　*John said that Peter is an interesting man, huh.

(52)　　*John said that oh, Peter is such a bore.

このような IQ テストに通らない表現すべてについて、バックは 2 階の発話行為によって分析している。この分析は結局グライス自身の高次の発話行為による慣習的推意の分析以外の何ものでもないように思われる。

　最後に、IQ テストが機能するかどうか、あるいはどのように機能するのかが明らかでない 1.5 節で列挙した言語的手立てがいくつかあることに触れよう。たとえば、(53) は英文としては容認されるが、ジョンによる (3) の発話の間接報告文としては明らかにその役割を果たさない。

第2章 「非真理条件的」意味への諸アプローチ　65

(53)　　John said that he saw her yesterday.
　　　　（ジョンは彼が昨日彼女に会ったと言った。）
（3）　　He saw her yesterday.
　　　　（彼は昨日彼女に会った。）

ジョンの発話を報告するためには、(54)のような発話をしなければならないだろう。

(54)　　John said that Jim saw Ruth on 22 May 2004.
　　　　（ジョンは、ジムがルースと2004年5月22日に会ったと言った。）

したがって、この枠組みにおいては、指標辞の言語的意味は言われていることの一部ではないようである。3.6.2節で示すが、このことは指標辞を含む文によって言われていることについてのバックの見解ではなく、IQテストが、このような場合には、言われていることについてのバックの概念と整合すると予測するわけではないということである。

　非平叙文発話が間接引用中に生起するにはやや修正が必要となるのは明白であると思われる。たとえば、(1)の発話は明らかに(56)ではなく(55)として報告されなければならない。

（1）　　Do you like chocolate?
　　　　（チョコレートは好きですか。）
(55)　　John asked whether Jack liked chocolate.
　　　　（ジョンはジャックがチョコレートを好きかどうか尋ねた。）
(56)　　*John said that does Jack like chocolate.

そうすると、法標識は言われている**こと**に影響するのではなく、むしろどのような**種類の言述**が含まれているのかに影響すると思われる(2.5.2節で議論しているが、Bach and Harnish, 1979, p.25 を参照のこと)。しかしながら、バック（およびバック＆ハーニッシュも）の専門的な意味における「言述」は、間接引用を導入する自然言語の「言う」からかけ離れているようである。言いかえると、バックのIQテストが専門的な意味での「言われていること」を突きとめるための妥当な手段であるかどうかは疑わしいのである。

　まとめると、本節では、1.5節で見た「非真理条件的」手立てのいくつかをバックがどのように扱っているのかを簡潔に紹介し、バックはそのうちのいくつかを真

66

理条件的なものとして扱うのに対し、残りはグライス自身の慣習的推意の分析と整合する2階の発話行為分析を行っていることを示した。最後に、バックがどのように指標辞と法標識を扱うのかは、Bach(1999)からは明確ではないことを示した。

2.6 結論

本章では、この1世紀にわたり数多くの理論研究者らが、真理条件が決定的な役割を果たす枠組みの中で、「非真理条件的」言語表現をどう扱ってきたのかについて議論してきた[29]。諸所の節で示したように、「非真理条件的」言語表現の全域にわたる意味を分析できる理論研究者も伝統もないように思われる。さらに言うなら、あらゆる「非真理条件的」表現を同じやり方で分析する理論研究者も伝統もない。このことは最終章の終わりの主張を支持する。すなわち、「真理条件的」・「非真理条件的」区別は本質的には意味論ではない。つまり、この区別は言語的コード化のタイプの違いをとらえられないのである。せいぜい、「非真理条件的」というのは、ことごとく、あるいは時として、それを含む発話の真理条件的内容に貢献しないという特徴を共有する言語表現の雑多なクラスを表すラベルにすぎない。しかしながら、これは意味論というよりは語用論の問題である。言いかえれば、これまで議論してきた表現のうちのいくつかと大多数の言語表現との違いをとらえることができる言語的コード化のタイプ間の区別をまだ見出していないということである。

　次章は関連性理論の説明に充てる。関連性理論は、2種の言語的意味について認知的な定義を提供し、「非真理条件的」言語的意味の全域を分析することを可能にすることを論じる。しかしながら、1.5節で列挙した表現すべてが同じタイプの意味をコード化しているとみるべきでないことを示すつもりである。

第 3 章
関連性理論と「非真理条件的」意味

3.1 イントロダクション

1章では「非真理条件的」意味をもつと分類されてきたさまざまな言語表現を考察した。2章においては、理論研究者らが今なお本質的に真理条件的枠組みの中で、この類いの言語表現をどのように説明しようとしてきたかをみた。そこで到達した結論は、「非真理条件的」意味の概念が自然な表現クラスを網羅することはなく、ある表現を「非真理条件的」とよぶことは、それを記述する理論的に有益な方法ではないというものであった。本章では関連性理論という認知語用論の枠組みを紹介する。その上で、関連性理論の枠組みでは、すべての言語表現の意味を、それが生起する発話の真理条件的内容に貢献するかどうか(そしてどこで貢献するか)に訴えず、分析することが可能になることを提示する。

まず、コミュニケーションと発話解釈についての関連性理論の見解を紹介する。関連性理論は言語的手立てがコード化できる情報について、概念と手続きという2つの異なるタイプがあることへの動機づけを提供する。この意味論的区別は3.3節で詳細に探る。そして明示的に伝達される想定と非明示的に伝達される想定という、異なる(語用論的)区別を3.4節で展開する。概念的・手続き区別は、2種の言語現象の間にある根本的な意味論的違いをとらえることを論じる。一方、非明示的に伝達される想定と2種の明示的に伝達される想定の間にある(語用論的)区別は、1つの与えられた表現が発話の真理条件的内容に貢献するかどうか、さらにどこで貢献するのかをとらえることを可能にするということを主張する。3.5節では関連性理論における真理条件の役割を考察する。最後に3.6節で、1章の終わりで列挙した「非真理条件的」現象を意味論的に「真理条件的」あるいは「非真理条件的」と記述することなく説明するのに、関連性理論がどう用いられうるか、どう用いられてきたかを示すつもりである。

3.2 関連性と(意図明示的)伝達

3.2.1 関連性の認知原理

関連性理論の枠組みでは、言語的伝達は、人間の認知と意図明示的伝達一般という、より広い領域でとらえられる。関連性理論の基本的な考えは、人間は関連性を

有する刺激に注意を払うように組み込まれているというものである。このことは関連性の認知原理によってとらえられ、この原理によれば、人間の認知は関連性を最大にするように仕向けられているということである（Sperber and Wilson, 1986/1995, pp.46–50 および 261–263）。絶対的な言い方をすると、ある刺激が t 時において人間の認知システムにとって関連性を有するのは、その刺激が伝える情報が t 時に認知システムの中にすでに存在する情報と 3 通りの基本的なやり方の 1 つで相互作用する場合でありその場合に限るのである[1]。関連性理論はこの相互作用の結果を**認知効果**（cognitive effect）とよぶ。認知効果の主たる 3 つのタイプは以下の(1)–(3)によって例証される。

（1） Joan is lying in bed. She can hear a patter on the roof and concludes that it's raining. She gets up, opens the shutters and sees that it is indeed raining.
（ジョアンはベッドに横になっている。屋根を打つパタパタという音が聞こえる。そしてジョアンは雨が降っていると結論づける。彼女は起き上がり、雨戸を開け、まさに雨が降っているとわかる。）

(1)のシナリオにおいて、ジョアンが窓の外を見ることから得る新しい情報は、彼女が既に形成していた信念と相互作用する。新情報、つまり雨が降っているという認識は、雨が降っているという、ジョアンが以前には確信に至っていなかった既存の想定を**強化**（strengthen）する。

（2） Joan is lying in bed. Given that there's no audible patter on the roof, she assumes that it isn't raining. She gets up, opens the shutters and she sees that it's raining.
（ジョアンはベッドに横になっている。もし屋根を打つパタパタという音がまったく聞こえなければ、彼女は雨が降っていないと想定する。彼女は起き上がり、雨戸を開け、雨が降っているとわかる。）

(2)において、雨が降っているという新情報はまた、ジョアンのもつ既存の想定、つまり雨が降っていないという想定と相互作用する。この新情報は、ジョアンのもつ既存の想定よりも確信がもてるので、この彼女のもつ既存の想定と**矛盾**（contradict）し、したがってこれを**削除**（eliminate）する。

（3） Joan is lying in bed. She decides that if it's raining she won't go for a run. She gets up, opens the shutters and sees that it's raining.

第 3 章 関連性理論と「非真理条件的」意味 69

（ジョアンはベッドに横になっている。雨が降っていればランニングには
出かけないと彼女は決めている。彼女は起き上がり、雨戸を開け、雨が
降っているとわかる。）

（3）において、雨が降っているという新情報は、雨が降っていればランニングには
出かけないというジョアンのもつ既存の想定と相互作用する。この場合、2 つの想
定の組み合わせによって、ジョアンはランニングには行かないという第 3 の想定
を論理的に含意する。この第 3 の想定は（3）で示したコンテクストにおける、新情
報の**文脈含意**（contextual implication）となる。ジョアン自身のもつ既存の想定も新
情報も、それだけでは第 3 の想定を導出することはないことに注意してほしい。
すなわち、文脈含意は、既知情報と新情報が結びついてはじめて生じるものであ
る。これらすべての場合において、雨が降っているという情報が関連性を有するの
は、この情報が少なくとも 1 つの認知効果を達成するからである。ゆえに、関連
性の定義についてはこれだけで十分説明されるだろう。

　関連性は絶対的な概念ではなく、刺激が異なれば達成される関連性の程度も異な
ることは明らかであるように思われる。たとえば、A と B の 2 つの刺激があり、
これらは同じ情報をもっているが、A が B よりもはるかにたやすく迅速に処理で
きるという場合を考えてみよう。この場合たしかに A は B よりもより関連性を有
することになろう。同様に、2 つの刺激 C と D が同じ量の処理労力を要するが、
C が D よりもより多くの認知効果を生じるならば、C は D よりも関連性を有する
ということになろう。言いかえれば、ある刺激がより多くの処理労力を要するにつ
れ、関連性はより小さくなり、そして認知効果がより多く得られるにつれ、関連性
はより大きくなるのである。このように関連性は相対的に（「比較して」）定義され
る。ここでの問いは、意図明示的推論的伝達において関連性がどのような役割を果
たしているかである。この問いに行く前に、この種の伝達を関連性理論者がどうと
らえ、なぜこれを語用論の適切な領域とみなしているのかを述べたい。

3.2.2　意図明示的伝達

これまで議論してきたこの種の刺激は（とりわけ（1）–（3）のシナリオにおいて）、ある
意味で Grice（1957/1989）が**自然的意味**によって特徴づけた情報を伝達するもので
ある。たとえば、屋根を打つパタパタという音は、雨が降っていることを「自然に
意味する」。明らかに、屋根を打つパタパタ音が、雨が降っていることを**伝達する**
わけではない。伝達の概念は、2 章で議論したが、Grice（1957/1989）の**非自然的意
味**（つまり meaning$_{NN}$）、すなわち、話し手の意図の聞き手による認識を含む概念に
より近似していると感じるはずである[2]。実際に Sperber and Wilson（1986）の意図

明示的伝達の定義は、グライスの meaning_{NN} と極めて近いものの、しかし決定的に異なるものである。

　コミュニケーションが本質的に情報の伝播を含むものであることは当然のこととして、Wilson and Sperber(1993, pp.3–4)は、刺激(たとえば、言語的発話)はさまざまなやり方で情報を伝達しうると述べている。その中で情報が意図明示的に伝達されたといえる場合はそう多くはないだろう。以下の(4)–(8)のシナリオを見てみる。

（4）　Peter overhears Joan talk on the phone. He notices her Irish accent and gathers from this the information that Joan is Irish.
　　　（ピーターはジョアンが電話で話をしているのを耳にする。彼は彼女のアイルランド訛りに気がつき、このことからジョアンがアイルランド人であるという情報を得る。）

たとえジョアンによって発せられる刺激(発話)が、彼女がアイルランド人であるという情報をピーターに伝えたとしても、(4)において、ジョアンがピーターに自分がアイルランド人であることを伝達したとはいい難いかもしれない。なぜなら、ジョアンにはこの情報を伝えようとする**意図**が明らかになかったからである。実際に、ジョアンの発話は、非自然的意味というよりは自然的意味を有しているように思われる。それは、屋根から聞こえるパタパタ音が雨を「意味する」ことと同じように、ジョアンのアイルランド訛りは彼女がアイルランド人であることを「意味する」からである。語用論において中心的な伝達の種類は、どんなに控えめに言っても情報の**意図的**な伝播を含まなければならないことは明らかなように思える。しかしながら、情報が意図的に伝播されるという事実は、情報が意図明示的に伝達されるには十分ではない。これは(5)で例証される。

（5）　Joan deliberately puts on her best Irish accent to make Peter think that she's Irish. However, she doesn't want Peter to realise that she wants him to think that she's Irish.
　　　（ジョアンは、ピーターに自分がアイルランド人であると思わせようとして、わざと精一杯のアイルランド訛りでしゃべっている。しかしジョアンは、自分がアイルランド人であるとピーターに思ってもらいたいとはピーターに悟られたくない。）

(5)において、ジョアンがアイルランド人であると思わせる行為が成功するならば、(4)の場合と同じ理由で、ジョアンがアイルランド人であるとピーターは結局

信じてしまうことになる。ジョアンのアイルランド訛りを彼女がアイルランド人であることを「意味している」とピーターが受け取るからである。ピーターは、アイルランド人であると思わせようとするジョアンの意図を認識しないことから、ジョアンの意図を認識することは、ピーターが彼女をアイルランド人と実際に思い至るのに何の役割も果たさないのである。たとえ自分がアイルランド人であるという情報を意図的に伝達したとしても、たしかにジョアンがそれを意図明示的に伝達したということにはならないだろう。この場合、ジョアンは、Sperber and Wilson (1986, p.29) がいう **情報意図** (informative intention) をもっている。つまり、ジョアンはピーターに自分自身がアイルランド人であることを知らせようと意図しているのである。しかしながら、情報意図だけでは、情報の伝播が、日常のことばによるやりとり（そしてことばによらないやりとり）に含まれる伝達に至るのに十分ではないのである。ジョアンがアイルランド人であることを伝達するには、ジョアンがこの情報を意図的に伝播しければならないだけでなく、当該情報を伝えたいと思っていることをピーターに気づかせようと意図しなければならないと思われる。しかしながら、(6) が示すように、これだけでは情報の伝播が完全に顕示的な伝達であることを保証するにはまだ十分ではないのである。

（ 6 ）　Joan says something in an Irish accent. She intends to inform Peter that she is Irish and she wants Peter to realise that she has this informative intention. However, she doesn't want him to realise that she wants him to discover her informative intention.

　　　　（ジョアンはアイルランド訛りで何かを言っている。彼女はアイルランド人であることをピーターに知らせようと意図し、ジョアンがこの情報意図をもっていることをピーターに気づかせたいと思っている。しかしながら、ジョアンはこの情報意図をピーターに見つけてもらいたいと思っているとは気づかれたくない。）

(6) において、ジョアンは自分自身が情報意図をもっていることをピーターにわかってほしいと意図しているが、何らかの理由で、ジョアンはピーターからこの高次の意図を隠したがっている。そのため、もしジョアンのこの情報意図と高次の意図の双方の伝達が成功すれば、ジョアンはピーターに自分がアイルランド人であると思わせるために精一杯のアイルランド訛りを意図的にしゃべっていることにピーターが気づくことによって、ピーターはジョアンのことを見抜いていたと思うだろう。この場合も意図明示的伝達ではない。ピーターはジョアンが情報意図を認識してほしいと思っていないので、ジョアンの情報意図をピーターが認識することは高

72

次の意図の伝達の成就には何の役割も果たすことができないのである。(5)と同じく、(6)のシナリオも非顕示的「伝達」である。ジョアンは、自分がアイルランド人であることを意図明示的に伝えるためには、情報意図をもたなければならないだけではなく、この情報意図がジョアンとピーターに相互顕在的であるように意図しなければならない。言いかえると、ジョアンは**伝達意図**(communicative intention)をもっていなければならないのである(Sperber and Wilson, 1986, p.29)。

　次のシナリオを見てみたい。

（7）　Peter asks Joan where she's from. In reply she utters:
　　　'Why, what could she have done, being what she is? Was there another Troy for her to burn?'[3] in an obviously Irish accent.
　　　（ピーターはジョアンに出身はどこかと尋ねる。その返答としてジョアンは、「おお、今の彼女だとして、一体何ができたというのか。彼女が焼き尽くすトロイアが他にあっただろうか。」と明らかなアイルランド訛りで発する。）

この発話で、ジョアンは自身がアイルランド人であることをピーターに顕在的に（あるいはより顕在的に）しようと意図するだけでなく、その意図を相互顕在的にしたいとも思っているということはもっともである。言いかえれば、(7)のシナリオにおいて、ジョアンは情報意図と伝達意図の両方をもち合わせており、これは意図明示的伝達の場合であることを意味する。しかしながら、それでもなおこの場合ことばによる伝達の標準的な場合とでは、隔たりがあるということに注目してほしい。すなわち、ジョアンは *Why, what could she have done, being what she is?* ... と発することで自分がアイルランド人であることを意図明示的に伝達はしたが、Sperber and Wilson(1986, p.178)の用語では、ジョアンはアイルランド人であると「言った(said)」のではなく、その代わりにその直接的証拠を提示したのであり、したがって、ジョアンは自分がアイルランド人であることを「示した(shown)」のである[4]。このことは(7)を(8)と比較すると、とりわけはっきりするだろう。

（8）　Peter asks Joan where she's from. She says 'I'm Irish'.
　　　（ピーターはジョアンに出身はどこかと尋ねる。ジョアンは「私はアイルランド人だ」と言う。）

このシナリオで、ジョアンは、アイルランド人であると述べることにより、アイルランド人であることを顕在化したいということを相互顕在的にしている。なぜな

ら、ジョアンは自分がアイルランド人であることを言語的にコード化する(もしく
は慣習的に意味する)ことに至る語を発しているからである。対照的に(7)のジョア
ンの発話には、アイルランド人であることを意味する言語的にコード化された内容
については何もない。誰かのアイルランド訛り(おそらくはアイルランドの詩の知識
と共に)が、その人がアイルランド人であることを「自然に」意味することに基づ
いて、ピーターはその想定を純粋に推論によって引き出すだろう。

　(7)と同様に、(8)もジョアンには情報意図と同時に伝達意図がある。双方のシ
ナリオにおいて、ピーターがジョアンの伝達意図を認識しているというまさにその
事実が、ジョアンの情報意図を満たす手助けとなるだろう。言いかえれば、ジョア
ンがアイルランド人であることをピーターに信じてほしいということを、相互顕在
化させたいとピーターが認識しているという事実こそが、ジョアンの情報意図を満
たす手助けとなるということである。関連性理論では、(7)や(8)のジョアンの発
話のような、伝達達成のために顕在的に意図される行為を**意図明示的刺激**(ostensive
stimuli)とよぶ。

　これまで、詳しく説明しないまま**相互顕在性**(mutual manifestness)という概念を
使ってきた。この概念を修正させてほしい。Sperber and Wilson(1986, p.39)によれ
ば、想定がある時点で個人にとって顕在的であるのは、当該の想定を享受し、それ
を真ないしはおそらく真と受け入れることができる場合でありその場合に限る。そ
して、もし想定Aが2人(以上)の人々にとって相互顕在的であるのは、当事者が想
定Aだけでなく想定Aが当事者に顕在的であるという想定も享受し、真ないしは
おそらく真と受け入れることができる場合でありその場合に限る。言いかえれば、
ある想定Aがジョアンとピーターにとって相互顕在的であるために、2人の一方が
想定Aを、あるいは両者が想定Aを享受しているという想定を、さらに両者が想
定Aを享受しているということが相互顕在的であるという想定を、**実際に**享受し
ている必要はない。両者ともこれらの想定をすべて享受し、かつもし享受したとし
たら、それを真ないしはおそらく真と受け入れる**ことができさえすれば**十分であ
る。

　上の議論は、伝達というのは、スペルベル&ウィルソンが定義しているように、
単なるコード化とコード解読の問題だけでないことを明らかにしたと言えるだろ
う。たとえば、(7)ではジョアンは自分がアイルランド人であることを、発話に
よってコード化される情報を含めることなく、意図明示的に伝達している。意図明
示的刺激とは、この枠組みでは、メッセージを生み出すためにコード解読される記
号ではなく、強いていうならば、話し手の伝達意図と情報意図の一片の証拠となる
ものであり、聞き手が一連の非検証的推論過程への入力として利用するものである。さらに(8)の場合、この証拠の一部は言語的にコード化されているとはいえ、

74

そのような場合でさえも、意図明示的に伝達されたものは、コード化されたものを凌駕する。以下で示されるが、関連性の伝達原理は話し手が伝達しようと意図した想定の復元に至る推論過程に聞き手を導く解釈ストラテジーを供するのである。

3.2.3 関連性の伝達原理

話し手に伝達意図があるとき、話し手は、聞き手に自身の情報意図を認識させようと最大限の努力を払うと考えるのは理にかなっていると思われる。結局のところ、意図明示的伝達の本質は、聞き手が情報意図を認識することによってこれが満たされることを話し手が望んでいるということである。人間は関連性を有する刺激に注意を払うように仕向けられているのであるから、少なくとも聞き手が注意を払うに値するほどに関連性を有する刺激を生み出すことは話し手の関心事である。言いかえれば、その刺激は不当な処理労力を課さないで十分な認知効果を有する。それゆえ、ひとたび話し手が、聞き手の注意を引きつけ、伝達意図があることを明らかにすると、話し手が生み出した意図明示的刺激からある一定レベルの関連性を聞き手は期待するよう保証されることになる。このことは Sperber and Wilson (1986, p.158; 1995, pp.226–227) の**関連性の伝達原理**によって説明できる。この原理によると、どの意図明示的伝達行為もそれ自体最適関連性の見込みを伝達する。意図明示的刺激が**最適関連性を有する**のは、その刺激が (a) 聞き手が注意を払うに値するほど十分に関連性を有し、かつ (b) 話し手が自身の能力と好みを考慮し、生み出すことができたであろう最も関連性を有する場合でありその場合に限る (Sperber and Wilson, 1995, p.270)。

関連性理論の枠組みでは、発話解釈を仮説の形成と評価の過程とみなしている。すなわち、意図明示的刺激を話し手の伝達意図の証拠とし、聞き手は話し手の情報意図の内容について仮説を形成し評価する。解釈のよび出し可能性が減少するにつれて、聞き手の処理労力が増大する（ゆえに、関連性が減少する）のであるから、聞き手は解釈が頭に浮かぶままに解釈をよび出し、そして関連性の期待を満たす1つの解釈を復元したところで即止めるという、最小の労力でたどれる道筋に従うことになる[5]。これが**関連性理論による解釈ストラテジー**（relevance-theoretic comprehension strategy）とよばれるものである（たとえば Sperber and Wilson, 1998 を参照）。

関連性理論では、言語的発話を単に特別な意図明示的刺激としてとらえている。それはことばによらないジェスチャーや他の非言語的だが意図明示的伝達行為とは、言語的コード化とコード解読をある程度含むという点で一線を画している。言いかえるなら、たとえば、意図明示的な手の動きの受信者は、その伝達者が伝えようとしている意味を純粋に推論によって復元しなければならない。一方、言語的発話の受信者は、推論が不必要になるほどではないにしても、情報意図がある程度

第3章　関連性理論と「非真理条件的」意味　75

コード化された情報を与えられ、これは発話の言語的意味のコード解読は、典型的には命題断片的概念表示(1章で議論した意味論的意味決定不十分性のテーゼが主張しているように)だけでも与えるのである。この表示を(関連性に基づいた解釈ストラテジーによって制約される)一連の語用論的計算へのインプットとして、聞き手は、話し手が伝達しようと意図した(完全命題の)想定がどのようなものかについての1つの仮説に行きつくだろう。一例を挙げて説明しよう。

　シナリオ(9)において、メアリーの発話を解釈しようとする時に、聞き手であるピーターはまず(10)と(11)の情報をよび出すことになる。

(9)　　*Peter*　Does Susan have a boyfriend?
　　　　Mary　She's a lesbian.
　　　　(ピーター　スーザンはボーイフレンドがいるの。
　　　　メアリー　スーザンはレズビアンよ。)

(10)　　Mary has uttered 'She's a lesbian'.
　　　　(メアリーは「スーザンはレズビアンだ」と発した。)

(11)　　Mary intends the information conveyed by this utterance to be(or at least to appear to be)optimally relevant to me.
　　　　(メアリーはこの発話によって伝達された情報が私にとって最適関連性を有する(または少なくともそう思われる)ということを意図している。)

最終的に、ピーターはたとえば、(少なくとも)想定(12)を導出したことになろう。

(12)　　Mary intends to communicate(intends me to realise that she intends me to believe)that
　　　　(メアリーは以下のことを伝達しようと意図している(メアリーは私に以下のことを信じさせようと意図していると私に気づかせようと意図している))
　　　　(a) Susan is a lesbian.
　　　　　　(スーザンはレズビアンだ。)
　　　　(b) Most lesbians don't have boyfriends.
　　　　　　(ほとんどのレズビアンにはボーイフレンドはいない。)
　　　　(c) Susan isn't likely to have a boyfriend.
　　　　　　(スーザンにはボーイフレンドはいそうもない。)
　　　　(d) Susan isn't likely to be interested in me as a potential boyfriend.
　　　　　　(スーザンは、ボーイフレンドの候補として私には興味はなさそうだ。)

76

この解釈過程の中間段階を詳述はしないが、この見解ではメタ表示が発話解釈に欠かせない側面であることは明らかである[6]。

次で示されることになるが、発話解釈過程は表示と計算を含むということから、言語的刺激が2つの異なる情報タイプをコード化しているということはもっともだろう。すなわち、概念的情報と手続き的情報である。

3.3　概念的情報と手続き的情報

3.3.1　表示と計算

これまで関連性理論について議論されてきたことの中で暗黙のうちに了解されていることは、発話解釈の認知理論こそが、こころに関する特定の見解、すなわちフォーダー(たとえば Fodor, 1985/1990 において)によって擁護されてきたこころの計算的表示理論の類に合致するということである。このこころに関する見解は、(a)(信念や欲求といった)意図的な心的状態、いわば世界を表示する(または世界についての)心的状態が実在し、(b)その内容によってそれらが互いに因果関係を結び、行為において因果的役割を果たすという想定に基づいている。

Fodor(1985/1990)は、こころの計算的表示理論を説明できる唯一の方法は、心的表示(思考)の生産性と体系性を考慮に入れながら、表示の合成システム、つまり統語的に発現されたシステム、あるいは思考「言語」(心的言語(Mentalese)として知られることもある)を仮定することによる、と説得力をもって論じている。この観点では、心的表示とは思考言語の「文」であり、それは構造的(統語的)特性と意味論的特性の双方を有している点で、フランス語や英語のような公的言語と同じようなものとして考えられるだろう。この観点において、思考言語の「語」は、概念、あるいは原子的心的表示である。心的表示は、意味論的特性ではなく統語論的特性による計算を経る。このことは、心的表示の形式的・統語論的特性が当該の意味論的内容を(少なくとももっともな程度まで)反映するので、心的過程は純粋に統語論的考察に依拠できるという点で、形式論理の推論過程に類似していることを意味する。たとえば、雨が降っていれば、外に置き忘れてきたものは濡れてしまうという筆者の信念と、雨が降っているという筆者の信念が、外に置き忘れてきたものは濡れてしまうという信念を引き起こすのは、*P* ならば *Q* かつ *P* から *Q* を導く論理的推論に平行している。

この種のこころの計算的表示理論にたてば、認知過程は心的表示と計算の両方に関わるものである。(五感や記憶といった)さまざまな情報源からの情報は収斂することができるので、この過程の最終的なアウトプットは感覚中立媒体の中にあるにちがいない。この媒体は概念的心的表示によって供され、この種の表示こそが本章

第 3 章　関連性理論と「非真理条件的」意味　77

で筆者が関わることである。

　上で議論されたこころをとらえるという脈絡の中に発話解釈過程を置けば、その過程において心的表示と計算が 2 種の決定的な要素となる。言語モジュールのアウトプット（つまり発話の論理形式）と発話解釈過程全体の最終的な結果（伝達された想定の総和）はいずれも構造化された概念表示である。しかしながら、決定的なことだが、コード解読過程の概念的アウトプットである論理形式は決して完全命題ではない。解釈過程全体の結果は一連の完全命題的概念表示（想定や思考）であり、これを話し手が明示的または非明示的に伝達していると聞き手は受け取るものである（明示的・非明示的区別に関する詳細は 3.4 節で扱う）。

　発話解釈における計算の役割は二段構えである。まず命題断片的な概念表示（論理形式）をもたらすコード解読過程がある。たとえば、聞き手が行うことは(13)の発話の言語的内容の解読だけあれば、その結果は(14)のような最小のスキーマ的概念表示となる。なお、X と Y はそれぞれ意味論的に与えられる変項である。

(13)　He likes her.
　　　（彼は彼女が好きだ。）
(14)　$\underline{X}$ LIKE $\underline{Y}$

1 章で触れたように、*he* と *she* はそれぞれの指示対象を言語的にコード化していない。ゆえに、言語的コード解読だけでは、(13)の発話による表出命題の主語と目的語のどちらも提供されない。

　本章での議論に関する限り、計算がより興味深い役割を果たすのは発話解釈の次の段階である。次の段階とは、つまり、計算がコード解読のアウトプットをインプットとし、話し手が伝達しようと意図した一連の想定を伝えるという段階である。ここでの計算は、同じインプットがあらゆるコンテクストにおいて同じアウトプットを導出するとは限らないという点においてはるかに可変的である[7]。この点で、聞き手は論理形式を、記憶や他のインプット体系（たとえば、視覚や聴覚）からのアウトプットによって手に入れる他の情報と統合する。上述したように、この計算過程は関連性理論による解釈ストラテジーによって制約される。論理形式は、(14)で示されたように完全命題ではなく、話し手が伝達している想定は一般的に完全命題であるから[8]、伝達は、論理形式に肉づけし、文脈含意もしくは推意を導出することに関わる推論過程なくして成り立たないであろう。

3.3.2　概念のコード化と手続きのコード化
ここで述べているような発話解釈の認知的観点によれば、ほとんどでないにしても

78

多くの自然言語の語は、いわば、論理形式の積み木のようなものである表示的情報をコード化していると想定するのは自然なことであると思われる。結局のところ、言語モジュールのアウトプットは概念表示であるからである。たとえば、(15)の *sky* と *grey* はそれぞれ空と灰色の心的表示（もしくは概念）につながるものとして理解されよう。

(15)　　　The sky is grey.
　　　　　（空は灰色をしている。）

しかし、Blakemore (1987)が指摘しているように、関連性理論による発話解釈の分析は、処理労力を最小にすることを重視し、コード化された言語情報の中には（心的）表示というよりむしろ発話解釈の推論的側面（または計算）と直接関わっているものがあると考える十分な理由を与えてくれる。要するに、意図する効果を達成するために、できるだけ処理労力を必要としない発話を産出することは、話し手の利益となるのである。処理労力は、基本的に解釈的仮説を構築しテストするという計算過程で費やされる労力であるから、これらの計算過程に制約を課すいかなる情報も処理労力の節約につながる。このことが概念的・手続き的コード化の区別の基盤である。

　この見解に立てば、たいていの自然言語表現は概念的情報をコード化しているとみなされる。すなわち *grey* や *sky* のように、心的表示あるいは概念と直接結びつき、コード化された論理形式の構成素となる。しかしながら、言語表現の中には手続き的情報をコード化していると分析される方が適切なものが存在するように思われる。(16)の発話列を使って Blakemore (1987, pp.70–76)において提示された論法を追ってみよう。

(16)　　　(a) Joan loves Bach.　　　　　　(b) She is very discerning.
　　　　　((a)ジョアンはバックを愛している。　(b)ジョアンはとても聡明な人だ。)

この2つの発話に対して、話し手が聞き手にどのように解釈させようとするかは、聞き手には即座に明らかではないかもしれない。とりわけ、話し手が(a)に照らしてどう関連性を達成させようと(b)を意図したのか、または聞き手がどう当該発話を処理するよう見込まれ、いかなる効果を引き出すよう意図されるのかは、聞き手には明らかではないかもしれない。たとえば、(a)は(b)の結論へ至る前提とみなされることもあるが、同様に、(b)が(a)の結論を導く前提としてみられることもある。そのため、(16)の(a)と(b)の間にどのような推論関係を描いているのかを指示

する何かしらの言語的手立てを話し手が自由に操ることができるのであれば、有益であろう。Blakemore(1987, pp.85–91)によると、(17)における *so* と(18)の *after all* はまさにこの機能を遂行するものである。つまり(17)の *so* は、(b)が(a)から文脈含意として引き出される結論であることを指示し[9]、一方(18)の *after all* は、(b)が既存の想定(a)を強化する前提であることを指示するのである。

(17)　　(a) Joan loves Bach.　　　　(b) So she is very discerning.
　　　　((a)ジョアンはバックを愛している。 (b)だからジョアンはとても聡明な
　　　　　　　　　　　　　　　　　　　　　　人なんだ。)

(18)　　(a) Joan loves Bach.　　　　(b) After all, she is very discerning.
　　　　((a)ジョアンはバックを愛している。 (b)なんといっても、ジョアンはと
　　　　　　　　　　　　　　　　　　　　　　ても聡明な人だからね。)

ごく一般的にいって、いかなる発話においても、聞き手が即座により出し可能な文脈想定や認知効果が話し手の意図する想定や効果であるという保証はないだろう。ゆえに、発話解釈の推論過程に制約を課し、意図した解釈を聞き手に指し示す *so* や *after all* といった言語的手段を用いることが役に立つと話し手は考えているのであろう。話し手は、(17)や(18)においてみたように、どの種の認知効果を聞き手に期待するべきかを指示することによってこれを行う。Blakemore(1989)は、*but*(少なくともその使用の1つ)をこういった方向で、つまりそれに続く節の発話の主たる認知効果が矛盾と削除であるという指示をコード化するものとして分析した。ブレイクモアによる *but* の意味の分析と、必要とされるさまざまな修正については4章で議論するつもりである。

　これまでの議論に基づくと、あらゆる手続き的情報が、話し手がその発話についてどの認知効果を達成させようと意図しているのかを指示していると結論づけるのはもっともであろう。しかしながら Blakemore(2000)が指摘しているのだが、必ずしもこのような場合だけではない。すなわち、手続き的情報は発話が処理されるべきコンテクストのタイプや、聞き手がたどるべき推論過程の種類の指示も与えると思われる。たとえば、Blakemore(2000, 2002)は以下の情報をコード化しているものとして *nevertheless* を分析している。すなわち *nevertheless* が導入する部分が、その関連性がすでに先行談話の中で達成している問いへの返答として関連性を有し、かつ反対の返答を支持するコンテクスト内で処理されるべきであるという情報をコード化している。

(19)　　It's raining. Nevertheless, I need some fresh air.

（雨が降っている。それでも新鮮な空気が欲しい。）

たとえば(19)において、*I need some fresh air* は、*Are you going to go for a walk?* という質問に対する肯定的な返答とみなされるだろう。この場合、先行文 *it's raining* は否定的な返答を暗示するコンテクストを提示する。後の３つの章で触れる *but*、*although*、*even if* の分析は、手続き的意味は推論に制約を課すいろいろなやり方が存在し、さらに手続き的意味は意図された認知効果のタイプに関する情報をコード化しているというブレイクモアの初期の想定が、実際にはあまりにも制限的であることを提案することになろう。

　上述した概念的コード化と手続的コード化間の区別は数多くの問いを投げかける。たとえば、ある表現が手続き的意味をコード化しているとは一体どういうことなのか。手続き的意味をもつ言語的構造物が伝達の推論的側面に制約を課す情報をコード化しているというのはいいにしても、その制約がいかに働くのかについて何か言われなければならないであろう。さらなる問いは、言語表現が概念的情報もしくは手続き的情報のいずれかのみコード化しているのか、また１つの同じ表現が両タイプの情報をコード化しうるのかどうかである。最後に、どの表現が(もしくは表現のコード化された意味のどの側面が)概念的で、どの表現が手続き的であるのかをどう決めるのかということである。

　3.3.3 節では３点目の問いについて扱う。そのため、ここでは最初の２つの問いについて簡単に議論していく。最初の問いはおそらく３つの中で一番難しいものであり、一般的な答えはまだない。しかしながら、４章から６章の議論がこの問いに対する答えに貢献する。全体として、手続き的情報がどのような**ものである**かというより、どのような**ものでない**かを示す方がずっとたやすいように思われる。手続き的情報は表示的ではないという事実だけをみても、以下のことが結論づけられるだろう。言ってみれば、手続き的情報は概念表示の一部にはならず、ゆえに、手続き的情報が論理的特性をもち合わせていないということである。このことが意味するのは、手続き的情報は概念や想定を意味論的に含意もしないし矛盾もしないし、また真にも偽にもなり得ないし、さらには世界の事象(または世界の事象の諸相)を表示することもできないのである。少なくとも、この否定的な特徴づけは、関連性理論者に当該の表現、あるいは１つの表現の意味のある側面が、概念的であるか手続き的であるかということを決定づけるためのテストを考え出させることになる。この一連のテストにはどのようなものがあるかについては 3.3.3 節で議論する。しかしながら、個々の表現のあり様が分からなくても、この概念的・手続き的区別が存在することを裏づけるためのより明確な経験的証拠がかなりある。そのような証拠は、失語症や言語処理、言語獲得の研究から将来的に得られるかもしれな

いし、さらにさまざまな脳スキャン技術のような認知科学が用いる手法によって得られる可能性がとても高い。というのは、もしこの概念的・手続き的意味の区別が存在するならば、その区別が言語処理の仕方に示唆することが期待されるからである。たとえば、失語症患者において、手続き的意味を含む表現は、概念的意味をもった表現よりも、文法上の特徴と共に形作られ、その結果非流暢性失語症患者は、概念的表現の使用は保持するも手続き的表現は保持できない可能性があるように思われる。明らかに、このことは極めて思弁的だが、この方面の将来的な研究が実りあることは必至である。もちろん、概念的と目される表現と手続き的と目される表現の間に処理の違いがなければ、この区別の実在性は疑問視されなければならない。

　2つ目の問いに移るが、1つの表現が概念的情報と手続き的情報の双方をコード化しうるということは極めて有りうることである。たとえば、Takeuchi(1997)は日本語の因果関係を表す接続助詞「から」と「ので」の分析を提示している。彼女はこの2種の接続助詞が同じ因果関係を表す概念的意味をコード化し、その一方で想定の前景化と背景化に課す手続き的制約において異なるものとして分析されるべきであると論じている。Wilson(unpublished b)も同様に、*but* と *if* が概念的・手続き的両方の意味をコード化しうると示唆している。*But* の場合、コード化されるものは接続的概念と上で触れた手続き的情報の双方である可能性があるとしている。これについては次章でより詳細にみていきたい。

3.3.3　意味の概念的側面と手続き的側面とを区別するためのテスト

手続き的意味がこころの中にどう表示されるのか(あるいは、そもそも表示されるのかどうか)、また伝達の推論的段階を「制約する」メカニズムとはどのようなものなのかは未だ解明されていないのであるが、それでも手続き的意味の非概念的性質に基づいて導き出すことができる、その特性についての妥当な結論が存在する。この特性はおおよそ次の3点に関するものである。すなわち、意識へのよび出し可能性、真理判断可能性、合成性である。この3点のそれぞれに対して、当該の表現がコード化しているのは、概念的意味なのか手続き的意味なのか(あるいは、当該表現の意味のある側面が概念的か手続き的か)を決める手助けとなるテストは定式化できる。そのうちのいくつかはWilson and Sperber(1993)、Rouchota(1998a, 1998b)、Iten(1998b)ですでに検討されている。

　まず第1の観点、意識へのよび出し可能性は、3つの中でもっとも直感に訴える議論を提供する。これだけでは説得力に欠けるが、後述するほかの議論と組み合わせれば、ある表現がコード化していると思われる意味のタイプについてよい見通しが得られる。もし関連性理論の枠組みにおいて概念が心的表示であるとすれば、概

念的な言語的手立ての意味は話し手および聞き手の意識に直接よび出されるのは妥当であろう。たとえば英語母語話者に、*tree*、*freedom*、*because* とはどういう意味かと尋ねてみれば、どこまで納得がいくかどうかは別にしても、すぐに言いかえた語で返答されるはずである。さらに、Wilson（unpublished b）が指摘しているが、一般に英語話者は，2 つの概念的表現、たとえば *over* と *on* のような前置詞が同義かどうかを尋ねられれば、さほど時間をかけて考えずに、とりわけこの 2 つがどのコンテクストでも交換可能か否かをテストするまでもなく答えられる。一方、手続き的表現の場合は事情が異なる。手続きは伝達の推論的段階に課される非表示的な制約であるので、そもそもよび出し可能だとしても、われわれの意識に容易によび出し可能であると想定する理由がない。実際、手続きは意識的によび出されることなしに、遵守される（あるいは実行される）という点で、言語規則にとても似ているともいえる。そのため、英語話者に *but*、*so*、*although* のような語の意味を尋ねても、すぐには答えが返ってこないであろう。実際、理論研究者でさえも、おそらくこうした表現が何を**意味する**のかよりむしろ、いかに**使われる**のかを説明することになろう。

　同様に、*but* と *however* あるいは *although* と *nevertheless* のような語が同義かどうかは、相互交換可能性を検討せずには通常決められない。最後に、第二言語習得の点からも、手続き的情報をコード化していると思われる表現の方が、明らかに概念的な言語的手立てよりも学習するのがはるかに困難だとする証拠もある。たとえば、英語圏以外の人が英語を学ぶ場合、*well*、*even*、*just* などの表現の意味（あるいは正しい用法さえ）の習得が難しいとの悪評を得ている。そして、これはドイツ語の *doch* と *ja* の習得にも同じことがいえる。こうした違いはすべて、われわれの意識に直接よび出すことができる表示的情報をコード化する言語的手立てもあれば、意識に直接よび出されない手続き的（計算的）情報をコード化する言語的手立てもあるという仮定に基づいて説明されうる [10]。

　第 2 のテストないし議論は、上述した概念の特性、つまり概念の真理判断可能性に関するものである。概念は表示的であるので、世界における事象の諸相を表示することができる。

(20)　　The cat is in a tree.
　　　　（猫が木の上にいる。）

例(20)は、現実世界での 1 つの事象、言ってみれば 2004 年 5 月 12 日の午前 10 時、メアリーの猫が木の上にいるということを表示するために発せられる。*Tree* という語はこの事象の表示に一構成素として貢献している。言いかえれば、(20)の

tree という語の存在そのものが、真か偽になりうる表示の一側面を決定する。この
ことは *tree* がこの表示に対して果たす貢献が、真偽にも影響を及ぼすことになると
いうことである。つまり、それが世界における現実の事象の一側面に対応していれ
ば、この表示は真であり、対応していなければ偽である。(20)の場合、当該の猫
が 2004 年 5 月 12 日の午前 10 時にいるのが木の上である場合、*tree* がコード化し
ている概念は 1 つの事象のある側面を真として表示する。つまり、発話における
所与の概念的表現の存在は、「そうではない(That's not true)」と発することで異を
唱えることができるということである。たとえば(20)の *tree* の存在に異を唱える聞
き手は、(21)を発することで異議を表明することができるだろう。

(21)   That's not true; the cat is on the mat.
         (そうではない。猫はマットの上にいる。)

興味深いことに、この真理判断可能性の特性は、ある概念的表現が「発話の真理条
件的内容」に貢献すると判断される場合に適用されるだけではないようである。た
とえば(22)を見てみよう。

(22)   Sadly, I can't come to your party.
         (悲しいことに、パーティーには行けない。)

ここで、*sadly* はこの発話の主文の真理条件的内容に貢献していないと思う人がほ
とんどだろう。ほとんどの人にとって(22)が真であるのは、話し手が聞き手のパー
ティーに行けない場合でありその場合に限り、しかもこの発話の真偽性は、この話
し手がパーティーに行けなくて悲しいかどうかに関わらない。それでも、この話し
手が *sadly* を使うことに異を唱える人がいれば、(23)を発するのは適切だろう。

(23)   That's not true: you're not at all sad.
         (そうではない。あなたはまったく悲しがっていない。)

このことは *sadly* が当該発話によって伝達される表示の構成素に貢献していること
を意味する[11]。
　翻って、手続き的表現はいかなる表示もコード化しないので、真にも偽にもなり
得ない。したがって、「そうではない」と発することで手続き的表現の使用の不適
切さに疑義を唱えることができないと予想されるだろう。実際、それが当てはまる
表現がある。たとえば(18)で話し手が使う *after all* の使用に異を唱える聞き手は、

84

(24)を発し得ないだろう。

(18)　　(a)　Joan loves Bach.　　　　　　(b)　After all, she is very discerning.
　　　　((a)ジョアンはバックを愛している。　(b)なんといっても、ジョアンはと
　　　　　　　　　　　　　　　　　　　　　　　　　ても聡明な人だ。)

(24)　　That's not true: you're not using *she's very discerning* as a premiss.
　　　　or: That's not true: loving Bach doesn't follow from being discerning.
　　　　(そうではない。あなたは「ジョアンはとても聡明な人だ」を前提として
　　　　使ってはいない。あるいは、そうではない。バックを愛していることは聡
　　　　明であることからの帰結ではない。)

　最後に、合成性に関しては、概念的表現と手続き的表現間に有意な違いが見出さ
れることが予想される。2つ以上の概念が結合することで何を意味するのか極めて
明白なようである。一般的には、原子的概念が結合して、複合的なより大きい概念
表示を形成するものである。たとえば、EYES と BLUE の2つの概念が結合して
BLUE EYES という複合概念が形成される。もちろん、これはいつも完全に単直にい
くわけではなく、複数の概念がどう結びつくのかという論争にまつわる数多くの問
題がある(たとえば Lahav, 1989 や Blutner, 2002 を参照のこと)。概念の合成性の正確な
組み立てがどうであれ、概念と概念が結合したり、互いに修飾しあうことができる
のは議論の余地がない。手続き的表現の場合、合成性の論点はさほど明白ではな
い。明らかに、同一発話で複数の手続き的表現が生起しうるので、表現同士がどの
みち「結合する」ことになる。たとえば Rouchota(1998a, 1998b)は、(25)と(26)の
so、*then*、*too* はいずれも手続き的意味をコード化しており、これらの発話の中で *so*
と *then*、そして *so* と *too* は何らかのかたちで相互作用しているにちがいないと論じ
ている。

(25)　　*A*　There's a bird in the garden.
　　　　B　So, the cat didn't eat them all then.
　　　　(A　庭に鳥がいる。
　　　　B　だから、それで猫が全部食べたわけではなかったんだ。)

(Rouchota, 1998a, p.117)

(26)　　Jane has a year off. So she's going to finish her book too.
　　　　(ジェーンは1年間休暇を取っている。だから、本も書き上げようとして
　　　　いるのだろう。)　　　　　　　　　　　　　　　　(Rouchota, 1998b, p.37)

しかしながら、こうした手続きは、結合して「より大きな」もしくはより複合的な手続きを形成するのではなく、同時であれ連続的であれ、いずれにしても個別に適用するように思える。この手続きが同一発話内でお互いを修飾し合ったり、概念によって修飾されたりすることができることを示す証拠はない。概念的情報をコード化する語同士であれば、合成していくらでも複雑化するのは極めて容易である一方で、手続き的表現の結合はそうはいかないようである。たとえば、*so* や *but*、*how-ever*、*after all* などの談話連結語に記述的否定や副詞表現を適用することはできない。具体的には、(27)では、副詞句 *very much* が明らかに *as a result* を修飾することができる一方で、同じ副詞句を用いて *so* を(この例では、*as a result* とおよそ同義に思えるかもしれないが)修飾しようとすると、容認できない(28)が導き出される。

(27)　　He kept teasing me. Very much as a result, I hit him.
　　　　（彼は私をいじめ続けてきた。最終的に私は彼を殴った。）
(28)　　He kept teasing me. *Very much so, I hit him.

現時点では、これ以上合成性の問題について議論しない。しかしながら、4章と5章での *but* と *although* についての議論は、本章の 3.6.7 節での *even*、*too*、*also* についての観察も同様だが、より詳細な論旨を提供する。

　本節では、概念的にコード化されているものと手続き的にコード化されているものを区別することを可能にするであろうテストをいくつか概観してきたが、筆者は以下のようなことを警告したい。すなわち、すべての手続き的意味、というより非概念的意味は一筋縄ではいかないということである。たとえば、*after all* と *never-theless* はともに、手続き的意味をコード化しているようだが、*after all* は聞き手が導出するべき認知効果のタイプを指示する一方で、*nevertheless* は、Blakemore(2000, 2002)の分析が正しければ、聞き手が発話を処理することとなるコンテクストに制約を課す。したがって、あらゆる非概念的表現が共有する特性についての仮定から始めるというよりは、むしろ個々の表現の分析から始め、手続き的意味についての一般的な仮定の上に個々の表現の分析を積み重ねていくことによって、明らかに非概念的と目される表現の意味をひとつひとつじっくりと考察することがとるべき最善の方法である。もちろん長期的には、手続き的意味全体に関して、あるいは少なくとも手続き的意味のさまざまな下位クラスに関して、異なった手続き的意味論分析を比較し、引き出されるであろう一般化を求めることが望ましい。

3.4 明示的伝達と非明示的伝達

3.4.1 明示的・非明示的区別

関連性理論の第 2 の中心的な区別は、想定が伝達される 2 つの方法の区別である。上述したが、伝達されることは（概念表示として心的に享受される）一連の想定である。想定が明示的にも非明示的にも伝達されうることと、明示的伝達と非明示的伝達の区別がこれまでさまざまな方法でなされてきたことは広く受け入れられている。ここで、明示的・非明示的区別に関する文献を詳細に議論するつもりはない（徹底的な議論に関しては、Carston, 2002 を参照のこと）。しかしながら、「明示的」と「非明示的」という用語の日常的な言語使用を観察し、関連性理論ではその区別がどのようになされるのかを説明し、関連性理論による線引きが正当である理由を提示する。

　問題のない例から始めることにしよう。発話(29)によってメアリーが(31)も伝えたいと意図しているとすれば、一般的合意としては、メアリーが(30)の情報を明示的に伝達している一方で、(31)を非明示的に伝達しているということだろう。

(29)　　シナリオ：ジョアンとメアリーは休みにスーザンをどこに連れて行くか話し合っている。ジョアンはミュンヘンに連れて行くことを提案している。
　　　　Mary　　She's been there.
　　　　（メアリー　彼女はそこに行ったことがあるわ。）

(30)　　Susan$_X$ has been to Munich[12]

(31)　　Joan$_Y$ and Mary$_Z$ should not take Susan$_X$ to Munich

多くの人にとって、「明示的」とは「言語的にコード化されている」と同義であるように思われる。問題は、この「明示的」という用語の日常的な言語理解が、「明示的に伝達されること」を特徴づけるに際して利用されうるのかどうかである。すなわち、ある想定が明示的に伝達されるのは、言語的にコード化されている場合でありその場合に限るということは擁護できる仮説なのだろうか。メアリーの発話(29)の言語的にコード化された内容は、メアリーが明示的に伝達しようと意図していること、すなわち(30)では不十分である。なぜなら、*she* と *there* は指示付与されなければならないからである。このことが意味するのは、比較的わかりやすい場合でさえも、言語的にコード化されていることと明示的に伝達されていることは別個のものであり、そのため「明示的」という語の日常的な言語使用と「明示的に伝達されている」ことは区別されるべきである。

　実際に、Carston(2002)によって受け入れられ本書でも採用している革新版の意

味決定不十分性のテーゼは、言語的にコード化されていることが完全命題を決定することはまずないことを予測する。このことが意味するのは、「明示的＝コード化されている」という見方に基づくと、明示的に伝達されることが完全命題的であることは決してないが、それでも話し手が伝達することは完全命題的でなければならないということである[13]。また、このことは、第1の仮説、すなわち、言語的にコード化されていることだけが明示的に伝達されるという仮説は、一貫性のある立場ではないことを意味する。すなわち、伝達されることは完全命題的であり、一方意味決定不十分性のゆえ、言語的にコード化されていることは事実上完全命題であり得ないのである。

　さらに、たとえ意味決定不十分性が存在せず、文がことごとく完全命題をコード化していたとしても、言語的にコード化されていることだけが明示的に伝達されうるという仮説は、意味論的あいまい性の存在が否定できないことから維持されないだろう。1つの言語形式が2つ以上の意義をコード化しているという意味論的あいまい性の場合、言語的にコード化されていることはただ1つの命題ではなく、いくつかの命題を産出する。たしかに、そのような場合に話し手がいくつかの想定を明示的に伝達していると主張することは直感に反しているが、上述の枠組みにおける唯一の代案は、話し手は何も明示的に伝達していないと述べることであり、これは第1の仮説と同じくらい直感に反している。このことがいわんとするのは、明示的伝達を言語的コード化と同一視することは満足のいく明示的・非明示的区別を供しないということである。

　これまで議論した例に基づくと、上記の明示的意味の定義に対する修正は次のように考えることになろう。たしかに、あいまい性の除去と指示付与は語用論的過程であり、それなしにはいかなる完全命題内容も明示的に伝達され得ない。しかしながら、どちらの場合にも、当該要素が、明示的に伝達されることに対する貢献を**コード化していない**にもかかわらず、明示的に伝達される命題内容の構成素の語用論的派生を**許可する**(実際には要求あるいは強制する)言語的要素(指標辞ないしはあいまい表現のいずれも)が発話にはある。それゆえに、第2の仮説は、想定が明示的に伝達されるのは言語的に許可されている場合でありその場合に限るとなるだろう。しかしながら、この第2の仮説でうまく説明できない例は多い。まず、(32)のメアリーの発話が、たとえば、(33)と(34)の想定を伝達するために発話される場合を考えよう。与えられたシナリオでは、(34)の想定が非明示的に伝達されているのに対し、(33)の想定は明示的に伝達されているということは議論の余地がないように思われる。

(32)　　*Peter*　Let's go for a walk.

Mary   It's raining.

（ピーター　散歩に行こうよ。

　　メアリー　雨が降ってるわ。）

(33)   IT'S RAINING AT TIME T IN THE PLACE WHERE PETER$_X$ wants to go for a walk.

(34)   MARY$_Y$ DOESN'T WANT TO GO FOR A WALK (AT TIME T).

以下に述べることはすぐにわかるわけではないが、指示付与とあいまい性の除去の後でさえも、(32)のメアリーの発話の言語表現は完全命題を決定しない。つまり、メアリーの発話は場所を表す構成素が派生される場合にはじめて真理判断が可能となるからである。この構成素は(34)の非明示的に伝達される想定の派生にも必要である。結局のところ、もしメアリーとピーターは北ロンドンにいて、メアリーがたとえばティンブクトウ〈訳者注：サハラ砂漠の端にあるマリ共和国中西部の町。転じて「非常に遠いところ、遠く離れたところ」という意がある。〉で雨が降っていること(メアリーが発した言語的要素と完全に整合する想定)を明示的に伝達していたのであれば、メアリーが北ロンドンで散歩に行きたがらなかったことを非明示的に伝達しているとピーターが想定するのは妥当といえないのである。すなわち、ティンブクトウで雨が降っているという前提から、ある人が北ロンドンで散歩に行きたいと思わないという帰結を直接的に導き出す適切な推論がないのに対し、北ロンドンで雨が降っているという前提からそのような帰結を導くような推論はある。ここで問題となるのは、必要とされる場所を表す構成素の派生を言語的に許可する顕示的な指標辞がメアリーの発話にないことである。したがって、言語的に許可される想定だけが明示的に伝達されるという仮説を保持する唯一の方法は(おそらくStanley 2000で提案されたような)非顕示的あるいは「隠された」指標辞を仮定することによる方法だろう。Carston(2002)、Wilson and Sperber(2002)、Recanati(2002)はそのような方針に説得力のある反論を展開しているが、このことは仮説2も断念せざるを得ないことを意味するのである。

　かなり直感的ではあるが、もう1つの代案は、想定が発話の真理条件的内容に対応するのであれば、明示的に伝達されるというものである。この仮説はこれまで議論した例を正しく予測するように思われる。たとえば、(30)は(29)のメアリーの発話の真理条件的内容であり、(33)は(32)のメアリーの発話の真理条件的内容である。この仮説は意味論的あいまい性を含む例も分析できる。しかしながら、非平叙文タイプの発話となると、困難に陥る。(29)で描写されたシナリオにおいて、ジョアンが続けて(35)を発すると仮定しよう。

(35)   Has she been to Madrid?

（彼女はマドリードに行ったことあるの？）

明らかに、（35）は真理条件をもたない、ゆえに、第 2 の仮説に基づくと、ジョアンはこの発話で何も明示的に伝達し得ないのである。もちろん、仮説を修正して、**表出命題**が明示的に伝達されているということもできるだろう。それは、（35）の場合、（36）のようなものになるだろう。

(36)　Susan$_X$ has been to Madrid

いうまでもないが、これにまつわる問題は、（36）が実際にはまったく伝達されず、したがって明示的に伝達されていることにはなり得ないということである。そのため、くり返すが、明示的に伝達されていることは何もないままに置かれるのである。しかしながら、これは直感に反している。間違いなく、（35）の発話によってジョアンは(37)か(38)の情報を明示的に伝達している。

(37)　Joan$_Y$ is asking whether Susan$_X$ has been to Madrid
(38)　Joan$_Y$ wants to know whether Susan$_X$ has been to Madrid

　これまでの議論が示してきたことは、明示的伝達は言語的コード化に等しいという仮説も、明示的に伝達されることは言語的に許可されなければならないという仮説も、明示的に伝達されることは発話の真理条件的内容であるという仮説もいずれも正しい予測をしないということである。そこで Sperber and Wilson(1986)による明示的・非明示的区別を紹介し、この区別がこれまで議論した 3 つの可能性よりも直感に合致するという主張を擁護する。

3.4.2　関連性理論による明示的・非明示的区別
Sperber and Wilson(1986, p.182)は、伝達される想定はすべて 2 つのカテゴリーのうちのいずれかであると主張している。すなわち、想定は推意（グライス以降馴染みのある概念）か表意（グライスの推意に平行してスペルベル＆ウィルソンによって定義される概念）のいずれかである。スペルベル＆ウィルソンによると、発話によって伝達される想定が表意となるのは、その発話によってコード化された論理形式の発展の場合でありその場合に限るという。上述したが、発話の論理形式とは（命題断片的）概念表示もしくは想定スキーマである。発展という概念はあいまい性の除去や指示付与のような言語的に指図されるプロセスだけでなく自由拡充まで含まれる。言いかえると、表意には、発話によってコード化された論理形式に存在しない（または

90

要求されない)構成素(いわゆる「(言語的に)発現されていない」構成素)があるかもしれない。このことから、どれほどの発展が1つの表意に入り込むのかという問いが生じる。現時点で、論理形式の発展に含まれるのは、(a)論理的に不完全な論理形式から完全表出命題(まだまったく完成ではないのだが)にまで聞き手をたどらせるプロセス、および(b)表出命題を発話行為記述や命題態度記述の下に埋め込むことに関わるプロセスであるというに留める。この見方に基づくと、表意は言語的コード解読と語用論的推論の掛け合わせによって導出されるものである。推意は主として否定的な定義が与えられる。すなわち、推意とは表意ではない伝達される想定、つまり概念的内容が純粋に推論によって(ただ、その推論は手続き的意味によって制約されるかもしれないが)得られる想定である。この区別が本節でこれまで議論してきた例を正しく予測することを例証していこう。

　明らかに、(30)の想定は(29)のメアリーの発話によってコード化された論理形式の発展、つまり、コード解読と指示付与によって派生される[14]。同様に、(33)は(32)のメアリーの発話によってコード化された論理形式の発展であり、それはコード解読、指示付与、拡充によって導出される。最後に、(37)は(35)によってコード化された論理形式の発展である。この場合、表意の復元に至るプロセスはコード解読と指示付与だけでなく、表出命題の発話行為記述 JOAN$_Y$ IS ASKING WHETHER の下への埋め込みもある[15]。

　この分析に基づくと、区別は**表出命題**(proposition expressed)と**高次表意**(higher-level explicature)の間に認められる。表出命題とは話し手が態度を表明していると思われる対象となる基礎想定である。これは伝統的には発話の真理条件的内容とみなされている[16]。たとえば、(29)の発話をするとき、話し手は(30)の命題を表出し、同時に(39)で示されるような、それに対する態度を表明しているといえよう。

(30)　SUSAN$_X$ HAS BEEN TO MUNICH

(39)　MARY$_Z$ BELIEVES THAT SUSAN$_X$ HAS BEEN TO MUNICH

もし(39)が(29)のメアリーの発話によって伝達されるのであれば、それはその発話の高次表意である。なぜなら、それは命題態度記述の下への埋め込みを含むコード化された論理形式の発展であるからである。(30)の表出命題は同じ発話の基礎表意であることに注意をしてほしい。しかしながら、表出命題は常に伝達されるとは限らず、したがって常に表意になるとは限らない。たとえば、(35)の発話は、対応する平叙文がそうであるように、(36)の命題を表出するが、これは伝達されないので表意の1つとはならない。

(36)　　　Susan$_X$ has been to Madrid.
　　　　　（スーザン$_X$はマドリードに行ったことがある。）

　関連性理論における明示的・非明示的区別の線引きは、言語的にコード化された内容以上のものを要求し、真理条件的内容以上のものが明示的に伝達されることとみなされる。同時に、言語的にコード化された内容すべてが与えられた状況で明示的に伝達されることに貢献するとは限らない。手続き的言語的意味は、定義上、発話によってコード化される論理形式には現れないが、伝達の明示的側面もしくは非明示的側面のいずれかに影響しうる。一方、概念的言語的意味は必ず明示的に伝達されることの一部となる。なぜなら、それは発話によってコード化された論理形式に現れ、結果として論理形式の「発展」の一部となるからである。このことは、関連性理論による2つの中心的区別が使用される言語表現を3通りに分類することを意味する。すなわち、(a)明示的伝達に貢献する概念的表現、(b)明示的伝達に貢献する手続き的表現（これは本章の6節で見る）、(c)非明示的伝達に貢献する手続き的表現である。

　さて、2章で議論した「非真理条件的表現」ももちろん含むすべての自然言語表現を分類する道具立てが揃った。3.6節ではこれらの表現のうちのいくつかがこれまで概観してきた関連性理論の枠組みでどう分析されうるか（そして、場合によっては、どう分析されてきたか）を簡単に述べる。その前に、明示的・非明示的区別というトピックに関するさらなる問いについて触れる必要がある。つまり、発話の表意と推意をどう区別するのかである。

3.4.3　表意と推意とを区別すること

表意は言語的にコード化された論理形式を発展させた伝達される想定として、推意は推論によって伝達される想定として定義づけられることを思い出してほしい。言いかえれば、表意と推意のどちらも少なくともある程度は推論によって導出されるものであり、それゆえ、発話の意味の語用論的に派生される側面は発話の明示的内容をなすことも非明示的内容をなすこともあろう。このことから、理論研究者が表意と推意をいかに区別するのかという問いが生じる。さらに、この区別が聞き手にとって何か意識的、心理的役割を果たすのかどうかも問いたくなるかもしれない。

　第2の問いから始めよう。上述したように、発話解釈における聞き手の目的は、話し手が発話した特定の状況で意図したことを発することによって何を伝達しようと意図したのかを見出すことである。関連性理論の観点から言いかえれば、決定的に重要なことは話し手の伝達意図の内容である。すなわち、話し手が発話によって顕在的またはより顕在的にしようと意図する一連の想定である。明らかに、これに

92

は伝達される想定全体、つまり表意と推意の両方が含まれる。聞き手の立場からすると、与えられた想定が明示的に伝達されたのか非明示的に伝達されたのか（つまり、話し手の発話の表意なのか推意なのか）はさほど重要ではない。いずれなのかは発話を想い出してもどうでもいいことなのである。すなわち、印象としては、発話の主旨、すなわち、発話のもつ最大限の認知効果を達する語用論的含意は憶えているものであるが、伝達された想定のいずれが表意であったかは、概して思い出せないものである。実際のところ、もし話し手によって強く推意された想定が偽であるとわかったとき、たとえ発話の申し立てられた「真理条件的内容」が真であったとしても話し手は正直ではなかったと人は判断するという仮説に沿って、このような印象を実証的研究で確認するのは興味深いだろう。たとえば、(40)のシナリオにおけるメアリーの発話を聞いた人のほとんどが、ジョンの手紙を投函する意図がメアリーにないことがわかった場合、嘘をつかれたと思わないまでも、少なくとも騙されたと感じるだろう。

(40)　　*John*　　This letter urgently needs posting and I don't have a minute to do it.

　　　　Mary　　I've got to go to the post office anyway.

　　　　（ジョン　　この手紙はすぐに投函しないといけないけど、そんな時間がないんだ。

　　　　メアリー　　どっちみち郵便局に行かなくちゃいけないの。）

明らかに、これはメアリーの発話の表意ではなく、非常に強い推意であることは確かである。このことが示しているのは、通常の話し手と聞き手は発話の真偽を判断する際、明示的に伝達される想定と非明示的に伝達される想定とを区別しないものであるということである。

　しかしながら、理論研究者の立場からは、言語発話の表意と推意には興味深い重要な区別がある。このことは特に関連性理論の枠組みにおいて当てはまり、この理論によれば発話の言語的にコード化された内容、つまり発話の論理形式は、いくつもの推論プロセスへの（命題断片的な）インプットとみなされ、この推論プロセスは聞き手が最適関連性を（無意識的に）追求することによって制限され、一連の伝達される想定の復元に帰着することになる。そのとき表意と推意の間の相互調整[17]や微調整というプロセスがあるかもしれない（筆者が思うに、実際しばしばある）が、最終的な全体像は、いわば(41)で示すようなものになろう。

(41)

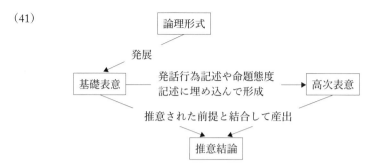

　言いかえると、基礎表意(伝達される表出命題)は論理形式に依存し、高次表意は基礎表意に依存し、推意前提も推意結論も表意なしには導出され得ない。このことは、表意と推意(推意前提と推意結論)に重要な違いがあることを意味している。すなわち、表意は発話によってコード化された論理形式の発展であり、常に「前提(premiss)」ないしはさらなる伝達想定を導く推論プロセスへのインプットとして機能するのに対し、推意は論理形式の発展ではなく、前提として機能するものは多くはない。発話の表意と推意の違いをどう説明するのかという問いに対する答えは(41)の図でとらえられる全体像にある。このことを例を用いて説明しよう。

　広く知られていることだが、*and* 接続詞を含む発話がしばしば因果解釈を受けることがある。たとえば、(42)の発話は(43)を伝達していると自然に解釈される。ここでの問いは(43)が(42)の表意なのか、あるいは推意の1つなのかである。

(42)　　Joan dropped the teapot and Mary screamed.
　　　　(ジョアンはティーポットを落とし、メアリーはキャーと叫んだ。)
(43)　　J OAN$_X$ DROPPED TEAPOT$_Z$ AND, AS A CONSEQUENCE, M ARY$_Y$ SCREAMED

表面的には、その答えはあまり難しくないように思われるかもしれない。(43)は(42)によってコード化される論理形式の発展のようにみえる。したがって、(43)は表意にちがいない。表層形式が有効な解決法となるかもしれないのは、とりわけ発話の言語的にコード化された内容と表意か推意か目下検討中の伝達想定との間に類似性がない場合である。たとえば、たとえ(44)がそのような想定を伝達するのに用いられたとしても、(42)の表意とはなり得ない。

(44)　　M ARY$_Y$ IS EASILY STARTLED

しかしながら、表層的抑制(superficial containment)、すなわち、伝達される想定と

94

論理形式間の意味論的含意関係でさえ、決定的要因ではないのである。重要なのは発話解釈の推論プロセスにおいて想定が果たす役割である。1つの想定が表意になりうるのは文脈含意（ないしは他の認知効果）を導出する際に前提として機能する場合だけである。(42)の場合、(43)が表意にちがいないのは、それが(44)の文脈含意のような認知効果を導出するのに不可欠な役割を果たすからである。この文脈含意が導出されうるのは(43)が(45)のような文脈想定（推意前提）と結合される場合だけである。

(45)   IF X SCREAMS AS A CONSEQUENCE OF Y DROPPING SOMETHING, THEN X IS EASILY STARTLED

このような論法から、(46)が(42)の表意となり得ないということもわかる。なぜなら、(46)はいかなる認知効果にも至らないように思われるからである。

(46)   JOAN$_X$ DROPPED TEAPOT$_Z$ & MARY$_Y$ SCREAMED

　3.4.3 節をまとめると、表意と推意の違いは、聞き手の意識の点では重要でないだろう。しかしながら、発話解釈の潜在意識プロセスでは2種の想定が重要な点で異なる役割を果たしている。すなわち、表意は前提として機能するのに対し、推意は推意前提と推意結論というかたちで機能するのである。こうして理論研究者は表意と推意を区別するのに有益な道具を手にしたのである。

3.5　関連性理論と真理条件

上述した関連性理論の見解による説明が示すように、真理条件に一切言及せずに言語的意味と言語的伝達を分析することは可能である。以下の理由からこのようなアプローチが望ましいということを主張したい。

　1章で議論したように、「文の真理条件」のようなものがないという証拠は確固たるものである。このことから、コンテクストでの発話が真理条件の可能な担い手として残されることになる。より正確にいえば、コンテクストにおける、文の発話による表出命題が真理条件の担い手、ゆえに真理値の担い手として残される。1章で述べたように、この概念は言語的意味の分析となると、まったく役立ちそうにない。とはいえ、発話解釈理論にはまだ有用かもしれない。とりわけ、「アバウト性」の直感とでもいうものを説明するであろう。これによって生じる問いは、われわれ（理論研究者として、かつ話し手・聞き手として）が特定の発話の真理条件が何で

第 3 章　関連性理論と「非真理条件的」意味　95

あるかをいかに探るのかということである。

　特定の発話の真理条件が何かを決めるとなると、自分自身の直感(および他の話し手・聞き手の直感)を信用すべきだという意見で一致しているように思われる。この想定はルカナティの利用可能性原理(Availability Principle)においてもっとも明確にとらえられている。この原理によると、

> 発話の意味の語用論的に決定される側面が言われていることの一部かどうかを決めるとき、つまり、言われていることを決定するとき、この件に関して前理論的直感を常に保持しようと努めるべきである [18]。
>
> 　　　　　　　　　　　　　　　　　　　(Recanati, 1993, pp.246–250)

これに関する問題は、直感がまったく明確ではないということが往々にしてあるということである。たとえば、理論研究者の間だけでなく一般の話し手や聞き手の間でも、(47)と(48)の発話が指示されたシナリオの中で真かどうかに関して、意見の相違がかなりある。

(47)　The man drinking a martini is a famous philosopher. [where the man indicated is indeed a famous philosopher but isn't drinking a martini]

　　　　　　　　　　　　　　　　(Donnellan, 1966/1977, p.48 に倣って)

　　　(マティーニを飲んでいる男は有名な哲学者だ。[指示された男が実際に有名な哲学者だが、マティーニを飲んでいない場合])

(48)　Napoleon, who recognised the danger to his right flank, personally led his guards against the enemy position. [where Napoleon didn't recognise the danger to his right flank, though he did lead his guards against the enemy position]　　　　　　　　　　　　　　　(Frege, 1892, p.44)

　　　(ナポレオンは右側の危険を認識していたが、自ら敵陣に対して衛兵を率いた。[ナポレオンが敵陣に対して衛兵を実際に率いたが、右側の危険は認識していなかった場合])

直感はいつも単純明快というわけではないので、直感を鋭くするのにこれまで「スコープテスト」とよばれてきたものを用いることが関連性理論では標準的な方法である。実際に、ルカナティが利用可能性原理を使用しているところで [19]、関連性理論者たちは一般的にこのテストに頼ってきた。スコープテストは、当該発話を if ... then や or のような論理演算子のスコープに、または because のような因果関係を表す連結語のスコープに埋め込むことを含む。これは、意味の一側面が演算子のス

コープに入れば、発話の真理条件的内容（表出命題、つまりルカナティによる言われていること）の一部となる。たとえば、*it was raining* は、(50)では *because* の、(51)では *if* のスコープに入るので、(49)の真理条件的内容の一部となる。前者では、それがピーターが濡れたことの原因の一部と理解され、一方後者では、ピーターが濡れたであろう状況の一部として理解される。(50)においては雨の場合にピーターの外出が予想されなかったという想定はピーターが濡れたことの原因の一部として理解されないし、(51)においてはピーターの外出と雨降りがどうも整合しないという想定はピーターが濡れることになった条件の一部と理解されない。このことは、*although* の意味が、*because* のスコープにも *if ... then* のスコープにも入らず、したがって「非真理条件的」であることを意味している。

(49)　Peter went out although it was raining.
　　　（雨が降っていたのにピーターは出かけた。）

(50)　Because Peter went out although it was raining, he got wet.
　　　（雨が降っていたのに出かけたので、ピーターは濡れた。）

(51)　If Peter went out although it was raining, he'll have got wet.
　　　（雨が降っていたのに出かけたのなら、ピーターは濡れたであろう。）

　スコープテストに関する問題の1つは、すべての発話が論理演算子の下に埋め込まれたとき結果として文法的になるとは限らないということである（たとえば、Ifantidou, 1994, pp.140–141 を参照のこと）。しかも、埋め込みが文法的になるときでさえ、結果として生じる直感がまったく明確ではないことが多くの例でみられるのである。最後に、(47)と(48)のような場合に関して、スコープテストは明確な結果を出す一方で、埋め込まれない発話に関して多くの人の直感とは異なっている。たとえば、指示された男が有名な哲学者だがマティーニを飲んでいるように見えるだけというシナリオにおいて(47)の発話者は、真のことと偽のことを言ったという人は多いだろう。しかしながら、この発話が(52)や(53)のように埋め込まれると、確定記述は *because* のスコープに入らないように思われる。

(52)　Because the man drinking a martini is a famous philosopher, you should treat him with respect.
　　　（マティーニを飲んでいる男は有名な哲学者なので、敬意をもって対応するべきだ。）

(53)　Because the man drinking a martini is a famous philosopher, he doesn't need another drink yet.

（マティーニを飲んでいる男は有名な哲学者なので、まだおかわりがいらない。）

言いかえると、(52)の発話者は、聞き手が敬意をもってある人に対応すべき理由は、その人が有名な哲学者であるからであると言っている。つまり、その人がマティーニを飲んでいるということはその理由には含まれない。一方(53)が示すように、たとえ男がマティーニを飲んでいることが潜在的に重要である（ここでは、主節の主張を支持している）ように埋め込まれたとしても、*because* のスコープ内にあるとはみなされない。つまり、ここでは男がマティーニを飲んでいることはまだおかわりがいらない理由となるだろうが、それでもなお(53)の発話が伝えているのは、まだその男のおかわりがいらない理由が有名な哲学者だからであるということである。

　同様に、ナポレオンが右側の危険を認識していなかった（が、自ら敵陣に衛兵を率いた）というシナリオで(48)を発する人は、真のことと偽のことを同時に言っているということは広く受け入れられた直感である[20]。さらに、もしこの発話が(54)と(55)に示すように埋め込まれれば、非制限関係節は *because* のスコープに入らないように思われる。

(54)　Because Napoleon, who recognised the danger to his right flank, personally led his guards against the enemy position, he won the battle.
（ナポレオンは、右側の危険を認識していたが、自ら敵陣に対して衛兵を率いたので、その戦いに勝った。）

(55)　Because Napoleon, who recognised the danger to his right flank, personally led his guards against the enemy position, I believe that he was as vigilant as ever.
（ナポレオンは、右側の危険を認識していたが、自ら敵陣に対して衛兵を率いたから、彼は相変わらず用心深かったと思う。）

つまり、どちらの例も、主節で描写されている事態の理由は、ナポレオンが自ら敵陣に対して衛兵を率いたことであると理解される。ナポレオンが右側の危険を認識していたということは、(55)でさえも、その理由に含まれない。ここで主節が選ばれたのは、危険の認識がナポレオンが相変わらず用心深いという話し手の信念に対する理由の一部であるようにするためである。

　最近の文献、たとえば Neale(1999) と Bach(1999) において、このような場合における直感が人によって大いに異なるという事実は、この種の例が 1 つしか命題を表出しないという想定を断念すれば、説明可能であると示唆されてきた。それど

ころか、これらの哲学者たちが論じているのは、そのような発話は2つ以上の命題を表出し、そのそれぞれが真理条件を担っているということである。重要なのは、そのような発話はこういった命題すべての**連言**を表出しているわけではないことである。この考えに基づくと、1つの発話の表出命題すべてが等しく重要というわけではなく、どの命題が与えられた状況でもっとも重要なのかは文脈的要因によって決定されるということである。バックやニールの主張によれば、1つの命題だけが真でその他の命題は偽である場合に発話が真となりうるのは、当該発話全体が真か偽か決めるのを強制されるときだけであるということが一般に同意されている。そのような場合、表出命題のうちでもっとも重要なものが真である場合に当該発話は真と判断されることになるだろう。このことはスコープテストに対してどのような含意があるのだろうか。

　スコープテストはもっとも重要な表出命題を正確にとらえるという働きを十分果たすように思われる。しかしながら、*if ... then*、*or*、*because* のような演算子はそのスコープに1つの命題しか取ることができない。たとえば(56)は、2つの非連結命題を *because* のスコープに埋め込もうとしたものだが、これは非文法的である。

(56)　　*Because Peter went out, it was raining, he got wet.

バックとニールによれば、(47)と(48)のような発話は(単一の連結命題というより)複数の命題を表出しているので、スコープテストは与えられた想定がそのような発話による表出命題なのか推意なのかを決めるのに適切な手段ではない。つまり、*if*、*or*、*because* は単一命題しかスコープに取ることができないのである。したがって、バックとニールが正しく、しかも単文発話が複数の命題を表出できるのであれば、発話が *if*、*or*、*because* のうちの1つに埋め込まれる際に、そのスコープに入るからといって、意味の特定の側面が発話による当該(あるいは1つの！)表出命題の一部であるというのはもはや正しくないのである。もっと重要なことは、バックとニールによる観察が、Ifantidou-Trouki(1993)や Ifantidou(1994, 2001)の観察も同様だが、1つの発話による単一の表出命題と1つの発話の単一の真理条件のようなものなどないということを意味しているのである。それどころか、発話はいくつかの命題を表出し、いくつかの真理条件をもっていると言えるかもしれない。このことは、発話の真理条件が2つ以上の命題によって決められるであろうということと、当該発話の真理条件が何かを探ることは母語話者の直感に訴えることと直結する問題ではないということを意味する。このような複雑な事情を考慮すると、言語的意味や言語的伝達に対する真理条件という概念を必要としないアプローチならどれも一歩先んじるといってよいだろう。しかしながら、そのような分析がとらえなけれ

ばならない事実が2つある。

(i) 　言語的発話は世界のものごとに**ついて**であるという広く受け入れられた直
　　　感、および
(ii) 　話し手・聞き手は発話が真であるのはどういうことかについての直感を
　　　（どんなに曖昧模糊でも）もっているという事実

　もし関連性理論が(i)と(ii)をとらえることができるなら、真理条件という概念に依
存している言語的意味や言語的伝達に対するいかなる分析よりも切れ味がいいだろ
う。
　実際、1つ目の事実は関連性理論内で比較的容易に説明される。発話解釈の結果
が一連の完全命題の心的表示または想定（発話の意図された表意と推意）であることを
思い出してほしい。このような想定が表示的であるというまさにこの事実が、想定
というのはものごとに**ついて**であることを意味している。実際、このような心的表
示に真理条件的意味が与えられるのは十分ありうる。しかしながら、再度強調して
おきたいのは、このことが言語的意味の関連性理論による分析が最終的に真理条件
的であるということにはならないということである。すなわち、発話の言語的意味
と話し手がその発話を用いて伝達しようと意図した想定との間に直接的な対応関係
はまずないのである。聞き手は、言語的意味と意図された解釈とのギャップを推論
によって埋めるが、それは関連性の伝達原理によって導かれるのである。いわば思
考–世界の関係をとらえようとする場合には、真理条件的意味論がこの分析に一定
の役割を果たしてはいる。しかしながら、この種の真理条件的意味論は言語的意味
論ではないということを肝に銘じてもらいたい。
　一方、(ii)をとらえることは、平叙文の法標識の意味に対する特定の見方に依存
する。発話が平叙文の形式であれば発話を真か偽にする何かがあるという直感が話
し手・聞き手にあるように思われる。これは Wilson and Sperber(1988a)の法標識
の意味論の分析によって説明できる。彼らによると、平叙文の法標識がコード化
している情報は、話し手が発話の表出命題を現実世界の記述として提示しているとい
うものである。もしこれが正しければ、聞き手は真偽の基準を平叙文発話に、かつ
平叙文発話だけに適用すると予想されるだろう。実際のところそうであると思わ
れ、したがってここで提示した言語的意味の関連性理論による見解が真理条件的ア
プローチよりも優れていると筆者は結論づけるのである。

3.6 「非真理条件的」意味の多様性

3.6.1 前置き

本章のイントロダクションで述べたように、本節では、1章で列挙した異なるタイプの「非真理条件的」言語的手立てが、前節で概観した関連性理論の枠組みの中でいかに扱われうるのかを（これまでいかに扱われてきたかも含めて）提示する。明らかに、ここでは分析を概観する以上のことをするつもりはない。すなわち、それぞれの言語的手立て（個々の実例はいうに及ばず）の完全な分析をするのであれば、さらに何冊か本を執筆することに等しい（もっとも、手立ての中にはすでに出版されているものもある）。「非真理条件的」表現の下位分類の1つとして詳細に取り扱うのは「譲歩」表現の *but*、*although*、*even if* である。4章から6章で提示するが、これらの表現が伝達の非明示的側面に影響を及ぼす手続き的意味をコード化していることを示す妥当な証拠がある。

3.6.2 指標辞

1章で取り上げた順に、まず指標辞（およびその他の指示表現）から考察を始める。

(57) *She* kissed *him yesterday.*
（昨日 <u>彼女は</u> <u>彼</u>にキスした。）

(58) *I'll* have some of *that.*
（<u>私は</u> <u>その</u>中のいくらか手にするだろう。）

(57)と(58)の発話の表出命題、つまり(59)と(60)は、話し手が *she*、*he*、*yesterday*、*I*、*that* の指標辞を用いていることから存在するいくつかの概念（たとえば、SUSAN$_X$）を明らかに含んでいる。

(59) SUSAN$_X$ KISSED PETER$_Y$ ON 1 APRIL 2004

(60) MARY$_X$ WILL HAVE SOME OF CARROT CAKE$_Z$

たとえば、(57)の表出命題の中に個別概念 SUSAN$_X$ が現れるのは、少なくとも部分的には話し手が語 *she* を発したからである。しかしながら、同じくらい明らかなことは、*she* が概念 SUSAN$_X$ に至る道筋は、*kiss* が概念 KISS に至る道筋と根本的に異なるということである。簡単にいえば、その違いは次のようになる。すなわち、*kiss* は(57)を発話したコンテクストに関係なく（少なくとも最初は[21]）常に概念 KISS に至るだろう。一方、*she* が「至る」概念は、コンテクストに応じて異なり、そもそも

she が常に概念 Susan_X に至るとは限らないのである。

　指標辞は、常に、発話によってコード化された残りの概念的要素に組み込まれる概念を結果的にもたらすように思われるので、指標辞が明示的伝達か非明示的伝達のいずれに影響するのかという問いには、比較的簡単に答えることができる。すなわち、指標辞は常に発話の表意に影響するのである。さらに、指標辞がコード化しているのは概念的情報か手続き的情報かという問いは、それほど単純には答えられない。とはいえ、指標辞が手続き的情報をコード化しているという仮説を支持する証拠はかなりある。

　その証拠の 1 つは、単純に、もし指標辞が概念をコード化しているとしたら、その概念がどのようなものになりうるのかわかりにくいということである。上述したように、指標辞は異なったコンテクストに応じて異なった概念に「貢献する」もしくは「至る」。そのため、たとえば *she* が Susan_X をコード化していないのは極めて明らかだと思われる。しかしながら、*she* が A CERTAIN FEMALE のような、もっと一般的な概念をコード化している可能性はある。そのような概念は、発話の明示的内容に生じる前に、より特定的な誰かへと常に意味拡充されなければならない。これは、Bach(1987, pp.175–194)によって採用されたアプローチであると思われる。もし、これが代名詞 *she* によって何がコード化されているのかを説明する正しい方法であったとしても、*she* と他の、たとえば *kiss* のような概念的意味をもつ表現との間には、根本的な違いがあるだろう。つまり、*she* を含む発話の表出命題は、*she* のコード化された概念内容を含まず、対照的に *kiss* を含む発話の表出命題は、*kiss* がコード化している概念を含む。たとえば、(61)を発している話し手であれば、(62)の命題を表出することを意図していると解釈されるのではなく、(61)は常にたとえば(63)のようなより特定的な命題を表出するはずである[22]。

(61)　　She likes chocolate.
　　　　（彼女はチョコレートが好きだ。）
(62)　　A CERTAIN FEMALE LIKES CHOCOLATE
(63)　　JANE$_X$ LIKES CHOCOLATE

これが意味することは、少なくとも、概念表示 A CERTAIN FEMALE は *she* のコード化しているすべてであるはずはないということである。その上、ある特定の指示対象を付与するように聞き手に命じるものが何かあるにちがいない。この付加的な何かは、おそらく手続き的なものだろう。したがって、もっとも控えめに言っても、*she* のような代名詞は、概念的情報**かつ**手続き的情報をコード化しているとみなされる公算が高い。さらに、申し立てられた概念内容が、なぜ表出命題の一部になる

102

ことは決してないのかについて説明がなされなければならないだろう。

3.6.3 法標識

(64)　You eat an apple a day.
　　　（あなたはリンゴを 1 日 1 個食べる。）

(65)　Eat an apple a day.
　　　（リンゴを 1 日 1 個食べなさい。）

(66)　Do you eat an apple a day?
　　　（リンゴを 1 日 1 個食べますか。）

1 章で述べたように、(64)(65)(66)を同じコンテクストで同じ聞き手に対して発した場合、いずれも同じ命題を表出する。たとえば、(67)のような命題である。

(67)　JOHN$_X$ EATS AN APPLE A DAY

もちろん、(64)(65)(66)の間には決定的な違いもある。たとえば、(64)の発話のみ表出命題を伝達している。標準的な発話行為の分析によると、この違いは、発話する際に話し手が遂行しようと意図している発話行為のタイプに関する情報を、法標識がコード化していると述べることによって説明される。このようにして、平叙文は、話し手が表出命題の真性に関与する断言型発話行為と結びつく。一方、命令文は、その表出命題によって記述される行為を遂行するよう聞き手に要求するものとみなされる指示型発話行為と結びつく。さらに、疑問文は、指示型発話行為の特殊な下位分類、つまり、情報の要求と結びついている。

　Wilson and Sperber(1988a)はこのような標準的な発話行為の分析に対して説得力のある反論を試み、それどころか、法標識がコード化する意味を発話行為によって分析するいかなる根拠にも異を唱える。ここでは、Wilson and Sperber(1988a)が命令文に関する標準的な発話行為の分析に対する反論の一部を紹介するに留める。

　非字義的な場合と冗談めいた場合は脇に置くにしても、Wilson and Sperber (1988a, pp.80–81)の主張によると、命令文の中には、その表出命題で述べた行為の遂行を話し手が聞き手に対して要求しない発話が多数ある。命令文は行為の遂行を要求するだけではなく、一連のその他の(非指示的)発話行為を遂行するためにも用いることができる。たとえば、(68)のように助言をする、(69)のように許可を与える、あるいは(70)のように誰かの幸運を願うといったものがある。

(68)　[instruction on a carton of fruit juice]: Shake well before opening.

（［フルーツジュースのパックの注意書］：よく振ってから開封してください。）

(69)　　［adult to a child who is looking longingly at a box of chocolates］: Take one.
（［チョコレートの箱を物欲しげに見ている子どもに対して大人が］：ひとつどうぞ。）

(70)　　［shop assistant to customer who's leaving the shop］: Have a nice day.
（［店を去ろうとする客に対して店員が］：よい1日を。）

上例はいずれも、指示型発話行為の適切な遂行のための条件は満たしていないが、いずれもまったく問題なく容認されるありふれた命令文の用法である。例(68)ではこの注意書を記した人は、消費者に対して何の行為も求めておらず、ただ、フルーツジュースのパックを開ける前によく振った方がよいことを読み手に指示しているだけである。例(69)においても、大人は子どもに対してチョコレートを取らせようとしているわけではなく、単に子どもにそうしてもよいと指示しているだけである。最後に(70)では、この店の店員は、その客によい1日にしてもらおうとしているわけではない。なぜなら、そもそもよい1日になるかどうかは人が左右できる問題ではないからである。よって、その店員は、単に客がよい1日を過ごすことが望ましいと思っていることを指示しているだけである。

　Wilson and Sperber(1988a)（さらに Sperber and Wilson, 1986 も）は、法標識の意味論を命題態度という観点からとらえている。ウィルソン＆スペルベルは、記述的命題態度と解釈的命題態度とを区別する。Wilson and Sperber(1988b, p.149)によると、記述的態度とは事象に対する何らかの態度であるという。たとえば、信じることは記述的態度としてみなされる。これは、事象に対する態度だからである。たとえば、もしメアリーが冷蔵庫に卵が5個入っていると信じていれば、冷蔵庫に5個の卵があるという事象に対する態度をとっており、言いかえれば、これを現実の事象として、つまり現実世界に存在する事象としてみているのである。一方、解釈的命題態度とは、命題、思考、発話といった事象の表示に対する態度である。ウィルソン＆スペルベルは平叙文法標識と命令文法標識を記述的態度についての情報をコード化するものとして分析する一方で、疑問文法標識は解釈的態度についての情報をコード化するものとして分析している。ウィルソン＆スペルベルの分析によると、平叙文は、現実の（あるいは可能な）事象の表示として話し手が表出命題を享受するという情報をコード化している。また、命令文は、表出命題を願望的潜在的事象の表示として話し手が享受するという情報をコード化している。最後に、疑問文は、表出命題を関連性を有する表示の解釈として話し手が享受するという情報をコード化している。

104

　発話解釈に対する法標識の貢献は、明らかに明示的側面に属する。たとえば、(65)の平叙文法標識は(71)のような高次表意の構築に至る。

(71)　　Mary is presenting the proposition that John eats an apple a day as a description of an actual state of affairs.
　　　　（ジョンがリンゴを 1 日 1 個食べるという命題を現実の事象の記述として
　　　　メアリーは提示している。）

Wilson and Sperber(1988a)は、便宜上(71)の簡略形として(72)を用いている。

(72)　　Mary is saying that John eats an apple a day.
　　　　（メアリーはジョンがリンゴを 1 日 1 個食べると言っている。）

同様に、ウィルソン&スペルベルは、telling を願望的潜在的事象の記述としての表出命題の提示の簡略形として、asking を関連性を有する表示の解釈としての表出命題の提示の簡略形として用いている。
　このことは、法標識が概念的情報をコード化するのか手続き的情報をコード化するのかという問いを残す。スペルベル&ウィルソンの以下の引用から、法標識の意味は手続き的情報をコード化するとみなしていることがわかる。

　　　よって平叙文や命令文の法性や疑問文の語順のような発語内的効力を示す標識
　　　は、話し手の情報意図のかなり抽象的な特性、すなわち、発話の関連性が追及
　　　されることになる方向を顕在化するだけでよいのである。
　　　　　　　　　　　　　　　　　　　　　　　　（Sperber and Wilson, 1986, p.254)

この仮説は、3.3.3 節で論じた手続き的意味のテストを当てはめてみると支持される。まず、少なくとも英語では、法標識はいくら想像を膨らませても「語」とよべるようなものではない。そのため、意識に上ってくる意味が何なのかさえ、これと特定することは難しい。同様に、法標識の合成性のテストにおいて、他の表現と「結びつく」のが何なのか想像しがたい。最後に、(73)での B の発話がまったく容認できないのをみても、法標識の意味が真理判断可能とは思えない。

(73)　　*A*　Do you eat an apple a day?
　　　　B　*That's not true. You're not asking me whether I eat an apple a day/You
　　　　　　don't think that 'I eat an apple a day' resembles a relevant thought or

utterance.

（A　リンゴを 1 日 1 個食べますか。

　B　*そうではない。リンゴを 1 日 1 個食べるかどうかをあなたは聞いて
　　　いるわけではない／「リンゴを 1 日 1 個食べる」は関連性を有する
　　　思考あるいは発話に類似しているとあなたは考えていない。）

一方、聞き手が発話の高次表意を導出するプロセスでたどる推論の方向を導く手続き的情報を法標識がコード化していると仮定するのは、極めて妥当である[23]。法標識がこうした役割を果たすことができるのは、たとえば、ある種の発話行為記述あるいは命題態度記述のよび出し可能性を高くするからである。関連性理論の枠組みでの法標識に関するより詳細な考察は、たとえば Sperber and Wilson（1986）、Wilson and Sperber（1988a）、Clark（1991）、Jary（2002）を参照してほしい。

3.6.4　発語内的副詞と態度副詞

（74）　*Frankly*, Peter is a bore.
　　　（率直にいえば、ピーターはつまらない奴だ。）

（75）　*Sadly*, I can't stand Peter.
　　　（悲しいことに、ピーターに我慢できない。）

（76）　*Fortunately*, Mary was able to repair the car.
　　　（幸いにも、メアリーは車を修理できた。）

（77）　*Regrettably*, Mary was unable to repair the car.
　　　（残念ながら、メアリーは車を修理できなかった。）

この種の「非真理条件的」手立てについて関連性理論の枠組みから詳細に論じているのは、Ifantidou-Trouki（1993）と Ifantidou（1994, 2001）である。したがって本書では、彼女の分析を要約するに留めたい。Ifantidou（1994, pp.148–152）によれば、（74）–（77）にあるような発語内的副詞あるいは態度副詞は、概念をコード化する。その根拠としてもっとも説得力のあるものは、態度副詞のどれをとっても、明らかに概念的な同義の「真理条件的」対応語が存在するということである。たとえば、（78）–（81）において、*frankly*、*sadly*、*fortunately*、*regrettably* はいずれもその発話の表出命題に概念的に貢献している。

（78）　John spoke frankly.
　　　（ジョンは率直に話した。）

（79）　Mary smiled sadly.

（メアリーは悲しそうにほほ笑んだ。）

(80) Things turned out quite fortunately for her.
（事態は結果的に彼女にとってかなり幸いな方向に行った。）

(81) She left regrettably soon after she arrived.
（彼女は着くやいなや残念そうに去った。）

これらの副詞が、当該発話の表出命題に現れうるか、高次表意に現れうるかを説明する方法は2通りしかない。副詞があいまいであると主張するか、談話副詞とそれに対応する様態副詞が同一の語彙項目であると仮定するかのいずれかである。後者の場合、概念的情報をコード化しているとするのが、もっとも単純な仮説である。前者の可能性は、あまり適切とは思われない。なぜなら、この仮説に立つと、上述した態度副詞だけでなく、他の無数の副詞にも、結果として体系的あいまい性が生じてしまうからである。さらに、(74)–(77)の発語内的副詞と態度副詞が概念をコード化しているとの見解を支持する証拠が他にもある。これを支持するもっとも説得力のある論拠は、こうした副詞はすべて合成的、つまり、他の概念表現と結びついてより大きな副詞句を形成するということである。たとえば、(82)–(85)を検討してみよう。

(82) Frankly speaking, Peter is a bore.
（率直にいうと、ピーターはつまらない奴だ。）

(83) Very sadly and regrettably, I can't stand Peter.
（とても悲しく残念なことに、ピーターには我慢できない。）

(84) Fortunately for Peter, Mary was able to repair the car.
（ピーターにとって幸いにも、メアリーは車を修理できた。）

(85) Most regrettably, Mary was unable to repair the car.
（この上なく残念ながら、メアリーは車を修理できなかった。）

興味深いことに（そしておそらく少し困ったことに）、このテストはすべての発語内的副詞と態度副詞に対して、これほど明確な結果を示すわけではない。たとえば、(86)の actually は(87)のように同義の真理条件的対応語があると思われるのに対し、他の要素と適切に結びついてより複合的な副詞句を形成するのかは、それほど明らかではない。このテストを(88)–(91)で試みる。

(86) Actually, I don't like Peter.
（実際、ピーターが好きではない。）

第 3 章　関連性理論と「非真理条件的」意味　107

(87) Mary didn't just pretend, she actually ate the bug.
　　　（メアリーはただふりをしたのではなく、実際その虫を食べた。）

(88) * Very actually I don't like Peter.

(89) * Sadly but actually, I don't like Peter.

(90) * Surprisingly and actually, I don't like Peter.

(91) Actually（and maybe surprisingly）, I don't like Peter.
　　　（実際（そしておそらく驚くべきことに）、ピーターが好きではない。）

　こういった *actually* のかなり入り組んだふるまいに対する説明として、談話副詞として使用されるこの表現が「手続き化」の途中にあるといえるかもしれない。これは、Traugott and Dasher（2001, p.153）による考察に基づいている。彼らの考えは、現在明らかに手続き的意味をもつ表現の多くが、歴史的には概念的表現として始まり、それが一定の推論プロセスと日常的に結びつくようになり、最終的にその概念的性質を完全に失ったというものである。談話使用の *actually* が一定の推論プロセスと結びつき（そのプロセスがどのようなものであるかは、ここでは不問に付しておくが）、今のところ概念的性質をまだ完全に失ったわけではないにしても、対応する概念から徐々に乖離しつつあることは少なくとも想像に難くない。

3.6.5　発語内的不変化詞と態度不変化詞と間投詞

(92) *Oh*, you're such a bore.
　　　（あぁ、お前はなんてつまらない奴なんだ。）

(93) Peter is an interesting man, *huh*!
　　　（ピーターは面白い人なんだね！）

(94) You like Peter, *eh*?
　　　（ピーターが好きなんでしょ？）

(95) *Alas*, I can't stand Peter.
　　　（もう、ピーターには我慢できない。）

　こうした語彙項目が何らかの言語的意味をコード化しているのかどうかはかなり疑わしい。Wharton（2003a）は少なくともその一部を、（言語的にではなく）自然にコード化された手続き的意味の観点から分析している。ウォートンは自然記号（natural code）という概念を用いて、ほほ笑みやしかめ面といった感情の自然な表現をわれわれがどう解釈しているのかをとらえている。結局のところ、こうした不変化詞や間投詞が自然記号を用いてパターン化するのかどうか、あるいは何らかの言語的意味をもつのかどうかは、経験的な問いである[24]。この問いに対する答えがどのよう

なものになろうとも、発語内的不変化詞と態度不変化詞と間投詞がコード化する意味は概念的というより手続き的にちがいないことは明白なようである。

まず、意識へのよび出し可能性を考えてみると、*oh*、*huh*、*alas* などの意味を「意識に上らせる」ことは極めて難しい（もっとも、*alas* の場合は他に比べてやや容易かもしれない。少なくともクロスワードパズル作家の中には、*alas* が *unfortunately* を意味すると考える人もいるようである）。真理判断可能性と合成性の両面から、こうした「不変化詞」が概念的意味ではなく手続き的意味をコード化していることを示す十分な証拠が得られる。たとえば、（*oh* が驚きを伝えると想定するなら）(96) から *oh* の意味は真理判断できない、つまりここでの B の発話は容認できないことが明らかである。

(96)　　*A*　　Oh, it's five o'clock.
　　　　B　　*That's not true, you're not surprised that it's five o'clock at all.
　　　　（A　　あっ、もう 5 時だ。
　　　　B　　*そうではない。5 時になったことにまったく驚いていない。）

次の (97) と (98) から明らかなことは、思った通り、「私は驚いている (*I'm surprised*)」は他の表現とうまく結びついてより大きな概念表示を構築する一方で、*oh* は合成的ではないということである。

(97)　　I'm really surprised it's five o'clock.
　　　　（もう 5 時だと本当に驚いている。）
(98)　　*Really oh, it's five o'clock.

ここで、こうした不変化詞が貢献するのは伝達の明示的側面か非明示的側面かという問いが残る。(96) の A の発話のような例を見ると、*oh* は高次表意に制約を課すと想定するのが妥当であろう。この発話の全体的な解釈に対する *oh* の貢献は、(99) に示されるように、聞き手に表出命題への態度を表明する高次表意を構築させることと考えて一応差し支えないだろう。

(99)　　The speaker is surprised that it's five o'clock.
　　　　（話し手は 5 時になったことに驚いている。）

しかしながら、たとえば (100) に示されるように、*oh* はそれ自体で完全に 1 つの発話となりうる。

(100) Mary discovers that someone has sent her a letter in a heart-shaped envelope and says: Oh!

（メアリーはだれかがハート型の封筒に手紙を入れて送ってくれたことに気づいて、言う。「まぁ！」）

この場合、メアリーの発話はいかなる概念的意味もコード化していない。このことは、メアリーの発話に論理形式がないことを意味し、さらに、いかなる表意も形成できないということである。では、何かあるとすれば、（oh が伝達する唯一の想定は推意であるから）oh はメアリーの発話の推意に制約を課しているにちがいない。まとめると、oh、huh、eh、alas といった項目がそもそも何らかの言語的意味をコード化しているとすれば、おそらく発話の（高次）表意あるいは推意のいずれかに制約を課す手続き的意味であろう。

3.6.6 「前提的」表現

これは、これまで関連性理論ではあまり関心が向けられてこなかった「非真理条件的」手立ての「1部類」をなすものである。本書は基本的に譲歩構文について扱うので、関連性理論の枠組みで前提的表現がどのように分析されるのかについて、大まかに示唆するに留めておく。

(101) Some dog ate my steak.
（どこかの犬が私のステーキを食べた。）

(102) Some *cur* ate my steak.
（どこかの<u>野良犬が</u>私のステーキを食べた。）

(103) You'll be *spared* a lecture.
（あなたは<u>講義を受けないですむ</u>だろう。）

(104) You'll be *deprived* of a lecture.
（あなたは<u>講義を受けられない</u>だろう。）

(105) Peter ate my steak.
（ピーターが私のステーキを食べた。）

(106) That *bastard* Peter ate my steak.
（ピーターの<u>クソ野郎</u>が私のステーキを食べた。）

(107) Je *t'*aime.

110

（<u>君が</u>好きだ。）

(108)　Je *vous* aime.

（<u>あなたが</u>好きだ。）

(109)　Ich liebe *dich*.

（<u>君が</u>好きだ。）

(110)　Ich liebe *sie*.

（<u>あなたが</u>好きだ。）

(111)　Peter repaired the car.

（ピーターは車を修理した。）

(112)　Peter *managed* to repair the car.

（ピーターは<u>何とか</u>車を修理した。）

(113)　John is here.

（ジョンはここに来ている。）

(114)　John is here *already*.

（ジョンは<u>すでに</u>ここに来ている。）

(115)　Jane isn't here.

（ジェーンはここに来ていない。）

(116)　Jane isn't here *yet*.

（ジェーンは<u>まだ</u>ここに来ていない。）

このカテゴリーの中には、少なくとも区別される3種の現象が混在しているようである。すなわち、(a) *dog/cur*、*tu/vous*、*spare/deprive*、(b) *that bustard*、*manage*、(c) *yet*、*already* である。グループ (a) の要素はすべて発話の表出命題に概念的に貢献しているのは明らかである。たとえば、*dog* と *cur* は概念をコード化することによって貢献し、*tu* と *vous* はおそらく他の指標辞と同じようにしかるべき概念を供給するよう聞き手に指示することによって貢献している。さらに、それぞれのペアが（同じコンテクストでは）同じ概念として貢献することは少なくともありうる。ペアの要素同士の違いは、言語的にコード化されたものというより、使用の慣習に起因すると考えられる。少なくとも *tu/vous*（もしくは *du/sie*）の区別の場合、それぞれの表現をいつ使うべきかを決める慣習は、社会的立場の異なる人たちにどのように挨拶するべきか（お辞儀、握手、頬にキスなど）といった社会的慣習と強く結びついている。たとえば、ドイツ語話者なら、子供たちや友人や親戚には *du* を、その他の人

たちには *sie* を用いるべきであることを知っている。この知識は、誰の頬にはキス
してよいか、誰には握手して、誰には会釈すべきかといった知識と大いに類似して
いるように思える。言いかえると、Levinson (1983, pp.128–130) が *tu* と *vous* の違い
は慣習的推意の問題であると提案しているのとは異なり、本書はこの違いがそもそ
も言語的意味そのものの違いにあることを疑問視している。

　That bastard も *manage* もともに概念をコード化しているようだが、こうした表現
を含む発話は複数の命題を表出すると思われる。*That bastard* (ならびに他の類似表現)
には、挿入句的な感じが強くあり、(106)のような発話は実際に 2 つの命題を表出
していると強く思わせる。すなわち、1 つは(105)の表出命題と同じもので、もう
1 つは(117)のような命題である。

(117)　　Peter_X is a bastard

(112)のような、*manage* を含む例も 2 つの命題を表出するかどうかはそれほど明白
ではない。この場合挿入句的なものは何もないからである。しかしながら、それで
もおそらく(112)は(118)と(119)の命題を表出していると分析するのが最善であろ
う。

(118)　　Peter_X repaired car_Y
(119)　　Reparing car_Y was difficult for Peter_X

もしこの分析が正しいのであれば、上述した例は 3.5 節で取り上げた Bach (1999)
と Neale (1999)の例と類似したパターンに従う。

　最後に、(c)の要素は、伝達の非明示的側面に制約を課す手続き的情報をコード
化していると考える方がよい。たとえば、*already* は、当該発話の表出命題の否定
を含むコンテクストでその発話を処理するよう指示するものと分析されるかもしれ
ない。(114)の場合、ジョンはここに来ていない(あるいは、ジョンがここに来ていな
いと誰かが信じている)という想定を含むコンテクストで発話を処理すべきであると
いうことになるだろう。そうすると、*yet* は *already* に対応する否定極性表現として
分析されるだろう。言いかえると、*yet* は表出命題の否定を含むコンテクストで発
話が処理されるべきであることも指示するだろう。つまり、この場合の表出命題は
否定で、その否定は肯定であるにすぎない。このように、(116)の *yet* は、ジェー
ンがここに来ているだろう(あるいは、ジェーンがここに来ていると誰かが信じてい
る)という想定を含むコンテクストで、この発話が処理されるべきであることを指示す
るということになろう。

3.6.7 焦点化詞

焦点化詞は、概念的情報というより手続き的情報をコード化している最有力候補と考えられる。なぜなら(123)–(125)で例証されるように、こうした表現の意味を意識に上げることは難しく、真理判断可能とも思えないからである。

(120) *Even* John came to the party.
　　　 （ジョン<u>でさえ</u>パーティーに来た。）

(121) John came to the party *too*.
　　　 （ジョン<u>も</u>パーティーに来た。）

(122) John *also* came to the party.
　　　 （ジョンはパーティーに<u>も</u>来た。）

(123) *A*　Even John came to the party.
　　　 B　?That's not true. John was quite likely to come to the party.
　　　 （A　ジョンでさえパーティーに来た。
　　　 　B　?そうではない。ジョンは本当にパーティーに来そうだった。）

(124) *A*　John came to the party too.
　　　 B　?That's not true. John was the only one who came to the party.
　　　 （A　ジョンもパーティーに来た。
　　　 　B　?そうではない。パーティーに来たのはジョンだけだった。）

(125) *A*　John also came to the party.
　　　 B　?That's not true. Coming to the party was the only thing John did.
　　　 （A　ジョンはパーティーにも来た。
　　　 　B　?そうではない。パーティーに来たことだけがジョンがした唯一のことだった。）

合成性に関しては、事情はそれほど単純明快ではない。少なくとも *even* は、(126)や(127)の *if* や *not* のようなある種の他の表現と興味深い方法で結びつけられるように思われる。

(126) Even if you write 2000 words every day, you won't finish your book by the end of July.
　　　 （たとえ毎日 2000 語書いたとしても、君は 7 月末までに本を書き終わらないよ。）

(127) Not even Bill came to the party.

第 3 章　関連性理論と「非真理条件的」意味　113

（ビルでさえパーティーに来なかった。）

Even と *if* の相互作用については、6 章で詳細に論じる。

　一見すると、こうした不変化詞はすべてコンテクストに制約を課しているようである。いずれにせよ、それを含む発話が一連の命題群を含むコンテクストで処理されるべきであると指示しているように思われる。一連の命題群が何であるかを決定するうえで焦点は重要な役割を果たす。つまり、命題群とは焦点となる構成素を除いてあらゆる点で発話の表出命題と同一の命題である[25]。たとえば、(120)の発話の焦点が *John* にあるとすると、この発話は(128)–(131)のような命題のコンテクストで処理されることになる。

(128)　Mary came to the party.
　　　　（メアリーがパーティーに来た。）
(129)　Jim came to the party.
　　　　（ジムがパーティーに来た。）
(130)　Joan came to the party.
　　　　（ジョアンがパーティーに来た。）
(131)　Janet came to the party.
　　　　（ジャネットがパーティーに来た。）

仮に、*also* と *too* は、一連の関係する命題群のうち少なくともひとつが真であることを指示すると考えよう。一方、*even* は同じことを指示するのに加えて、これらの関係する命題が蓋然性の尺度上にあり、かつその中で当該の表出命題の可能性がもっとも低いことを指示していると思われる。関連性理論による *even* の意味についての完全な分析は 6 章で取り上げる。

　こうした焦点化詞は伝達の非明示的側面に影響を及ぼすようである。たとえば、(120)–(122)の発話の表出命題（あるいは高次表意）には影響しないようである。しかしながら、あまりはっきりしない例もある。

(132)　Mary was annoyed that John even ate the cake.
　　　　（ジョンがケーキさえ食べたとメアリーは苛立っていた。）
(133)　Mary was annoyed that John ate the cake too.
　　　　（ジョンがケーキも食べたとメアリーは苛立っていた。）
(134)　Mary was annoyed that John also ate the cake.[26]
　　　　（ジョンがケーキも食べたとメアリーは苛立っていた。）

114

(132)–(134)では、ジョンが食べたのがケーキだけではなかった事実が、メアリーが苛立っていると話し手が述べていることの重要な要素のようである。

談話連結語は次の3つの章のトピックなので、ここでは議論しない。

3.7 結論

本章は関連性理論という認知語用論的枠組みを紹介した。この枠組みが2つの基本的な区別を用いることによっていかにすべての言語的意味の分析を可能にするかを提示した。すなわち、概念的コード化と手続き的コード化という意味論的区別、および明示的伝達と非明示的伝達という語用論的区別である。さらに本章では、言語的意味および言語的伝達の分析が真理条件の概念を用いることなくいかに可能であるかも示した。その一方で、言語的発話はものごとについてであり、したがって少なくともその発話の中には真か偽を問えるものもあるはずであるという直感をとらえていることも示した。したがって、関連性理論は、2章で議論した言語的意味について基本的に真理条件に基づく理論に取って代わる妥当な理論的枠組みを提供すると結論づけたい。

　次の3つの章では but や although といった「譲歩表現」ならびに典型的に *even if* で表される「譲歩条件」を取り上げる。各表現について、まず先行研究で提案された分析のいくつかを概観し、その後に筆者自身の関連性理論による分析を提示する。

115

第 4 章
否認、コントラスト、訂正：*but* の意味

4.1　譲歩性とその表現

本章と次の 2 つの章は「譲歩」というトピックに向けられる。「譲歩的」表現はとりわけ言語的意味の「非真理条件的」理論の妥当性を試すのにうってつけの場となる。というのは「譲歩的」表現はほとんどの文献で、ほぼ一様に「非真理条件的」観点から扱われているからである [1]。

　明らかに、まず問うべきことは、言語の「譲歩表現」ないしは「譲歩性」によって何が意味されるのかということである。Quirk et al.(1972, p.674)は次のように特徴づけている。

> 譲歩的接続詞は、今言われていることの意外で驚くべき特質を、その前に言われたことに照らして示すものである。　　　　　　　(Quirk et al., 1972, p.674)

このことは(1)の発話により例証される。ここではピーターが外出したという情報は、雨が降っていたという情報に照らし合わせて驚くべきこととみなされる。

（1）　It was raining but Peter went out.
　　　　（雨が降っていたが、ピーターは出かけた。）

下記(2)と(3)が示すように、2 節間の同様の関係を、*although* を使用した表現でも表すことができる。しかしながら(3)にみられるように、話し手は「驚き」の情報を自由に先に提示することができる。

（2）　Although it was raining, Peter went out.
　　　　（雨が降っていたにもかかわらず、ピーターは出かけた。）
（3）　Peter went out although it was raining. [2]
　　　　（雨が降っていたのに、ピーターは出かけた。）

最後に(4)と(5)は、少なくともある環境において、*even if* 発話が何かしら譲歩と酷似したことを伝播できることを示している。

116

（ 4 ）　　Peter will go out, even if it's raining.
　　　　　（ピーターは出かけるつもりだ、たとえ雨が降っていても。）
（ 5 ）　　Even if it's raining, Peter will go out.
　　　　　（たとえ雨が降っているとしても、ピーターは出かけるつもりだ。）

実際に、話し手がこの種の意味を伝播することを可能にする数多くの言語構造がある。そのうちのいくつかを(6)–(9)で紹介する。

（ 6 ）　　It was raining. *Nevertheless*, Peter went out.
　　　　　（雨が降っていた。<u>にもかかわらず</u>ピーターは出かけた。）
（ 7 ）　　It was raining. *Still*, Peter went out.
　　　　　（雨が降っていた。<u>それでも</u>ピーターは出かけた。）
（ 8 ）　　It was raining, *yet* Peter went out.
　　　　　（雨が降っていた。<u>それにもかかわらず</u>ピーターは出かけた。）
（ 9 ）　　*Despite the fact that* it was raining, Peter went out.
　　　　　（雨が降っていた<u>という事実にもかかわらず</u>、ピーターは出かけた。）

上で述べたように、「譲歩」表現の意味は、主発話の真理条件に成す貢献によっては与えられないという周知の事実がある。特定のコンテクストが与えられると、上のすべての発話は（(4)と(5)は例外かもしれないが）、同じ真理条件を有しているか、または同じ基本命題、すなわち(10)のようなものを明示的に伝達することになるだろう。

（10）　　It was raining at time T and Peter$_X$ went out at T

これらの例は、「譲歩」はたくさんの異なるやりかたで表現されうることをも示している。「譲歩」を表すために英語で使われる無数の言語的手立てを包括的に概観することが 4 章から 6 章の目的ではない。むしろ筆者は but、*although*、*even if* に焦点を当てる。*But* と *although* の 2 つは英語においてもっとも頻度の高い「コントラスト」連言文として広く受け入れられているものである（たとえば Grote, Lenke and Stede 1997、Oversteegen 1997、Rudolph 1996、Winter and Rimon 1994、König 1986 を参照のこと）。一方、*even if* は König(1986, p.234)がもっとも典型的な「譲歩的（あるいは逆接的）条件文」の形式としてみなしているものである。このように進めていく理由は、第 1 に、譲歩関係を定義づけることは難しいということ[3]、第 2 に、たとえその関係を定義づけることができたとしても、その定義が、特定の表現の言語的

第 4 章　否認、コントラスト、訂正：*but* の意味　117

意味を特徴づける際の有益な道具立てを提供することにはほとんどなり得ないということである。これは言語表現と解釈の間には 1 対 1 の対応がないからである[4]。すなわち、複数の解釈を生み出す言語表現はたくさんあり、上でみたように、多くの異なった言語構造と語彙項目を用いて同一の関係を表すこともある。したがって、個々の表現の意味論を分析することの方が、すべての「譲歩的」言語表現を分類しようとするよりもより実りがあるだろう。カテゴリーというものは、「譲歩表現」もそうであるが、一群の言語表現の意味からの一般化として、せいぜい副次的に定義可能なのである。

　本章は *but* の分析に絞る。なお、*but* の分析については膨大な文献がある。5 章は *although* を扱うが、その文献は *but* よりずっと少ない。一般的に、*although* は *but* が付与しうる解釈の一部を担い、それゆえ *although* について他にいわれるべきことが多くは残されていないと想定されるようである。筆者は、この想定はいくつかの重要な差異を見逃しており、*although* 自体が分析に値することを論じる。最後に、6 章は *even if* を取り扱い、必然的にその大部分は *even* のもつ意味に関するものである。

　本章の最終的な目的は *but* の関連性理論による分析を擁護することにある。しかしながら、この分析は他との関わりをもたないわけではないので、この連結語の数ある代替の（一般的にいえばこれまでの）分析についても議論する。連結語 *but* の分析の困難なことの 1 つは、*but* は多様な解釈が可能で、*but* の使用の正確な範囲について、皆が同意しているわけではないことである[5]。そこで筆者は *but* に与えられる解釈の範囲をみていくことから始め、他のあらゆる使用が融和しうる *but* の 2 つの基本的な使用が存在するという見解を擁護する。このことは、1 つの *but* なのか、2 つの *but* なのかという問いを生じさせる。すなわち、この英語の連結語があいまいなのか、多義的なのか、あるいは単義的なのかという問いである。文献は、あいまい性を仮定する分析と仮定しない分析に二分される。そこで両分析の代表的なものを議論する。しかしながら筆者は、最終的にあいまい性を支持するもっともな証拠はなく、したがって、単一の言語的意味が *but* の全範囲にわたる解釈を生み出す分析を試みることに価値があると論じる。本章の最後の部分で筆者が提案し擁護するのは、そのような分析、すなわち推論への手続き的制約による分析である。

4.2　*P but Q* の解釈

But に関する文献では、(11) の形式をもった *but* 連言文の解釈方法が多岐にわたることが広く認められている。

(11)   *P* but *Q* [6]

しかし、上で示唆したように、異なった解釈を列挙し記述しようとするとき、理論研究者間には重大な差異がある。そこで筆者はもっとも議論の余地のない（つまりもっともよく知られている）解釈から始めていきたい。これは「期待否認」として広く知られている解釈である。おそらく、*but* が「期待否認」の解釈を受けるもっとも有名な例は(12)にあるようなものであろう。

(12)   John is a Republican but he is honest.   (G. Lakoff, 1971, p.67)
        （ジョンは共和党員だが正直者だ。）

疑いもなく、この例は少しばかりユーモアの効果をもつために、よく使われてきた。この効果は共和党員がたいてい正直ではないということを示唆するようであるという事実に起因する。R. Lakoff(1971)によると、この例および *but* の他の「期待否認」の使用は、2連言肢間の含意関係を含むものである。それは、第1連言肢 (*John is a Republican*)が第2連言肢(*He is honest*)とは矛盾する想定を含意しているという考えである。言いかえれば、第1連言肢に基づいて、そこから何かしら否認されることを期待するよう導かれることになるということである。それゆえ「期待否認」と名づけられた。G・レイコフの例(12)の場合、大かたの聞き手は、ジョンが共和党員であるという主張を基にして、ジョンが正直者でないと実際に期待するに至るというのはまずあり得ない。むしろ、発話全体をいったん処理し、しかも話し手の *but* の使用のゆえに—このために少しばかりユーモアの効果を引き出すのであるが—聞き手はこの含意を引き出すだけであろう。連結語 *but* は *he(John) is honest* が *John is a Republican* によって推意される想定と矛盾することを指示している。

　例(1)は期待否認使用の *but* として、((12)よりも)ありふれた例を提供する。

(1)   It was raining but Peter went out.
        （雨が降っていたが、ピーターは出かけた。）

これは(12)にあるユーモアが欠如している。というのは、*It was raining* から *Peter didn't go out* を含意することは、極めて日常的なことであり、それゆえたいていの聞き手は、ひとたび雨が降っていると気づけば、ピーターは外出しないと期待するのはもっともだからである。

　一般的にいえば、期待否認の解釈における *P* but *Q* は、*P* が ¬*Q* を推意するという想定を生じさせる(あるいは利用する)のである。*But* に関する文献において、ちょ

うど上で説明したような流れが、実際に(1)や(12)のような *but* 連言文の解釈で行われているという一般的な意見の一致がある。否認されることが期待と同程度に強い何かでなければならないかどうかについては意見が一致していない。まさに筆者は、本章の最後の節において「期待」があまりにも強すぎる用語であることを示唆したい。それでも一般的な立場は次のようなものである。すなわち極めて標準的な解釈において、*but* はそれが導入する節が、前節を基にして引き出されたであろう想定を否認していることを指示していると思われる。これはコンテクストだけというよりは、言語的にコード化された *but* の意味の問題であることは、*but* を含む発話と *and* を含む点においてのみ異なる発話とを比較することによって示される。たとえば、(14)は、話し手がその本を読むことは、母親の勧めに照らし合わせて期待されていないという解釈を必ず受ける。一方(13)は、話し手が本を読んだことは、母親の勧めによることを伝達しているものとして解釈されるかもしれない。

(13)　　My mother recommended this book and I read it.
　　　　（母はこの本を推薦した、そして私はそれを読んだ。）

(14)　　My mother recommended this book but I read it.
　　　　（母はこの本を推薦した、しかし私はそれを読んだ。）

Anscombre and Ducrot(1977)、Abraham(1979)、König(1985)、そして Blakemore (1989)といった理論研究者らは、期待否認使用の *but* について僅かな違いも区別している。(15)の発話例を考えてみよう。

(15)　　It's raining but I need some fresh air.
　　　　（雨が降っているが、新鮮な空気がほしい。）

明らかに、この発話は、*P*(*it's raining*)が ¬*Q*(*I don't need any fresh air*)を推意することを伝播しているものとしては理解され得ない。そうではなく、*P* と *Q* の間には間接的な関係があるように思われる。発話(15)が発せられる妥当なシナリオは、話し手と聞き手が散歩に行くか行かないかを話し合っているというものであろう。そのようなシナリオでは、*P*(*it's raining*)は、話し手は散歩に行きたくないことを推意しているものとして容易に理解できる。一方で、*Q*(*I need some fresh air*)はその反対を推意するだろう。König(1985, pp.5–6)はこの種の解釈を「逆接(adversative)」とよんでいる。これは、より形式的な形では Anscombre and Ducrot(1977)に従えば(16)のようにとらえられる。

120

(16)　　(a)　$P \rightarrow \neg R$

　　　　(b)　$Q \rightarrow R$

　　　　(c)　Q carries more weight（Qの方が重要である）

これを発話(15)に適用すると、P(It's raining)は¬R(I don't want to go for a walk)を推意し、Q(I need some fresh air)はR(I want to go for a walk)を推意し、そして全体として、結局のところ、話し手は散歩に行きたいということ、つまりQ(I need some fresh air)の方にP(It's raining)よりも重要であることを含意しているように思われる。

　発話(15)のもっともありそうな解釈をとらえることに加えて、(16)は(1)と(12)のような例にも適用する利点がある。そのような例は、もし$R = Q$であると仮定すれば、(16)にあるスキーマと符合する。このことは(16)のスキーマが(17)のように読めるということを意味する。

(17)　　(a)　$P \rightarrow \neg Q$

　　　　(b)　$Q \rightarrow Q$

　　　　(c)　Q carries more weight（Qの方が重要である）

言いかえれば、P(It was raining)が¬Q(Peter didn't go out)を推意し、Q(Peter went out)はいうまでもなくQを推意し、PよりもQの方が重要であることを伝達し、したがって、P but QはQを推意するのである（いうまでもなくQが意味論的に含意されているからである）。このように、第1連言肢Pが第2連言肢Qの否定を推意している場合は、単に but の一般的な期待否認使用の特殊例であり、2つの連言肢は反対の結論を支持し（あるいは矛盾する含意をもち）、第1連言肢よりも第2連言肢の方がより重要であるということである。

　理論研究者の中には、2連言肢間の関係が、期待否認ないしは含意の否認の関係ではなく、単純なコントラストの関係である but の使用があると主張しているものもいる。たとえば、(18)の解釈が、第1連言肢が第2連言肢の否認を推意するか、あるいは2連言肢が矛盾する含意をもっているかのいずれかの示唆を与えなければならないことは、もちろんそのような解釈を想像するのは可能であろうが、即座には明らかではない。

(18)　　John is tall but Bill is short.　　　　　　　　　　（R. Lakoff, 1971, p.133）

　　　　（ジョンは背が高いがビルは低い。）

例(18)が発せられると、単にジョンとビルの背の高さの違いに注意を引くことになるのは少なくともありうるように思われる。実際に R. Lakoff(1971)は次のように解釈している。彼女によると、この例や他のこれに類する例では、2 連言肢間に含意関係はない。その代わりに、2 節間の反義的な語彙項目(*tall* 対 *short*)の存在ゆえに、2 連言肢間にコントラストがあるのである。このため R. Lakoff(1971, p.133)はこれを「意味論的反対(semantic opposition)」の *but* と名づけている。しかしながら、彼女自身が認めているように、当該の語彙項目は、常に厳密に反義語(この概念の適切な定義が初めにあると仮定すればの話だが)である必要はない。

　Blakemore(1987, p.132)はいかなる反義語も含まず、表面上は期待否認の場合のようにも思えない例全般について考察している。発話(19)–(22)はブレイクモアの例を改変したものである。

(19)　　Susan is tall but Anne is of average height.
　　　　（スーザンは背が高いが、アンは平均的だ。）

(20)　　The onions are fried but the cabbage is steamed.
　　　　（玉ねぎは炒められているが、キャベツは蒸されている。）

(21)　　Mary likes skiing but Anne plays chess.
　　　　（メアリーはスキーが好きだが、アンはチェスが好きだ。）

(22)　　His father owns a Mini but mine has a Porsche.
　　　　（彼の父はミニを所有しているが、私の父はポルシェを所有している。）

これらの例の「反対」はいずれも意味論的性質をもったものではないので、ブレイクモアはこれらを *but* の「コントラスト」使用とよぶのを好んでいる[7]。たとえば、(20)の *fried* と *steamed* は明らかに反義語ではない。同時にこの発話の話し手は、玉ねぎが炒められていることが、キャベツは蒸されてはいないことをどうにか推意することを含意したがっているようには思われない[8]。しかしながら、*the onions are fried* が *the cabbage is steamed* の含意と矛盾する含意をもつという間接的な不整合があるという解釈をよび出すことは極めて容易である。たとえば(20)は、食事の脂肪分を心配している健康志向のスーザンに対してジョアンが発することができる。このようなコンテクストにおいて、*the onions are fried* は食事の脂肪分が多くなるだろうということを十分推意しているかもしれないのに対し、*the cabbage is steamed* は食事の脂肪分は多くはならないだろうということを推意することになるだろう。同様な解釈が他の例でも推測できる。言いかえれば、これらの例はすべて期待否認の読みが与えられうるのである。

　実際に、Abraham(1979, pp.106–107)、Foolen(1991, pp.84–85)、Winter and

Rimon(1994, pp.373–374)がこぞって、but についての R. Lakoff(1971)の意味論的
反対と Blakemore(1989)のコントラスト使用は、否認使用に収斂されうると論じて
いる。たとえば、Foolen(1991, p.85)は、意味論的反対ないしはコントラストの読
みは、例をコンテクストから独立してみるという人為的な結果であり、もし(18)
のような例を自然なコンテクストにおいてみるならば、実際には期待否認を含むも
のであると主張している。発話(23)はフォーレンによって提案されたようなシナ
リオである。

(23)　　*A*　John and Bill are both quite tall, aren't they?
　　　　B　Actually, John is tall but Bill is short.
　　　（A　ジョンとビルは 2 人ともかなり背が高いですよね。
　　　　B　実際はジョンは高いけど、ビルは低いよ。）

このシナリオで B が発したとき、(23)が間接的期待否認を含むものとして解釈さ
れると実際に思われる。すなわち、P(*John is tall*)は ¬R に対する根拠(*A is right –
John and Bill are both quite tall*)となり、Q は R に対する根拠(*A is wrong – John and
Bill aren't both quite tall*)となり、Q はより強い根拠となる(したがって、A は間違って
いる。つまり、ジョンとビルは共にそれほど背が高くはない)。4.7.2 節で意味論的反対
ないしはコントラスト *but* が、本当に期待否認 *but* へと収斂されうるのかどうかと
いう問いに戻る。
　　「意味論的反対」ないしは「コントラスト」*but* が、「期待否認」*but* へと収斂さ
れることが少なくともありうる一方、そのような扱いを受けないと思われる別の
but の使用がある。この *but* の使用は、次のような言語横断的根拠に基づいて、多
くの理論研究者ら(Anscombre and Ducrot, 1977 がもっとも知られている)によって区別
されてきた。上述のすべての例で使用されるのだが、*but* はドイツ語の *aber* やスペ
イン語の *pero* に翻訳される。しかしながら状況によっては、*but* はドイツ語では
sondern、スペイン語では *sino* と翻訳されなくてはならないことがある。例(24)は
その例であり、そのドイツ語訳は(25)の通りである。

(24)　　That's not my sister but my mother.
　　　（あの人は私の姉ではなく母です。）
(25)　　Das ist nicht meine Schwester, sondern meine Mutter.

例(24)の発話解釈には直接否認も間接否認も含まれていないようである。すなわ
ち第 1 連言肢(*that's not my sister*)は第 2 連言肢の否定(*that's not my mother*)を推意す

第4章 否認、コントラスト、訂正：but の意味　123

るわけではなく、第1連言肢が第2連言肢の含意によって否認された何かを推意しているわけでもない。英語ではそのような否認の読みは省略がない場合に限って可能である。

(26)　That's not my sister but it is my mother.
　　　（あの人は私の姉ではありませんが、母です。）
(27)　Das ist nicht meine Schwester, aber（es ist）meine Mutter.
　　　（あの人は私の姉ではありません。でも母です。）

こうなると(26)の発話は期待否認として解釈されなければならないだろう。たとえば、第1連言肢（that's not my sister）は当該女性が話し手とは関係のない人であることを推意し、第2連言肢（it is my mother）は、その女性が話し手と関係があることを推意し、発話全体は明らかに（分析的に）当該女性が話し手と関係があることを推意する。しかしそのような読みがドイツ語で得られるのは、(27)にあるように but が aber と翻訳される場合に限られる。

　発話が(24)にあるようなもので、したがって、but がドイツ語で sondern として翻訳されるならば、その解釈は次のような流れに沿ったものとなるにちがいない。第1節（that's not my sister）において、話し手は、聞き手が明示的に声に出した想定、または話し手が聞き手に帰属している想定、つまり当該女性が話し手の姉である想定を否定している。第2節（it is my mother）は訂正として機能する。すなわち第2節は否定された想定の「気に障る（offending）」部分を正しく置きかえている。この理由により筆者はこのような but の使用を「訂正」と名づける。たとえば(28)は発話(24)の自然なシナリオとなる。

(28)　A　You look a lot like your sister.
　　　B　That's not my sister but my mother.
　　　（A　君は姉さんに本当によく似ているね。
　　　　B　あの人は私の姉ではなく母です。）

訂正 but の使用は、聞き手が第1節で否定されている想定を伝達したか、あるいは否定された想定が少なくとも聞き手に帰属することができるかいずれかの状況においてもっとも自然に生起すると思われるので、but のこの使用はメタ言語否定の現象と関連づけられてきた（たとえば Anscombre and Ducrot, 1977, pp.26–27 や Horn 1989, p.407 を参照のこと）。これについては以下でより詳細に議論する。

　期待否認 but（ドイツ語の aber やスペイン語の pero に相当するもの）と訂正 but（ドイツ

語の *sondern* やスペイン語の *sino* に相当するもの）とは別に、Abraham（1979, pp.112–115）はドイツ語で *dafür*（文字通りには for that の意味）と翻訳される *but* の使用をさらに区別している。Grote, Lenke and Stede（1997, p.97）もまた、代用の概念を使用し、この種の *but* を議論している。例（29）と（31）はいずれも、（30）と（32）のように *dafür* を使用してドイツ語に翻訳することができる。

(29)   He is a bit short of breath but he has long legs.
        （彼は少し息を切らしているが、足は長い。）
(30)   Er ist etwas kurzatmig, dafür hat er lange Beine.
(31)   There was no chicken, but I got some fish.
        （鶏肉は無かったが、魚を買ってきた。）
(32)   Es gab kein Huhn, dafür habe ich Fisch gekauft.

アブラハムによると、この2節間の関係は以下のようである。第1節の内容は通常、第2節の内容に続くことはない。したがって期待否認が存在する。しかしながら、加えていうなら、第2節の述部は第1節の述部より好ましいものとして合図されるから、第2節は「優勢」である。つまり Abraham（1979, p.13）の言を借りれば、第2節は「2つの出来事のうち強勢を受ける方である」。例（29）の場合、これらの条件がたしかに満たされているように思われる（2節間の否認ないしは不整合がより直接的というよりは間接的であると思われるが）。つまり、たとえば第1節（*he is a bit short of breath*）が *he isn't a good runner* を推意し、一方で第2節（*he has long legs*）は *he is a good runner* を推意するだろう。第2節における「彼」の属性（足が長いという属性）は、第1節における彼の属性（少し息を切らしているという属性）よりも明らかに好ましい。最後に、第2節は実際に「優勢」、いわばより重きを置いていると思われる。したがって、全体として「彼」はまあまあよいランナーであるようだという結論となろう。Abraham（1979, p.113）は、このような例を「補償（compensatory）」または「否定的譲歩（negatively concessive）」と名づけている。このような「補償」の例は明らかに（間接）期待否認に収斂することが可能であるから、筆者はこの使用を分けて列挙していない。

　異なった解釈というよりは、異なった、おそらく「非標準的」な *but* の使用を含む2種の *but* を見ていくことで本節を締めくくる。Bell（1998, p.527）は、期待否認の観点から分析され得ない（そして明らかに訂正使用でもない）*but* の使用があると主張している。彼はこれを「談話」または「連続」の *but* とよび、（33）にあるような例を挙げている。

第 4 章　否認、コントラスト、訂正：*but* の意味　125

(33)　*A*　We had a very nice lunch. I had an excellent lobster.

　　　B　But did you get to ask him about the money?

　　（A　とてもいいランチだったね。私は素晴らしいロブスターをいただい
　　　　　たよ。

　　　B　だけど支払いについては彼に聞いたの？）

ベルによると、B の発話の *but* は、談話の主題へと戻るようにとの合図であるとい
う。概して、Bell(1998, p.530)は「談話」使用の *but* 節をそれまでに述べたことの
「主題の領域」を取り消すものとしてとらえている。この *but* の使用は新聞紙面に
おいて極めて広く使われているようである。紙面では *but* を使用して新しい段落を
導入することが多い。例(34)はこの例であり、不正に保管された DNA サンプルを
扱う記事から取られている。

(34)　Disclosure of the degree to which police are failing to use new forensic tech-
　　　nology is embarrassing to the police at a time when the government is making
　　　a further £36 m available to develop the national DNA database.

　　　　But the most significant aspect revealed by the inspector of constabulary
　　　report, Under the Microscope, is its confirmation that 'many thousands of such
　　　samples are being held outside the rules'.

　　　　　　　　　　　　　　　　　　　　　　　（*The Guardian*, 1 August 2000）

　　（警察が法医学の新技術をどれほど無駄にしているかが発覚したことは、
　　　政府が全国 DNA データベースの開発にさらに 3600 万ポンド上乗せする
　　　時点で、警察の汚点である。

　　　　だが、警察のレポート Under the Microscope の調査官によって暴露され
　　　たもっとも重要な点は、「何千ものこのようなサンプルが規則に反して保
　　　存されている」ということが確認されたことである。）

本章で考察した *but* の意味分析のほとんどは、この *but* の使用を取り扱っていない
が、この使用はやはり非常に標準的なものである。扱われていないことは残念なこ
とである。というのは、期待否認やコントラスト、訂正、ひいては補償の概念が、
but のこの独特な使用をどのように解明するのかは明らかでないからである。筆者
は *but* への関連性理論によるアプローチの議論でこの問題への可能な解決法を考え
ていくつもりである。

　筆者が考察したい *but* 使用の最後のタイプは、発話冒頭と談話冒頭にくる *but* で
ある。くり返すが、このような使用が連結語 *but* の大いに異なる解釈を含んでいる

126

かどうかは明らかではないが、極めて一般的であるが、*but* のたいていの分析に容易に適合しない。発話冒頭の使用において、*but* は (35) と (36) にみられるように先行発話への応答を始める。

(35)　*A*　John's in Paris at the moment.

　　　B　But I've just seen him in Oxford Street.

　　　(A　ジョンは今この時パリにいるよ。

　　　 B　でもオックスフォード通りで彼を見たばかりよ。)

(36)　*A*　It's time for bed now.

　　　B　But you said I could watch the end of Brookside.

　　　(A　もう寝る時間よ。

　　　 B　でもブルックサイドを最後まで見ていいって言ったよね。)

(37)　　［ピーターがメアリーの皿にサーモンを置く］

　　　Mary　But I'm allergic to fish.　　　　　　　　　(Rouchota, 1998b, p.25)

　　　(メアリー　でも魚アレルギーなの。)

先行発話がなされてない発話冒頭にも *but* が現れることを (37) は例証している。例 (35)–(37) のような例で、*but* は異議ないしは反論を導入しているものと思われる。

　ここでは紙面を割いてこのタイプの例を議論しないが、こういった *but* の使用について奇異なものでも見慣れないものでもないのは明らかであると思われるから、いかなる *but* の適切な意味分析も少なくともこの発話冒頭 *but* の存在を認め、その使用を包括することができることを示すべきである。

　この連結語の意味理論についてどれだけ記述的に満足のいくものであるかを測れるくらいかなり広範囲にわたる *but* の使用が出揃った。さて、*but* が生み出しうる解釈が多岐にわたるのであるならば、もっとも差し迫った問いは、実際に *but* の意味がいくつあるのかということである。これには大きく 2 つの立場が存在する。すなわち、あいまい性の立場と、単義ないしは多義の立場である。次の節では、アンスクンブル＆デュクロの有力なあいまい性分析について議論し、他の多くのあいまい性分析の代表としてみなす。しかしながら、注意したいことは、R. Lakoff (1971) や G. Lakoff (1971)、Blakemore (1989) のようなあいまい性分析は、*but* を期待否認とコントラストであいまいであるとしている一方で、アンスクンブル＆デュクロと Horn (1989) は期待否認と訂正であいまいであるとしていることである。

第4章 否認、コントラスト、訂正：*but*の意味 127

4.3 あいまい性分析

4.3.1 アンスクンブル＆デュクロの2つの*mais*

Anscombre and Ducrot(1977)による連結語*but*(より正確にはフランス語の同義語である*mais*)のもつ意味の取り扱いは、たしかに期待否認*but*に関する限り、おそらく文献の中ではもっとも有力な分析であろう。上述したように、アンスクンブル＆デュクロ(以降はA & Dとする)は、期待否認*but*と訂正*but*(2人は異なった用語を用いているが)を区別している。この区別の根底にあるのは、ドイツ語もスペイン語も共に(少なくとも)*but*ないし*mais*という語を翻訳するために2つの非同義的表現をもっているという言語横断的事実である。期待否認*but*はドイツ語では*aber*、スペイン語では*pero*と翻訳される。一方、訂正*but*はドイツ語では*sondern*、スペイン語では*sino*と翻訳される。こういう理由で、A & Dは否認*but*を*mais*$_{PA}$、訂正*but*を*mais*$_{SN}$と称している。筆者はA & Dの訂正*but*の取り扱いについてみていくことから始める。

4.3.2 *Mais*$_{SN}$

A & D(1977, pp.24–25)によると、訂正*but*が2つの文*P*と*Q*をつなげることを可能にするためには、(38)の条件が満たされなければならない。

(38) **訂正(*mais*$_{SN}$)**
  (a) *P*は*not P′*という形式をもつ
  (b) 同一の話し手が*P but Q*全体を発している[9]
  (c) 話し手は*P′*を拒否する理由として*Q*を提示する
  (d) *Q*は*P′*を直接的に反証しなければならない。すなわち、*Q*と*P′*は同種の事実を(話し手が*P*と*Q*が互いに相容れないとみなすように)特徴づけなければならない。*Q*は*P′*と置きかえることができなければならない。

明らかに、これらの条件は、前述した訂正*but*の例(24)において満たされる。

(24)   That's not my sister but my mother.
       (あの人は私の姉ではなく私の母です。)

第1連言肢は、実際には顕示的だが命題と一体化していない否定(*not*)が含まれており、2連言肢は同一の話し手によって発せられているが、第2連言肢(*she is my mother*)は第1節の肯定(*she is my sister*)を拒否する理由として提示され、さらには、*P'* (*she is my sister*) と *Q*(*she is my mother*)はまさに同種の事実を(当該女性は同時に話し手の姉でも母でもあるはずがないという)相容れないやりかたで記述している。しかしながら、A&Dによる条件には数多くの問題となる側面がある。

第1に、「同種の事実」という概念は不明瞭であり、さらに説明が必要だろう。たとえば、誰かが話し手の姉であることと誰かがその母であることは、直感的に同種の事実であるが、同じことが、実際にはそういう場合もあるが、和平会談に出席することとエンドウ豆の世話をすることに対していえるかどうかは疑わしい。というのは、(39)の発話は明らかに容認可能で(そして同様に *but* の明らかな訂正使用で)あるからである。この点はほぼすべての言語形式の訂正におそらく当てはまるだろう。

(39)   Peter didn't attend the peace talks but tend the pea stalks.
(ピーターは和平会談には出席したというのではなく、エンドウ豆の世話をしたのである。)

ドイツ語の類例である(40)は、(39)と平行して解釈されるには *sondern* を含まなければならない。*Aber* を使った同様の例である(41)は、期待否認としてのみ解釈されうる(ふさわしいコンテクストは容易には見つけられないが)。

(40)   Fritz hat nicht Hilfe gebraucht, sondern die Hälfte geraucht.
(フリッツは助けを必要としたのではなく、半分ほどタバコを吸ったのである。)

(41)   Fritz hat nicht Hilfe gebraucht, aber die Hälfte geraucht.
(フリッツは助けを必要としたのではない。でも半分タバコを吸ったのである。)

例(39)は「ピーターはエンドウ豆の世話をした」という発話を「ピーターは和平会談に出席した」と聞き間違え、「ピーターはどこの和平会談に出席したの」かと、おそらく尋ねた人を訂正するために発話されるだろう。このようなシナリオでは、*Peter attends the peace talks* と *Peter tends the pea stalk* は、同種の**事実**を**記述**してるのではなく、同種の**発話**を**表示**している。このことは、同種の事実を特徴づけるというよりも、むしろ *P'* と *Q* という発話が同じ伝達機能を果たすべきであるということを指示しているように思われる。

さらなる問題は条件(d)にも関係する。つまり、話し手が *P'* と *Q* が整合しない

ものと考えるという要件は解釈の余地がある。例(24)の場合には、この不整合性が何であるのかはかなり明らかであろう。というのは、話し手の姉と母親が同一人物であるという見込みは、どんなに控えめに言っても少ないものであるからである。しかしながら(42)において、どうして P'（we saw the hippopotamuses）と Q（we saw the hippopotami）によって記述される事実が整合し得ないのかはそれほど明らかではない。というのも、両者とも明らかにまったく同一の事実を記述しているからである。

(42)　　We didn't see the hippopotamuses but the hippopotami.
　　　　（私たちは hippopotamuses を見たのではなく、hippopotami を見た。）

もう一度いうが、この不整合性は**事実**間ではなく**発話**間にあると思われる。この判断は、(39)と(42)の双方とも第1節の否定は記述的ではなくメタ言語的であるという事実によって支持される。つまり話し手は当該発話の命題内容に注意を払うというよりは、他の根拠に基づいて第1節に異議を唱えているのである。実際に(39)は、P' の命題内容が少なくとも話し手が異議を唱えていることの一部でないので、メタ言語否定に特有の特徴にまったく適合していない[10]。

　これらメタ言語的な場合が、A & D の訂正 but の特徴づけと合致しないと思われるという事実は、A & D (1977, pp.26–27)が P における否定は、彼らのいう「反論的（polemic）」特徴をもっていなければならないと述べていることを考慮すると、驚くべきことである。この脈絡において、A & D はこのことを、厳密な意味ではなく、すなわち現実世界の先行発話に対して異議を唱えるためだけに使われうるという意味ではなく、もっと緩やかな意味、つまり可能世界の発話に異議を唱えるためにも使われうるという意味で意図している。明らかに、A & D の「反論的」否定は Horn (1985, 1989) のメタ言語否定に極めて近いものである。実際、メタ言語否定は、

　　同じ談話のコンテクストにおいて先んじてなされた他の話し手による発話への返答として、あるいは同じ話し手による先んじる発話の後の中間軌道修正としてのみ自然に現われる

と述べることにより、Horn (1989, p.375) は、彼のメタ言語否定が厳密に解釈された A & D の反論的否定に対応すると明らかにしている。一方、Carston (1996b) のメタ言語否定の定義は、より緩やかに解釈された A & D の反論的否定にずっと近いと思われる（but の sondern 型使用すべてに適用するためにはそう考えざるを得ない）。彼

女は以下のように論じている。

> メタ言語の場合についての正しい一般化は、Sperber and Wilson (1986) および Wilson and Sperber (1988[b], 1992) の意味で、否定演算子の作用域にある要素、あるいは少なくともその一部がエコー的に使用されているということである。　　　　　　　　　　　　　　　　　　　　　　　(Carston, 1996b, p.320)

重要なことに、エコー的使用には必ずしも実際の思考や発話が関わるわけではない。というよりも、

> エコーされる思考は発話には表出されなかったかもしれない。また、特定の人にではなく、単にあるタイプの人、または人々一般に帰属しうるものかもしれない。あるいは、単に文化的に望ましいことあるいは文化的規範かもしれない。　　　　　　　　　　　　　　　　　　　　(Wilson and Sperber, 1992, p.60)

言いかえると、Carston (1996b) は、ドイツ語の *sondern* (またはスペイン語の *sino*) に対応する *but* の使用に含まれる否定のタイプについて A & D の直感と一致するメタ言語否定の詳細な分析をしている。

　上記で議論した問題点があるにもかかわらず、A & D の *sondern* と訂正 *but* の分析は基本的に説得力のあるものである。というのも、*sondern* も「訂正」解釈の *but* のどちらも命題と一体化された否定と結びつかず、第2節は、実際には第1節から創られた期待を否認するというより、むしろ第1節 (またはその特定の側面) にとってかわるものとして理解される。さらに、訂正解釈における *P but Q* は同一の話し手により発せられなければならないし、あるいは、そうでなければ、(43) にあるように、話し手自身が新しい発話をするよりも、2番目の話し手が最初の話し手の発話に続けているものとして理解されなければならないということも絶対的に正しいと思われる。

(43)　　*A*　　Peter isn't a hero ...
　　　　B　　But a complete and utter prat.
　　　　(A　　ピーターはヒーローじゃなくて…
　　　　 B　　完全にまったくまぬけだね。)

本章の最終節において、「同種の事実」といった概念にまつわる漠然性は避ける一方で、一般的な関連性理論による制約が、訂正使用の *but* に関する A & D の直感

第4章　否認、コントラスト、訂正：*but* の意味　131

をどのようにとらえることができるのかを示すつもりである。

4.3.3　*Mais*$_{PA}$

A & D が認識している第 2 の *but*(または *mais*)は、ドイツ語の *aber* やスペイン語の *pero* に相当するものであり、ここでは *mais*$_{PA}$ とする。すでに述べたように、A & D (1977, p.28)はこの種の *but* の適切な使用は(44)の規則によると主張している。

(44)　　**期待否認**(*mais*$_{PA}$)

　　(a) *P* は ¬*R* への根拠である。

　　(b) *Q* は *R* への根拠である。

　　(c) *P* が ¬*R* への根拠であるよりも、*Q* が *R* への根拠である方が強い。

「〜への根拠である(is an argument for)」や「より強い根拠である(is a stronger argument)」という概念に関する疑いについては Iten(2000a)でいくらか詳細に議論されているが、その疑いはさておき、(44)はきわめて見事な分析である。疑いなく、(44)は(15)のもっとも自然な解釈をとらえている。

(15)　　It's raining but I need some fresh air.

　　　　(雨が降っているが、新鮮な空気がほしい。)

上のようなシナリオで発せられると、つまり話し手と聞き手が散歩に行くか行かないかを議論しているところで、*P*(*it's raining*)は ¬*R*(*I don't want to go for a walk*)の根拠であり、*Q*(*I need some fresh air*)は *R*(*I want to go for a walk*)の根拠であり、そして直感的に *Q* の方が強い根拠である。なぜなら、話し手の発話の全体的な流れが、話し手は散歩に行きたいということを確実にしているからである(言いかえれば、全体的な結論は *R* である)。しかしながら、この分析の美しいところは、(44)の規則は間接期待否認の例を説明するだけではなく、直接期待否認を含む例をも的確に説明していることである。たとえば、(12)は次のように分析される。

(12)　　John is a Republican but he is honest.　　　　　(G. Lakoff, 1971, p.67)

　　　　(ジョンは共和党員だが正直だ。)

P(*John is a Republican*)は ¬*R*(*John isn't honest*)の根拠であり、*Q*(*he is honest*)は *R*(*he is honest*)の根拠で、ありかつ *Q* は *P* より強い根拠である。このことは、このように *R* = *Q* である場合、*Q* が *Q* 自体の根拠であるよりも *P* が何かほかのより強い根拠

132

であるとは想像し難いから、P が ¬R の根拠であるよりも Q が R の根拠である方が強いという条件が満たされていることは当たり前のことと考えてよいのである。

　補償 *but* とコントラスト *but* が、期待否認 *but* へと収斂されうると仮定すると、A＆Dの分析は非常に成功しているといえよう。表面的には、彼らの分析には談話(話題転換)*but* も発話・談話冒頭使用の *but* も扱う手立てはないが、少なくともこの分析はこれらの使用を包括するように修正することは可能であろう。たとえば、もし P がある文法上の節の命題内容にただ限定されるのではなく、そのかわりに、P が自由に、コンテクスト内のいかなる想定ともよび出し可能であると考えれば、(37)にあるような談話使用 *but* と発話・談話冒頭位置にある *but* はもはや問題とはならないだろう。

(37)　　［ピーターがメアリーの皿の上にサーモンを置く］
　　　　Mary　But I'm allergic to fish.
　　　　(メアリー　でも魚アレルギーなの。)

しかしながら、この考え方はA＆Dの分析からは大きく逸脱するものの、筆者が最終的に関連性理論の枠組みで提示したい分析には収まるものである。

　多くの理論研究者らは、A＆D(1977)の *but* の分析を、自身の理論的枠組みに合うように適合してきた、あるいはほぼそのまま採用さえしてきたことは、まさにこのA＆Dの分析の成功の証だろう。たとえば、Winter and Rimon(1994)は、Veltman(1986)のデータ論理という形式意味論的枠組みにおいて *but*(や他の「コントラストの」連結語)の分析を行っている。Veltman(1986)はA＆Dの否認 *but* に関する直感に基づいたものである。しかしながらWinter and Rimon(1994, p.374)は、A＆Dの論証理論は「事実の説明モデル」を提供せず、「あまり形式的でない」モデルと信じている。対照的にKönig(1985, p.6)は、「『逆接』関係」の概念を定義づける際に、A＆Dの *mais*$_{PA}$ の分析を多かれ少なかれほぼそのまま採用している。その「逆接」関係はケーニッヒによると、*but* によって典型的に表されるものである。しかしながら、Recanati(2001a)も、否認 *but* に対する自身の慣習的推意による分析を、主にA＆D(1977)の分析に基づいているものの、A＆Dの分析の枠組みである論証理論には同調してはいないようである。

4.4　いくつの *but* があるのか

4.4.1　あいまいか、あいまいでないのか
P *but* Q 形式の発話が受ける異なった解釈が広範囲に及んでいるとすると、この多

第 4 章　否認、コントラスト、訂正：*but* の意味　133

様性をどう説明するかが問いとなろう。Anscombre and Ducrot(1977)、Abraham
(1979)、R. Lakoff(1971)、G. Lakoff(1971)、Blakemore(1989)によるその解答は、
このような多様な解釈の少なくともいくつかが生じるのは、英語の *but* に 2 つの(ま
たはアブラハムにおいては 3 つの)区別される意味があるからであると思われる。実
際に、少なくともアンスクンブル&デュクロとアブラハムは、英語には単一の語彙
項目 *but* があるのではなく、複数の語彙項目があると信じているように思われる。
言いかえれば、彼らによれば英語の *but* は単なる多義ではなく、語彙的にあいまい
であるというのである [11]。

　もしこうした分析が、グライスの語用論的取り組みが後々定着するほどにはしっ
かりと定着していなかった時代から続いていることを念頭に置くならば、これらの
理論研究者の誰も語彙的あいまい性を前提とすることを極度に不安に思わないのは
驚くべきことではない。実際にグライス以前には、語彙的あいまい性や多義性を前
提とするよりむしろ、一般的な語用論的原則を使用しながら解釈における違いを説
明しうる、説得力のある方法などないと思われていた。

　しかしながら、グライスの「会話の論理」は、協調の原則(Cooperative Princi-
ple)と格率(maxim)を用いて、どのようにして 1 つの語彙項目がコンテクストによ
り異なる解釈を受けることができるのかを説明する手段を提供する。このように意
味の違いを語用論的に分析する可能性があるとすると、語用論的分析と伝統的な同
音異義語ないしは多義による説明のどちらかを選ぶ方法があるにちがいない。
Grice(1978)の修正版オッカムのかみそり(Modified Occam's Razor)は、意味を必
要以上に増やすべきではないことを述べたものであるが、その選択を決定する発見
的解決法を提供してくれる。これによれば、経済性という理由から、語用論的分析
の説明力があいまい性分析の説明力と同等である場合には常に、前者の分析の方が
好まれるはずである。もちろん究極的には、英語の *but* が語彙的にあいまいかどう
かという問いに対する答えは、*but* のさまざまな異なった解釈を語用論的に説明で
きる基盤となる特定的な *but* の一様の分析が見出されるかどうか次第である。しか
しながら、これについて考察する前に、英語の *but* がコード化された意味を複数
もっていると仮定する理由があるとすれば、その理由を問う価値があると筆者は考
える。というのも、もし妥当な理由があったとすれば、*but* に一様の意味論を与え
ようとする試みは、的外れな企てとなるだろう。本節の残りで、*but* があいまいで
あると仮定する理由、とりわけ A & D(1977)が挙げた理由を検証していく。

4.4.2　あいまい性の擁護

一般的に、英語の *but*(そしてフランス語の *mais*)があいまいでありうるという考えに
至ったと思われる要因として、英語の *but* に相当する語彙項目を複数もつ言語がい

134

くつか存在していることを示す言語横断的データがある。たとえば、ホーンは *but* の2つの機能(否認と訂正、彼はこれらを「譲歩(concession)」と「コントラスト(contrast)」とよんでいるが)に関し、以下のように述べることで、多くの理論言語学者を擁護していると思われる。

言語横断的証拠は、単なる語用論的なあいまい性というよりむしろ語彙的あいまい性が関わっているという仮説を支持する。　　　　　(Horn, 1989, p.406)

ホーンは、同じような区別が語彙的にされるのは、A & D(1977)によって議論されたように、ドイツ語やスペイン語だけでなく(Horn, 1989, p.406)、スウェーデン語やフィンランド語でもなされることを観察することで、彼自身の論旨の信憑性を増している(そして、これに加えてヘブライ語でも区別される[12])。たしかに、もし非常にたくさんの言語で同じように語彙的区別がされるならば、英語やフランス語といったような、ただ1つの表層形をもった言語においても区別があるにちがいないと論じてもいいだろう。ただ実際は、筆者は4.4.3節において、この論旨の流れは直感的に心惹かれるものかもしれないが、実にまったく論理的に説得力のあるものではないことを論ずる。

Horn(1989, p.407)は、あいまい性を支持する論旨として、訂正 *but* と否認 *but* は異なった分布上の特性を示しているという事実を用いているように思われる。この中で、彼はフランス語の *mais*(そして英語の *but* にまで広げて)の2つのタイプを区別する分布上の統語論的特性があると論じている A & D(1977, p.33)に追従している。A & D(1977, pp.34–40)は6つの論拠を用いてこのことを示している。以下ではこのうち3点のみを議論する。というのは他の3点はフランス語ほど英語ではうまく当てはまるとは思えないからである。

第1に、A & D によれば、訂正の読みにおいては *P but Q* の第1節は明示的否定を含んでいなければならない一方で、否認の読みでは明らかにその必要はないので、2つの節が入れ替わると、否認の読みでは容認可能な結果となるが、訂正の読みの場合にはそうはならないと論じている。たとえば、(45)と(46)はいずれも容認されるが(48)は容認されない。これは(少なくとも筆者のようなドイツ語話者にとって)、これらの文が(49)–(50)と(51)–(52)のようにドイツ語に翻訳されると、とりわけ明らかになる。

(45)　　He isn't tall but he is strong.
　　　　(彼は背が高くないが強い。)
(46)　　He is strong but he isn't tall.

第 4 章　否認、コントラスト、訂正：*but* の意味　135

　　　　　　　（彼は強いが背は高くない。）

(47)　　　He isn't tall but very tall.
　　　　　　　（彼は背が高いというのではなく、とても背が高い。）

(48)　　　*He is very tall but not tall.

(49)　　　Er ist nicht gross, aber (er ist) stark.
　　　　　　　（彼は背が高くないが強い。）

(50)　　　Er ist stark, aber (er ist) nicht gross.
　　　　　　　（彼は強いが背は高くない。）

(51)　　　Er ist nicht gross, sondern sehr gross.
　　　　　　　（彼は背が高いのではなく、とても背が高い。）

(52)　　　*Er ist sehr gross, sondern nicht gross.

第 2 に、A & D (1977, p.35) が観察しているように、*but* が訂正を含むものとして解
釈されうるのは、*P* における否定が一体化していない場合に限るのであって、一体
化した否定は十分ではない。つまり (53) と (55) は容認されるが、(54) と (56) は容
認されない。

(53)　　　It isn't possible but necessary.
　　　　　　　（それは可能というのではなくて必然である。）

(54)　　　*It is impossible but necessary.[13]

(55)　　　Es ist nicht moglich, sondern notwending.

(56)　　　*Es is unmoglich, sondern notwendig.[14]

A & D の 3 つ目の論証は、訂正 *but* の場合、もし *P′* (否定されていない *P*) と *Q* 間に
共通項がある場合、その部分が削除されるというものである。しかしながら、否認
but の場合、この共有部分は、明示的に存在するか照応的に指示されるかである。
たとえば、(57) の *but* は訂正解釈がなされることはない (もちろん期待否認として解
釈されうるだろうが)。訂正解釈を得るためには、2 つの節が共通にもつ要素が、
(24) にあるように省略されなければならない。

(57)　　　That's not my sister but it's my mother.
　　　　　　　（あの人は私の姉ではないが、あの人が母です。）

(24)　　　That's not my sister but my mother.
　　　　　　　（あの人は私の姉ではなく母です。）

136

　ドイツ語では、期待否認と訂正の差異は明らかに言語的にコード化されているが、両方の読みは省略の有る無しに関わらず得られることに注意してほしい。つまり、(58)–(61)はすべて押しなべて容認可能である。

(58)　Sie ist nicht meine Schwester, sondern sie ist meine Mutter.
　　　（あの人は私の姉ではなく母です。）

(59)　Sie ist nicht meine Schwester, sondern meine Mutter.
　　　（あの人は私の姉ではなく母です。）

(60)　Sie ist nicht meine Schwester, aber sie ist meine Mutter.
　　　（彼女は私の姉ではない。でも私の母よ。）

(61)　Sie ist nicht meine Schwester, aber meine Mutter.
　　　（彼女は私の姉ではない。でも私の母よ。）

　実際、A & D(1977, p.36)は以下のように主張している。もし省略される要素があり、第1節が明示的否定を含む場合、*but* が訂正解釈のみを受けうる。たとえば、(24)ではこのことが正しいようにみうけられる。

(62)　*A*　You look a lot like your sister.
　　　B　She's not my sister but she's my mother.
　　　B'　She's not my sister but my mother.
　　　（A　君はお姉さんによく似ているね。
　　　　B　彼女は私の姉ではないわ。でも私の母よ。
　　　　B'　彼女は私の姉ではなく母よ。）

(62)のシナリオにおいて、B の発話は期待否認として解釈されるだろう。すなわち P(*she's not my sister*)は、A が間違っていたことを推意し、一方 Q(*she's my mother*)は、A が全体的には間違ってはいなかったということを推意している（なぜならば、当該女性は B の親族であるからである）。一方、B' は A が完全に間違ってはいなかったと A を慰めることなく、ただ A の間違いを訂正していると理解されるだろう。しかしながら、以降で筆者は明示的に一体化していない否定と省略が存在することが、訂正の読みを強制するには十分ではない例もあることを論じていくつもりである。

第 4 章　否認、コントラスト、訂正：*but* の意味　137

4.4.3　あいまい性へ反論

前節で、英語の *but* のあいまい性を仮定する 2 つの主要な理由として、他の数多くある言語には *but* の訂正使用と否認使用を表す別々の語彙項目があること、およびその 2 つの解釈が異なる分布上の特性をもち合わせていることを示した。本節では、いずれの主張も説得力がないことを論じる。

　たしかに、他の言語が、英語の 1 語の異なった解釈をとらえる 2 つ（ないしはそれ以上）の非同義的な語彙項目をもっているという事実から、当該の英語の語が、したがってあいまいであると想定したくなるだろう。明らかにあいまいな語がそれぞれ異なる意味に対応して異なった翻訳をされることはもっともである。たとえば英語の *bat* は、「クリケットのバット」と解釈されるか「コウモリ」と解釈されるかに応じて、ドイツ語では *Schläger* と *Fledermaus*、フランス語では *batte* と *chauve-souris*、イタリア語では *mazza* と *pipistrello* に翻訳される。実際に、打つ道具とコウモリを記述する同一の語をもつ言語が他にあることはほとんどあり得ない（もちろんないわけではないだろうが）ように思われる。この点において、*bat* のような間違いなくあいまいな語とは *but* はまったく異なる。つまり、否認 *but* と訂正 *but* に対して別々の語をもつ言語もあるが、他の多くの言語は双方を表すのに同じ語をもっている。

　さらに、1 つの言語で単一の語が別の言語で 2 つの非同義的な訳語をもち、その単一の語が明らかにあいまいではない場合も数多くある。たとえば、英語の *cousin* があいまいであると主張したい者はたしかにいないだろう。それにも関わらず、ドイツ語は 2 つの異なった語をもっている。つまり男性のイトコには *Vetter*、女性のイトコには *Base* か *Kusine* である。もう 1 例、少しばかり賛否両論があるかもしれない例を挙げると、形容詞 *awkward* は何と結合するかによって、ドイツ語では異なった訳出がされる。たとえば、(63)–(65) は (66)–(68) のように、*awkward* がそれぞれ *veflixt*、*peinlich*、*linkisch* のように翻訳される。

(63)　　This is a very awkward situation.
　　　　（あれはひどい状況だ。）

(64)　　There was an awkward silence.
　　　　（気まずい沈黙があった。）

(65)　　He's an awkward lad.
　　　　（彼は不器用な少年だ。）

(66)　　Das ist eine verflixte Situation.
　　　　（あれはひどい状況だ。）

138

(67)　Es entstand eine peinliche Stille.
　　　（気まずい沈黙があった。）

(68)　Er ist ein linkischer Junge.
　　　（彼は不器用な少年だ。）

形容詞 *awkward* が３種の異なる訳を受けるにもかかわらず、実際にあいまいであると（または多義であるとさえ）考える理由はない。このドイツ語の３つの形容詞が共通にもっているのは、結びつく名詞によって示される実体に、さまざまな種類の困難さまたは不快さをもたせるということである。言いかえれば、*awkward* は「不快な気持ちを含んでいる」というような極めて一般的なことを意味することが少なくともありうるように思われる。この特定の例がうまく説明できようができまいが、１つの言語のある語の意味論についての結論を他の言語からの証拠に基づいて導く際に、注意を促すのに十分な証拠があると筆者は考えている。すなわち他の言語がきっかけとして機能するとしても、証拠そのものは同一言語内で見つけなければならない。言いかえれば、英語の *but* があいまいであるという主張は、英語からの証拠によって支持されなければならない。このことはもちろん、さまざまな分布上の特性に関する議論が目指していることである。

　しかしながら、事実上、訂正 *but* と否認 *but* が相補分布をなすことを示すことは、あいまい性の主張を支持する方法としては奇妙である。言語環境を横断した意味の相補分布は、明らかに、物議をかもすことのないほど語彙的あいまい性の特性ではない。たしかに、もしあいまいな言語表現の両方の意味が同一の統語論的機能を果たすのであれば、すべての発話において両方の意味が（同程度により出し可能ではないにしても）得られることが期待されるだろう。結局のところ、両方の意味が言語的にコード化されているのだろう。たとえば、*bank* という語の意味は両方とも実質的にどんな言語環境においても可能である。言語的コンテクストが「金融機関」読みに強く向かわせる例(69)でさえも、*bank* は「土手」の意味をもつことは可能である。

(69)　Peter took the cheque to the bank.
　　　（ピーターは小切手を銀行／土手へもっていった。）

もし *but* が否認と訂正の間で言語的にあいまいであるならば、少なくとも *but* を含む正真正銘のあいまい文が存在するはずである。もしそうでなければ、まだ選択肢が２つある。１つは *but* があいまいではないということ、もう１つは *but* の２つの意味が異なる統語論的機能を果たしているにちがいないというものである。しかし

第 4 章　否認、コントラスト、訂正：*but* の意味　139

ながら、これは独立した根拠に基づいて実証される必要がある。

　A & D の議論から、*but* を含む正真正銘のあいまい文がないということが帰結すると思われる。彼らによると、第 1 節が明示的な一体化していない否定を含み、2 節間で共有された要素が省略されるならば、*but* は訂正解釈を受けることになる。言いかえれば、A & D は 2 つの *but* は統語論的に異なるという見解をもっているようである。彼らによる区別は、その分析から以下のようであると思われる。つまり、否認 *but* は 2 つの完全文だけを結びつけることができる談話連結語であり、一方、訂正 *but* は完全文よりも小さい構成素を結びつけることができる連辞であるというものである。たとえ(70)のような例が、標準的な訂正の例と同じ量の省略が含まれているのに、なぜ否認使用の *but* の完全に標準的な場合であるといえるのかはまだ説明されないままである。

(70)　　She is poor but honest.
　　　　（彼女は貧乏だが正直だ。）

実際、明示的な一体化していない否定と省略を含むいかなる例も、訂正解釈を受けなければならないという A & D の主張に反して、否認読みと同じことが(71)のような例で見出せる。

(71)　　He is not good-looking but successful.
　　　　（彼はハンサムではないが成功者だ。）

たしかに、この例は実際には訂正の読みは得にくいとはいえ、否認と訂正の読みの間で正真正銘あいまいであると思われる。しかしながら、しかるべきコンテクスト、たとえば(72)の明らかにありそうもないシナリオにおいて訂正読みは可能である。

(72)　　［A と B は、アメリカのメロドラマの男性の登場人物は押しなべてハンサムか成功者であると思っており、2 人はどの登場人物がどちらのカテゴリーに属するかを議論している。］
　　　A　JR is good-looking.
　　　B　He is not good-looking but successful.
　　　（A　JR はハンサムよね。
　　　　B　彼はハンサムとはいえなくて、成功者だといえるけど。）

140

例(70)と(71)は、訂正 but と否認 but の間の統語論的違いは、A & D が考えている
ほど明確なものではないことを示している。したがって、統語論に基づいたあいま
い性という選択肢は排除される。同時に(71)は、but を含む正真正銘のあいまい文
があり、一見してあいまいさが完全に除外されてよいということではないことを示
唆している。実際に、両方の読みが可能な例が他にあるように思われる。例(73)
を考えてみたい。

(73)　　Mary did not fail the exam but her name was at the top of the pass list.
　　　　（メアリーは試験に落ちたのではなく、名前が合格者リストのトップに
　　　　あった。）

コンテクストを無視して考えると、この文のもっとも容易な解釈は訂正解釈である
と思われる。すなわち、メアリーの名前が実際には合格者リストのトップにあった
にも関わらず、聞き手は彼女が試験に落ちたと誤解したのである。しかしながら、
しかるべきコンテクストにおいては、否認の解釈もまた可能である。というのは、
試験に落ちたことと合格者リストのトップに名前があることの両方が、動揺するも
のとして話し手と聞き手にみられていると想定するならば、(73)は次のように間
接否認の解釈を受けうるだろう。すなわち第1節(*Mary did not fail the exam*)は、メ
アリーは動揺しないだろうということを推意するかもしれない、その一方、第2節
(*her name appeared at the top of the pass list*)は、彼女が動揺していることを推意する。
　こうなると、否認解釈がすべての but 文で可能であり[15]、その一方で、訂正読み
は、第1節が明示的な一体化していない否定を含む文でのみ可能であると思われ
る。与えられた状況において、どちらの読みが得られるのかは、共通のテキストの
統語論的特性よりもコンテクストに依存する。このことは、正真正銘のあいまい性
を排除もしないが、それを支持する論拠を提供するわけでもない。
　このことは、英語の but があいまいであると信じる理由が、一見したほど妥当な
ものではないと言ってよいことを示している。したがって、but の一様の意味論の
追究は少なくとも価値のあることであると思われる。本章の次の数節では、その追
究を試みてきた分析について集中的に議論する。

4.5　グライスの *but* の考え方

本節では、大まかにグライス派としてみなされる *but* のアプローチをいくつか概観
していく。これに関するグライス自身の数少ない言及に触れ、より詳細にみれば彼
の分析がどのようなものかについて簡潔に推察することから始める。Rieber(1997)

によるグライスの慣習的推意の再解釈と、これがどのように *but* に適用するかについての議論が続く。最後に Bach(1999)がどのように *but* を見ているのかを考察する。これら3つのアプローチは重要な側面において異なるとしても、興味深い側面も共有している。とりわけ、それらはすべて *but* の意味をコントラストの概念を使って分析している。Rudolph(1996)と Fraser(1998)の分析もまた、一般的なコントラストの概念を使用しており、そのため、これから議論していこうとする分析の問題点の多くを共有する。

　グライスから始めたい。すでにほのめかしてきたように、グライスは実際には特に *but* の詳細な分析をしていない。彼が述べていることは、*She was poor but honest* が、

　　(非常に大雑把にいって)貧困さと正直さとの間、具体的には彼女の貧困さと正直さの間に何かしらのコントラストがある　　　　　　　(Grice, 1961, p.127)

と推意するということだけである。グライスは、さらに、このコントラストという含意を、言われていること(つまり、発話の真理条件的内容)の一部とも、後に会話的推意とよぶようになったものともみなさないことをも明らかにしている。代わりに、Grice(1961, p.129)は「その含意が生じるという事実は *but* という語の意味に関わる」と主張している。言いかえれば、コントラストの含意は Grice(1975/1989, pp.25–26)が後に慣習的推意として言及するものである。慣習的推意の概念は2章である程度議論したので、ここではこれ以上追求しない。グライスは *but* を(2.5.3節で議論した *on the other hand* のように)、2つの1階レベルの発話行為を対照するという高次の発話行為の遂行を指示するものとして扱っている可能性が高いとだけ言わせてほしい。後に示すが、*but* の解釈全般を扱えるようにコントラストという概念を定義立てることは1つの挑戦である。とはいうものの、修正版オッカムのかみそりを考慮すれば、グライス自身も本当はそうしたかったであろう。言いかえれば、彼の分析は *but* を、「コントラスト」という極めて一般的な概念をコード化しているものとみなし、より特定的な解釈は語用論的に導出されるということが妥当であろう。

　Rieber(1997)は、慣習的推意の概念について、挿入的遂行表現の観点からみるという自身の解釈を示している。たとえば、Rieber(1997, p.53)によると、(74)の発話は(75)のように分析されうる。

(74)　　Sheila is rich but she is unhappy.
　　　　(シーラは金持ちだが不幸せだ。)

(75)　Sheila is rich and［I suggest this contrasts］she is unhappy.
　　　（シーラは金持ちで、かつ［対照的だと示唆するが］彼女は不幸せだ。）

　ここで問題のコントラストはさまざまなやり方で明らかにされうるとリーバーは
思っている(1997, p.54)。たとえば、2つの節の内容の間のコントラストであった
り、節の含意の間のコントラストであったりするかもしれない。したがって、「コ
ントラスト」の概念を、（リーバー自身は「訂正」使用の *but* を考慮に入れてはいない
が）*but* の可能な解釈をすべて扱えるくらい一般化することがリーバーの意図するも
のであると思われる。筆者はリーバーの *but* の取り扱いは、本節の終わりで大まか
なコメントをする以外これ以上議論するつもりはない。Blakemore(2000, 2002)は
but(と他の談話標識)に対するリーバーのアプローチについて包括的で説得力のある
批評をしている。

　最後に、2.5.4節で触れたように、Bach(1999)は *but* を分析する際に慣習的推意
の概念を排除し、代わりに単一の発話が複数の命題を表出しうるという枠組みを選
択している[16]。彼によると、*but* の意味は「言われていること」に貢献する[17]。
もっと特定的にいえば、たとえば、Bach(1999, p.347)は(74)の発話が(76)–(78)の
3つの命題を表出しているととらえている。

(76)　Sheila is rich.
　　　（シーラは金持ちだ。）
(77)　Sheila is unhappy.
　　　（シーラは不幸せだ。）
(78)　There is a certain contrast between being rich and being unhappy.
　　　（金持ちであることと不幸せであることの間にはある一定のコントラスト
　　　がある。）

　このことが示すように、バックも、*but* の意味を分析するときにコントラストの概
念を選択し、「コントラスト」をできるだけ一般的なものとすることによって、可
能な限り広範囲に *but* の解釈をとらえることを確実にしてもいる。「一定のコント
ラスト」の概念は、発話のある特定の場合において語用論的に拡充されるというの
が彼の考えである。たとえば(74)の場合には、コントラストは一般的には富が不
幸と対峙するというものであろう[18]。

　3人の分析(Rudolph, 1996 と Fraser, 1998 の分析とともに)すべてに共通するのは、
but の意味を説明するために、コントラストの概念を使用しているという事実であ
る。まず、グライス自身は対照するという発語内行為の遂行を *but* が指示している

ものとしてみているといってよい。また、リーバーはコントラストを示唆するという発話行為の遂行を指示しているものとしてみているし、さらにバックは「一定のコントラスト」という漠然とした概念をコード化しているものとして考えているように思われる。3人とも、少なくとも *but* の異なった解釈もしくは使用を同じ用語で分析しようとしているように思える。このことが意味するのは、3人のコントラストの概念が解釈全般を扱えるほどに漠然としたものか、あるいは一般的なものでなければならないということかである。このことはコントラストという概念を定義づける仕事をかなり困難にしている。事実、グライスも、リーバーもバックも「コントラスト」によって何を意味するのかを実際には明示的にしていないといえる。直感的にいえば、(ちょうど世界のどんな2つのものも互いにある程度の類似性があるように)世界のどんな2つのものも互いに対照しうるのである。したがって、コントラストが矛盾と同じくらい即単純な何かに至るということはありそうもない。

　さらに、どんなに一般的にあるいは漠然とした定義を与えるにしても、コントラストの概念が訂正 *but* をどのように取りこめるかを理解するのは難しいものである。明らかに、(79)でも(80)–(82)でも、(24)の意味を十分に示すことはできない。

(24)　　That's not my sister but my mother.
　　　　(あの人は私の姉ではなく母です。)

(79)　　That's not my sister and ［I suggest this contrasts］ that is my mother.
　　　　(あの人は私の姉ではなく、かつ［対照的だと示唆するが］あの人は私の母です。)

(80)　　That's not my sister.
　　　　(あの人は私の姉ではない。)

(81)　　That is my mother.
　　　　(あの人は私の母です。)

(82)　　There is a certain contrast between that not being my sister and it being my mother.
　　　　(私の姉ではないことと、私の母であることの間には一定のコントラストがある。)

このことは、*but* の一様の意味論的分析を概念的にできるように概念コントラストを定義する困難さを示している。実際、単義的分析を可能にする概念が見い出されうるのか、筆者にははなはだ疑問である。したがって、問題は *but* が表示的・概念的に分析されるのが最善なのか、もしくは手続き的な分析の方が見込みがあるのかということである。このことを次節で扱う。

4.6 概念か手続きか

これまでの議論は、どんな *but* の単義的分析も、この連結語が与える多岐にわたる使用と解釈をとらえるためには、かなり一般的かつ抽象的にならざるを得ないことを明確にした。ここでは Blakemore (1987, 1989) に沿って、単義的分析は *but* の手続き的意味論を仮定するときにのみ達成されうることを論じる。これを擁護する論証の１つは、*but* のすべての使用をとらえられるほど十分に一般的な、コード化している概念を見つける作業は、不可能でないにしても極めて困難であるということである。さらに、3.3.3 節で同定した手続き的意味に対する３つのテストに照らし合わせて *but* を検討することは、*but* が概念的というよりはむしろ手続き的意味をコード化していることを支持するさらなる証拠を生み出す。

第１に、たいていの英語話者が「*but* の意味は何か」という問いに答えるのは困難であるという点である。たしかに、「*but* はどのように使われるのか」に答える方が容易である。実際、適切性条件による A ＆ D の説明はこの点を見事に説明している。このことはまず、*but* の意味はおそらく手続き的なものであり、概念的表示のようにはたやすく意識に上らないことを指し示している。

第２に、*but* が伝達するものが正確に何であれ真理判断可能ではない。たとえば、(83) における B の返答は、*John is a nice guy* と *John is gay* との間に *but* によって示唆される「コントラスト」または「不整合性」に異を唱えているが、適切ではない。これは、この示唆が本質的に異を唱えられないものであることから来るのではないことを B′ が示している。

(83)　　*A*　John is gay but he's a nice guy.

　　　　B　*That's not true — there's no incompatibility between him being nice and him being gay.

　　　　B′　Come on. You can't seriously suggest that being gay is incompatible with being nice.

　　　（A　　ジョンはゲイだがいい奴だ。

　　　　B　　*それは正しくない。いい男とゲイであることの間には不整合はない。

　　　　B′　おい、ゲイであることといい男であることが整合しないなんてよくいうよ。）

最後は合成性のテストである。合成性とは概念的表現が容易に他の概念的表現と結びつき、より大きな概念表示を形作るということであるが、手続き的表現はこういった合成的構築物に介入しないという論旨である。*But* は他のどんなものとも結

第 4 章　否認、コントラスト、訂正：*but* の意味　145

合し得ないようである[19]。この点で、*but* と、Rieber(1997)と Bach(1999)により提案された概念的分析では *but* と(おおよそ)同義と取られるべき表現との間に際立った差異がある。つまり、(84)と(85)は完全に容認可能である一方で、(86)と(87)は非文法的であるだけではなく解釈不能である。

(84)　Sheila is rich and［I strongly suggest this contrasts］she is unhappy.
　　　（シーラは金持ちで、かつ［対照的だと強く示唆するが］彼女は不幸せだ。）
(85)　Sheila is rich and［I don't suggest this contrasts］she is unhappy.
　　　（シーラは金持ちで、かつ［対照的だと示唆しないが］彼女は不幸せだ。）
(86)　*Sheila is rich strongly but she is unhappy.
(87)　*Sheila is rich not but she is unhappy.

さらに、(88)は記述的否定が明らかに *but* の意味には関わらないことを示している。

(88)　??John isn't gay but he's a nice guy ― (because)there's nothing incompatible between his niceness and his sexuality.
　　　（?? ジョンはゲイではないがいい男だ。（なぜならば）彼の良さと性的嗜好の間には不整合は何もない(からだ)。）

結局のところ、*but* が概念よりも手続きをコード化していることを支持する妥当な証拠がたくさんある。本章の残りでは、この手続きがどういうものかという問いに専心する。もちろん、筆者は手続き的観点から明示的に説明される関連性理論的分析に向かっている。しかしその前に、筆者は他の理論背景をもつ理論研究者による、非表示的観点で示された分析をいくつか考察する。彼らは *but* が何を意味するのかより、どういう機能を果たすのかという観点において分析する傾向にあるので、筆者はこれらを「機能的」見解とよんでいる[20]。

4.7　*But* の機能的単義性の見解

4.7.1　取り消し標識としての *but*
Dascal and Katriel(1977)（以降は D & K とする）は、*but* の意味の最初の統一的分析と思しきものを提供している。これはかなり注目に値する分析である。というのは、彼らは主に、ドイツ語、スペイン語、フィンランド語、スウェーデン語と同様に、おおよそ否認 *but* と訂正 *but* に相当する 2 語をもっているヘブライ語からのデータを考察しているからである。したがって、A & D のように *but* はあいまい

であるはずであるという結論に達したとすれば、それは理解できるだろう。しかしながら、ヘブライ語の *aval* と *ela* は微妙に異なる機能を果たしていることを認めながら、彼らの分析は、英語の *but* は統一されたやり方で分析できないと想定する理由がまったくないと指摘している。

　D & K(1977)の分析の中心となる主張は、発話の意味は以下のようにいくつかの「層」からなるということである。

> (その層は)より明示的なものからさほど明示的でないものまで、言ってみれば内容の中心「核」から、前提、モダリティ、発語内効力、適切性条件といった層ないしは下位層を経て、文脈的に伝播された推意まで及ぶものである。
>
> (Dascal and Katriel, 1977, p.153)

ここでの考えは、一般的に、話し手と聞き手は、これらの層すべてが同時に伝播されると想定しているということである。この枠組みでの *but* の機能は、この層のすべてが話し手によって受け入れられるものとは限らないということを指し示すことである。D & K(1977, p.153)は次のように述べている。

> 'aval' ないしは 'ela' 発話を用いるポイントは、一対の層(または下位層)の間にある特定の分離、ないしは1つの層内のコントラストを明示的に示すことである。このような文は1つの発話全体のあらゆる意味の層を受け入れることを拒否することをなによりも先んじて指示する。

それから続けて彼らは、*aval* と *ela* を用いることで取り消すことができる、意味論的前提と断言から(発語内効力、モダリティ、適切性条件を経て)会話的推意へ至る全領域を包括する意味の多様な層を実証している。以下、筆者はこのようなカテゴリーそれぞれに一例を挙げる(ヘブライ語の例において使用された不変化詞が *aval* か *ela* かは括弧の中に示す)。

　D & K(1977, pp.154–155)によると、(89)の B と C の発話が取り消すのは、法王がキリスト教徒の唯一のリーダーであるという二次的主張であり、一方(90)では、ダンが妻を殴ったという意味論的前提を取り消している。

(89)　*A*　The Pope, who is the only leader of the Christians, is elected by the cardinals.

　　　B　That's right, but the Christians have other leaders. (*aval*)

　　　C　He's not the only leader but one of the most important. (*ela*)

第 4 章　否認、コントラスト、訂正：*but* の意味　147

　　　　　（A　キリスト教徒の唯一のリーダーである法王は枢機卿らによって選出
　　　　　　　　される。
　　　　　B　その通り、でもキリスト教徒には他にもリーダーがいる。
　　　　　C　彼は唯一のリーダーではなく、重要なリーダーの中の 1 人だ。）

（90）　　*A*　Dan stopped beating his wife a long time ago.

　　　　　B　But he has never beaten her. (*aval*)

　　　　　C　He didn't beat her but only threatened to do so. (*ela*)

　　　　　（A　ダンは遠い昔に妻を殴ることを止めた。
　　　　　B　でも、彼は彼女を殴ったことは決してない。
　　　　　C　彼は彼女を殴らなかったのではなく、殴ると脅しただけだ。）

D & K によると、*aval* と *ela* は発話の発語内的内容の側面を取り消すためにも使用
されうるとしている（1977, p.156）。たとえば、D & K は（91）の B と C の発話は A
が発する命令への A の関わりを取り消すと主張している。

（91）　　*A*　Throw out all this material.

　　　　　B　Okay, I'll throw it out, but I know that tomorrow you'll want it again. (*aval*)

　　　　　C　You don't really mean that I should throw it out but just say so. (*ela*)

　　　　　（A　材料をすべて捨てなさい。
　　　　　B　いいよ、じゃあ捨てるよ、でも明日また欲しくなると思うよ。
　　　　　C　本当に捨てろと言っているわけじゃなくて、ただそう言っているだ
　　　　　　　け。）

（92）で取り消されるのは、D & K（1977, p.157）によると、A の発話のモダリティで
ある。

（92）　　*A*　It is possible to postpone the exam for next week.

　　　　　B　But three exams have already been set for next week. (*aval*)

　　　　　C　It's not possible but obligatory. (*ela*)

　　　　　（A　来週に試験を延期することはできるよ。
　　　　　B　でも、来週 3 つの試験がすでに決まっているよ。
　　　　　C　できるじゃなくて、やらなきゃならない。）

（93）は *aval* と *ela* が適切性条件を取り消すことができることを示している。ここ
で、B と C の発話は A の要求に対する予備的条件、すなわち、聞き手は要求され

148

る行為を遂行する立場にあるという条件を取り消すことになる（D & K, 1977, p.158）。

(93)　　*A*　Open the door, please.

　　　　B　But it's open. (*aval*)

　　　　C　It's not closed but only looks closed because it's made of glass. (*ela*)

　　　（A　ドアを開けてください。

　　　　B　でも開いていますよ。

　　　　C　閉まっているんじゃなくて、ガラスでできているから閉まっている
　　　　　　ように見えるだけだよ。）

最後に、D & K(1977, p.159)は、(94)のBの発話において *aval* をその第1連言肢からの会話的推意を取り消すものとみている。D & K は会話的推意を取り消す *ela* の例を与えておらず、したがってこれは可能ではないように思われる。

(94)　　*A*　What do you think of the new Prime Minister?

　　　　B　He has a clever wife but I don't mean to imply that there is anything wrong with him.

　　　（A　新しい首相についてどう思う？

　　　　B　彼には賢い妻がいるが、彼にとってまずいことがあると暗に言っているわけじゃない。）

これまで、筆者は、D & K がいかに *aval* と *ela* が同じように、つまり取り消し演算子として機能しているとみなしているのかのみ報告してきた。しかしながら、この2語間には差異があり、D & K(1977, pp.160–161)は次の3点について議論している。

　第1に、*P aval Q* は異なる意味の層を分ける機能を果たしている。つまり、*P* は1つの層の容認を指示し、*Q* は別の層の拒否を指示する。一方、*P ela Q* 発話は同一の意味の層に属している2つの陳述を結びつける、つまり *P* は1つの要素の拒否を指示し、*Q* は同じ層の別の要素によって置きかえられたものを指示する。第2に、*ela* 発話は取り消されたものと置きかえられたもの双方を明示的に述べるという意味でバランスが取れている。その一方、*aval* 発話において、意味の1つの層の容認は往々にして非明示的である。最後に、第1連言肢の否定の機能が *aval* 発話と *ela* 発話の間で異なる。*Aval* 発話の場合、*P* に否定があれば *P* は否定的な主張を表明し、一方 *ela* 発話の場合は、*P* が先行陳述の否認あるいは拒否を表明してい

第 4 章　否認、コントラスト、訂正：*but* の意味　149

る。このことは *ela* と対応すると思われる訂正 *but* と *aval* に対応する否認 *but* 間の違い関するアンスクンブル＆デュクロの観察とうまく一致している。

要約すると、Ｄ＆Ｋは以下のように述べている。

　　［*P aval Q*］発話と［*P ela Q*］発話の双方とも、なによりもまず反応型発話行
　　為として理解されることになるが、これによって先行発話ないし文脈的に相当
　　するものとの関係で取り消し機能が遂行される。

(Dascal and Katriel, 1977, p.171)

この引用はＤ＆Ｋの分析の長所も短所も明らかにしている。短所の１つは、*but* 発話は反応型発話行為であるという主張であり、この主張は談話冒頭 *but* の使用が不可能であることだけでなく、完全な *but* 発話(*P but Q* 形式の発話)で談話を始めることが不可能であることをも暗に意味するのである。上で見てきたように、もちろんこれら双方とも完全に可能である。おそらく、そのような直感に反する結論に対する説明はＤ＆Ｋの考察するような例にある。すなわち文献にある他のどの研究者とも異なり、彼らの分析は、*but* 発話が最初の発話への反応としてなされた２人のやりとりの例だけに基づいている。もちろん、*but* のこういった使用はたしかに可能ではあるが、Ｄ＆Ｋが考えているほど典型的かどうか疑わしい(もちろん、筆者はヘブライ語ではなく英語における発話冒頭使用の頻度だけを問題にしている)と思うのである。異議を唱えたいＤ＆Ｋの分析のもう１つの短所は、意味の異なる層という彼らの見解の詳細にある。発話は複数の命題や想定を、明示的にも非明示的にも伝播すると想定するのは当たり前のことだが、発話が適切性条件についての想定を実際に伝達するのかどうかとなると、これは疑わしい。しかしながら、これらはさほど心配するほどのものではない。Ｄ＆Ｋの分析の長所は、英語の *but* の一様の意味論的分析の基礎を提供していることにある。Ｄ＆Ｋに倣えば、*but* は一般的な取り消し演算子としてみられ、この演算子は、ヘブライ語の *aval* と *ela* とは異なり、意味のどの「層」が取り消されるのかについての情報は何もコード化していない。Bell(1998)はまさにダスカル＆カトリエルの論文に基づいた *but* の分析を提供している。

　ベルは、取り消しの観点から *but*(と他の「コントラスト」標識も)を分析している。ベルによると、もし「*P* から導出された情報の一側面が *Q* において取り消される」ならば、取り消しの関係は *P* と *Q* という２つの談話片の間で成立する。そして、

　　情報の一側面とは、命題内容、発語内効力、フェイスやポライトネス、法など
　　のような発語媒介効果、発話の順序交代や話題転換といった会話上の慣習とい

150

う伝達行為のあらゆる特徴に関して、必ずしも導出されるとは限らないが、先
行する談話のコンテクストから全体的にあるいは局所的に聞き手によって導出
されうる情報である。　　　　　　　　　　　　　　　（Bell, 1998, p.527）

D & K とは異なり、ベルは *but* が、直前の言語的要素から生じるだけではない情報
の諸相を取り消すという可能性を考慮に入れているようである。というより、むし
ろベルは、*but* を「全体的かつ局所的な談話コンテクスト内の情報の諸相に作用す
る（1998, p.518）」ものとして考えている。これは、取り消される情報は必ずしも伝
達の結果である必要はないと述べていると解釈され、このことは、ベルが、発話冒
頭 *but* の使用だけでなく談話冒頭 *but* の使用も分析できるということを意味するこ
とになろう。しかしながら、彼が意図したのはこのことではなかろう。というの
は、「したがって、取り消しは伝達のあらゆる側面に作用するものである（Bell,
1998, p.529）」と述べているからである。このことは、(37)の *but* の使用のように、
but が伝達を開始するのに用いられないことを推意しているようである。

(37)　　　［ピーターがメアリーの皿にサーモンを置く］
　　　　Mary　But I'm allergic to fish.　　　　　　　（Rouchota, 1998b, p.25）
　　　　（メアリー　でも魚アレルギーなの。）

ベルの分析では談話冒頭 *but* の分析は困難かもしれないが、期待否認 *but* と談話
but の分析には問題がない。ベルによると、(33)のような例にある *but* の（談話）使
用は前段落の「話題の範囲」の取り消しを指示している。

(33)　　*A*　We had a very nice lunch. I had an excellent lobster.
　　　　B　But did you get to ask him about the money?
　　　　（A　とてもいいランチだったね。私は素晴らしいロブスターをいただい
　　　　　　　たよ。
　　　　　B　だけど支払いについては彼に聞いたの？）

しかしながら、訂正 *but* の説明となるとベルにはまだやるべきことがある。つま
り、(24)の *but* 節はたしかに何かを、すなわち当該女性が話し手の姉であるという
想定を取り消していると理解されうるが、その何かは伝達されたことの一部分では
ない、少なくとも(24)の話し手によって伝達されたものではないのは極めて明ら
かである。

第 4 章　否認、コントラスト、訂正：*but* の意味　151

(24)　That's not my sister but my mother.
　　　（あの人は私の姉ではなく母です。）

さらに、一貫性理論に従えば、Bell（1998, p.529）の、伝達されたものという見方は物議を醸さないわけではない。それでもやはり、ダスカル＆カトリエルと同様、ベルの考え方は本質的に正しいと筆者は信じる。

4.7.2　期待を否認すること

Foolen（1991）もまた *but* について期待できる分析をしている。彼はこの連結語を、先行談話（第 1 節とそのコンテクスト）の中に新情報（*but* 節）を組み込むのに適切な意味機能を有しているものとしてとらえている。とりわけ彼は、*but* を期待否認を指示するものとして分析している。4.2 節で述べたように、Foolen（1991, pp.84–85）は、*but* のコントラストないしは「意味論的反対」使用は、依然として期待否認を含むものであると論じている。彼は自身の主張を支持するために(95)–(97)の例を使用している。

(95)　*A*　John and Peter don't live in the same place, do they?
　　　B　No, John lives in Amsterdam and/??but Peter lives in Rotterdam.
　　　（A　ジョンとピーターは同じ場所には住んでいないんですよね。
　　　 B　ええ、ジョンはアムステルダムに住んでいて／ ?? 住んでいますが、
　　　　　ピーターはロッテルダムに住んでいます。）
(96)　*A*　John and Peter both live in Amsterdam, don't they?
　　　B　No, John (indeed) lives in Amsterdam but/??and Peter lives in Rotterdam.
　　　（A　ジョンとピーターは 2 人ともアムステルダムに住んでいるんですよ
　　　　　ね。
　　　 B　いや、ジョンは（実際には）アムステルダムに住んでいますが／ ?? 住
　　　　　んでいて、ピーターはロッテルダムに住んでいます。）
(97)　*A*　Where do John and Peter live?
　　　B　Well, John lives in Amsterdam and/but Peter lives in Rotterdam.
　　　（A　ジョンとピーターはどこに住んでいるのですか。
　　　 B　ええと、ジョンはアムステルダムに住んでいて／住んでいますが、
　　　　　ピーターはロッテルダムに住んでいます。）

フォーレンによると、これらの例は *but* が期待を否認するものとしてみられるコンテクストにおいてのみ、*but* が第 2 節を導入できることを示している。例(95)にお

152

いて、ジョンとピーターは同じ場所には住んでいないという期待があり、それゆえに *but* 節が否認する期待はないということで、フォーレンは *but* が不自然であるとしている。一方、(96)では、ジョンとピーターは同じ場所に住んでいるという期待があり、それが第2節によって否認されるということで、フォーレンによると *but* の使用は *and* の使用よりもより適切である。最後に、フォーレンは(97)において、特定的な期待が明らかにないという理由で *but* も *and* もともに使えると主張している。しかしながら、Foolen(1991, p.85)は、*but* の使用は、Aが(おそらく2人について同時に尋ねたので)ジョンとピーターが同じ場所に住んでいると思ったかもしれないとBが思っていることを、*but* の使用が指し示していると信じている。このフォーレンの論旨は、筆者には納得のいくものである。実際に、これらの例(さらに例一般)における *and* と *but* の使用の間には際立った差異があると思われる。もっとも、(95)-(97)における *and* と *but* の容認性についてのフォーレンの直感には、だれもが同意するわけではない。しかしながら、このことはフォーレンが示した読み以外の他の読みも可能であるからであろう[21]。全体として、筆者はフォーレンの分析はさほど多くの問題を抱えることなく期待否認とコントラストを取り扱うことができると信じている。彼は他の *but* の使用をどのように取り扱っているのだろうか。

　フォーレンの訂正 *but* についての立場は興味深い。彼は否認 *but* と訂正 *but* の違いは多義の一例とみなされることを認めながら、*but* の期待否認の機能が核となる単一の意味であり、訂正使用においてさえその意味が保持されていると主張している。フォーレンによると、訂正 *but* は、「第2連言肢が、それに先んじて引用された主張が真実であろうという可能な期待を否認する(1991, p.88)」ことを指示している。そこで結論として彼は次のように言っている。

　　　たとえば、*not big but small* は「小さくて大きくない(small and not big)」と言いかえられるかもしれないが、この「大きい(big)」は先行談話を基にしたもっともな期待である。　　　　　　　　　　　　　　　　　　　　　　　　(Foolen, 1991, p.90)

訂正 *but* のこのような見方は基本的には正しいと筆者は信じている。しかしながら、まったく正しいとは言いきれない。というのは、メタ言語的な場合を説明できないからである。たとえば、完璧に容認可能な(98)をフォーレンのように置きかえると、容認不可能な(99)になるだろう。

(98)　　She's not happy but ecstatic.
　　　　(彼女は幸せというのではなく、有頂天になっている。)

第4章　否認、コントラスト、訂正：*but* の意味　153

(99)　*She's ecstatic and not happy.

より一般的にいえば、*but* は**期待**を否認するという考えは強すぎると思われる。*But* が、誰も期待しない想定、もっと重要なことは、誰かが期待するとは誰も予期しない想定を否認するために使われることを筆者は以下で論じていく。

　たとえフォーレンが *but* の談話使用を考察していなくても、筆者は彼の分析はそれをうまく扱えると信じる。ほぼ間違いなく、ガーディアン紙からの例である(34)の第1段落は、この記事が警察による DNA 技術の使用の失敗を独占的に扱っているという期待を生み出し、この期待は警察が不正にサンプルを保存していたことに関する第2段落によって即座に否認される。さらに、発話冒頭 *but* の使用はこの分析には何ら問題とならない。というのは、*but* は、同じ話し手によるものかもしれないし、そうでないかもしれない先行談話において生じる(またはおそらく生じる)期待の否認を指示するものとして分析されるからである。残念なことに、フォーレンの分析は、ダスカル&カトリエルおよびベルの分析のように、談話冒頭 *but* の使用を十分取り扱うことができないように思われる。次節では、ブレイクモアの関連性理論による分析が談話冒頭使用の *but* の分析には何ら問題のないことをみていく。本章の最終節にて、筆者は本節で議論した機能的分析の良いところとブレイクモアの分析の良いところを組み合わせた *but* の意味の一様の分析を提案する。

4.8　関連性理論による分析に向けて

4.8.1　否認とコントラスト―ブレイクモアの場合

あらゆる潜在的に異なった *but* の解釈ないしは使用の中から、Blakemore(1987, 1989)は期待否認とコントラストに焦点を当てている[22]。彼女はこれら双方の解釈に関して手続き的意味の観点から *but* を分析している。彼女は、1987年と1989年に否認 *but* に同じ分析を与える一方で、コントラスト *but* の分析は興味深くかつ意味のある点で変化している。例(12)のような期待否認の例をどのようにブレイクモアは分析しているのかを見ていくことから始めたい。

(12)　　John is a Republican but he is honest.　　　　（G. Lakoff, 1971, p.67）
　　　　（ジョンは共和党員だが正直だ。）

ブレイクモアによると、*but* によってコード化された手続きは、*but* が導入する節の意図された文脈効果へと聞き手を向かせることによって聞き手の処理労力を減ずる。もっと正確にいえば、*but* は、後続する内容が、そのコンテクストで聞き手が

導出したであろうと思われる想定と矛盾しこれを削除するということを指示している。このことは、*but* が導入する節がいかに関連性を有するのかを聞き手に指示するだけでなく、いかに聞き手が先行節(または先行談話)を解釈したのかと話し手が思うことに関する証拠をも提供するということである。たとえば(12)の場合、否認は直接的である。というのは *but* 節の表出命題は、ジョンは不誠実だという想定と直接的に矛盾する(したがってこれを削除する)からである。

ブレイクモアは、*but* 節は常に直接的に想定を否認するわけではないと言及している(1987, p.129; 1989, pp.25-27)。言いかえると、想定と矛盾するのは常に *but* 節自体の命題内容とは限らない。たとえば、(15)において、先行節の推意と矛盾する(したがってこれを削除する)のは、*but* 節の推意である。

(15)　　It's raining but I need some fresh air.
　　　　(雨が降っているが、新鮮な空気がほしい。)

メアリーが散歩に行くかどうかをジャックが訊ねていることに対する応答として、メアリーはこの文を発するかもしれない。このコンテクストでは、ジャックはメアリーが散歩に行かないということを第1節から推論するのはもっともである。この想定はメアリーが散歩に行こうとしているという第2節の含意によって否認される。したがって、第2節は第1節の含意と矛盾しこれを削除する含意を有している。*But* を使用して第2節を導入することによって、メアリーは、第1節が矛盾することになる想定をジャックが引き出すように指示している。この場合、否認は間接的である。

この分析が、たとえばアンスクンブル&デュクロ、ダスカル&カトリエル、ベルの分析よりも優れているのは、発話冒頭 *but* の使用だけではなく、談話冒頭 *but* の使用も扱うことができるという点である。このことは、*but* が導入する節がコンテクスト内の入手可能な想定と矛盾しこれを削除する(つまり否認する)ことを *but* が指示していることだけを主張しているからであって、その想定が伝達されていなければならないという必要性はないのである。実際、この点が極めて重要であると後にみることになるだろう。例(36)のBの発話と(37)のメアリーの発話に対して、ブレイクモアの分析がどのように機能するのかを例証する。

(36)　　*A*　It's time for bed now.

　　　　B　But you said I could watch the end of Brookside.

　　　　(A　さあもう寝る時間ですよ。

　　　　B　でもブルックサイドを最後まで見ていいって言ったよね。)

例(36)における B の発話が否認として解釈されうる方法には(少なくとも)2 通りある。1 つは、A の発話の表出命題、つまり、B にとってまだ寝る時間ではないという推意を(間接的に)否認することである。もう 1 つの方法は、B の発話は A の発話の含意、すなわち *it's reasonable for A to ask B to go to bed now* のようなものを間接的に否認することである。

(37)　　　[ピーターがメアリーの皿にサーモンを置く]
　　　Mary　But I'm allergic to fish.
　　　(メアリー　でも魚アレルギーなの。)

例(37)においても、*but* はメアリーの発話がコンテクスト内で入手可能な想定を否認することを指示する。ピーターは実際にはメアリーと言葉を交わしていないので、この想定は彼が伝達した想定のはずがない。しかしながら、ピーターがメアリーの皿に一切れのサーモンを置いたというこのシナリオにおいて、メアリーの発話によって(間接的に)否認される想定をよび出すのは比較的容易である。たとえば、たいていの人は、受け手が食べ物を食べるだろうと期待して、他人の皿の上にその食べ物を載せるだろう。したがって、メアリーはサーモンを食べるだろうという想定をピーターが享受していると思うものである。しかしながら、メアリーの発話は、メアリーが魚アレルギーであると言っているのでサーモンを食べないと明らかに推意する。こうして、メアリーの発話はピーターが想起するであろう想定を否認することになる。

　さて、(18)のような「コントラスト」の例を扱うことについていえば、ブレイクモアは 2 つの異なるアプローチを提供している。つまり、Blakemore(1987, 2000 と 2002 も同様に)はコントラスト *but* を否認 *but* の特殊な場合として分析し、一方、Blakemore(1989)は(関係しているが)別の制約をコード化しているものとして扱っている。

(18)　　　John is tall but Bill is short.　　　　　　　(R. Lakoff, 1971, p.133)
　　　(ジョンは背が高いがビルは低い。)

Blakemore(1987, pp.137–138)の本質的な考えは、*but* はそれが導入する節があらゆる場合に否認として関連性を有すると指示しているということである。これが(18)に当てはまるのは即座に明白ではないかもしれないが、Blakemore(1987)は自分の立場について説得力のある主張を展開している。彼女が論ずるに、どういった環境でこのような文を発するのかということを考えることがカギである。この答えは大

きく2つの可能性がある。1つは、第1節(*John is tall*)はビルも背が高いということを推意すると解釈されると信じる理由がある(たとえば、彼らは双子の兄弟であるといった)ということである。そのようなシナリオにおいて、(18)は即座に期待否認の解釈を受けるだろう。つまり、*Bill is short* は *John is tall* の含意を直接的に否認する。これは完全にありうるシナリオであるが、もっとも有力なシナリオとはいえない。例(18)は、「ビルはジョンに似ていない」といったようなことを伝達しようとして発する方が考えられるだろう。この場合 *but* 節が否認するのは、Blakemore (1987, p.138)によると、条件文による前提の帰結節である。この条件文による前提は「もしビルがジョンに似ているのであれば、ビルは背が高い」といったようなものだろう。この前提の帰結節を否認することによって、*but* 節はビルがジョンに似ていないという含意を生じさせる。しかしながら、ブレイクモアはなぜ(違う点に関する想定というよりも)2人が似ている点に関する条件文による想定がよび出されるべきであるのかについては完全な説明をしてはいない。筆者は4.9.1節で *but* の「コントラスト」使用がどのように分析されうるかの問いに戻るつもりである。

　上で触れたように、Blakemore(1989)の「コントラスト」*but* の分析は、Blakemore(1987)の分析とは異なる。前者では、Blakemore(1989, p.17)は *but* が2つ以上の意味をもち、「コントラスト」解釈は否認使用に関わる手続きとは異なる手続きを有すると主張している。*But* の2つの意味間でもっとも重大な差異は、*but* が期待否認の読みでのみ談話連結語としてみなされるが、コントラスト *but* は連辞であるということである。つまり、Blakemore(1987)は *but* のどちらの読みにおいても *P. But Q.* を *P but Q* の「実際の」構造としてみていたが、現在はこれを否認 *but* にのみ当てはまるものと考えている。したがって、コントラスト読みにおける *but* 発話の構造は接続的であり、ゆえに *P but Q* によって的確にとらえられる。Blakemore(1989, p.34)によると、(18)のコントラスト *but* の指示することは、聞き手が *not*(*F*(*Bill*))形式の命題を導出するべきであるということである。すなわち、第1節の機能は第2節で否定されることになる特性 *F* を聞き手によび出させるということにある。ここで、ブレイクモアのコントラスト *but* は期待否認 *but* と密接に関係することになる。主たる違いは、否認 *but* は第1節によってよび出された想定ないしは命題を否認し、一方コントラスト *but* は特性(これも第1節によってよび出される)を否認することである。

　Blakemore(2000, 2002)は、グライス流の枠組みによる分析に戻っており、その枠組みによれば *but* は単一の制約をコード化しているが、コントラスト *but* が否認 *but* の一種として分析されるのが最適であるという別の妥当な証拠があるので、筆者は Blakemore(1989)の区別にこれ以上立ち入るつもりはない。代わりに、筆者はより重要な問いに集中する。ブレイクモアによると、*but* は、それが導入する節が

第 4 章　否認、コントラスト、訂正：*but* の意味　157

想定と矛盾しこれを削除するものとして関連性を有すると指示する。ここで生じる問いは、矛盾し削除される（つまり否認される）想定はどこから生じるのか、どういう位置づけなのかということである。言いかえれば、話し手がすでに伝達した想定なのか、または話し手が伝達したと聞き手が間違って想定したものなのか、あるいは必ずしも話し手が伝達しようと意図したものと想定することなく聞き手が推論したかもしれない想定であるのか、はたまた、まったく異なるところから生じた想定であるのかということである。

4.8.2　何が否認されるのか―伝達想定か、顕在的想定か、よび出し可能な想定か

But 節が否認する想定の性質についての問いへのブレイクモアの答えは、必ずしも単純というわけではない。それぞれ別のところで、ブレイクモアは、その想定を第1節の「［当該の］解釈の一部」(1987, p.129)、「文脈含意」(1989, p.27)、「第1［節］から導出された」想定(2000, p.479)として記述している。最初の2つの記述は、否認される想定は話し手が先行節で伝達しようと意図したことの一部であるという方向を明らかに指示している。Sperber and Wilson(1986, p.63)によると、想定 *I* を伝達しようと意図する話し手は、想定 *I* を顕在的ないしはより顕在的にしようとすることを、話し手自身と聞き手に相互顕在的にしている。Sperber and Wilson(1986, p.39)によると、想定 *I* がある時にある個人に顕在的なのは、話し手がその時それを享受し、真ないしはおそらく真と受け入れることができる場合だけであることを思い起こしてほしい。そうすると、いくらか簡潔にいえば、伝達された想定とは、話し手の発話の結果として聞き手が享受し、真ないしはおそらく真と受け入れることができるように話し手が意図する想定である。

　そうすると、*but* が導入する節が**伝達された**想定を否認するということを *but* が指示することはなさそうである。まず、Rieber(1997, p.69)が正しく指摘していることだが、この構図はなぜどの話し手も想定を伝達し、その後すぐ *but* 節で否認するのかという問いを生じさせる。さらに、(37)のような談話冒頭の例は *but* 節がその前に伝達されたことがまったくない状況で使われうることを示している。

(37)　　　［ピーターがメアリーの皿にサーモンを置く］
　　　　　Mary　But I'm allergic to fish.　　　　　　　　　(Rouchota, 1998b, p.25)
　　　　　（メアリー　でも魚アレルギーなの。）

これは Blakemore(2000, p.479)の定式化を反故にすることになる。彼女によれば、否認された想定は第1節（または拡張して、コンテクスト）から「導出」されるのである。これは、否認された想定が先行節によって伝達された（あるいは先行節の解釈の

158

一部の)想定であるという考えほど強くはない。実際、否認された想定はコンテクスト内で**顕在的**であると主張していることになるように思われる。これは話し手によって**顕在的ないしはより顕在的にされるべく意図された想定**と同じではないことに注目したい。あらゆる種類の想定が話し手の発話に基づいて聞き手に顕在的に(ないしはより顕在的に)なるかもしれないが、その想定の一部のみが話し手によって意図されているものであろう。たとえば、(100)のメアリーの発話を例にとってみる。

(100)　　*Peter*　　Do you have the time, please?
　　　　　Mary　[in an Irish accent] It's a quarter past five.
　　　　　(ピーター　　いま何時ですか。
　　　　　メアリー　[アイルランド訛りで] 5 時 15 分です。)

この発話は、午後 5 時 15 分であることだけでなく、メアリーがアイルランド人であることも、ピーターに顕在的にするだろう。しかしながら、メアリーが前者を顕在的にすることを意図しているだけであることは明らかである。メアリーがアイルランド人であるという想定は、メアリーの意図とは無関係にピーターに顕在的になる。同様のことが *but* を含む発話の場合においても起こるかもしれない。たとえば、(15)の第 1 節のメアリーの発話をもとに、彼女が散歩に行かないことがジャックに顕在的になるかもしれない。

(15)　　　It's raining but I need some fresh air.
　　　　　(雨が降っているが、私は新鮮な空気がほしい。)

彼女がこの想定を**伝達**しようと意図することはあまりありそうもないが、この想定が、*it's raining* の発話をもとにジャックに顕在的になりうることに気づくことは極めてありうることである。*But* を使用することによって後続節が、顕在的な想定、この場合は彼女が散歩に行かないという想定と矛盾しこれを削除することを指示することになるであろう。このことから、メアリーは自分が散歩に行くということをなぜ率直に述べないのかという問いが浮上する。この問いへの簡潔な答えは、メアリーが(15)の発話によって、散歩に行こうとしていることよりずっと多くのことを伝達しようとしているからである。すなわち、彼女は雨が降っていることを認識し(またはおそらくジャックが気づいていなかったことを分からせ)、またメアリーは散歩に行きたい理由(彼女の新鮮な空気の必要性)を提示し、雨が散歩に行かない十分な理由になるかもしれないが、ただこの場合、散歩を止めさせるものではないと理解

第 4 章　否認、コントラスト、訂正：*but* の意味　159

していることを明らかにしているのである。

　否認される想定が伝達されることなく顕在的になるという考えは、むしろ見込みがあるものである。とはいえ、その想定は「第 1 [節] から導出される」という Blakemore（2000）の主張は、明らかに制限が厳しすぎる（この主張は第 1 節がない場合には当てはまらない）。これは、コンテクスト内で導出される（または導出されるであろう）想定を *but* 節が否認すると述べることによって、容易に改善されるだろう。しかしながら、一見したところではこの分析にとって問題と思われる例が数多く存在する。もっとも明白な問題となるのは訂正 *but* の例である。たとえば、(24) の *but* 節は、問題の女性が話し手の姉であるという想定を否認するよう意図されていると考えるのはもっともである。しかしながら、第 1 節の機能がまさに同じ想定を否認すべきであるから、この想定がまだ聞き手に顕在的でありうるかは明らかでない。

(24)　　That's not my sister but my mother.
　　　　（あの人は私の姉ではなく母です。）

顕在的想定の否認を *but* が指示するという考えに疑問を投げかけると思われるもう 1 つの例を (101) に挙げる。

(101)　　Tom should have been there but he got stuck in traffic.
　　　　（トムはそこに着いてるはずだが、交通渋滞に巻き込まれていた。）

少なくとも表面的には、*but* 節（*he got stuck in traffic*）はトムがそこに着いていたという想定を否認すると思われる。この想定は第 1 節（*Tom should have been there*）が処理された後にはもはや顕在的ではないものである。実際に、*Tom should have been there* は、*but* 節が否認すると思われる想定、つまりトムはそこに着いていなかったという想定と正反対のことを顕在的にすると思われる。

　このような例の持つ説得力こそが、否認された想定はコンテクスト内で**顕在的**である必要はなく、ただ**よび出し可能**でありさえすればよいだけであるという Iten（2000c）の提案の根拠であった。「コンテクスト内でよび出しうる」といういい方によって意味したことは、顕在的より弱いものであった。つまり、必ずしも顕在的ではないが、よび出し可能な想定を *but* 節が否認すると述べることによって、当該の想定が単に「享受できる」ものでなければならず、必ずしも真またはおそらく真として受け入れられる必要はないということを意味したのである。このことは明らかに (24) と (101) といった例が直面すると思われる問題を回避することになる。否定

160

命題を表出する発話がそれに対応する肯定命題をよび出し可能にすることは広く受け入れられている。たとえば、*That's not my sister* は当該女性が話し手の姉であるという想定を**顕在的**にはしないかもしれないが、間違いなく**よび出し可能**にしている。同様に、仮定法の発話 *Tom should have been there* はトムがそこに着いていたという命題をよび出し可能にする。まさに TOMₓ WAS AT PLACE P AT TIME T が真であるはずだったということを伝達しているものとして解釈されるのがもっとも自然である。

Iten(2000c)において、後続節がコンテクスト内でよび出し可能な想定と矛盾しこれを削除するという情報を *but* が手続き的にコード化しているという仮定に基づいて、*but* のあらゆる使用を分析しうることを実証した。しかしながら、この分析が正しいとはいえない理由がいくつかある。まず、Hall(2003)によって指摘されたように、あるよび出し可能な想定、おそらくは聞き手が考慮することさえしない想定が削除されるべきであると知らされることで聞き手が何を得るかは明らかではない。実際に、真またはおそらく真として表示されないものがどのように矛盾し削除されうるのかを確かめるのは困難である。第2に、想定は *but* 節が否認できるようになるためによび出し可能でありさえすれば、*but* は明らかに容認できない環境で容認されるはずである。たとえば、(102)の例を考えてみよう。

(102)　?John doubts that Mary is nice but she isn't.
　　　　（?ジョンはメアリーがいい人かどうか疑っているが、実際彼女はそうではない。）

Iten(2000c)によって提案された分析では、この発話は容認可能となるはずである。つまりメアリーはいい人であるという想定を *but* 節は否認しており、この想定は確かに第1節(*John doubts that Mary is nice*)によって、(明らかに顕在的ではないが)よび出し可能になる。もちろん実際にはこの発話はこの解釈では容認されない。容認可能な唯一の解釈は、*John doubts that Mary is nice* がメアリーはいい人であることを推意する(または顕在的にする)とみなされる解釈である。これは、たとえば、メアリーがいい人であるということが話し手と聞き手の相互に顕在的であるコンテクストで、ジョンが間違った判断をしたために、ジョンが人々のことをどう考えようとも、反対のことが真となるだろうという場合であろう。同様に、もし *but* 節が否認する想定が、単によび出し可能というよりむしろ顕在的であれば、それが否認されていることを話し手がはっきりさせたいのは当然である(そうでなければ、聞き手はその間違った印象を受けたままかもしれない)。もし *but* の否認分析がまっとうならば、否認された想定は、間違いなくコンテクスト内で顕在的な想定でなければなら

第 4 章　否認、コントラスト、訂正：*but* の意味　161

ないことをこのことは指示している。よび出し可能性というのは、必要条件としてはあまりにも弱いのでこのことをうまく説明できない。もちろん、そのような分析が *but* の訂正使用と(101)のような例をどのように説明できるのかは、まだ説明されていない。これは筆者が本章の最終節で行うことである。

4.9　顕在的想定の否認

4.9.1　既出例の分析

筆者は英語の *but* は(103)の手続きをコード化していると述べることによって、その単一の意味が完璧にとらえられると提案する。

(103)　　*But* に続く命題内容(Q)がコンテクスト内で顕在的である想定と矛盾し、したがってこれを削除する。

この分析について指摘すべき重要なポイントがいくつかある。第 1 に、この想定が誰にとって顕在的かという問いには結論が出ていないが、ほとんどの場合それは聞き手であろう[23]。第 2 に、要求されることは当該想定が顕在的である(より正確には、話し手にとって潜在的に顕在的であると思われる)ことだけである。つまり聞き手は *but* 節を処理する前にその当該想定を実際に表示している必要はないということである。もちろんひとたび *but* 節が処理されると、話し手がどのような想定を聞き手に削除させたいのかを聞き手は把握しなければならない。もしどのような想定が矛盾し削除されると話し手が意図しているかを理解できなければ、聞き手は *but* の使用を容認不可能なものとして受け取るだろう。たとえばこのことが、(104)の発話の場合にも当てはまるだろう。

(104)　　?My mother works in an office but my grandfather was an accountant.
　　　　　(? 私の母はオフィスで働いているが、祖父は会計士だった。)

第 3 に、否認された想定が *but* 節の直前の節によって顕在的にならなければならないという条件はない。言いかえれば、否認される想定は、原則的には、いかなるものによっても顕在的になりうるだろう。しかし関連性理論は、*but* 節の解釈が話し手の意図するよう運ぶためには、否認される想定が容易によび出し可能でなければならないということを要請する。そうでなければ、話し手が矛盾し削除されるよう意図した想定を見つけようとすることは、聞き手から非常に多くの処理労力を要求することになり、したがって、その発話を最適関連性がより小さい発話にすること

になる（さらにその結果、聞き手が発話を完全に処理する見込みがなくなってしまうかもしれない）。直前の節によって顕在的になる想定は、一般的には別の想定によって顕在的になる想定よりもよび出し可能性が高くなるので、関連性理論によれば、優先される解釈は、可能な限り *but* 節が第1節によって顕在的になった想定を否認する解釈であることが予測される。

　ここで提案された *but* の分析が、典型的な *but* の「期待否認」の使用を極めて容易にどう説明できるかを前節で示したので、ここではその説明を簡単にくり返すだけにする。たとえば、(1)の *but* 節はピーターが出かけなかったという想定と矛盾しこれを削除するよう意図されていることがもっともありうる。

(1)　　It was raining but Peter went out.
　　　　（雨が降っていたが、ピーターは出かけた。）

この想定は、*It was raining* を基にして、聞き手に顕在的になっていることが極めてありうることである。同じような説明が(15)の間接否認の例においても可能である。

(15)　　It's raining but I need some fresh air.
　　　　（雨が降っているが、新鮮な空気がほしい。）

It's raining は話し手が散歩には行かないという想定をおそらく顕在的にし、*I need some fresh air* は話し手が散歩に行くということを推意することによってこの想定を否認する。どちらの場合も、*but* 節は第1節を基にして聞き手に顕在的になっていると思われる想定を否認する。しかしながら、これはすべての *but* 発話に当てはまるとは限らない。たとえば、(12)の例を考えてみる。

(12)　　John is a Republican but he is honest.　　　　　（G. Lakoff, 1971, p.67）
　　　　（ジョンは共和党員だが正直だ。）

本章の初めに触れたように、この例は少しばかりユーモアのあるものである。これは、ここでの *but* 節が第1節を基にして聞き手に顕在的になっているとはあまり思えない想定を否認しているからであろう。話し手の *but* の使用が意味を成すためには、ジョンが共和党員であるという想定を基にして、彼が不誠実であることが聞き手に顕在的になっているかもしれないと話し手が考えることを聞き手は気づかなければならない。これが滑稽なのは、共和党員が不誠実であるという信念は、もしそ

れが明示的に表出されれば、法的な問題になりうるようなものであるからと思われる。この例では、話し手がどの想定を削除してもらいたいのかを探り、まず初めに否認される想定が顕在的になるように導いたであろう文脈想定を見出すために、聞き手は後戻りをしなければならないかもしれない。

　この証拠は、「コントラスト」使用が実際に *but* の「否認」使用と同じであることを示しているので、提案した分析は「コントラスト」使用も説明できる。まさに、否認される想定が表示されるあるいは「期待される」というよりは、むしろ単に顕在的でなければならないという事実は、(18)のような例、つまり第2節が否認する**期待**を第1節が生み出すかが明白でない例を容易に分析できることを意味する。

(18)　　John is tall but Bill is short.　　　　　　　　(R. Lakoff, 1971, p.133)
　　　　（ジョンは背が高いがビルは低い。）

John is tall は、ビルが(あるいは次に話題に上るかもしれない他のどんな人でも)背が高いという想定を顕在的にすることは、たとえ極めて弱いとしても、少なくとも可能ではある。たとえば、話し手が同一発話内でジョンとビルのことを話しているという単なる事実を考えただけでも、話題にしている特性を2人が分かちもっていると思われる。

　すでに触れたように、提案した分析において説明が一番難しい *but* の使用は訂正使用である。たとえば、問題の女性が話し手の姉であるという想定が、(24)において *but* 節を聞き手が処理するようになる時点まで依然として顕在的であるのかは即座に明らかではない。

(24)　　That's not my sister but my mother.
　　　　（あの人は私の姉ではなく母です。）

しかしながら、筆者はこのような発話が行われる典型的な状況がこの問いに光を当てると信じている。もっと特定的にいえば、ここでのカギは、訂正 *but* は第1節の否定が広い意味で「反論的」ないしは「メタ言語的」であるときにのみ使用されうるというアンスクンブル＆デュクロの主張にある。言いかえれば、*but* を含む発話は、第1節で否定される想定が話し手以外の誰か(通常は聞き手)に帰属する場合のみ、訂正として解釈されうる。したがって、(24)は典型的に(105)のようなシナリオの中で発せられるだろう。

164

(105)　*A*　Your sister looks a lot like you.

　　　B　That's not my sister but my mother.

　　（A　お姉さんはあなたにそっくりね。

　　　B　あの人は私の姉ではなく母です。）

ここでは、Aの発話から、問題の女性（ここではCとよぶ）がBの姉であるとAが考えているのは明らかである。Aがどれほど強くこれを信じるか次第で、Cが自分の姉ではないというBの主張が、Cが自分の姉であるという想定をAに捨てさせるには十分ではないことはまったくありうる。言いかえれば、Bの立場からは、Cが自分の姉であるという想定は、聞き手が *but* 節を処理するまでに、まだ顕在的であることは極めてありうるということである。したがって、第1節がうまく削除できない想定と矛盾しこれを削除するために、Bが *but* 節を使用することは筋が通っている。CがBの母であるという主張は、Aの間違った想定をうまく削除できるだろう。すなわち、結局のところ、同じ1人の人が誰かの母であり、かつ姉であることは（まったく不可能ではないにしても）稀であり、したがってCがBの母であるという想定は、CがBの姉ではないことの十分な証拠になるのである。このことは、訂正使用の場合でさえも、「望ましくない」想定が聞き手に顕在的になりうる危険があると話し手が考える場合、*but* が使用されることを示している[24]。

　もしここでの訂正 *but* の分析が正しければ、聞き手の間違った想定が否定された後にも依然として顕在的であるとは思えない発話において、訂正 *but* の使用は不適切であると予想されるだろう。このことは(106)に挙げる例で裏づけられるように思われる。

(106)　*A*　You look tired.

　　　B　?I'm not tired but full of energy.

　　（A　　疲れてそうだね。

　　　B　?疲れていないけど、元気いっぱいだ。）

ここでのBの発話はとりわけ適切なものであるとは思えない。これは *but* が顕在的想定の否認を指示しているという想定に基づいて説明されうる。つまり、もし聞き手がこのことで話し手の言っていることを信じようとすれば、話し手が疲れていないという主張は聞き手を説得させるには十分であるはずであり、したがって *but* 節が否認する顕在的な想定はないだろう。一方、もし聞き手が話し手を信じようとしないならば、話し手が疲れているという想定は、聞き手が第1節を処理した後でも、依然として聞き手に顕在的だろうが、自分が元気いっぱいであるという話し手

第 4 章 否認、コントラスト、訂正：*but* の意味 165

の主張は、第 1 節ほど聞き手を納得させることはなさそうである。このことは *but* について提案した分析を支持していると筆者は信じる。

Blakemore(2002, pp.113–115)は、*but* が導入する節が、顕在的想定と矛盾しこれを削除することを *but* が指示する分析と相容れないように思える数多くの例について述べ、これらの例は、*but* 節がよび出し可能な想定を否認するという Iten(2000c) の分析を採用する理由を提供していることを示唆する。このような例の最初の例は、前節で簡潔に議論した(101)の例に沿ったものである。

(101)　　Tom should have been there but he got stuck in traffic.
　　　　（トムはそこに着いていたはずだったが、交通渋滞に巻き込まれていた。）

ブレイクモアによると、*but* 節がここで否認するのは、トムがそこに着いていたという想定ではなく、その想定が真である場合のその帰結である。彼女の言を借りれば、

　　　たとえば［(101)］の話し手は、［トムがそこに着いていたという想定］が真であるならば、その帰結について聞き手が思いめぐらすことを期待すると思われる。もしくは別のことばでいえば、聞き手は、［トムがそこに着いていたという想定］の帰結があらゆる点で現実世界と同じ可能世界において真であると考えるよう期待されていると思われる。　　　　　　　　　(Blakemore, 2002, p.113)

しかしながら、これは「よび出し可能な想定の否認」という見解を擁護する適切なものではない。Hall(2003, 2004)が指摘するように、話し手が想定を否認することに何かしら意味があるという唯一の状況は、その想定が聞き手に顕在的かもしれないし、顕在的になるかもしれないおそれがあると話し手が気づく状況である。このことが、(101)のような例のブレイクモアの分析に深刻な疑義を投げかける。なぜならトムがそこに着いていたという想定が顕在的でないならば、その可能な帰結も顕在的になり得ない(少なくともトムがそこに着いているという帰結であるからではない)からである。したがって、話し手がそれらを否認することに意味はほとんどないのである。4.8.2 節で描いた構図に反して、*Tom should have been there* は、彼がそこに着いていたという想定を(弱く)顕在的にし、この想定こそが(101)にある *but* 節によって否認されるということが少なくとも可能である。しかしながら、*but* 節が別の想定を否認するよう意図されることの方がよりありうることである。Hall (2003)による同様の例の分析に従うと、*Tom should have been there* は彼が現れなかったことに対して責任があるという想定を顕在的にし、その想定は *he got stuck in traf-*

166

fic で間接的に否認され、この発話は会議に間に合わなかったのはトムの責任ではなかったことを推意することになろう。

　ブレイクモアはさらに2つの例について考えている。つまり、彼女によれば、顕在的想定の否認を *but* が指示するという主張を弱めると思われる例である（2002, p.114）。第1の例は（107）で、これは Rieber(1997) による例である。

(107)　Tom thinks that Sheila is rich but unhappy. But I have always thought that all rich people are unhappy.
　　　　（トムはシーラが金持ちだが不幸だと思っている。しかし私はすべての金持ちは不幸であるといつも考えてきた。）

(108)　This is Paul. He's a syntactician, but he's quite intelligent.
　　　　（こちらがポールです。彼は統語論者ですが、極めて知的ですよ。）

(109)　Sheila is happy.
　　　　（シーラは幸せだ。）

(110)　Paul is not intelligent.
　　　　（ポールは知的ではない。）

ブレイクモアはこれらの場合において以下のように信じている。

　　話し手の *but* の使用は、（109）と（110）の想定がトムにとって顕在的であると（107）と（108）の聞き手がみなすよう指示するのではなく、少なくとも、話し手が真（ないしはおそらく真）であると受け入れている想定としてではなく、帰属された想定として顕在的であるということだけを指示している。

　　　　　　　　　　　　　　　　　　　　　　　　　　（Blakemore, 2002, p.114）

筆者はこの主張に同意しながらも、だからといって *but* は後続する命題内容が顕在的な想定と矛盾しこれを削除するという情報をコード化できないというブレイクモアの暗黙の想定には同意しない。これらの例のいずれも *but* の使用が一筋縄ではいかないことを物語っている。というのは（107）の *but* の使用はトムに帰属し、（108）においては、*but* 使用が皮肉的であり、ゆえに話し手以外の誰か（または異なる時点における話し手）に帰属している可能性がもっとも高いと考えられるからである。これらの例をこのようにみれば、*but* が（103）の手続きをコード化していないと仮定する理由は一切ない。実際、このような例において、*but* 使用が帰せられる人は（109）と（110）の否認される想定が聞き手にとって顕在的であるだろうと考えるものである。

第 4 章　否認、コントラスト、訂正：*but* の意味　167

　本節では、提案した分析が、当初の疑念にも関わらず例全般を説明可能であることを示した。もし *but* が否認を指示するとすれば、伝達された想定もしくは単によび出し可能な想定というより、むしろ顕在的想定の否認にちがいない。しかしながら、提案した分析への最後の挑戦がまだ 1 つ残っている。それは *but* は否認をコード化しているのではなく、その代わりに *but* が導入する節が推論を断ち切るよう指示しているということである。

4.9.2　提案した分析への挑戦

Hall(2004)は、*but* が(111)の手続きをコード化する分析を提案している。

(111)　後続する命題内容と結果的に矛盾に至ることになる推論を保留せよ [25]。

ホールは、前節で提案した流れに沿った分析がさまざまな困難に直面し、自身の分析の方が間接否認や(101)のような反事実の例を説明するのに優れていると主張している。彼女が自身の分析を裏づけるために提示した肯定的な論証に移る前に、筆者はまず初めに上で提案した分析に対するホールの反論を精査する。

　ホールが言及する「顕在性」分析への第 1 の懸念は、Blakemore(2000, p.474)の主張との相違から起こる。ブレイクモアの主張とは、*but* 節がしばしばコンテクスト内で顕在的になったであろう想定だけでなく、否認された想定へと導く文脈想定とも矛盾しこれを削除するというものである。たとえば、(1)の *but* 節はピーターが出かけたという想定だけでなく、ピーターが雨の中出かけないという想定とも矛盾しこれを削除するものとしてみられるであろう。

(1)　It was raining but Peter went out.
　　　（雨が降っていたが、ピーターは出かけた。）

筆者の直感はここでのブレイクモアのものと同じである。しかしながら、より一般的な想定、たとえば(112)のような、*but* 節によって否認されない想定があるかもしれないという点では、ホールの考えも一理ある。

(112)　People don't normally go out in the rain.
　　　（ふつうは雨の中では出かけないものである。）

実際に、*but* のこの使用はまさに、この想定を裏づけるものがある。結局、もし雨が人々が出かけることを止めさせるようなものと聞き手が考えなかったら、ピー

ターは出かけなかったという想定は、*It was raining* を基にして、おそらく聞き手に顕在的になり得なかっただろうし、話し手が *but* 節を発する必要はなかっただろう。したがって、話し手が *but* を使用しているというまさにこの事実は、聞き手が、(112)のような一般的な想定に基づけば当然考えられることだが、ピーターは出かけなかったと推論したのではないかというおそれがあると話し手が思っていることを指示する。

　興味深いことだが、ホールによれば、彼女自身の分析は *but* 発話が切断(cut-off)推論に導く文脈想定を常に強化することを予測する。言いかえれば、もしホールが正しければ、*but* 発話は、*but* 節によって切断される推論を許可する文脈想定と矛盾しこれを削除するために使えないことになるだろう。しかしながら、このことを裏づける証拠は浮かんでこない。たとえば、(113)の B の発話は完全に容認可能である。注意すべきことは、*but* 発話に対応する *although* を含む発話の方がやや容認しがたいことである。

(113)　　*A*　Republicans are dishonest.

　　　　B　That's not right: John is a Republican but he is honest.

　　　　B′ ?That's not right: John is honest although he's a Republican.

　　　　(A　　共和党員は不正直だ。

　　　　B　　それは正しくない。ジョンは共和党員だが正直だ。

　　　　B′　?それは正しくない。共和党員なのにジョンは正直だ。)

これは、*but* が想定の否認を指示する一方、*although* は推論を切断することを指示するという仮定に基づいて説明できるだろう。しかしながら、推論が切断されることになるという情報を双方の連結語がコード化しているとすれば、この違いがどのように説明されうるのかをみるのは困難である。

　提案した *but* の分析に対するホールの第2の反論は、*but* 節によって矛盾した想定がいつも完全に削除されるわけではないということである。たとえば、(114)の B の発話は、期待された結論はジョンが正直であるという想定から生じないことを単に指示すると彼女は感じている。言いかえれば、B の発話は、ジョンが信頼できないことを顕在的にするというより、むしろ、ジョンが信頼するに足るということにならないことを顕在的にするだけである。

(114)　　*A*　Do you think we can rely on John?

　　　　B　Well, he's honest, but he's a Republican, so I don't know.

　　　　B′　I don't know.

第 4 章　否認、コントラスト、訂正：*but* の意味　169

> *B″*？Well, he's honest, but he's a Republican, so it could go either way.
> （A　　われわれはジョンを信頼できると思う？
> 　B　　まあ、彼は正直だが共和党員だから、私には分からない。
> 　B′　　私には分からない。
> 　B″　？まあ、彼は正直だが共和党員だから、どちらでもありうるんじゃ
> 　　　　ない。）

　この例の問題は、*I don't know* 自体が否定的応答として解釈されそうだということである。たとえば、(114)の返答が *I don't know* だとすると、これだけで A はジョンがおそらく信頼できないことを意味するものとして解釈するだろうと思われる。したがって、(この)結論が本当に出てこないならば、*it could go either way* のような言いかたの方がより適切だろう。興味深いことに、B″ が容認可能かは B よりずっと明確ではない。このことは矛盾した想定を *but* 節が完全に削除しないというホールの主張に疑いを投げかける。

　ホールの第 3 の反論は、Blakemore(2002)によって最初に議論された(115)の例と結びついている。

（115）　*A*　Do all the buses from this stop go to Piccadilly Gardens?
　　　　B　The 85 and the 86 do, but the 84 and the 87 go to Cross Street.
　　　　（A　このバス停から出るバスはすべてピカデリーガーデンズに行きます
　　　　　　　か？
　　　　　B　85 番と 86 番は行くけど、84 番と 87 番はクロスストリートに行くよ。）

ホールによると、B の発話の *but* 節がここで否認しうる唯一の想定は、このバス停から出るバスがすべてピカデリーガーデンズへ行くというものである。このことを A が期待するかどうかについて A の問いは中立的なので、これは問題であるとホールは思っている。しかしながら、疑問文は発話の命題内容がそれと類似の関連性を有する命題を表示することを指示するという関連性理論の分析を踏まえれば(Wilson and Sperber, 1988a)、すべてのバスがピカデリーガーデンズに行くという想定は少なくとも A にとって弱く顕在的であり、したがってこの想定を A が確かめようとしているのであろう。

　このことが(116)の場合に当てはまるかどうかはさほど明らかではない。

（116）　*A*　Not all buses from this stop go to Piccadilly Gardens, do they?
　　　　B　No. The 85 and the 86 do, but the 84 and the 87 go to Cross Street.

（A　このバス停から出るバスはすべてピカデリーガーデンに行くわけで
はないのですね。

B　そう、85番と86番は行くけど、84番と87番はクロスストリートに
行くよ。）

ここでは、Aにとって顕在的な想定はこのバス停から出るバスがすべてピカデリー
ガーデンズにいくわけではないという想定であろう。しかしながら、butがここで
適切に用いられる理由は、おそらくBの発話の前半部分が次のバスもピカデリー
ガーデンズに行くだろうということを弱く顕在的にするからであるといっていいだ
ろう。結局のところ、Bの発話は(117)のように続いたかもしれない。

(117)　　The 85 and the 86 do, as do the 84 and the 87. The 116 and the 195 don't,
though.

（85番と86番は行くよ、84番と87番と同じようにね。116番と195番
は行かないけどね。）

これはたしかに理想的な発話ではないだろうが、それでもこの場で考えている話し
手が産出したかもしれない発話だろう。このことは、上で提案した分析がこれらの
例を適切に扱えることを示している。さらに言えば、ホール自身の分析がここで使
えるとはいえないだろう。というのは、このバス停から出るバスがすべてピカデ
リーガーデンズに行くことをAは期待していないとしたら、次のバスもピカデリー
ガーデンズに行くという結論へと導く推論でないとすれば、but節がどんな推論を
切断しているというのであろうか。

　実際、このことは一般的な問題を浮き彫りにする。というのは、そもそもホール
の分析と筆者が前節で提案した分析との間にある実質的な差異は何であるのかをみ
るのはいささか困難であるということである。何といっても、切断される推論があ
るとすれば、そのような推論の結果になる(なるであろう)想定(帰結)もあるだろう。
不適切な推論を起こすきっかけとなった想定の後にのみbut節が生起するのである
から、その推論は望まれない帰結を生み出すことになろうし、推論が切断されれ
ば、その帰結は削除されることになろう。言いかえれば、「切断」分析によって説
明されうるが、否認分析によっては説明されない例がどうしてありうるのかを理解
するのは困難である。実際に、「切断」分析は否認分析を意味論的に含意するが、
その反対はないようである。というのは、推論は常に想定(帰結)を生み出すが、否
認は、否認される想定がコンテクスト内で**推論されて**いなければならないことを前
提としないからである。

第 4 章　否認、コントラスト、訂正：*but* の意味　171

　否認分析に対するホールの最後の反論は、この分析が訂正の例を扱えないということである。しかしながら、筆者は 4.9.1 節ですでにそうでないことを実証した。さらにいえば、訂正の例に関して、ホールの分析は筆者自身のものよりも劣っていると考えている。上に示したように、問題の女性が話し手の姉であるという想定は、聞き手が(24)の *but* 節を処理し始めるときには、顕在的であるということはもっともである。

(24)　　That's not my sister but my mother.
　　　　（あの人は私の姉ではなく母です。）

このように考えてみると、*but* 節は顕在的想定をやはり否認しているだろう。どういった推論を切断しうるかをみる方がはるかに困難である。思うに、切断されることになる推論は、当該女性が話し手の姉であるという想定か、またはその話し手の母親ではないという想定のいずれかにならざるを得ないだろう。前者の場合、切断されることになる推論があるのか明らかではない。というのは、聞き手はすでに問題の女性が話し手の姉であることを納得しているのであって、したがってこの望ましくない推論を重ねるのを *but* 節が妨げるという問題はない。後者の場合、問題の女性が話し手の姉であるという想定から、話し手の母ではないという結論を導くという推論がありそうではある。しかしながら、(24)の発話のポイントがこの推論を切断することであるかはまったく明らかではない。確かなことは、ここでのポイントは問題の女性が話し手の姉であるという想定を聞き手に捨てさせることにある。

　ホールの分析は、*but* が先行する発話への異議を導入するために使われる例となるとさらなる困難に直面する。たとえば、(35)の B の発話は、ジョンがパリにいるという顕在的想定と矛盾しこれを削除するものとして極めて簡潔に分析される。

(35)　　*A*　John's in Paris at the moment.
　　　　B　But I've just seen him in Oxford Street.
　　　（A　ジョンは今この時パリにいるよ。
　　　　B　でもオックスフォード通りで彼を見たばかりよ。）

くり返すが、ジョンがパリにいるという想定から彼がオックスフォード通りにいないという想定に導く推論以外に、どんな推論が切断されるかは実際にはまったく明らかではない。くり返して言うが、これは B の発話のポイントでないと思われ、したがってホールの分析はこの種の例を説明できないままである。

4.9.3 結論

結論として、4.9.1 節で提案した *but* の分析は、数々の反論や反例に抗し、*but* のすべての使用を説明するのに目下の他のいかなる分析よりも優れていると思われる。このことは、満足いく一様の *but* の意味分析が可能であり、あいまい性ないしは多義性さえも仮定する必要がないことを示している。ただし、究極的には、*but* がいくつの意味をコード化しているかという問いは、経験的証拠をもとにのみ答えられるものである。単一の *but* の意味、つまり (103) の手続きを獲得した人々が、加えて、*but* 節を使用して、否定された構成素の置きかえを特定するという情報を別個に蓄えていることもやはり大いに可能な説明である。しかしながら、このことが実際にそうであるかどうかは本書の領域をはるかに超える。

　本章はまず、いわゆる「譲歩」表現について議論し、ついで、言語表現の意味タイプへのいかなる分類も、個々の表現の分析から始めて、しかる後に興味深い一般化が引き出されるかを確認するという、ボトムアップ式に行われるべきであろうという論旨を提示した。その後は *but* の分析に専心した。次の 2 つの章において、筆者は「譲歩」と目されるもう 2 つの表現を分析し、最終章において、筆者はいかなる一般化がなされるかを見出すことになるだろう。

173

第5章
譲歩と否認：*although* の意味

5.1 *But* と *although* の違い

4章のイントロダクションで、（1）と（2）が（3）と同じような「譲歩的」解釈を受けることを観察した。

（1）　　Peter went out although it was raining.
　　　　（雨が降っていたのにピーターは出かけた。）
（2）　　Although it was raining, Peter went out.
　　　　（雨が降っていたにもかかわらず、ピーターは出かけた。）
（3）　　It was raining but Peter went out.
　　　　（雨が降っていたがピーターは出かけた。）

このことは多くの文献にも反映されている。すなわち、*Q although P* / *Although P, Q* は、*P but Q* の可能な解釈の一部をなすものとして扱われている。たとえば、König (1985)は *P but Q* は「逆接」関係を表明する典型的な言語的手立てであると記述し、一方、*Q although P* / *Although P, Q* については典型的な「譲歩」表現として扱い、譲歩表現とは逆接関係の一部であるとしている。König (1985, p.4)によれば、譲歩表現は（4）に示される特質をもち、逆接表現は（5）に示される特質をもっている。

（4）　　代表的な形式：　　although *P, Q*
　　　　意味論的含意：　　*P, Q*
　　　　（非論理的）含意：Normally(if *P*, then not-*Q*)（通常は（もし *P* ならば not-*Q*)である）
（5）　　代表的な形式：　　*P* but *Q*
　　　　意味論的含意：　　*P, Q*
　　　　（非論理的）含意：$P \rightarrow R$, $Q \rightarrow$ not-R, Q carries more weight（*P* ならば *R* であり、*Q* ならば not-*R* であり、*Q* の方が重要である）

König (1985, p.6)は、Anscombre and Ducrot (1977)による否認 *but* の説明と同じ線

で「逆接表現」を分析している。言いかえると、「逆接」解釈は、4章で議論した *but* の否認解釈と同じであり、「譲歩」解釈は直接否認に等しいことになると分析している。つまり、譲歩表現とは逆接の特殊表現であり、このことは両者の非論理的含意において反映されている。

このことから、*but* は逆接関係を、*although* は譲歩性を表明しているというのがケーニッヒの主張のように思えるかもしれない。しかしながら、*but* が譲歩関係を表明することもあるだけでなく、*although* も逆接を表明することもあるという見解をケーニッヒは明快にしている。このことは、*Q although P / Although P, Q* が *P but Q* の解釈の一部となりうるだけであるという彼の初期の仮定に疑いを投げかけ、2種の文が実際同じ意味をもつのかどうかという問いをも投げかけることになる。ケーニッヒは、真理条件的内容に関する限り2種の文は、(4)と(5)にある意味論的含意がまったく同じであるから、同じ意味をもつと考えているのは確かであろう。まさにわれわれの直感もこの見解を支持する。すなわち、*Q although P / Although P, Q* と *P but Q* 双方の真性保証には *P* の真性と *Q* の真性が合同することである。たとえば、(1)(2)いずれの発話も、(3)の発話と同様に、ピーターが出かけかつ雨が降っていたまさにその場合に真であるように思える。

さて、*but* と *although* が同じ関係を表明し、したがって(1)(2)(3)が同じに解釈されるとしたら、*Q although P / Although P, Q* と *P but Q* の間には、真理条件的にもあるいは非真理条件的いずれにも意味の違いはないかのようにみえる。まさに、4章の終わりで述べたのだが、Hall(2004)による *but* の分析と、本章で提示し、擁護しようとしている *although* の分析が等しいことになる。しかしながら、筆者は、ホールとは異なる *but* の分析を4章で提示し、*but* と *although* の間に解釈上の相似があることは確かにしても、2つの連結語を同じ線上で扱うことは間違っていると信じている[1]。この見解に対する理由をここで提示しよう。

まず第1に、*but* と *although* の間には明確な統語論的、意味論的違いがある。おそらくもっとも明らかなことは、*Q although P / Although P, Q* と *P but Q* が同じ解釈を受けるためには、*but* に *Q* が続き、一方 *although* に *P* が続かなければならないということである。もし両者に同じ節が続けば、(6)と(7)が例証するように、*although* 発話は *but* 発話とまったく異なる解釈を受けることになる。

(6)　　It was raining although Peter went out.[2]
　　　　（ピーターが出かけたのに雨が降っていたのだ。）

(7)　　Although Peter went out, it was raining.
　　　　（ピーターが出かけたにもかかわらず、雨が降っていた。）

第5章　譲歩と否認：*although* の意味　175

これは明々白々なことであるが、それでもなお指摘する価値があるのは、とりわけ
(8)(9)(10)がすべて同等であるとする Fraser(1998, p.314)の主張に照らしてであ
る。

(8)　　She fried the onions, but she steamed the cabbage.
　　　　（彼女は玉ねぎを炒めたが、キャベツは蒸した。）
(9)　　She fried the onions. However, she steamed the cabbage.
　　　　（彼女は玉ねぎを炒めた。しかしながら、キャベツは蒸した。）
(10)　　She fried the onions, although she steamed the cabbage.
　　　　（彼女はキャベツを蒸したのに、玉ねぎは炒めた。）

But と *although* 間の明らかな違いの2つ目は、前者が等位接続詞、後者が従属接続
詞である点である。この違いは多くの統語論上のテストによって明らかとなる。ま
ず第1に、従属節のみが前置される。たとえば、(2)が完全に容認されるのに対
し、(11)は明らかに非文法的である。

(2)　　Although it was raining, Peter went out.
　　　　（雨が降っていたにもかかわらず、ピーターは出かけた。）
(11)　　＊But Peter went out, it was raining.

第3に、Green(1976, p.385)によると、否定副詞句前置は、(12)にみられるよう
に、主節に限って可能である。〈訳者注：原書(p.160)には、Second, according to
Green(1976, p.385), negative NP preposing, as in(12), is only possible within a main
clause: とある。明らかに、上記に続いて *but* と *although* の違いの3つ目となるし、
(12)の例文から NP preposing は間違いである。〉

(12)　　Not for a moment did she hesitate.
　　　　（一瞬たりとも彼女はためらわなかった。）

このテストも *but* と *although* 間の違いを明らかにする。すなわち、(13)は完全に容
認されるが、(14)は非文法的である。

(13)　　The cliff was high but not for a moment did she hesitate.
　　　　（崖は高かったが彼女は一瞬たりともためらわなかった。）
(14)　　＊Although not for a moment did she hesitate, she was quite frightened.

176

こういったテストは *but* と *although* 間の統語論上の地位の違いを明確に示している[3]。（同じ解釈を受けるためには *although* に *P* が続き、*but* に *Q* が続くという）第1の観察と一緒になって、この観察は、*although* が *but* と同じ線上で分析されるべきではない理由を十分に提示する。たとえここでの観察を別にしても、*but* と *although* が完全な同意語であるという主張は受け入れがたいのである。というのも、*although* が *but* と置きかえられる例は、比較的限定された範囲に限られるからである（もちろん必要な統語論上の変更をしたとして）。このことは次節で例証する。

5.2　*Q although P / Although P, Q* の解釈

5.2.1　*Q although P / Although P, Q* と *P but Q* はいつ同じ解釈を受けるか

But と *although* 間のさらなる違いを明るみにするために、4.2節で議論した *but* が受容される解釈のおよぶ範囲を観察し、必要な統語論上の変更をした上で、*although* があらゆるところで *but* と置きかえ可能かを見てみる。例(1)–(3)はすでに *although* が *but* の直接期待否認の代用となりうることを示した。さらに、(15)–(17)は、ここでの *R* はたとえば *I'll go for a walk* であるが、間接否認の代用ともなることを示している。ここで、従属節が後置されている(16)と前置されている(17)の間には、興味深い違いがある。後者は、やや、しかし注目に値するほど、前者より容認性が高い。このことに対する説明は5.5節で提案したい。

(15)　　It's raining but I need some fresh air.
　　　　（雨が降っているが、新鮮な空気がほしい。）

(16)　　I need some fresh air although it's raining.
　　　　（雨が降っているのに新鮮な空気がほしい。）

(17)　　Although it's raining, I need some fresh air.[4]
　　　　（雨が降っているにもかかわらず、新鮮な空気がほしい。）

さらに(18)–(20)の例からわかるように、R. Lakoff(1971)のいう「意味論的反対(semantic opposition)」、あるいは Blakemore(1987, 1989)のいう「コントラスト(contrast)」も *although* を用いて表出されうる。しかし、この使用は期待否認にまとめることができると筆者は議論したので驚くことではない。くり返すが、(19)と(20)には解釈ないし容認可能性に関して少しの違いがある。前者は直接否認を含む解釈のほうが優勢であると思われるし、後者は間接否認を含む解釈となるだろう。

第 5 章 譲歩と否認：*although* の意味　177

(18)　John is tall but Bill is short.
　　　（ジョンは背が高いがビルは低い。）
(19)　Bill is short although John is tall.
　　　（ジョンは背が高いのにビルは低い。）
(20)　Although John is tall, Bill is short.
　　　（ジョンは背が高いにもかかわらず、ビルは低い。）

次に、(21)–(23)が示すように、*although* には訂正使用がない。ただし、(22)は完全に容認不可能だが、(23)は期待否認読み（たとえば、*that's not my sister* が、*that's not one of my relatives* のようなことを含意するととられ、これが次に *that is my mother* によって否認されるという読み）だけは容認される。

(21)　That's not my sister but my mother.
　　　（あの人は姉ではなくて母です。）
(22)　*That is my mother although not my sister.
(23)　Although not my sister, that is my mother.
　　　（私の姉ではないのだが、母です。）

談話使用の *but* と *although* は置きかえ不可のように見える。談話 *but* は新しいパラグラフを導入し、談話の主たる話題へ戻るよう合図するものとして分析されることを思い出してほしい。となると、*although* は、実際には、これまで議論してきた例と平行させるためには前のパラグラフに続かなければならないだろうし、そして、もっと重要なことは、*although* は従属接続詞であり、従属節は、原則として、それだけで独立することができないのであるから、談話解釈を受けるコンテクストにおいて *but* の代用はできないということになる[5]。
　　最後の点は、発話冒頭および談話冒頭の *but* 使用が *although* と置きかえられないということには明白な理由があるということである。上述したように、*but* を *although* と置きかえるとき同じ解釈を維持するには、実際に *although* は、*but* 節ではなく第1節を導かなければならない。しかしながら、発話冒頭および談話冒頭の *but* 使用には、その名の通り、第1節がない。したがって、発話冒頭および談話冒頭の *but* を *although* で置きかえられえないということは明らかである。それでも、このことが、発話ないし談話の冒頭に独立した *although* 節がそれだけで起こりうるという可能性を排除するわけではない。しかしながら、これはあり得ないように思える。たとえば、(24)のメアリーの発話はギリギリ容認されるとして、(25)の発話はピーターの発話の続きとして理解されるというのが妥当であろう。

(24) *Mary* ［catching Peter munching his way through a box of chocolates］
　　　?Although you're on diet. / ?Although you're on a diet?
　　　（メアリー　［ピーターがチョコレートを1箱全部むしゃむしゃ食べてい
　　　　　　　　　　るのを見て］
　　　　　　　　?ダイエット中なのに。／?ダイエット中なのに？）

(25) *Peter*　I think John is wonderful.
　　　Mary ?Although he cheated on you. / Although he cheated on you?
　　　（ピーター　ジョンって素敵だわ。
　　　　メアリー　?あなたのこと裏切ったのに。／あなたのこと裏切っても？）

　　ここまでの議論を要約すると、*although* が *but* を代用しうるのは、その意図した解釈が期待否認の解釈である場合のように思える。さらに、*Q although P* は、間接否認というより直接否認表現として使用される方がより適切である。このことは、*although* は *but* とは区別される分析をしなければならないという筆者の前からの主張を支持することになる。分析に当たっては、従属接続詞という統語論上の地位を考慮に入れること、および *although* の使用がなぜ *but* と同じことを表出することもあれば、しないこともあるのかを説明するものでなければならない。

5.2.2　3領域における *although* の用法

Sweetser(1990)は、法助動詞や接続詞のような表現について、3つの異なった領域で働くと主張することによって、その異なった意味あるいは解釈の分析をしている。3領域とは、**実世界**(real-world)（もしくは**内容**(content)）、**認識世界**(epistemic)、そして**発話行為**(speech act)である。ある表現の実世界の意味は、理由づけの領域（認識領域）および発話行為の領域へとメタファー的に拡張されるというのが彼女の考えである。この考えを用いて、*see* のような感覚動詞が認識的意味をもつにいたる（下記(26)と(27)を比べよ）通時的事実を説明している。さらに、法助動詞や *if ... then*、その他いろいろな接続詞のもつ種々の解釈についての共時的事実も同様に説明する。

(26)　I see the cat.
　　　（猫が見える。）

(27)　I see the problem.
　　　（問題がみえる。）

Sweetser(1990, pp.78–79)は、*although* と *despite* のような「逆接」連結語と彼女がよ

第 5 章　譲歩と否認：*although* の意味　179

ぶものおよび *because* や *since* のような因果関係の連結語の分析にこの枠組みを、次のようなやり方で応用している。

　例(1)と(28)は *although* と *because* の例であるが、**実世界**領域あるいは**内容**領域で作動している。つまり、それらが表す関係は実世界の事象間にあるのである。

（ 1 ）　　Peter went out although it was raining.
　　　　　（雨が降っていたのにピーターは出かけた。）
（28）　　Peter got wet because it was raining.
　　　　　（雨が降っていたからピーターは濡れた。）

(28)の場合は表明されている関係が実世界の因果関係であることは比較的わかりやすい。つまり、降雨がピーターの濡れた原因である。一方、(1)の *although* によって表明されている「逆接」関係がどんな意味で実世界において結ばれるのかを理解することはやや難しい。そういう例における連結の実世界の性質をより明確にするために、Sweetser(1990, p.79)は説明的に言いかえを試みている。彼女自身の例文の説明をたどりながら、(1)を説明してみよう。それは彼女が考える例の1つではないが、(1)の言いかえは(29)に与えられるようなものである。

(29)　　Peter's going out occurred in spite of the rain, which might naturally have led to his not going out.
　　　　（ピーターが外出するということが雨にもかかわらず起こった。降雨が彼は外出しないだろうということを導いたのは自然であろう。）

このことは、*because* が2事象間の実世界関係を表明するやりかたで、実際に *although* はこれを表明しないということを示している。そうではなく、*although* が表明する関係は話し手のこころの中に存在するもので、従属節で記述される事象と主節の否定間にある実世界因果関係についての話し手の知識に基づくものである。言いかえると、(1)における実世界関係は、ピーターの外出と降雨の間にあるのではなく、むしろ降雨とピーターの外出しないことの間にある。実際、実世界因果関係がはっきり存在する一方、実世界「逆接性」あるいは「譲歩性」のような関係があるのかどうかは疑わしい。

　Sweetser(1990, pp.103–104)自身、コントラストという実世界関係はないから、*but* の実世界使用はおそらくないと推測している。*Although* に実世界使用があるとして喜んで受け入れているとすれば、とりわけ、(1)と(2)の *although* によって表明されている関係を表明するために *but* も完璧に使われうることを示す(3)のような

180

例に接すると、このことは極めて奇妙にみえる。

（3）　It was raining but Peter went out.
　　　（雨が降っていたがピーターは出かけた。）

筆者には、*although* には実世界使用がない、少なくとも *because* に実世界使用があることと同じようにはないように思えるのである。
　さて、(30)において、*because* はスウィーツァーのいう認識領域内で機能している。

（30）　It's been raining, because Peter is wet.
　　　（ピーターが濡れているところを見ると雨がずっと降っていると思う。）

世界における2つの出来事ないし事象の間の因果関係を表明しているというより、(30)の表明している因果関係は、ピーターが濡れているという話し手の知識と雨が降っているという結論の間にある。同様に、(6)の *although* も認識領域で機能しているとみられるだろう。

（6）　It was raining although Peter went out.
　　　（ピーターは出かけたのに雨が降っていたのだ。）

この例を Sweetser(1990, p.79)流にパラフレーズすれば(31)に示されるようなものになろう。

（31）　The fact that it was raining is true in spite of the fact that Peter went out, which might reasonably have led me to conclude that it wasn't raining.
　　　（雨が降っていたという事実はピーターが出かけたという事実にもかかわらず真である。ピーターの外出という事実から雨は降っていなかったという結論に至ったとしてももっともであろう。）

ここでは、雨が降っていたという事実とピーターが出かけたという想定との間に認識関係があるとみられうるであろう。
　最後に、(32)はスウィーツァーの発話行為領域に応用された *because* の例である。

（32）　Is it raining, because Peter looks wet.

第 5 章　譲歩と否認：*although* の意味　181

（ピーターが濡れているから尋ねるのだけど、雨が降っているの？）

ここでは、*because* は従属節に記述された事象と主節で遂行された発話行為との間にある因果関係を表明している。言いかえると、ピーターが濡れているように見えるという事実が、話し手の雨が降っているかどうか尋ねる理由となっている。一方、(33) において、*although* の使用は発話行為領域にあたる。この種の例に対するスウィーツァーの解釈は (34) に与えられる。

(33)　Is it raining, although I'll have to go out anyway.
　　　（どっちみち行かなければならないのに聞くんだけど、雨は降っているの？）

(34)　I ask you if it's raining in spite of the fact that I have to go out anyway.
　　　（どっちみち出かけなければならないという事実にもかかわらず、私は雨が降っているかどうかあなたに尋ねる。）

くり返すが、ここでの関係は、話し手が出かけなければならないという事実と雨が降っているかどうか尋ねるという話し手の発話行為の間にあるとみなされうるものである。したがって、*Q although P / Although P, Q* における *P* と *Q* がいったい何を表すのかということが問題となるように思われる。スウィーツァーの議論から結論としていえることは、*although* は実世界・内容、認識もしくは発話行為 (SA) のいずれの領域内で働くと理解されるかに依って、*Q although P* が（少なくとも）3 つの異なる非論理的含意、すなわち (35)–(37) に示される含意を有すると彼女は主張しているということであろう。ここでは、*X* は *P* の表出命題であり、*Y* は *Q* の表出命題である。

(35)　Normally (*X* causes not-*Y*)
　　　（通常は（*X* は *Y* でないことの原因となる））

(36)　Normally (*X* leads to the conclusion that not-*Y*)
　　　（通常は（*X* は *Y* でないという結論を導く））

(37)　Normally (*X* causes the speaker not to SA that *Y*)
　　　（通常は（*X* は話し手が *Y* という命題の発話行為を遂行しない原因となる））

筆者は、*although* の意味が実世界領域から認識領域および発話行為領域へとメタファー的に転移されうるものとして分析するというスウィーツァーの考えに沿って議論しようと思わないが、彼女は *although* 発話の興味深い例をいくつか指摘してい

る。どんなものであれ、*although* の意味の適切な分析は(1)や(2)のような標準的な
例だけでなく、「認識的」および「発話行為的」使用例の解釈も説明すべきであ
る。以下で、*although* の分析のいくつかを概観してから、筆者自身の分析、すなわ
ち関連性理論による説明に入る。関連性理論が、言語というのはメタファー的転移
という概念に頼らずとも機能するという、スウィーツアーとは異なったやり方で、
彼女の直感をとらえられることができることを論証する。

5.3 *Although* の意味への伝統的アプローチ

5.3.1 ウィンター&ライモンとシディロポウロウ

König(1985)のように、Winter and Rimon(1994)は *although* の意味の詳しい分析を
現に提供してはいない。その代わり、彼らが「対照的接続詞(contrastive conjunc-
tion)」とよぶ表現、*although* もその1つであるが、の意味論を提示することに関
わっている。それでも、*although* を扱う理論研究者がそもそもほとんどいない中
で、(否認の)*but* と *although* 間に違いがあるという見解をもっていることだけでも、
手短にでも彼らのアプローチは議論する価値のあることのように思える。

　Winter and Rimon(1994, p.369)によれば、*although* が表明しうるのは、制限され
たコントラスト(これはケーニッヒの「譲歩性」と同じである)と彼らがよぶもの、つ
まり、P が *not-Q* を推意する場合のみ *although* は P と Q を結びつけることができ
るということである。一方 *but* は一般的コントラストを表明するが、これは A &
D(Anscombre and Ducrot, 1977)のいう、P が *not-R* を推意する場合、Q は R を推
意するという否認の *but* の説明にごく近い考えである。このことは、(16)と(17)を
容認されない(雨が話し手に新鮮な空気をほしがらせないということを推意していると解
釈されない限り)とみなすことを意味する。しかしながら、彼らは(38)を容認する母
語話者もいることを認めている。たとえば、息子を手術した医者が、手術は成功し
なかったのではないかと思っている父親に向かって発した場合である。

(16)　　I need some fresh air although it's raining.
　　　　(雨が降っているのに新鮮な空気がほしい。)

(17)　　Although it's raining, I need some fresh air.
　　　　(雨が降っているにもかかわらず、新鮮な空気がほしい。)

(38)　　Your son walks although he walks slowly.
　　　　(息子さんは歩くのがゆっくりとはいえ歩いていますよ。)

この場合、P(*your son walks slowly*)は *not-R*(*the operation wasn't a success*)を推意し、Q

（*your son walks*）は *R*（*the operation was a success*）を推意する。彼らは *Q although P* 形式のみを考えているので、*Q* が *P* の含意を直接否認しない場合に、*although* が容認されないとみていると思われる。したがって(16)と(17)に沿って考えると、(38)の前置された形式(39)の方が容認性が高くなると思われる。

(39)　　Although your son walks slowly, he walks.
　　　　（息子さんは歩くのがゆっくりではあるが、歩いている。）

5.5 節で、この違いが 2 つの節の処理される順序によって説明できることをみるつもりである。

　Sidiropoulou(1992)の分析は、談話表示理論(Discourse Representation Theory)の枠組みの中で、*although* が 2 つの基本的解釈を有するとみなしている。彼女は、*Although P, Q* は、「シェアされた推意譲歩(Shared Implicature Concession(SIC))」読みか、「話し手の態度譲歩(Speaker's Attitude Concession(SAC))」読みのいずれかである(1992, pp.204–206)と提示している。SIC というのは単純にケーニッヒの「譲歩」読みや、ウィンター＆ライモンの「制限されたコントラスト」、筆者が「直接期待否認」とよんできたものと等しい。一方、SAC は、ケーニッヒの種々の「逆接」読みに、ウインター＆ライモンの非制限的対照に、ひいては筆者の間接否認に等しい。シディロポウロウによると、SAC は、

　　although 連言肢に後続、あるいは先行するものとの関係で、<u>話し手の態度の変化を合図すること</u>　　　　　　　　（Sidiropoulou, 1992, p.206,　強調は原本のまま）

を含む。したがって、彼女は、話し手が、*P* に対する肯定的態度と *Q* に対する否定的態度、もしくはその逆のいずれかをもっていることを指し示すものとして、*although* を分析している。たとえば、(38)のウィンター＆ライモンの例について、*P*（*your son walks slowly*）への否定的態度と *Q*（*your son walks*）への肯定的態度をもっていることを伝えていると分析する。では、この分析がこの特殊な例の説明に当てはまるとして、(16)と(17)が同じようにどう分析されるか筆者にむずかしいところである。この場合話し手は *P*（*it's raining*）への否定的態度をもってはいるだろうが、*Q*（*I need some fresh air*）に対して肯定的態度をもっているというのは、その状況を楽しんでいるのか、とりわけ啓蒙的なのか明らかではない。もっと言えば、この例は明らかに SIC 読みにもならない(雨が降っているときは通常話し手が新鮮な空気が必要ではないという含意がない)。

　この Winter and Rimon(1994)と Sidiropoulou(1992)の非常に簡潔な議論の結果

は、おびただしい用語は別にしても、*although* の意味の分析としてはまったくといっていいほど魅力がない。何か意見を異にすることがあるとすれば、P と Q の間にある不整合性が直接的なものでない場合に、*although* が P と Q を関係づけられるのかどうかという点だけである。理論研究者が関係づけられると信じるか関係づけられないと信じるかは、彼らの考える例が *Q although P* と *Although P, Q* のどちらの形式をもっているのかに大きく依存していると思われる。ウィンター&ライモンは、*Q although P* を主に考え、*although* は直接的(または制限的)コントラストを表明しているにちがいないと結論づけ、一方、シディロポウロウはもっぱら *Although P, Q* の形式で考え、*although* は直接的コントラストか間接的コントラストのいずれかを表明しうると結論づけている。しかしながら、もちろん細かい点では違うところもあるが、本質的に両者とも König(1985)による *Q although P / Although P, Q* の分析に同意している。しかし、3者のうち誰も、*although* が言語的にコード化している意味が正確には何なのかについては特に満足のいく分析をしていない。

5.3.2 二元性分析

König(1986)による *although* の分析が、*Although P, Q* が譲歩構文のプロトタイプであると述べるにとどまっている一方で、König(1989)はもっと面白いアプローチを採っている。この論文の中で、譲歩関係は因果関係の**二元的性質である**(dual)と提案している。このことで何を意味しているのか説明したい。König(1989, p.197)は Löbner(1987, 1990)に従って、二元性という(真理条件的という意味で)意味論的関係を以下のように定義する。

　二元性とは1つの命題を否定するに際して、内部否定と外部否定という2つの可能性があるとき起こる関係である。たとえば、*all Fs are G*(すべての F は G である)に適用すると、外部否定は *not(all Fs are G)* が、内部否定は *all Fs are not-G* が得られる。より一般化すると、否定が X(Y) という形式をもついかなる命題とも結合するやり方は、X(¬Y)、¬X(Y)、¬X(¬Y) の3通りある。König(1989, p.197)はこれらの可能性を(40)に示されるような「二元的四角形(duality square)」で表示している。

(40)

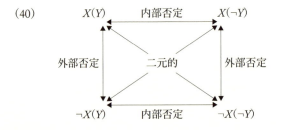

この四角形が示しているように、二元性の関係は肯定命題とその内部否定の外部否定との間にある。たとえば、*all Fs are G* と *not*(*all Fs are not-G*)(=*some Fs are G*)が二元性の関係にあるのである。ここでこれと関連のあるのは、*all Fs are G* と *some Fs are G* の関係が *Because P, Q* と *Although P, Q* の関係に匹敵しているようにみえるということである。すなわち、因果関係と「譲歩」関係がお互いに二元的であるということである。このことが正しいとすれば、*not*(*because P, not-Q*)は(少なくとも真理条件的には)*although P, Q* に等しいはずである。このことは *because P, Q* の二元的四角形によって(41)に示される。

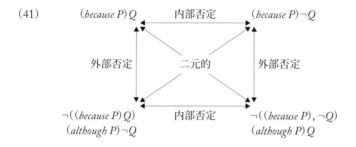

ケーニッヒは、このような因果関係と譲歩関係間の密接な結びつきは直感によっても支持されると論証している(1989, pp.195–197)。たとえば、「譲歩表現」を「因果内表現(incausal)」として再分析(かつ再命名)することを提案した Hermodsson(1978)を引き合いに出しているのをみてもわかる。これは、*although* によって表明された関係を、邪魔者あるいは障害物(*although* 節の内容)と、*although* 節の真性が与えられたら生じることが邪魔されるないしは妨げられたと期待された帰結との間にみられるものとした Sweetser(1990)の直感に近似する直感に基づいている。このことは、(42)のような因果関係を表す発話と(43)のような譲歩関係を表す発話が、深層ではまったく同じ因果的結びつきを基に形成されうることを意味している。

(42)　　Peter got wet because it was raining.　　　　　　　　*Q because P*
　　　　（雨が降っていたのでピーターは濡れた。）
(43)　　Peter didn't get wet although it was raining.　　　　*not-Q although P*
　　　　（雨が降っていたのにピーターは濡れなかった。）

König(1989, p.196)はこの相似性を(44)と(45)のようにとらえる。

(44)　　(a)　Since/because *P, Q*

(b) $P \& Q$　　　　　　（意味論的含意）

(c) if P, normally Q　　　（前提）

　　（もし P ならば、通常 Q である）

(45)　(a) Although/even though P, $not\text{-}Q$

　　　(b) $P \& Q$　　　　　　（意味論的含意）

　　　(c) if P, normally Q　　　（前提）

　　　　（もし P ならば、通常 Q である）

この直感はたしかにもっともらしいところはある。さらに、因果関係と譲歩関係との間に二元的関係が本当にあれば、これは格別な利点であろう。König(1989, p.201)が指摘しているように、譲歩性と因果性の間にこの関係があると単純に述べることは、いずれの説明にもならないが、一方で、ひとたび因果性の説明を得れば（否定の根拠があると想定すれば）、自動的に譲歩性の（真理条件的特質についての[6]）説明になるということを意味することになる。もちろん、その逆の説明も可能である。すなわち、譲歩性の分析が因果性の分析を与えることにもなる。しかしながら、この順番による説明はありそうにない。因果性がよくわかる可能性の方が、譲歩性がよくわかる可能性よりずっと高いからである。加えて、*Although P, Q* の分析から出発して、*Because P, Q* を *not*(*Although P, not-Q*) として単純に分析するという選択肢はない。なぜなら *although* は（記述的外部）否定のスコープに入らないからである。下記(46)が(47)の意味をとらえないことは明らかである。

(46)　It is not the case that although it was raining, Peter didn't get wet.

　　　Not(*although P, not-Q*)

　　　（雨が降っていたにもかかわらず、ピーターは濡れなかったということではない。）

(47)　Because it was raining, Peter got wet.

　　　（雨が降っていたから、ピーターは濡れた。）

ここにおいて、*although*/*because* ペアは他の二元的関係とは際立って異なっている。たとえば、*all Fs are G* は *not*(*some Fs are not-G*) によってとらえることができるのである。

　さて、*Although P, Q* の意味を、因果性と二元性によって説明しようするケーニッヒの試みは他にも多くの問題がある。おそらくもっとも根本的なものは、*Although P, Q* の意味がとらえられるのはせいぜい、それが「譲歩的」解釈、すなわち、P と

第 5 章　譲歩と否認：*although* の意味　187

Q の間に直接的不整合性があることと *normally*(*if P, then not-Q*)を(非論理的に)推意する場合に限るということである。言いかえると、*although* の「逆接的」使用、すなわち、P と Q の間に(因果的にしろそうでないにしろ)直接的関係がないところでは適用しないのである。実際のところこのような説明が *although* の意味の分析に通用するのは疑わしいように思われる。ケーニッヒの二元性分析による説明はせいぜい譲歩的関係の一分析を提供するものと思われる。しかしながら、4.1 節で論証したが、譲歩的関係の分析を提供することは、*but* や *although* といった言語表現の意味の分析に有用な場合にのみ興味のあることである。しかも *but* も *although* も常に譲歩関係を表明するわけではないという事実は、譲歩という関係を定義しても、いずれの表現の意味の十分な説明には至らないことを示すことになる。さらに、Iten(1997, 1998a)は、*although* が「譲歩的に」使用されていることを想定しながらも、*Because P, Q* と *Although P, Q* は実際お互いに二元性の関係にないことを示す一連の論証を提示している。ここでそのもっとも強力な論旨を再録することにする。

　ケーニッヒの譲歩性についての二元性分析への反論は、*Because P, Q* と *Although P, Q* の真理条件と結びついている。P の真性と Q の真性が *Because P, Q* の真性にとって必要条件ではあるが、十分条件ではないことは一般的に受け入れられている。下記(28)のような発話が真であるためには、雨が降っていたこととピーターが濡れたことだけでは十分とはいえず、雨がピーターの濡れたことの原因であったはずである。

(28)　　Peter got wet because it was raining.
　　　　(雨が降っていたからピーターは濡れた。)

このことは、(48)において降雨とピーターの濡れたことの間の因果関係が(記述的に)否定されることをみてもわかる。

(48)　　Peter didn't get wet because it was raining – it was raining, but he got wet because he fell in the pond.
　　　　(雨が降っていたからピーターは濡れたのではない。雨が降ってはいたが、ピーターは池に落ちたから濡れたのだ。)

一方、(43)において *although* の表出している、降雨とピーターの濡れなかったこととの間にある「譲歩」関係は真理条件にかかわらない[7]。5.1 節で述べたように、このような発話が真であるのに必要と思われるのは個々の連言肢の真性だけである。

(43)   Peter didn't get wet although it was raining.   *not-Q although P*

(雨が降っていたのにピーターは濡れなかった。)

一方、(49)の非容認性はただ譲歩関係を(記述的に)否定することが不可能であることを示している。

(49)   *Peter didn't not get wet although it was raining – it was raining, but Peter
        didn't get wet although he fell in the pond.

この違いは、ケーニッヒの二元性分析に興味深い問題を提起する。たとえば、(41)の二元的四角形によれば、*not*(*because P, Q*)と *Although P, ¬Q* は同義のはずである。しかしながら、そうであるとは即確信がもてない。*Although P, ¬Q* は、P が真かつ ¬Q が真であるときに真である。言いかえると、*Although P, Q* の真性のためには、P の真性と ¬Q の真性は必要にしてかつ十分な条件である。一方、*not*(*because P, Q*)の真性のためにも同じ条件が、必要かつ十分であるかとなれば明白ではない。もちろん、両者とも *not*(*because P, Q*)の真性にとって十分条件ではある。が、ただし、必要条件ではない。すなわち、P と ¬Q の真性は、*not*(*because P, Q*)の真性のために十分条件となる 4 命題の 1 つに過ぎない。可能な 4 命題は形式的に(50)に提示される。

(50)   (a) P, ¬Q [and, therefore, ¬(P causes Q)]
        (b) ¬P, Q [and, therefore, ¬(P causes Q)]
        (c) ¬P, ¬Q [and, therefore, ¬(P causes Q)]
        (d) P, Q ¬(P causes Q)

具体的に例をあげよう。否定が広いスコープでとられると仮定すれば、(51)の真性は(52)(a)–(d)のいずれもがまっとうでありうる。

(51)   Peter didn't get wet because it was raining.
(52)   (a) It was raining, but Peter didn't get wet(and, therefore, the rain didn't
             cause Peter to get wet).
             (雨が降っていたが、ピーターは濡れなかった(したがって、雨がピーターの濡れた原因ではなかった)。)
        (b) It wasn't raining, but Peter got wet(and, therefore, the rain didn't cause
             Peter to get wet).〈訳者注：原書には and, therefore はないが、(50b)

を考慮すると加えるべきだろう。〉

（雨が降っていなかったが、ピーターは濡れた（したがって雨がピーターの濡れた原因ではなかった）。）

(c) It wasn't raining and Peter didn't get wet(and, therefore, the rain didn't cause Peter to get wet).

（雨が降っていないでピーターは濡れなかった（したがって、雨がピーターの濡れた原因ではなかった）。）

(d) It was raining and Peter got wet, but it wasn't the rain that caused Peter to get wet.

（雨が降っていてピーターは濡れたが、ピーターが濡れた原因となったのは雨ではなかった。）

言いかえると、*not*(*because P, Q*)が *Although P, not-Q* と同義であるためには、きわめて特殊な解釈を受けなければならない。この解釈は4つの可能な解釈の1つ、つまり *not*(*because P, Q*)の意味論と整合する4解釈の1つであるから、*not*(*because P, Q*)と *Although P, not-Q* はある状況でのみ同じ解釈を受けることになる。このことは、その等価性（実際に両者が等価であるとして）は両者の意味論にかかわるものではなく、語用論上起こることであることを意味する。したがって、ケーニッヒの結論、*because* と *although* が意味論的にお互いに二元的であるということは誤りである。それでも、ここで述べておきたい興味深いことがある。それは少なくとも場合によっては、*not*(*because P, Q*)と *Although P, not-Q* が同じ、あるいはきわめて似た解釈を実際受けるようにみえることがあるという事実である。たとえば、König(1989, p.196)の(53)と(54)は似たように解釈されるようである。

(53) This house is no less comfortable because it dispenses with air-conditioning.
（この家は、エアコンなしで済むのでまったく快適である。）

(54) This house is no less comfortable although it dispenses with air-conditioning.
（この家は、エアコンなしで済むのにまったく快適である。）

このことは、*although* のコード化された意味の妥当な分析によって簡単に説明できると筆者は信じている（後ほど示すつもりである）。

　要約しよう。ケーニッヒによる、*because P, Q* と *although P, Q* がお互いに二元性をなす、つまり *not*(*because P, not-Q*)と *although P, Q* が真理条件的に等しいという主張は保持できないことを示した。さらに、たとえ二元性が因果関係と譲歩関係間に保持されると示されても、そういう真理条件的説明は2つの関係の認知効果におけ

190

る決定的な違いを説明しそこなうことになりかねない。というのも、認知上、*Because P, Q* と *not*(*although P, not-Q*) が等しいことはまずない。次節で筆者は、*although* の関連性理論による分析を提案するが、ここでこの違いの正当な重要性を訴え、さらに(53)や(54)のような発話が、時として、非常によく似た解釈を受ける事実の根拠をも提示することになる。

5.4 関連性理論による分析

5.4.1 概念か手続きか

基本的に *although* が1つの機能(直接否認、間接否認にかかわること)だけを有しているとすると、手始めに概念的情報をコード化しているものとして取り扱おうとしたくなるであろう。しかしながら、*although* はそれを含む発話の真理条件に貢献しないので、これはその限りではないと思われる。本節では、3.3.3節で確認した3つのテストを使って、手に入る証拠すべてが *although* の手続き的情報コード化の方向を指していることを論証しようと思う。

　まず意識へのよび出し可能性から始めよう。たいていの英語母語話者は、*although* が何を「意味する」かを言うことは平均以上に難しいと考えることは明らかであろう。また *although* について時間をかけて考えてきた言語学者でさえ、それが何を**意味する**かよりむしろどう**使用される**かを述べることに終始している。さらに、英語を学ぶ外国人にとっておそらくは習得するのに易しい語とは言えない。もちろん、このことは手続きのコード化を立証するというより、そうであろうということを漠然と指し示しているだけではある。それでも、この議論の全体的状況の一部とはなる。

　第2の論証は真理判断可能性にかかわる。概念をコード化している表現は、特定の発話の真理条件に貢献するしないにかかわらず、真理判断が可能であることを思い出してほしい。たとえば、*sadly* は(55)のAの発話の真理条件に貢献しないが、それに対するBの応答は完全に容認される。

(55)　　*A*　Sadly, my mother-in-law died.
　　　　B　That's not true, you're not sad about her death.
　　　（A　悲しいことに、義母が亡くなったの。
　　　　B　そうじゃないでしょう、あなたは彼女の死を悲しんでいないもの。）

対照的に、(56)のBの応答の非容認性は発話の意味への *although* の貢献が真理判断可能ではないので、したがってその意味は概念的であるようには思われないこと

第 5 章　譲歩と否認：*although* の意味　191

を示している。

(56)　　*A*　Peter went out although it was raining.
　　　　　　（雨が降っているのにピーターは出かけた。）
　　　　B　*That's not true, he always goes out in the rain.

　最後の、そして最も強力なテストは合成性に関してである。概念的表現がお互い
に自由に結びつき、より大きな概念表示を形成する一方で、手続き的表現はお互い
に結びついてより大きな手続きを形成しないし、他の手続きないしは概念によって
修飾されることもない。このことは、*although* の場合(57)と(58)のような例から明
らかである。すなわち、*because* をはじめとする他の従属接続詞が *mainly* のような
副詞によって修飾されるのと違って、*although* と *mainly* の結びつきは非文を招く。

(57)　　Peter went to the party mainly because he wanted to see Susan.
　　　　（ピーターがパーティーに出かけたのは主にスーザンに会いたかったから
　　　　である。）
(58)　　*Susan went to the party mainly although she didn't want to see Peter.

同様に、(59)において *partly* は *because* を修飾して完全に容認されるが、(60)にお
いて *although* を修飾するのに *partly* を使う試みは同じようにいかない。

(59)　　Peter went to the party mainly because he wanted to see Susan and partly
　　　　because he had nothing better to do.
　　　　（ピーターがパーティーに出かけたのは主にスーザンに会いたかったから
　　　　で、もう 1 つはほかに何もすることがなかったからである。）
(60)　　*Susan went to the party partly although she didn't want to see Peter and partly
　　　　although she had a lot of work to do.

さらに、(61)は記述否定を使って *because* の意味を否定できることを示しているが、
(62)は記述否定が *although* の意味には適用され得ないことを例証している。明白な
ことだが、否定が明らかにメタ言語的(エコー的)現象であるところでは、(63)に示
されるように *although* は否定されうるのである[8]。

(61)　　Peter didn't go to the party because he wanted to see Susan but because he had
　　　　nothing better to do.

（ピーターがパーティーへ出かけたのはスーザンに会いたかったからではなく、他に何もすることがなかったからである。）

(62) *Susan didn't go to the party although she didn't want to see Peter but although she had a lot of work to do.

(63) Susan didn't go to the party *although* she had a lot of work to do, but *because* of it.
（スーザンは仕事がたくさんあったのにパーティーに行ったということではなく、あったからこそ行ったのである。）

明らかに、(57)と(58)、(59)と(60)、(61)と(62)の間のこのような容認性の違いを説明する統語論的理由はない。つまり *because* も *although* も従属接続詞であるからである。したがって、この違いは2つの接続詞が異なるタイプの意味をコード化しているという事実に帰せられるとするのがよかろう。

本節をまとめると、利用できるあらゆる証拠が *although* は概念というより手続きをコード化しているという方向を指し示している。以下の5.4.3節で、*although* がコード化している特定の手続きを提案し、それをこれまで議論してきたデータでテストするつもりである。しかしながら、その前に、*Q although P* と *Although P, Q* 形式の発話のもつ明示的内容について一言触れるべきであろう。

5.4.2　表出命題

5.1節で述べたが、(64)と(65)形式の文の発話は *P* が真かつ *Q* が真であるときに真であるということが一般的合意である。問題は、これらの発話が、&は統語論的に等位を表すとして、(66)の連結命題を表出するという主張に至るのかどうかということである[9]。

(64) *Q* although *P*
(65) Although *P, Q*
(66) *P & Q*

明らかなことだが、もし表出命題が純粋な真理条件的内容のみとらえるべく意図されていたのなら、この問題は意味がないであろう。しかしながら、思い出してほしいのは、表出命題は、関連性理論の枠組みの中で、発話によってコード化された論理形式の発展であり、しかも統語構造はコード化されたことの重要な部分であるということである。言いかえると、(64)と(65)によってコード化された論理形式は1つの *and* 連言文であるのかということである。5.1節で例証されたように、これら

の文は従属節を含み、一方 and 連言文は等位構造をもつ。したがって、(66)の形式のどこが、従属節を含むいかなる発話によってコード化された論理形式に対応するのかということは極めて疑わしいようである。したがって、もし(64)と(65)のコード化する論理形式が等位接続を含まないのであれば、その構造はいかなるものか。2つの可能性が考えられる。最初の選択は単純な従属節で、従属節が主節 CP のもとに埋め込まれた CP である。この場合、(64)と(65)のコード化した論理形式は(67)のようになろう。ここでは Q' は主節の、P' は従属節の、概念的にコード化された内容を表す。

(67)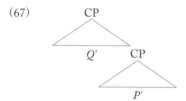

たとえば、(1)の論理形式の表示は概ね(68)に示されるものであろう。

(1)　　Peter went out although it was raining.
　　　（雨が降っていたのにピーターは出かけた。）
(68)　　[$_{CP}$X WENT OUT [$_{CP}$IT WAS RAINING]][10]

2つ目の可能性は、(64)と(65)が1つの論理形式をコード化しているのではなく、(69)にあるようなセットの論理形式をコード化していると述べることであろう。

(69)　　(a)　Q'
　　　　(b)　P'

統語論的には(67)の方が妥当だが、(69)の方が利点があるとする理由はいくつもある。第1に、(33)のような、スウィーツァーの although の発話行為使用を含む例を、比較的簡単に説明できるからである。

(33)　　Is it raining, although I'll have to go out anyway.
　　　（どっちみち出かけなければならないのに聞くんだけど、雨は降っているの？）

この発話者は、他にも考えられるが、(70)の高次表意を伝達しているととられるのは明らかであろう。

(70)　(a) THE SPEAKER IS ASKING WHERER IT'S RAINING
　　　(b) THE SPEAKER IS SAYING THAT SHE'LL HAVE TO GO OUT ANYWAY

高次表意は表出命題を発話行為記述あるいは命題態度記述のもとに埋め込んだものとして定義されることを思い出してほしい。明らかに、(70)(a)と(b)は発話行為記述のもとに埋め込んだものであり、したがって関連性理論の定義によれば、埋め込まれたものは発話の表出命題ということになる。翻って、表出命題は発話のコード化している論理形式の発展でなければならない。もし *although* 発話が2つの論理形式をコード化しているとするなら、それぞれがどのように1つの表出命題へと発展されるのか、さらにどのように個々の表出命題が埋め込まれて、たとえば(70)(a)と(b)に示されるようなそれぞれの高次表意とセットを形成するのかを理解することはたやすい。一方、もし両方の節の概念的にコード化された内容からなる1つの論理形式を、当該の発話がコード化していると仮定すれば、これがどのように2つの別個の命題に「発展」し、それぞれの命題が節の一方にのみ埋め込まれうるのかはまったく明らかではない。しかしながら、*although* の発話行為使用にはいくらか自然でない、普通でないことがあるので、これについて別の説明を求めたくなるし、*although* 発話が2つの論理形式をコード化している証拠として、この発話行為使用を真面目に考えたくはないかもしれない。しかし、筆者はこれは間違いであろうと思う。

　たとえば(1)のようなまったく「普通の」*although* 発話でさえ単一の論理形式をコード化しているという想定には問題がある。すなわち、(1)を発する話し手は(1)だけで(71)(a)と(b)それぞれを伝達しているのであり、しかもたしかに明示的にそう伝達していることに議論の余地はなかろう。

(71)　(a) PETER_X WENT OUT
　　　(b) IT WAS RAINING

言いかえると、それぞれの節がそれ自身の表意を伴わなければならないことは、なにも *although* の発話行為使用に限ったことではないのである。したがって、(67)より(69)の方が好まれ、*although* 発話は2つの別々の論理形式をコード化し、2つの別々の表意をもっているとみられるべきであろう。

　しかしながら、(69)が一見統語論的に受け入れがたいことも取り上げるべきで

第5章 譲歩と否認：*although* の意味　195

ある。なぜなら、(69) は *P* と *Q* という 2 つの命題が統語論的に完全に関係がない
かのように見えるからである。もちろんそうではないことは明らかなのである。と
いうのも、*Although P, Q* 形式の例において、第 1 節が第 2 節の構成素によって束縛
される指標辞をもつこともあることから、関係の明白さが引き出されるのである。
たとえば、(72) の第 1 節にある *he* と *it* は第 2 節の *Peter* と *the spinach* によって束縛
されている。

(72)　　Although he$_i$ didn't like it$_j$, Peter$_i$ ate [the spinach]$_j$
　　　　　(好きではなかったにもかかわらず、ピーターはほうれん草を食べた。)

一方、(73)(b) は、2 つの並列された文の第 1 文にある代名詞が、第 2 文の構成素
によって束縛されるのは単純にいかないことを示している[11]。

(73)　　(a)　Peter$_i$ ate [the spinach]$_j$. He$_i$ didn't like it$_j$.
　　　　　(b)　He$_i$ ate it$_j$. Peter$_{*i/k}$ didn't like [the spinach]$_{*j/l}$.

発話 (72) のもつ統語論的特質は (69) ではなく (67) によってとらえることができ
る。ということは、(66) に対する 2 つの選択肢のいずれもあまり理想的ではない
ように思えるのである。
　筆者には、*Q although P* も *Although P, Q* も 2 つの論理形式をコード化している
という主張をどう調整すれば、これらの文の統語論的特質をとらえられるのかよくわ
からない。しかしながら、Carston (2002) が仲を取り持つ一案を提示している。す
なわち、これらの文は、おそらく (67) に沿って単一の論理形式をコード化しつつ、
主節と従属節はそれぞれそれ自身の表意をもつという考えである。彼女は 2.3.1 節
で (1) のような例を考え、関連性理論による表意の定義を修正し、(1) の発話はた
とえば (71) にあるような表意をもっているという疑う余地のない直感を説明す
る。彼女の表意の定義は (74) に示される。

(74)　　発話によって伝達される想定 (命題) は、それが (a) 発話の言語的にコード
　　　　　化された論理形式の発展か、(b) 論理形式の文断片の発展であるとき、そ
　　　　　のときにのみ、発話の「表意」である。　　　　　(Carston, 2002, p.124)

この定義は、(71)(a) と (b) の双方がいかに (1) の表意となりうるかだけでなく、
(33) がいかに (70) の高次表意をもちうるのかをも説明することを可能にする。い
ずれの場合も問題の表意は発話によってコード化された論理形式の発展ではなく、

196

論理形式の文断片の発展である。このことから、*although* 接続文の場合、果たして全体の論理形式が発展されて表意を形成するのかどうかという問いが起こる。つまり、そもそも (64) と (65) の形式の発話が論理形式全体の発展である命題を伝達するのかという問いである。他の、たとえば *because* や *when* のような従属接続詞の場合においても、同じことが起こるようにみえるという点で、これは興味ある問いである。たとえば、Carston (2002, p.122) によれば、(28) のような *because* 発話は通常、(75) に示されるような 3 命題を明示的に伝達する [12]。

(28)　　Peter got wet because it was raining.
　　　　（雨が降っていたからピーターは濡れた。）
(75)　　(a) PETER$_X$ GOT WET
　　　　(b) IT WAS RAINING
　　　　(c) PETER$_X$ GOT WET BECAUSE IT WAS RAINING

同様に、(76) のような *when* を含む発話も (77) に示されるような 3 命題を伝達しているとみなされるのが妥当である。

(76)　　It was raining when Peter went out.
　　　　（ピーターが出かけたとき雨が降っていた。）
(77)　　(a) IT WAS RAINING
　　　　(b) PETER$_X$ WENT OUT
　　　　(c) IT WAS RAINING WHEN PETER$_X$ WENT OUT

いずれの場合も、命題 (c) が間違いなく伝達されるのは、*because* も *when* も当該の発話の真理条件に貢献するからである。しかしながら、真理条件性が基準であるなら、*although* 発話には命題 (c) は存在すべきでないと思われる。まさに前節 (5.4.1 節) で示したのだが、そういった命題に貢献するようないかなる概念的構成素を *although* がもっているのかは理解しがたい。もちろん *although* 発話が単一の論理形式をコード化しているが、この論理形式の全体の発展である命題を決して伝達しないという考えがそもそも間違っているというわけではないのだが、この考えにはどこか違和感がある。この「違和感」を避ける方法がありそうだと筆者は考えている。

　　事実、*Q although P* あるいは *Although P, Q* 形式の発話がコード化されている論理形式の文断片の発展である命題だけを伝達しているのではなく、論理形式全体から発展された命題をも伝達している可能性は高いようである。たとえば、*P* の真性と *Q* の真性が *Q although P* の真性を保証するという 5.1 節での主張と相反するが、(1)

は(71)の命題を表出するだけでなく、(78)に沿った命題をも表出しているということは大いにありうる。

(78)　Peter went out while it was raining

1つの論理演算子のスコープに *although* 発話を埋め込むと（3.5節でのスコープテストの議論を思い出してほしい）、発話(1)の真理条件を決定するのはこの方向に沿った命題であるということになる。たしかに、(79)の発話者はピーターが濡れた理由が出かけたこと**かつ**雨が降っていたことであると伝えているのではない。むしろ雨が降っている**間**ピーターが出かけたことを伝えている。

(79)　Because Peter went out although it was raining he got wet.
　　　（雨が降っていたのにピーターは出かけたので、彼は濡れたのだ。）

このことから *although* が実際にコード化しているのは、while プラス何かほかのことであると思われる向きもあろう。しかしこれは明らかに筋が通らない。たとえば、(80)の発話は while を含む命題を表出しているというより、(81)のような before を含む命題を表出しているのかもしれないのである。

(80)　Peter got drunk although he had to give a lecture.
　　　（ピーターは、講演をしなければならないのに酔払ってしまった。）
(81)　Peter_X got drunk before Peter_X had to give a lecture

同様に、(82)は(83)に沿って after を含む命題を表出しているようにみえる。

(82)　Peter went out although Mary told him not to.
　　　（ピーターは、メアリーが出かけるなといったのに出かけた。）
(83)　Peter went out after Mary told Peter not to go out

言いかえると、*although* が「概念的従属接続詞プラス何かほかのこと」といったことをコード化しているということはありそうもない。前節で提示された証拠がすでにこのことへの極めて強い反論を物語る。それよりも、*although* の従属接続詞としての統語論的機能が論理形式の中のスロットを利用可能にし、それが語用論的に従属的概念によって満たされると考えることができる。それがどういう概念なのかは、コンテクストと、間接的にだが、*although* のコード化している手続きの両方に

198

よって決まり、その手続きは少なくとも BECAUSE の意味拡充作業を排除すること
になるのである。

5.4.3 *Although* のコード化している手続きは何か

4章で、Hall（2004）による *but* の分析が、Iten（2000b）で筆者が提示した *although* の
分析と同じものになると述べた。ここではそれを多少修正したものを擁護しようと
思う。筆者は、ホール独自の *but* 分析（4.9.2節を参照）にも、*but* と *although* が同じよ
うに分析しうるという一般的想定（5.2.1節を参照）にも反対する議論を提示した。今
や筆者による *although* の分析を紹介する時である。その根底にある考えは、矛盾と
削除という否認を指示するというより、*although* の使用が主節の解釈といずれは矛
盾することに至る推論の道筋を遮るように働くというものである。したがって、筆
者はここで、*Q although P / Although P, Q* 形式の発話において、*although* は（84）に示
されるような手続きをコード化していると提案する。

(84)   *Although* に続く節（*P*）から、いずれ削除されることになる結論へ至る推論
         の道筋を保留せよ。

このように理解すると、*although* の機能は袋小路であることを警告する道しるべで
あるということになる。すなわち、聞き手に起こりうる推論の行き止まりを警告す
る。そうすることは、*P* と一緒になって、削除される必要のある結論を生み出す想
定を顕在的に（あるいはより顕在的に）するという副次的効果をもつことになる。こ
のことは、スウィーツァーの用語によれば、*although* の本質的に認識的分析である
ことに思い至らしめる。すなわち、この連結語は**推論**の保留を指示するのであっ
て、実世界の因果関係を指示するのではないということである [13]。以下で、このこ
とがスウィーツァーの実世界領域を含む例と認識的領域を含む例に同じ説明がなさ
れることを意味することを示すことになる。実世界領域で *although* がどう働くかは
疑わしいのであるから（5.2.2節を参照）、筆者の分析は一歩進んでいると思う。

　上記で提示された一連の例に、この分析がどう当てはまるか例証してみよう。

(1)   Peter went out although it was raining.
         （雨が降っていたのにピーターは出かけた。）

(1)において、聞き手はまず *Q*（*Peter went out*）を処理し、次に、*although* の使用が、
保留されることになる *P*（*it was raining*）からの推論があることを指示する。という
のは、切り捨てなければならない結論を導くからである。この特定の例では、*P*（*it*

was raining)が雨が降っていたら人は出かけないという想定を即よび出すということはごく普通に考えられる。この想定が IT WAS RAINING から PETER_X DIDN'T GO OUT への推論を許可し、その推論は Q(PETER_X WENT OUT)の基礎表意と明らかに矛盾することになる。矛盾した想定は Q という発話によって明らかに伝達されるのであるから、推論された結論は削除されるべきであろう。言いかえると、although の使用が、より顕在的な想定と矛盾するからすぐに切り捨てられなければならない結論を推論させるという労力を聞き手に省かせるのである。副次的効果として、although の使用は、望まない結果を伴う推論を許可する文脈想定を話し手が認めるということを指示し、このことは文脈想定を顕在的に、あるいはより顕在的にするかもしれないのである。

　発話の形式が Although P, Q よりむしろ Q although P である場合、推論された結論を削除するのにもっともたやすくよび出せる候補は、伝達されたばかりの想定の1つ、すなわち、Q の表意もしくは推意の1つである。5.5 節で触れるが、Although P, Q 形式の発話に関しては事態はやや異なるのである。5.6 節で示すつもりだが、although 発話が、対応する but 発話と似たことを表出するためにいつ用いられるか、またなぜ用いられうるのかは、(84)の手続きによって説明できる。同節で筆者は、but と although を同じ手続きをコード化しているものと扱うことに反対する証拠をさらに提供する。

　すでに上記で例証したが、提案した手続きは、ケーニッヒが although の「譲歩的」使用とよぶものも、そしてスウィーツァーの実世界・内容領域で although が作用する場合をも明らかにする。下記に再記するが、(6)において、although はスウィーツァーの認識領域に当てはまるが、依然として「譲歩的」である、つまり直感的に、although は P が not-Q を結論づける理由の1つであることを指示するようである。

（6）　　It was raining although Peter went out.
　　　　（ピーターは出かけたのに雨が降っていたのだ。）

(84)の手続きは何の問題もなくこの種の例を説明する。Although は、P(Peter went out)から削除されることになる結論へと至る推論を聞き手が保留するよう指示する。Q が although P に先行する場合はたいてい、推論された結論の削除に帰着させるもっともよび出し可能な想定は Q の表出命題(IT WAS RAINING)である。このことが意味しているのは、保留されるもっともよび出し可能な推論は、PETER_X WENT OUT から IT WASN'T RAINING を導くものであるということである。もちろん、この推論が働きそうになる危険があるところでのみ although の使用が妥当である。言い

かえると、*although* の使用が適切であるためには、保留される推論を許可する文脈想定がなければならないということになる。この文脈想定は、ピーターが出かけるという事実から雨が降っていないという結論を導く可能性を含むものでなければならない。すなわち、おそらくはピーターがどんなことをしても避けたいほどの雨嫌いであるからであろう。この想定にまつわる問題は、雨が降っていたら人は出かけないものだという想定ほど一般的に顕在的でないということである。なぜなら、これはピーターについて固有の情報を含んでいるからである。さらに、雨が降っているという事実が出かけない理由になりうる一方で、出かけることが雨の降っていない理由になり得ないのも極めて確かだからである。言いかえると、コンテクストがなければ、(1)は(6)より処理がたやすいということである。保留された推論を許可する想定は、(1)の場合の方がよりよび出しやすいからである。もちろん、ピーターをよく知っている人で彼の雨嫌いをよくからかっている人は、(6)も(1)と同じくらい処理がたやすいのは当然であろう。

　発話(33)の場合、*although* はスウィーツァーのいう発話行為領域に当てはまるが、保留された推論は、P(*I'll have to go out anyway*)から Q の高次表意の否定(THE SPEAKER WOULD NOT LIKE TO KNOW WHETHER IT IS RAINING)へと至るものである。

(33)　　Is it raining, although I'll have to go out anyway.
　　　　（どっちみち出かけなければならないのに聞くんだけど、雨は降っているの？）

この推論は、PEOPLE WHO HAVE TO GO OUTSIDE WHATEVER THE WEATHER DON'T WANT TO KNOW WHAT THE WEATHER IS LIKE といった想定によって許可される。このことは、(84)の手続きがいかに *although* の「譲歩的」使用をいとも簡単に説明するのかを示している。

　例(16)や(17)のような「逆接的」使用は次のような方向で説明されうる。

(16)　　I need some fresh air although it's raining.
　　　　（雨が降っているのに新鮮な空気がほしい。）
(17)　　Although it's raining, I need some fresh air.
　　　　（雨が降っているにもかかわらず、新鮮な空気がほしい。）

くり返しになるが、*although* は聞き手が、P(*it's raining*)から削除されることになる結論へ至る推論を保留することを指示する。推論される結論を削除する伝達想定としてもっともありうる候補は Q の表出命題(THE SPEAKER NEEDS SOME FRESH AIR)で

第 5 章　譲歩と否認：*although* の意味　　201

も、*Q* の高次表意(たとえば THE SPEAKER IS SAYING THAT SHE NEEDS SOME FRESH AIR)で
もなく、*Q* の推意(言ってみれば、THE SPEAKER WANTS TO GO FOR A WALK)である。IT'S
RAINING から THE SPEAKER DOESN'T WANT TO GO FOR A WALK に至る推論は、PEOPLE
DON'T NORMALLY WANT TO GO FOR A WALK IN THE RAIN のような比較的容易および出
し可能で一般的に受け入れられている想定によって許可される。

　さて、(84)の手続きは *although* を含む例全体を明らかにすることを可能にするに
とどまらず、*although* 発話の中には、少なくともコンテクストから離されると、他
のものより処理がたやすく、したがって容認可能と判断されやすくなるのはなぜか
を説明することも提示した。

　筆者は 5.3.2 節で、*although* の適切な分析が、ケーニッヒの(53)と(54)の例が同
じ解釈を受けるという事実を説明することができることを後ほど示すと約束した。
その約束を果たすのは今ここである。

(53)　　This house is no less comfortable because it dispenses with air-conditioning.

Not(*Q because P*)

　　　　(この家は、エアコンなしで済むのでまったく快適である。)

(54)　　This house is no less comfortable although it dispenses with air-conditioning.

Not-Q although P

　　　　(この家は、エアコンなしで済むのにまったく快適である。)

まず(54)から始めよう。上記のように、*although* は *P*、つまり *this house dispenses
with air-conditioning* から削除されることになる結論へと至る推論を聞き手が保留す
ることを指示する。この場合、*not-Q* の表出命題、HOUSE$_X$ IS NOT LESS COMFORT-
ABLE は、推論された結論の削除へ導く想定であり、(85)のような文脈想定が保留
された推論を許可するのはもっともである。

(85)　　IF HOUSE$_X$ DISPENSES WITH AIR-CONDITIONING, HOUSE$_X$ IS LESS COMFORTABLE

たしかに、(85)の想定の背後にあるのは家にエアコンのないことが快適ではない
ことの**原因である**という信念であるのはもっともである。そうすると、(53)は(86)
のように言いかえられる。

(86)　　It is not the case that the fact that this house dispenses with air-conditioning
　　　　causes it to be less comfortable.

　　　　(この家がエアコンなしで済むという事実はエアコンがある場合ほど快適

202

でない原因であるということではない。）

当該の解釈に基づけば、（53）を発した人は、この特定の場合、家にエアコンのないことは家がより快適でない原因にはならないと言っていることになる。そうなると、（53）も（54）も原因から結果への、つまり家にエアコンがないことからより快適でないことへの潜在的な移行の保留を含んでいると思われる。一方で（53）の話し手は、この移行が実世界で起こったものではないと主張し、他方（54）の話し手は *although* を使用して、対応する推論が聞き手のこころの中で保留されるということを指示する。

5.5　*Q although P* 対 *Although P, Q*

本章の冒頭部で、*although* の「逆接的」使用の時はとりわけであるが、（64）形式の発話と（65）形式の発話の間に容認性ないしは処理のたやすさに違いがあるようにみえることに注目した。

(64)　　*Q* although *P*

(65)　　Although *P, Q*

とりわけ、意図された解釈が間接否認にほぼ相応するとき、（16）より（17）、（19）より（20）の方が好まれる傾向があることも指摘した。

(16)　　I need some fresh air although it's raining.
　　　　（雨が降っているのに新鮮な空気がほしい。）

(17)　　Although it's raining, I need some fresh air.
　　　　（雨が降っているにもかかわらず、新鮮な空気がほしい。）

(19)　　Bill is short although John is tall.
　　　　（ジョンは背が高いのにビルは低い。）

(20)　　Although John is tall, Bill is short.
　　　　（ジョンは背が高いにもかかわらず、ビルは低い。）

この違いは処理の観点から説明されると筆者は信じる。すなわち、（84）の手続きから言えることは、*although* 発話が容認されるためには、言いかえると、*although* が指示する方向に沿ってスムーズに処理されるためには、聞き手が2つの想定を

およびだす必要があるということである。それは

(i)　　　保留された推論を許可する想定と
(ii)　　推論された結論の削除を強要する想定である。

この必要性は、Pから推論されるどの想定を話し手が聞き手に保留しようと意図しているのかを聞き手が知らなければならないからである。もちろん、(i)をよびだすことは(ii)をよびだしやすくするはずであり、また逆もいえる。発話形式(64)が(65)と違うのは、まさに(i)と(ii)がよびだされる順序にある。すなわち、Pが保留される推論への出発点となり、一方、Qはその保留される推論の結論を削除する想定を伝達する。いずれの節が最初に提示されるかに応じて、聞き手が先によびだすのはどっちなのか、すなわち「削除想定」候補(Q *although* Pの場合)か、保留される推論の候補(*Although* P, Qの場合)かが決まる。容認性と処理のたやすさの両方、またはいずれか一方において違いが認められることになるのは、初めに提示された節が「誤った」候補を先によびだす場合である。

　標準的な「譲歩」の例である(1)や(2)においては、節の順序の違いによって発話の処理の仕方が違ったとしても要求される処理労力における違いは認められない。たとえば(1)の場合、第1節が、「削除想定」として容易によびだしうる候補である命題(PETER$_X$ WENT OUT)を表出する。一方(2)においては、第1節の表出命題(IT WAS RAINING)は保留される推論を許可する文脈想定(すなわち、PEOPLE DON'T NORMALLY GO OUT WHEN IT'S RAINING)を容易によびださせる。したがって、(1)と(2)について容認性に違いはないことになる。

(1)　　Peter went out although it was raining.
　　　　（雨が降っていたのにピーターは出かけた。）
(2)　　Although it was raining, Peter went out.
　　　　（雨が降っていたにもかかわらず、ピーターは出かけた。）

しかしながら、「逆接」の例になると、保留される推論はPからQの推意の否定であるから、処理の道筋における違いが処理労力の違いとなる。このことは話し手の意図したものではない削除想定候補を、Qが容易によびださせるからであると考えられる。たとえば、(16)と(17)を考えてみよう。

(16)　　I need some fresh air although it's raining.
　　　　（雨が降っているのに新鮮な空気がほしい。）

(17)　Although it's raining, I need some fresh air.
　　　（雨が降っているにもかかわらず、新鮮な空気がほしい。）

Winter and Rimon(1994)の例(182–183頁にある)(38)と(39)についての彼らの直感に従うと、(17)の方が(16)より容認される可能性が高い。少なくとも処理がたやすいことがわかる。もっともありうる解釈は、$P(it's\ raining)$から(87)にあるような Q の推意の否定へと至る推論を保留することを含むものである。P と結合し、この推論を許可する想定は(88)のようなものであろう。

(87)　SPEAKER$_X$ WANTS TO GO FOR A WALK　　Q の推意
(88)　IF IT'S RAINING, X DOES NOT WANT TO GO FOR A WALK

発話(16)も(17)も、話し手と聞き手が散歩に行くか行かないかについて議論しているというシナリオの中で解釈されるのが自然である。そういうシナリオでは、(17)の聞き手は、どの推論を即座に保留することになるのかに関して正しい仮説を作るであろうし、話し手が意図した方向でその発話を処理するのにまったく問題が生じないだろう。したがって、容認されるのは間違いない。
　発話(16)の聞き手にとっては状況はそう単純ではない。Q を最初に処理するのであるから、その場合聞き手は上述したシナリオにおいて(87)の推意を導出することになり、したがっていずれの推論が保留されることになるのか認識する際に問題は生じないであろう。それでも、聞き手は $Q(I\ need\ some\ fresh\ air)$ のコード化された意味を処理したばかりであるから、この節の表出命題はよび出し可能性が高く、潜在的な削除想定であるという仮説をまず考えることは排除できない。言いかえると、聞き手は、$P(it's\ raining)$ から Q の表出命題の否定へ至る推論を許可する想定、つまり、IF IT IS RAINING, X DOESN'T NEED FRESH AIR という想定をまずよび出すのは必至である。もちろんこの想定はありうることではないので、聞き手は即これを退けるであろう。しかしながら、よび出すこと自体、(16)の方に(17)より多くの処理労力を課すことになる。まさに、(16)がありそうもない想定を聞き手に導出させるという事実が、当該発話を容認不可と聞き手に判断させるということであろう。

5.6　*But* 対 *although* 再訪

本章冒頭の2つの節で、*but* と *although* 間の類似点と相違点のいくつかについて議論した。双方の手続き的分析が提示された今、2つの手続き的分析から類似点と相

第5章　譲歩と否認：*although* の意味　205

違点を説明すべきときである。*But* のコード化している手続き(89)と *although* の
コード化している手続き(84)を以下に再提示する。

(89)　　*But* に続く節(*Q*)が顕在的想定を否認する。

(84)　　*Although* に続く節(*P*)から、いずれ削除されることになる結論へ至る推論
　　　　の道筋を保留せよ。

この手続きは双方とも、*P* が *not-Q* を推意する場合に適用される。すなわち、*but*
の手続きが適用されるのは *Q* が *not-Q* を否認する場合であり、*although* の手続きが
適用されるのは、*P* から *not-Q* への推論が *not-Q* を削除しなければならないのを避
けるために保留する必要がある場合である。同様に、*P* が *not-R* を推意し、*Q* が *R*
を推意するときにも両手続きは適用する。すなわち、*but* 手続きが適用されるのは
Q が間接的に、*P* によって顕在化された *not-R* を否認するからであり、一方
although 手続きは *P* から *not-R* への推論が、*R* の顕在性ゆえに *not-R* を削除しなけ
ればならないのを避けるために保留されなければならないからである。

　これら 2 手続きは、なぜ *but* が *although* よりはるかに多い解釈を呈するかをも説
明する。つまり、*but* のコード化している手続きは *although* のそれよりはるかに単
純で、より一般的なのである。とりわけ、*although* がなぜ談話冒頭に起こり得ない
のかを説明することができる。可能な理由の 1 つは Rouchota(1998b, p.47)が検証
しているが、従属節は通常主節に埋め込まれなければならないので単独では起こら
ないというのが彼女の強調するところである。この観察が正しいことは疑いがな
い。しかしながら、本章で提案する *although* 手続きもこのことを排除し、少なくと
も談話冒頭の単独の *although* 節に関する限りはそうである。思い出してほしいの
は、*although* で始まる節からの推論が、削除されることになる結論へ導くので保留
されなければならないことを *although* が指示しているということである。このよう
なことが生じるのは、少なくとももう 1 つ他の想定が削除を保証するに足るほど
顕在的である場合である。一般的に話し手にこのようなことができるのは、顕在的
想定を伝達したときに限られる。さらにこのことは、(25)のメアリーの発話が示
すような単独の *although* 節の発話冒頭に現れるのが容認されるのは、「削除想定」
が、*although* 節を発する話し手にとって強く顕在的であるときに限られるのはなぜ
かをも説明する。

(25)　　*Peter*　　I think John is wonderful.
　　　　Mary　　Although he cheated on you. / Although he cheated on you?
　　　　（ピーター　ジョンって素敵だわ。

メアリー　あなたのこと裏切ったのに。／あなたのこと裏切っても？）

このことはメアリー自身の考えというのではなく、結局のところ、メアリーはピーターにジョンがピーターを裏切ったという事実を思い出させているのであるから、彼女の発話がせいぜい容認されるのはアイロニカルに、あるいは問いとして解釈されたときである。これまでと同様に、*although* は、Johny cheated on Peterx からの推論がいずれ削除されることになる結論へと導くから、これを聞き手が保留するよう *although* が指示している。もっとも削除を強要しそうな想定は、ピーターの発話の表出命題であり、保留される推論を許可する文脈想定は、if X cheats on Y, X is not wonderful といったものと考えられる。しかしながら、メアリーはジョンのことを素敵であると信じているようには思われないので、ジョンが素敵ではないという結論がメアリーの一連の想定から削除されないだろう。そしてその推論が保留されるべきことを指示するのはメアリー次第ではないのである。アイロニーとしてでも、問いとしてでも、*although* 節を発することによってメアリーにできることは、そして彼女が実際にすると思うことはこの推論の保留をピーターに帰することである。これによって、もしジョンが素敵な人でピーターを裏切った人という両方を信じるならば、保留されるべき推論があることを指摘することができるのである。もしジョンが素敵な人であるというピーターの考えにメアリーが猛反対したいのであれば、彼女は(90)を発するべきであったろう。なぜなら、彼女が否認していることとしてもっともありうるのはジョンが素敵な人であるという想定であるからである。

(90)　　But he cheated on you!
　　　　（でも、あなたのこと裏切ったのよ。）

　最後に R. Lakoff(1971, p.137)からの一連の例を考察したい。レイコフは(91)の発話は完全に容認されるが、(92)は(a)も(b)も適切な発話ではないと提示しているのは正しい。

(91)　　John would be a doctor today, but he failed chemistry.
　　　　（ジョンは今や医者のつもりだが、化学を落としたのだ。）
(92)　　(a) *Although John would be a doctor today, he failed chemistry.
　　　　(b) *John failed chemistry although he would be a doctor today.

レイコフにはこの違いについての説明はなく、ここでの *but* の使用は直接期待否認

でも「意味論的反対」のいずれでもないようであると述べているだけである。筆者は、ここで起こっていることは、(91)の *but* 節が(間接的に)ジョンが今は医者であるという弱い顕在的想定を否認していると論じる。2つの *although* の例が容認されないのは、*but* 発話に平行して考えると、保留される推論が、P(*John would be a doctor today*)から強く顕在的な想定、つまりもっともありうる(しかももっともよび出しやすい)想定である Q の表出命題(JOHN$_X$ FAILED CHEMISTRY)の否定へと向うことになるからである。しかしながら、この推論を許可するはずのたった1つの文脈想定(93)は完全にありそうもない想定である。

(93)   IF X WOULD BE A DOCTOR TODAY X DIDN'T FAIL CHEMISTRY

本章で、*although* の意味の手続き的分析が記述的に妥当であるだけでなく、なぜ *although* 発話の中には容認性が他のものより高いと判断されるものがあるのかを説明するのに大いに有効であることを示せたと思う。この分析によれば、*although* の手続きは、推論が削除されることになる結論に帰するから保留されなければならないと指示するものとして理解される。さらに筆者は、*but* と *although* が同一の手続きをコード化しているという取り扱いに対して見事に反論したと思う。ここでの分析が、*although* 発話が、対応する *but* 発話と似た解釈をどんな時に受けられるのか、そしてどんな時に受けられないのかについての説明の礎も提供すると信じている。

第6章

Even と *even if*

6.1 譲歩的条件文

4章の冒頭で、適切なコンテクストが与えられれば、(1)や(2)のような *even-if* 発話が(3)の *but* 発話や(4)と(5)の *although* 発話と同じような解釈を得られることをみた。

(1)　　Even if it's raining, Peter will go out.
　　　　（たとえ雨が降っていても、ピーターは出かけるだろう。）

(2)　　Peter will go out, even if it's raining.
　　　　（ピーターは出かけるだろう、たとえ雨が降っているとしても。）

(3)　　It was raining but Peter went out.
　　　　（雨が降っていたが、ピーターは出かけた。）

(4)　　Although it was raining, Peter went out.
　　　　（雨が降っていたにもかかわらず、ピーターは出かけた。）

(5)　　Peter went out although it was raining.
　　　　（雨が降っていたのに、ピーターは出かけた。）

König(1986)はこのような *even-if* 発話を**譲歩的**（または「非関連的」）**条件文**とよんでいる。König(1986, p.234)によれば、*Q, even if P* または *even if P, Q* という形式の譲歩的条件文[1]は *Q* を意味論的に含意し、*if P, then normally not-Q* を慣習的に推意する。一見すると、このことはおおよそ正しいように思われる。実際、(1)の発話はピーターが出かけるだろうということと、雨ならピーターはふつう出かけないだろうということを伝達しているように思われる[2]。同様に、もしメアリーがピーターに(6)を発すれば、間違いなくピーターはメアリーが自分とは結婚するつもりはないということを伝達していると理解し、さらに地球上最後の男と結婚すると思われるかもしれない女性がいることが示唆される。

(6)　　Even if you were the last man on earth, I wouldn't marry you.

（たとえあなたが地球上最後の男になったとしても、私は結婚するつもりはない。）

この点において、*even-if*条件文と(7)と(8)のような「通常の」条件文には顕著な違いがある。

（7） If it's raining, Peter will go out.
（もし雨が降っていれば、ピーターは出かけるだろう。）
（8） Peter will go out if it's raining.
（もし雨が降っているのなら、ピーターは出かけるだろう。）

きわめて明らかなことだが、(7)か(8)を発する人が、ピーターは出かけるだろうということも、雨が降っていればピーターはふつう出かけないだろうということも伝達しているとは理解されないだろう。逆に、話し手はピーターがふつうは雨の中出かけるという想定に基づいて(7)か(8)のいずれかを発しているのであろう。

　ケーニッヒの見解では、譲歩的条件文は譲歩文とも条件文とも特性をいくつか共有している。思い出してほしいのは、ケーニッヒによれば、*P but Q* あるいは *Although P, Q / Q although P* という形式の譲歩文は *P* と *Q* の双方を意味論的に含意し、*if P, then normally not-Q* を慣習的（だが非論理的）に含意するということである。一方、*if P, then Q* という形式の条件文は *P* も *Q* も意味論的に含意しない。言いかえると、譲歩的条件文は、*Q* を意味論的に含意し同じ慣習的推意を伝えるという点において譲歩文と類似している一方で、*P* を意味論的に含意しないという点において通常の条件文と類似している。ケーニッヒは、譲歩的条件文がその帰結節を**意味論的に含意する**と信じていることから、*even* が真理条件に影響すると信じているにちがいない。このことが実際にそうであるかどうかについて文献では意見の相違があることを以下で見ていく。しかしながら、真理条件という概念が言語的意味や言語的伝達を説明するのにどれほど有用であるかについてこれまでの章で表された疑念を考慮し、この問題をこれ以上議論するつもりはない。その代わり、*even* の言語的にコード化された意味とそれが *even* を含む発話の解釈に及ぼす影響に焦点を当てていく。このことに関する限り、*even* を条件文に加えることは伝達されることに劇的な影響を与えることが一般に認められている。問題は、このような *even-if* 条件文と「はだかの」条件文との違いをどうすればもっともうまく説明できるのかである。

　おそらくもっとも単純な（そしてもっとも魅力的な）仮説は、その違いが完全に *even* の意味とそれが条件文とどのように相互作用するかによるというものである。

言いかえれば、*even-if*条件文の意味は *even* と *if* を含む構成素の意味の合成的な [3] 結果であるということである。これは *even-if* に関心のあるほとんどの理論研究者によって採られている類のアプローチであり、Bennett(1982)、Lycan(1991, 2001)、Barker(1991, 1994)などが挙げられる。もちろんこれに当てはまらない研究者もいる。たとえば、Pollock(1976)は(仮定法の)*even-if*条件文を別の種類の条件文として挙げ、*even-if* を Bennett(1982, p.414)の言を借りれば「イディオム群」として扱っているようである。

「合成性」仮説は、すべての *even-if*条件文がケーニッヒの譲歩的条件文の基準を満たすわけではないという事実に裏づけられている。すなわち、*even* はその焦点に依存して条件文と相互作用しうる方法がいくつもある [4]。たとえば、(9)の Bennett(1982, p.410)の例と筆者の(6)の例を比較してみよう。

(9)　　Even if he drank **just a little** his boss would fire him.
　　　（彼がたとえ**ほんの少し**でも飲んだら、上司は彼をクビにするだろう。）
(6)　　Even if you were the last man on earth, I wouldn't marry you.
　　　（たとえあなたが地球上最後の男になったとしても、私は結婚するつもりはない。）

たとえば、ジルが、信じられないほど厳格で寛容でないジョンの上司のスーについて(9)を発すると、(9)は帰結節を意味論的に含意することも(弱くでさえ)推意することもない。つまり、ジルは(9)の発話によってスーがジョンをクビにするということを伝達していると理解されないということである。ベネットはこの推意における違いを *even* の焦点の問題であると説明している。つまり、ベネットによれば、(9)では *even* の焦点が *just a little* であるのに対し、(6)では *if* を含む先行節全体なのである [5]。ベネットの *even* と *even-if* の分析について後ほどより詳細に議論する。

　譲歩的 *even-if*条件文はおそらく *even* と *if* の相互作用の結果なので、本章では *even-if*条件文を考察するだけでなく、*even* の意味に関するさまざまな分析にも目を向け、条件文における *even* の機能がどのように説明されるのかも検討する。言うまでもなく、「合成性」という仮定が意味することは、*even-if*条件文の意味の完全な分析のためには、*even* の意味の分析だけでなく *if* の意味の分析も必要となるということである。満足のいく説明をするには、それだけで1冊の本となるくらいの説明が必要となるだろう。しかしながら、Lycan(1991)や Barker(1991, 1994)は *even* だけでなく *if* の意味にも分析を与えており、これについて簡潔に議論しよう。筆者自身の分析のために、条件文について多かれ少なかれ直感的な分析を想定し、*even* が条件文とどのように相互作用するのかを示すが、筆者の *even* の分析は

実際、条件文の意味のどんな分析とも整合する。

　以下では、*even* と *even if* の哲学的分析をいくつか提示することから始めるが、まず Bennett(1982)の分析を取り上げるのは、後に議論する分析の大半がなんらかの形でベネットに対処したものであるからである[6]。このような他の分析を見ていく前に、ほとんどの理論研究者の意見が一致する件と意見を異にする件について一般的な概要を示す。その際これから考察する分析を「全称的(universal)」、「存在的(existential)」、「尺度的(scalar)」の 3 グループに分け、最後に関連性理論に基づく尺度的アプローチを提示する。本章の結論として、4 章から 6 章の考えのまとめと、各章で提案された *but* と *although*、*even* の手続き的分析に基づく手続き的意味に関する一般化についての見解を示す。

6.2　出発点：Bennett(1982)の分析[7]

Bennett(1982)は *even* の意味に適切性条件の観点から分析を与えている。このことは、ベネットは *even* が真理条件に影響しないと考えているということである。

(10)　　Even **Max** tried on the trousers.
　　　　（**マックス**でさえそのズボンを試着した。）

(11)　　Max tried on the trousers.
　　　　（マックスはそのズボンを試着した。）

Bennett(1982, pp.404–405)によると、(10)のような文が適切に発せられうるのは、マックスがズボンを試着し、かつ他の人もそのズボンを試着し、かつその上他の人よりマックスがそのズボンを試着したことの方が驚きである場合である。この条件をややより形式的にとらえるために、ベネットは次のような用語を取り入れている。S が *even* を含む文とすると S^* は *even* のない S であり、一方 S_j は S の「近隣」文、つまり、*even* の焦点[8]となる要素の点のみ S^* と異なる文である。*Max* が *even* の焦点である(10)のような S に関して、S^* は(11)であり、近隣文 S_j となりうるのは以下のような文である。

　　S_js:　Fritz tried on the trousers.
　　　　　Moritz tried on the trousers.[9]
　　（S_j　フリッツはそのズボンを試着した。
　　　　　モーリッツはそのズボンを試着した。）

Bennett(1982, pp.405–406)は、S という発話が適切となるのは、S^* が真であり次のような近隣文 S_j がある場合でありその場合に限る、と主張している。

(i)　　　　S_j が真であり、かつ話し手と聞き手相互に信じられており、かつ双方にとって際立っている(たとえば、確かな筋からの情報である)。

(ii)　　　 S^* と S_j の真性がより包括的な 1 つの真性の一部と当然みなされうる。

(iii)　　　S_j が真であることより S^* が真であることの方が驚きである。

2 つの文が同じ「より包括的な 1 つの真性」の一部であるという要件が漠然としていることと、関連する近隣文を話し手と聞き手の双方が信じていなければならないという要件が厳密であることに対する懸念を別にすれば、これらの条件は *even* の使用に関する直感をかなりうまくとらえているように思われる。

　ベネットは *if P, Q* と *even if P, Q* に真理条件の違いがあることを信じていないにもかかわらず、(6)のような *even-if* 発話がその帰結節を強く推意することがあることを認めると同時に、たとえば(9)のように帰結節を推意しない *even-if* 発話もあると主張している。

(6)　　　Even if you were the last man on earth, I wouldn't marry you.
　　　　　(たとえあなたが地球上最後の男になったとしても、私は結婚するつもりはない。)

(9)　　　Even if he drank **just a little** his boss would fire him.
　　　　　(彼がたとえ**ほんの少し**でも飲んだら、上司は彼をクビにするだろう。)

上で示唆されているように、ベネットはこのような例の違いを *even* の焦点によって、結果的には、近隣文における違いによって説明している。

　例(9)では *just a little* が *even* の焦点であり、この例の S_j に当然なりうるのは *If he drank a lot his boss would fire him* のようなものであろうと想定するのは妥当なように思われる。例(6)の方が事情はやや複雑である。直感的には、*even* の焦点は先行節(*you are the last man on earth*)であるように思われ、S_j になりうるのは *If you weren't the last man on earth I wouldn't marry you*、あるいはおそらく *If I were in love with someone else I wouldn't marry you* である。もしこのことが正しければ、(6)の発話は、このような S_j の(少なくとも)1 つが真でありかつ *If you were the last man on earth, I wouldn't marry you* よりもありそうなことであると推意するだろう。このことは、これだけでは、なぜ(6)の発話が話し手が聞き手と結婚するつもりがないことを推意すると理解されるのかを説明しない。さらに別の想定が加えられればこの事実を

説明できることを後ほど見ていくつもりである。しかしながら、Bennett(1982, p.411)はまったく別の説明を採っている。

ベネットは、このような場合、*if* を含む先行節全体が *even* の焦点であり、S_j はまったく条件的ではないと主張する。代わりに、(6)の場合の S_j は *I won't marry you* であると主張する。この分析の利点は、(6)の発話が話し手が聞き手と結婚するつもりがないということを強く推意していると感じられることをとらえている点にある。つまり、S_j(*I won't marry you*)の真性が(6)の適切な発話には必要であるということである。この分析の欠点は、それが直感に反するという点である。これについては次節と 6.4.4 節でより詳細に議論する。

なぜベネットが(6)のような例で *if* を**含む**先行節全体が *even* の焦点にあると主張するのか一見したところ不思議に感じられるかもしれない。しかしながら、このような主張をする理由は、(6)を(12)のような例と比較するとより明確になる。直感的には、(12)の *even* の焦点も先行節(*his wife smoked*)である。しかしながら、(12)と(6)の解釈には潜在的な違いがある。

(12)   Even if his wife smoked, his boss would fire him.
        （たとえ彼の妻がタバコを吸ったとしても、上司は彼をクビにするだろう。）

例(12)が(9)と同じシナリオ、すなわち、ジョンの上司が従業員のあらゆる「気ままな」行動に対して寛容でないばかりか、その寛容のなさを従業員の友達や家族にまで広げるくらい厳格であるというシナリオで発話されたとしよう。そのようなシナリオで発せられると、Bennett(1982, p.410)は(12)がその帰結節を推意しないと論じている。しかしながら、*even* の焦点は先行節全体(*his wife smoked*)にちがいなく、*If he drank just a little his boss would fire him* が可能な S_j であることは極めて明らかである。そうすると、(12)が適切な発話であるために必要とされることは、S^*(*his boss would fire him if his wife smoked*)の真性と条件文 S_j(たとえば、*if he drank just a little, his boss would fire him*)の真性だけなので、(12)が *his boss will fire him* を推意すると想定する理由はない。したがって、ベネットの分析によると、なぜ(6)が帰結節を推意し(12)が推意しないのかを説明するのは、結果的に S_j の違いを生み出す(6)と(12)の焦点の違いである。すなわち、(6)の場合、焦点は *if* を含む先行節にあり、S_j は非条件文である。一方(12)の場合、焦点は *if* なしの先行節にあり、S_j は条件文である。この説明は、明瞭だが、うまくいかないことを 6.4.4 節で論じる。

6.3 合意点と争点

ベネットの分析は、*even* の適切な使用（真理条件が適切性条件の一部と理解されているところでの）に対する必要条件（またはそれに近似の条件）をとらえているという一般的な見解の一致が、（哲学に関する）文献にあるように思われる。より正確にいえば、ほとんどの理論研究者の見解が一致しているのは、（10）の発話が推意する（かつ実際に意味論的に含意する）のは、マックスがズボンを試着したことだけでなく、他の誰かがズボンを試着したこと、およびズボンを試着した人はマックスがズボンを試着する以上に *p* である（または *p* でない）ということである。この *p* とは、たとえば *likely* や *expected* のようなものであろう。言いかえると、*even*（の使用）が存在量化（*x* について、ズボンを試着した *Max* と同一ではない *x* が 1 人はいる）と尺度性（「マックスがズボンを試着したことはモーリッツが試着したことより *p* である」）を含んでいることは広く合意されている。しかしながら、分析が異なれば、相違点も数多くあるのである。

第 1 に、*even* には存在量化だけでなく全称量化も含まれていると信じている（ライカンやバーカーのような）理論研究者が数多くいる。彼らによれば、（10）はマックス以外の**誰か**がズボンを試着したことだけでなく、（あるグループの）**誰も**が試着したことを推意している。第 2 に、S^* が S_j よりどんな特性 *p* を多くもっているのか、そして S^* が S_j より *p* であるのはいくつの S_j なのかということに関して意見の相違がある。最後に、理論研究者の中には、たとえば、Fauconnier（1975）や Kay（1990）のように、*even* の意味を分析するのにもっとも重要なのは、尺度という概念であると信じている人もいる。ここで、1 つの S_j の存在だけを必要とする分析を「**存在的**（existential）」とよび、全称量化を中心とする分析を「**全称的**（universal）」とよび、尺度という概念に大きく依存する分析を「**尺度的**（scalar）」とよぶことにする。たとえば、ベネットは存在的分析を提案している。つまり、ベネットにとっては、1 つの S_j が真であり、S^* ほど驚くことではないというだけで十分である。次節以降で他の分析をいくつか考察しよう。

Even の意味がどのように条件文と合成するのかという問題についていえば、さらに見解の不一致が認められる。先に見たように、ベネットは少なくともある場合に *even-if* 条件文に 1 つの S_j、つまりその帰結節しかないと考えている。このことは、そのような条件文での *even* の扱いが、他の場合の *even* の扱いとまったく平行しているわけではないということを意味している。たとえば（10）の場合、S^*（*Max tried on the trousers*）の驚きを S_j（たとえば、*Moritz tried on the trousers*）の驚きと比較すると分りやすい。つまり、マックスはモーリッツより多分ズボンを試着しそうになく、そのためマックスが試着することの方がモーリッツが試着することよりも驚く

216

こととなるのである。一方(6)では、S^*(If you $were$ the $last$ man on $earth$, I $wouldn't$ $marry$ you)の驚きを S_j(I $won't$ $marry$ you)の驚きと比較することはそれほど簡単なことではない。ライカンがこの点を取り上げているのを 6.4.4 節で見る。すなわち、(6)が(10)と同じ扱いを受けるには、S_j が If you $weren't$ the $last$ man on $earth$, I $wouldn't$ $marry$ you か If I $were$ in $love$ $with$ $someone$ $else$, I $wouldn't$ $marry$ you のようなものとなるはずである。そうすると、聞き手が地球上最後の男という状況で話し手が聞き手と結婚しないという見込みが、他の状況で話し手が聞き手と結婚しない見込みよりも低いので、S^* は S_j より驚くこととなるだろう。

　以下で、$even$ を全称量化の観点から扱う分析をみることから始め、その後第2の存在的分析を考察する。次に、問題となる場合をまとめ、2つの尺度的分析を紹介する。本章の最後で筆者自身による関連性理論に基づく尺度的分析を擁護する。

6.4　全称的分析

6.4.1　ライカンの初期の分析

Lycan(1991)の $even$-if 条件文の意味の分析は、通常の条件文の分析および Q $even$ if P 形式をもつ文の直感的に正しい言いかえに基づいている。Lycan(1991, p.125)によると、if P, $then$ Q という形式のはだかの条件文は、「目下の状況に関して『現実的』可能性のある関連するいかなる事態、かつ P である事態において、Q である」と分析されるはずである。より形式的に(13)と記述している。

(13)　　$(e \in R)\,(\mathrm{In}(e, P) \supset \mathrm{In}(e, Q))$

これは、条件文が全称量化を含むことが重要であることを意味している。たとえば、(7)は「目下の状況に関して『現実的』可能性のある関連するいかなる事態、かつ雨が降っている事態において、ピーターは出かける」と分析されるだろう。

(7)　　　If it's raining, Peter will go out.
　　　　　（もし雨が降っていれば、ピーターは出かけるだろう。）

こうして、Lycan(1991, p.126)は $even$ if における $even$ の意味が他のあらゆる場合の $even$ の意味と何の違いもないということを強調している。言いかえると、ライカンは $even$ if が合成的であると信じているということである。それゆえにライカンは、(1)をたとえば(14)のように言いかえ、さらに(15)とほぼ同義であるとみなしている。

第 6 章　*Even* と *even if*　217

(1)　　Even if it's raining, Peter will go out.
　　　　（たとえ雨が降っていても、ピーターは出かけるだろう。）

(14)　　Peter will go out even in events in which it's raining.
　　　　（雨が降っている事態においてさえ、ピーターは出かけるだろう。）

(15)　　Peter will go out in any event, including events in which it's raining.
　　　　（雨が降っている事態を含む、あらゆる事態においてピーターは出かける
　　　　だろう。）

この例の形式的表記は(16)で与えられ、一般化した *Q even if P* の形式的表記は(17)
で与えられる。

(16)　　$(e \in R)(\text{In}(e, \textit{Peter will go out}) \,\&\, (f \in R)(\text{In}(f, \textit{it's raining}) \supset \text{In}(f, \textit{Peter will go out})))$

(17)　　$(e \in R)(\text{In}(e, Q) \,\&\, (f \in R)(\text{In}(f, P) \supset (\text{In}(f, Q))))$

表記(16)は、「現実的かつ関連する可能性のあるいかなる事態 e において、ピー
ターが出かけ、かつ現実的かつ関連する可能性のあるいかなる事態 f において、雨
が降っているならピーターは出かけるだろう」、あるいはやや簡略化した「雨が
降っている事態を含む、あらゆる事態にピーターは出かけるだろう」と読む(Lycan,
1991, pp.129–130)。言いかえると、ライカンは *even* を全称量化子とみなしている
のである。Lycan(1991, p.129)が記すように、*even if* の分析は真理条件的であり、
言うなれば、ベネットとは違い、*Q even if P* の真理条件は *Q if P* の真理条件と異な
るのである。つまり、ライカンによれば、(7)が真となるのは雨が降っている事態
においてピーターが出かける場合であり、一方これに対応する(1)の *even-if* 条件文
が真となるのは雨が降っている事態を含む、いかなる事態においてもピーターが出
かける場合である。

　言うまでもなく、上述したようにこの分析は、*if* との合成によってのみ *even* を
説明することが可能であり、このような場合でも焦点の区別を考慮に入れていな
い。つまり、(17)は(1)と(6)のような例の真理条件は適切にとらえるだろうが、
(9)のような例はうまくいかないのである。

(9)　　Even if he drank **just a little** his boss would fire him.
　　　　（彼がたとえ**ほんの少し**飲んでも、上司は彼をクビにするだろう。）

きわめて明らかなことだが、上述したシナリオ(上司が飲酒にまったく寛容でないく

らい厳格であるというシナリオ)でのこの文の発話は「上司は彼がほんの少し飲んだ事態を含むあらゆる事態においてクビにする」と言いかえるのは適切でない。このような理由から、さらに *even* が条件文と共起する場合だけでなく *even* 一般の意味を説明できるようにするために、Lycan(1991, p.130; 2001 pp.105–106)は、(18)の分析を提案して *even* を含むすべての文の真理条件をとらえようとしている。注意してほしいのは、ライカンは条件文の真理条件を与えることによって、*even* 文の文脈依存性を考慮していることである。これは、1章で議論したのだが、指標辞を含む文に対する Higginbotham(1988)の提案に酷似している。

(18)　　　*S* が *even* を含む文とすると、*C* は *S* およびそれに対応する *S** の *even* の焦点となる構成素であり、非飽和ダッシュ「— —」は *S* から *even* と *C* を引いて得られるものを指示し、*G* は *C* と同じでない要素を少なくとも1つ含む、文脈的に決定されるクラスである。このとき *S* が真となるのは、*C* の指示対象を含む *G* の要素 *x* がことごとく—*x*—である場合でありその場合に限る。　　　　　　　　　　(Lycan, 1991, p.130; 2001, pp.105–106)

このことが意味するのは、たとえば *even* の焦点が *Max* であり、文脈的に決定されるクラスが、たとえばフリッツ、モーリッツ、マックスを含む友達のグループと想定するならば、(10)の発話が真となるのはマックスを含むそのグループの誰もがズボンを試着した場合でありその場合に限るということである。

(10)　　　Even **Max** tried on the trousers.
　　　　　(**マックス**でさえそのズボンを試着した。)

言いかえると、(10)の真理条件は(11)の真理条件とはまったく根本的に異なるということであり、後者が真となるのはマックスがズボンを試着した場合である。

(11)　　　Max tried on the trousers.
　　　　　(マックスはそのズボンを試着した。)

くり返すが、このことは、ライカンにとっては *even* が真理条件的であるということを明確にする。しかしながら、このことを考慮すると、ライカンが *even* の意味の諸相が真理条件に影響するとみなしているわけではないことを注記するのは興味深い。Lycan(1991, p.122)が指摘しているのは、*S**、より正確には *even* の焦点要素が、ある尺度の極値でなければならず、必ずしも期待や見込みという尺度であると

は限らないということである。たとえば、(10)の発話が与えられたコンテクストで容認可能となるために、このコンテクストでは、たとえばモーリッツやフリッツよりもマックスがズボンを試着する見込みの方が低くなければならない。しかしながら、Lycan(1991, p.130)が明らかにしているのは、このような *even* の尺度的側面を真理条件的意味の一部ではなく、むしろ慣習的に推意される、もしくは「語彙的に推定される」ものとみなしているということである。

上記の分析を考慮すると、ライカンによれば、(6)と(9)の違いを明らかにすることができるはずである。例(6)の場合には *even* の焦点はきわめて明らかに先行節全体(*if you were the last man on earth*)であり、*G* には他のいくつかの条件(たとえば、*if you weren't the last man on earth, if I were in love with someone else*)が含まれるだろう。スキーマ(18)によると、(6)の発話が真となるのは、聞き手が地球上最後の男であるという条件を含む、*G*(現実的かつ関連するあらゆる可能性をおそらく含む、つまり上記の分析によれば *R*)のあらゆる条件下で、話し手が聞き手と結婚するつもりがない場合でありその場合に限るのである。このことは、なぜ(6)が(少なくとも架空の状況下ではなく)話し手が聞き手と結婚するつもりがないことを意味論的に含意、あるいは推意するのかを説明する。対照的に、「厳格な上司」解釈を受ける(9)の *even* の焦点は *just a little* であり、*G* には他の量(たとえば *a lot, quite a lot, a few glasses* など)が含まれるだろう。発話(9)が真となるのは、ジョンが *just a little* を含む *G* のどんな量でも飲めば上司がクビにする場合でありその場合に限るのである。このことは、少なくともここで考察された解釈で、なぜ(9)の発話がジョンがクビになることを意味論的に含意もせず推意もしないのかを説明する。

6.4.2 ライカンの初期の分析に対する反例

ライカンがこれまで提示してきたような *even* の分析は、反例と思しき例や明々白々な実際の反例に次々と直面する。Lycan(1991, pp.136–141; 2001, pp.115–120)は4つの反例について議論し、そのうちの2つを退けている。ただ、残りの2つによって、ライカンは説明の修正を迫られる。筆者はここで第1の反例とそれに対するライカンの対処を簡潔にまとめ、次に最後の2つの反例とそのために施された修正についてより詳細に見ていく。

Even のどの説明にも反例となりうる第1の候補は、Bennett(1982, pp.408–410)で議論されたように、*even* が比較文の強意語として用いられうるということである。たとえば、おそらく(19)のもっとも自然な解釈が何かといえば、*even* はビルもジョンもとても背が高いという語用論的含意を導出するということだろう。

(19)　　Bill is even taller than John.

220

（ビルはジョンにも増してはるかに背が高い。）

きわめて明らかだが、このような解釈は(18)のライカンのスキーマに符合しない（そしてベネットの分析にも符合しない）。この種の例を、彼らの分析が記述しようとしている *even* とは語彙的に異なる *even* を含んだものとして退けるという点でライカンはベネットに従っている。双方ともに擁護する根拠として、*even* が(19)のフランス語訳では((20)のように) *encore* として表されるのに対し、(10)やこれまで議論してきた他の例では((21)のように) *même* と訳されるという事実を挙げている。

(20)　　Bill est *encore* plus grand que John.
　　　　（ビルはジョンにも増して<u>はるか</u>に背が高い。）

(21)　　*Même* Max a essayé les pantalons.
　　　　（マックスで<u>さえ</u>そのズボンを試着した。）

4.4.3 節で論じたが、このような議論は魅力的かもしれないが、説得力があるわけではない。したがって、英語の *even* のこのような使用が語彙的あいまい性を仮定せずに分析可能かどうか追求する価値はあるだろう。しかしながら、この件は *even* と *if* の組み合わせにとっては重要でないようなので、これまで記述してきた *even* の使用だけに絞ることにする[10]。

　ライカンが考察した残りの2つの反例はどちらも彼の分析の核心、つまり、*even* が文脈的に決定されるクラスを**全称量化**するという考えに迫っている。問題の例は(22)と(23)である。

(22)　　I'll be polite even if you insult me, but I won't be polite if you insult my wife.
　　　　（たとえあなたが私を侮辱しても礼儀を尽くすが、もし妻を侮辱するなら礼儀を尽くすつもりはない。）

(23)　　Even Bluto stayed home.
　　　　（ブルートでさえ家にいた。）

なぜ(22)がライカンの *even* の分析にとって問題となるかは当然明らかである。ライカンのスキーマによれば、この文の第1連言肢の発話が真となるのは聞き手が話し手を侮辱するという事態を含む関連する事態ことごとくにおいて話し手が礼儀を尽くす場合である一方で、第2連言肢が真となるのは聞き手が話し手の妻を侮辱するいかなる事態においても話し手が礼儀を尽くさない場合でありその場合に限る。言いかえると、ライカンの分析が正しければ、(22)は矛盾するはずであると

思われるが、実際は明らかにそうではない[11]。

　例(23)は非常に特定的なコンテクストでのみ問題となる。次のシナリオを考えてみよう。大勢の人がパーティーに招待され、おそらくその全員が出席する。このグループ全体のうち、ゴンゾとブルートはもっとも出席しそうである。しかしながらパーティーの夜にインフルエンザが流行し、誰もがかなり怯えている。ゴンゾはしぶしぶパーティーに行った唯一の人である。このようなシナリオなら、たとえ関連するグループのうち誰もが家にいたわけではなかったとしても、(23)の発話は完全に容認可能となるだろう。

6.4.3　ライカンの修正分析

上で示したように、(22)と(23)のような例によってライカンは自らの分析を修正することとなった。ライカンは2通りの方法を考察しているが、最終的に選んだ方についてのみ議論する。Lycan(1991, p.147; 2001, p.127)は、*even*の意味を「…を含むすべての…(every ... including ...)」(たとえば「マックスを含むすべての人がそのズボンを試着した」)と述べる代わりに、「すべての…プラス…(every ... plus ...)」とし、その量化子の領域が**期待される**現実的かつ関連する可能性(たとえば、「ズボンを試着すると期待されるすべての人プラスマックスも試着した」)に制限されることを提案している。

　この分析が(22)と(23)を扱うことができるのは明らかである。(22)の第1連言肢はもはや I will be polite in every relevant event, including those in which you insult me ではなく、I will be polite in every relevant event in which you'd expect me to be, plus those in which you insult me と言いかえられる。聞き手が話し手の妻を侮辱することは、話し手が礼儀を尽くすと期待される関連する場合の1つではないと想定するのは妥当なように思われ、そのため2つの連言肢間に矛盾がないのである。同様に、(23)はもはや Everyone in the group, including Bluto, stayed home ではなく、Everyone in the group whom you would expect to stay home did, plus Bluto と言いかえられる。もちろん、この言いかえは家にいないと期待されるゴンゾが実際に家にいなかったというシナリオと完璧に整合する。

　そのため、ライカンの修正分析は、初期の分析では説明できなかった例のいくつかをとらえることができる。しかしながら、初期の分析には、なぜ *Q even if P* が *Q* を意味論的に含意するように思われるのかを端的に説明できるという利点があったが、Lycan(1991, p.147; 2001, p.127)は、*even* の新しい「プラス」理論が、*Q even if P* が *Q* を**意味論的に含意**しないということを予測することを認めている。この新しい分析に基づくと、*Q even if P* は「いかなる期待される事態プラス P である事態において Q である」と言いかえられる。そうすると、明らかに、一連の期待され

る事態が必ずしも現実の事態を含んでいるわけではないので、Q の真性が Q *even if* P の真性によって保証されない。Lycan(1991, p.148)がこの結論を甘受し、(22)のような例が *even if* を含むどの単一発話でもみられることから「意味論的含意が現実に当てはまるかはもはや明らかではない」と述べている。したがって、ライカンが認める通り、Q *even if* P を発する人が Q を主張する、あるいは実際に Q *even if* P が論理的に Q を意味論的に含意するという主張はおそらく強すぎるだろう。その代わりに、Lycan(1991, p.148; 2001, p.128)は自身(と関心のある読者)を納得させようと、*even* の新しい「プラス」理論が、なぜ Q *even if* P が Q という強い語用論的含意を通常伴うのかを説明するという事実をもち出している。つまり、上で述べたように、この新しい分析に基づくと Q *even if* P は「期待される現実的かつ関連するいかなる事態プラス P であるいかなる事態において Q である」と表されるのである。ライカンが指摘するように、これは Q が期待される現実的かつ関連する可能性の１つであるということを実際に意味論的に含意し、これは、少なくとも Q が排除されるという旨の明示的な条件づけがない場合、ライカンの言葉を借りれば「少なくともほぼ Q であると主張している」のである(1991, p.148; 2001, p.128)。そうすると、Q が伝達されるかどうかは今や語用論の問題であり、言うなれば、もはや *even* のコード化された意味の直接的な結果ではないと思われる。

　このことはライカンが、なぜ(6)の発話がその帰結節を強く推意するのかを、かろうじて説明できることを示している。問題は、なぜ上記のシナリオにおいて(12)の発話がその帰結節の真性をまったく推意しないのかをも説明できるかどうかである。

(6)　　Even if you were the last man on earth, I wouldn't marry you.
　　　　(たとえあなたが地球上最後の男になったとしても、私は結婚するつもりはない。)

(12)　Even if his wife smoked, his boss would fire him.
　　　　(たとえ彼の妻がタバコを吸ったとしても、上司は彼をクビにするだろう。)

これが特に適切な問題であるのは、ライカンの分析によると *even* の焦点の違いが２発話間にないからである。つまり、どちらの場合も *even* の焦点は *if* を除く先行節にあり、関連する比較クラスはいずれにおいても異なる条件の１つである。ライカンに従えば、(12)は「現実的かつ関連する可能性のあるいかなる期待される事態プラス彼の妻がタバコを吸う事態において、上司は彼をクビにするだろう」と言いかえられなければならないように思われる。明らかに、上記のシナリオでの(12)の発話はこのようには解釈されないだろう。意図された解釈をより適切に言

いかえると、「彼が『気ままに』行動するいかなる事態プラス彼の妻がタバコを吸ういかなる事態において、上司は彼をクビにするだろう」といったものになるだろう。そうなると、ライカンがこの例をうまく説明するためには、期待される現実的かつ関連する可能性の比較クラスが(6)の例および帰結節を推意する他の例よりずっと厳しく制限されなければならないように思われる。それはなぜか。これに対する答えを見つけるために、ライカンの修正分析の一片を再考察しよう。

　上述したように、Lycan (1991, p.147; 2001, p.127)によれば、*Q even if P* という形式の発話が真となるのは、期待されるいかなる状況プラス *P* であるいかなる状況において *Q* が真となる場合である。上記の問題に照らして、これに関する興味深い側面は、「期待されるいかなる状況」が 2 通りに解釈されうるということである。それは、(a)まさに期待されるいかなる状況として、あるいは(b)*Q* を正当化すると期待されるいかなる状況としての解釈である。実際、この *even-if* の例が非条件文の *even* の例と平行であるためには、言いかえに(b)が含まれなければならない。(10)が「**ズボンを試着する**ことが期待されるすべての人プラスマックスが試着した」と言いかえられることを思い出してほしい。つまり、ここで関連する比較クラスに含まれるのは、ズボンを試着すると期待される人であり、無条件に期待される人ではない。類推すると、たとえば(6)の関連する比較クラスはメアリーがピーターと結婚しないと期待される状況でなければならず、期待される状況一般であるはずがない。そうすると、(6)の正しい言いかえは「私があなたと結婚しないとあなたが期待するいかなる事態プラスあなたが地球上最後の男であるいかなる事態において、あなたと結婚するつもりがない」である。同様に、(12)は「上司が彼をクビにすると期待されるいかなる事態プラス彼の妻がタバコを吸ういかなる事態において、上司は彼をクビにするだろう」と言いかえられなければならない。すると、この言いかえは、(6)の発話が話し手が聞き手と結婚するつもりがないことを推意する一方で、(12)の発話がジョンの上司が彼をクビにすると推意しないことをどう説明するのかは、すぐに明白ではないかもしれない。

　2 つの場合の違いは、女性が男性と結婚しない状況に関する限り、男性が地球上最後の男という状況がこの上なく極端に近いということである。つまり、女性が特定の男性と結婚すると期待される状況があるなら、それは、少なくとも社会通念によれば、彼が地球上最後の男という状況である。したがって、もし女性がこの極端な状況で男性と結婚するつもりがないことを伝達するのであれば、他のいかなる状況でも結婚するつもりはないだろうし、それゆえにいかなる状況でも結婚するつもりがないだろう。対照的に、ジョンがクビになるすべての状況のうち、彼の妻がタバコを吸う状況はかなり極端ではあるが、はなはだしく極端というわけではない。たとえば、ジョンが素晴らしい仕事をしたときスーが彼をクビにする場合の方がは

るかに極端だろう。言いかえると、ジョンの妻がタバコを吸う状況は、単にその状況でスーがジョンをクビにするという事実から、他のあらゆる状況でもクビにすると結論づけられるほど極端なものではなく、したがってスーがジョンをクビにするという含意は出てこない。ただし、これはいずれも完全に語用論に依存し、ライカン自身この件についてほとんど何も述べていないことに注意する必要がある。

　ライカンの2つの分析にはさらに興味深い違いがある。ライカンの初期の分析は *even* を含む文の真理条件的事項に期待度という相対的尺度を含まないことを思い出してほしい。しかしながら、新しい分析には少なくともある程度含まれている。というのも、*even* 文の真理条件の改定されたスキーマ(24)は、*even* の焦点要素が**期待される**現実的かつ関連する可能性の集合の要素**ではない**ことを前提としているからである。

(24)　　　S が *even* を含む文とすると、C は S およびそれに対応する S^* の *even* の焦点となる構成素であり、非飽和ダッシュ「— —」は S から *even* と C を引いて得られるものを指示し、G は少なくとも1つの要素を含む期待される現実的かつ関連する可能性の文脈的に決定されるクラスである。このとき S が真となるのは、G のメンバー x がことごとくプラス C の指示対象が —x— である場合でありその場合に限る。

この観察は、直感的に正しいことを浮き彫りにする。つまり、*even* の焦点要素が期待される要素のクラスの1つであれば、違和感を覚えるのである。たとえば、マックスがズボンを試着することが期待されるシナリオで(10)が発せられたとすると、違和感があるだろう。しかしながら、この想定に疑問を投げかける例が他にもある。たとえば、たとえマックスがこのシナリオにおいて仮にズボンを試着すると期待される人のクラスの1人であったとして、(25)の発話は問題なく容認されるだろう。

(25)　　　The trousers looked so comfortable that I expected everyone to try them on. And, you know, I was right — even Max tried them on.
　　　　（そのズボンはとても履き心地がよさそうだったので、誰もが試着すると私は期待していたが、やはり私は正しかった。マックスでさえそれを試着したのだから。）

6.4.4　ライカンの分析の利点

Lycan(1991, 2001)はベネットの分析の問題点をいくつか指摘している。その1つ

は、3つの条件(「知られている」こと、「関係している」こと、そしてS^*ほど驚くことではないこと)を満たすただ1つのS_jがあればよいというベネットの要件がそれほど強くないということである。Lycan(1991, p.142)は次のようなシナリオを描いている。パーティーがあり、招待されたほぼ全員が行きそうだが、とても内気なクラレンスとほぼ自閉症でクラレンス以上にパーティーに行きそうにないジェイムズは別である。そこで、インフルエンザが流行し、誰もが家にいる場面を想像してもらいたい。当然のこととして、ジェイムズの方がクラレンスより家にいたことがありそうであり、*James stayed home*が「知られて」いてかつ*Clarence stayed home*に「関係して」いるから、(26)の言明はベネットの基準によれば適切となるはずである。

(26)　　Even Clarence stayed home.
　　　　(クラレンスでさえ家にいた。)

しかしながら、そのような発話が与えられたシナリオで本当に適切となるかはかなり疑わしい。実際、筆者は容認できるとは思えない1人である。どんなに控えめにいっても、このシナリオでの(26)の発話は誤解を招くものである。なぜならこの発話が他の誰よりもクラレンスが家にいたことがより驚くことだということを推意するからである。しかしながら、ここはそうではない。すなわち、クラレンスが家にいたという事実は他の誰もが家にいたことほど驚くこと**ではない**のである。したがって、とりわけS^*ほど驚くことではないS_jが1つはなければならないというベネットの必要条件は十分でないように思われる。

　ライカンの修正分析は、以下のようにこの例が容認不可能であることを説明することができる。すでに指摘したように、この新しい分析によれば、(26)はクラレンスが家にいると期待される人の1人ではないことを前提とする。しかしながら、上記のようなシナリオでは、クラレンスは明らかに家にいると期待されるだろう。

　ライカンがベネットの分析の問題とみなすもう1つの点は、(6)のような文の近隣文(S_j)がその帰結節、この場合(27)であるというベネットの主張と結びついていることである。

(6)　　Even if you were the last man on earth, I wouldn't marry you.
　　　　(たとえあなたが地球上最後の男になったとしても、私は結婚するつもりはない。)
(27)　　I wouldn't marry you.
　　　　(私はあなたと結婚するつもりはない。)

Lycan(1991, p.120; 2001, p.98)によれば、この主張から2つの問いが生じる。すなわち、(i) S_j はどのように「関係性」条件を満たすのか、(ii)条件文とそれから独立した帰結節は近隣文としてどのように関係しうるのかである。1つ目の問いは、たとえば *If you were the last man on earth, I wouldn't marry you* と *I wouldn't marry you* はどの部分が包括的真性なのかを尋ねることに相当する。問い(ii)の方がより重要である。すなわち、ライカンは近隣文という概念が「自然な指示クラス」の項目という概念に基づいていると仮定しているということである。たとえば、(10)では、*even* の焦点は *Max* だが、この自然な指示クラスはズボンを試着した人のグループとなるだろう。

(10)　　　Even **Max** tried on the trousers.
　　　　（**マックス**でさえそのズボンを試着した。）

そうすると、ベネットの第3の条件(S^* のもつ驚きの性質)は、ズボンを試着した他の際立つ人(たとえばモーリッツ)と比べて、マックスが試着することがよりあり得ないと述べることによってとらえられるということになる。ベネットによる(6)のような条件文の説明についてライカンが指摘した問題は、そのような場合にベネットが想定する条件文 S^* と非条件文 S_j は同じような指示クラスを定義するのか明らかでないということである。つまり、条件文 S^*(*If you were the last man on earth, I wouldn't marry you*)は、問題の自然な指示クラスが話し手が聞き手と結婚しない一連の条件となるはずであることを示唆していると思われる。もしこれが本当なら、(6)の *even* の使用は、数ある条件の中から、話し手が聞き手と結婚するつもりがない他の条件と比べて、彼が地球上最後の男という条件の方がよりあり得ないと指示するだろう。言いかえると、比較されているのは、話し手が聞き手と結婚しない一連の条件の相対的な驚きである。この場合の S_j が *I won't marry you* であるというベネットの主張に伴う問題は、ライカンがみるように、これが条件文ではないことと、*you were the last man on earth* の期待度を条件のない文の期待度と比較することはできないということである。明らかに、ライカン自身の分析は、6.4.3節で例証したように、このような例に対してベネットより直感的に説得力のある説明を提示している。

　要するに、ライカンの *even* と *even if* の分析は2つの点で好まれるはずである。第1に上記のシナリオで(26)が容認されないことを説明するのに何の問題もない。第2に(6)のような例がその帰結節をどのように、なぜ推意するのかについてより直感的な説明を与えてはいる。しかしながら、ライカンの分析が正しいかはまったくはっきりしない。とりわけ、ライカンが思い描くように *even* が全称量化とつな

がっているということは疑わしいのである。

　*G*の各要素*x*(これは今のところ一連の期待される現実的かつ関連する可能性に相当する)が—*x*—のようなものでなければならないという要件、たとえば(10)において、この文の発話が真となるには、ズボンを試着すると期待される人がことごとく試着したということでなければならないという要件は、やはり強すぎるように思われる。

　たとえば、(28)は関連する比較クラスがおしゃれ好きで、それゆえに間違いなくズボンを試着すると期待されるグループのうちの1人であるフリッツを含むようなシナリオにおいてさえ、完全に適切にかつ真として発せられると筆者には思われる。

(28)　I'm amazed that Fritz didn't try on the trousers — even Max did.
　　　(フリッツがそのズボンを試着しなかったことに驚いた。マックスでさえ試着したのに。)

言いかえると、(10)は、ズボンを試着すると期待される人がことごとく試着した場合でありその場合に限り真というわけではなく、真となりうるのは、マックスがズボンを試着する限り試着すると期待される人が必ずしもことごとく試着したわけではない場合であると思われる。もしこれが正しければ、*even*文が(24)に沿って全称量化を推意するということは疑わしい。これは、(28)とライカンによるその言いかえ(29)の比較によって裏づけられるが、(29)は同じシナリオでは容認されない。

(29)　*I'm amazed that Fritz didn't try on the trousers—everyone who was expected to plus Max did.
　　　(*フリッツがそのズボンを試着しなかったことに驚いた。試着すると期待されたすべての人プラスマックスが試着した。)

尺度的分析が、ライカンが思い描くような全称量化を必要とすることなくライカンの直感をとらえられることを後で論じる。

6.4.5　バーカーの全称的分析
バーカーは、まずベネットの*even*と*even if*の分析について議論し、いくつもの反例を引き合いに出し、ベネットが*even*文の適切性に課した3条件は必要かもしれないが、十分ではないことを示すに至った。Barker(1991, pp.4–5)によると、ベネッ

トの近隣文 S_j に対する 3 条件(「知られている」こと、「つながりがある」こと、S^* ほど驚くことでないこと)は(30)–(32)の例では満たされているが、それでも _even_ を含む発話は適切ではないのである。

(30)　　シナリオ：窓から外に目をやり、A は前庭に家族だけが見えると期待し、
　　　　　　　3 人の姿が見え、本当のこととして言う。
　　　　_A_　There's Pa and Grandma outside and even Ronald Reagan!
　　　　_B_　Even Reagan is outside!
　　　　(A　外にパパとおばあちゃんと、それにロナルドレーガンまでいる！
　　　　B　レーガンまで外にいるよ！)

(31)　　_A_　Only three people won a prize this year: Brain and Smart, as expected, and, unexpectedly Smith, who is last year's worst student.
　　　　_B_　Even Smith won a prize!
　　　　(A　今年は 3 人しか賞を取らなかった。ブレインとスマートは予想通り
　　　　　　で、予想外は去年ビリの学生のスミスだ。
　　　　B　スミスさえ賞を取ったんだ！)

(32)　　_A_　Out of a thousand people few died of the disease, two old ladies, a child, a young woman, surprisingly, and even the man everyone thought completely invulnerable.
　　　　_B_　Even **he** died of the disease!
　　　　(A　1000 人のうちその病気で亡くなったのはごくわずかで、老婦人が 2
　　　　　　人と子供と若い女性と、驚いたことに誰もがまったく大丈夫と思っ
　　　　　　ていた男までもいた。
　　　　B　**そんな人**でさえその病気で亡くなったんだ！)

上述したように、3 つの例はすべてベネットの近隣文 S_j に対する 3 条件を満たしている(しかも S^* もすべての例において真である)。バーカーに従い、(30)だけを取り上げてこのことを例証する。ここでは、B の発話において、S^* は _Reagan is outside_ であり、3 条件を満たす S_j が少なくとも 1 つ(たとえば _Grandma is outside_)得られる。すなわち、(i)(A が断言しているという)コンテクストにおいて真でかつ際立っていること、(ii)(S^* と共に)より包括的な 1 つの真性、つまり _there are three people outside_ の一部であること、(iii)S^* ほど驚くことではないことである。それにもかかわらず、このような反例が存在することから、バーカーはベネットの _even_ の分析が不十分

と結論づけ、バーカー自身の代案を提案することになる。

　Barker(1991, p.10)によると、*even* 発話の適切性条件は(33)にある通りである。これは *even* 文が適切に発せられるのに必要な仮定であり、真理条件ではないことに注意してほしい。言いかえると、(i)も(ii)も *even* 発話によって意味論的に含意されない、つまりどちらも「単に」推意されているのである。S_u が *Everyone tried on the trousers* のような全称文と理解されることにも注意してほしい。

(33)　　(i)　S^* と S_j は、推意されたないしは述べられた S_u の全称例化〈訳者注：文 S を基に *even* の焦点要素を全称化したもの〉の具体例として断言される。

　　　　(ii)　S^* は S_u の極端な実例である。

この分析に基づくと、(10)のような文が適切に発せられるのは S^* である *Max tried on the trousers* と、S_j であるたとえば *Moritz tried on the trousers* が *Everyone in the group tried on the trousers* のような推意されたないしは述べられた S_u の全称例化の具体例として断言され、*Max tried on the trousers*(S^*)が *Everyone tried on the trousers*(S_u)の極端な場合である。

(10)　　Even **Max** tried on the trousers.
　　　　（**マックス**でさえそのズボンを試着した。）

これには明白な問題がある。つまり、当該の S_j(*Moritz tried on the trousers*)が *even* 文の発話が適切であるために明示的に断言される必要はまったくないということである。たとえば、(10)は、それに沿ったいかなる S_j も断言されることなく断言されうる [12]。バーカーに好意的に解釈するなら、「断言する(assert)」は「伝達する(communicate)」ほど強い意味を表さないと仮定することになろう。そうすると、(10)を発する話し手は少なくとも他の誰かもズボンを試着したことを伝達することになるのは正しいように思われる(ただ、これ以上に特定的なことが、聞き手がその発話を理解するために復元される必要があるという確信は筆者にはないが)。

　バーカーの分析がどんな問題に直面しようとも、なぜ(30)–(32)の *even* 発話が適切でないかについて少なくとも説明可能であるようにみえる。たとえば、(30)では S^* が *Reagan is outside* である一方で、S_j は *Pa is outside* と *Grandma is outside* である。問題は、この S_j がどんな S_u の具体例なのかを確かめるのは難しいということである。それは *all members of A's family are outside* であるはずもなければ、*all American citizens are outside* であるはずもない。このように考えると、なぜこのシナリオ

での even 発話が不適切なのか説明される。(31)と(32)の even 発話も同じような説明が与えられるのは明らかなように思われる。(31)の S_u は all students won a prize であるはずもなければ all talented students won a prize であるはずもないし、(32)では everybody died of the disease であるはずもなければ everybody weak died of the disease であるはずもない。

では、even が条件文と結びつく(6)のような場合に、バーカーの分析がどのように機能するのかという問題に移ろう。

(6) Even if you were the last man on earth, I wouldn't marry you.
(たとえあなたが地球上最後の男になったとしても、私は結婚するつもりはない。)

他の even を含む例と同様に、(6)の発話が適切なのは S^* (If you were the last man on earth, I wouldn't marry you) と S_j (たとえば If I were in love with someone else, I wouldn't marry you) が明示的ないしは推意された S_u (たとえば I wouldn't marry you under any circumstance) の具体例であり、S^* が S_u の極端な例である場合である。実際のところ、もしこのようにバーカーが(6)の例を分析するのであれば、こう発することによってなぜ話し手が聞き手と結婚するつもりがないことを推意するのか容易に説明できるように思われる。もしいかなる状況においても話し手が聞き手と結婚するつもりがないのであれば、話し手は明らかに聞き手と結婚しないだろう。さらに、(12)の発話に関して、なぜ想定されたシナリオ(つまり、上司が従業員やその家族の「気ままな」行動に我慢できないくらい厳格であるというシナリオ)で上司が彼をクビにすることを意味論的に含意しないのかもバーカーの分析は説明できると思われる。

(12) Even if his wife smoked, his boss would fire him.
(たとえ彼の妻がタバコを吸ったとしても、上司は彼をクビにするだろう。)

ここで、バーカーは推意された S_u は、His boss would fire him in any circumstance ではなくむしろ His boss would fire him in any circumstance in which he or his family are behaving in a 'libertine' manner であると主張するかもしれない。Barker(1991, p.16)が述べているように、これは、Q even if P の発話が Q を「意味論的に含意する」場合、これが論理形式によらないということを意味している。その代わり、この2つの例の推意の違いは even の使用によって推意される全称量化の領域の違いによると思われる。つまり、(6)の場合では、話し手はあらゆる状況に対して量化していると理解されるのに対し、(12)ではジョンとその家族が「気まま」にふるまう状況

に対してのみ量化していると理解されるのである。明らかに、それぞれの場合において量化の領域を決定する(「言語的にコード化された」という意味で)意味論的なものはない。言いかえると、聞き手は純粋に語用論的根拠に基づいてそれが何かを探らなければならないのである。ライカンのように、バーカーはどのような語用論的原理が聞き手を意図された量化の領域の探索に導いているのかについてはほとんど何も述べていない[13]。

　上記の議論から、それぞれ独自に分析されたのだが、Barker(1991)の分析がLycan(1991)と多くの点を共有しているのは明らかであろう。無視できない類似点は、両者が全称量化を重要な役割とみている点である。しかしながら、両者の分析は、ライカンにとって全称量化は even 文の真理条件の問題であるのに対し、バーカーにとっては単に適切性条件の問題であるという点で異なる。しかも、バーカーの分析はライカンが最終的に採用した分析よりもライカンの初期の分析に近い。このために、バーカーの分析はライカンの修正分析への反論というかたちで問題に直面するだけでなく、初期の分析の問題にも直面する。これについては 6.6 節で例証する。

　まとめると、本節で議論した「全称的」分析を支持する研究者らはベネットの「存在的」分析に対するいくつかの反例を浮き彫りにし、彼らの分析は反例に十分対処できはする。しかしながら、ライカンの分析もバーカーの分析も必ずしも満足のいくようなものでないのは、やはり even を含む例全般を十分説明できないからである。次節では、「存在的」分析についてさらに考察し、even を全称量化子として扱う問題を受け入れることなく、ベネットの分析に伴う問題を回避する方法があるかどうか確かめる。

6.5 　代替案としての存在的分析：Francescotti(1995)

Francescotti(1995)は存在的観点からライカンやバーカーによる even の分析に対する代替案、言うなれば方向性としてはベネットに近い分析を提示している。ベネット(とバーカー)のようにフランチェスコッティは、even はそれが生起する発話の真理条件に影響するとは考えていない。その代わり、even は慣習的推意を伝えると考えている。しかしながら、ベネットの分析と異なるのは、even が、S^* より見込みがある(あるいはより驚くことではない)真近隣文が 2 つ以上あることを要求するということである。Francescotti(1995, p.162 と p.167)によれば、even の使用に関する適切性条件は(34)に示されるものである。

(34)　　(i) 　S^* のいかなる文脈的に決定される真近隣文 S_j についても、S^* の真性

と S_j の真性はより包括的な1つの真性の一部と当然みなされ、かつ

(ii) 文脈的に決定される側面 X があり、この X に関して S^* の方がほとんどの S_j より驚くことである。

この分析によって全称量化による *even* の分析に対する反例をすべて回避できる。たとえば、フリッツがおしゃれ好きだというシナリオにおいて、(28)が完全に適切に真として発せられることを思い出してほしい。上で論じたように、ライカンの修正分析ではこの例を説明することができない。つまり、ライカンによれば、*even Max tried on the trousers* という発話が真となるのは、ズボンを試着すると期待されるすべての人（想定されるシナリオでは明らかにフリッツを含むグループ）プラスマックスがそのズボンを試着した場合であり、そのため(28)は矛盾となるはずである。

(28)　　I'm amazed that Fritz didn't try on the trousers — even Max did.
　　　　（フリッツがそのズボンを試着しなかったことに驚いた。マックスでさえ試着したのに。）

バーカーの分析でもこの例を適切に扱うことができない。バーカーによれば、*even* 文は全称量化された想定の極端な例でなければならないが、このシナリオではそれがどんなものかはっきりしない。きっとそれは *everyone in the group* でも *everyone who normally tries on clothes* でもない。言いかえると、ライカンもバーカーも、(28)の *even* 発話が想定されたシナリオでは不適切であると予測し、ライカンは偽と予測するだろう。しかし実際は明らかに、(28)は不適切でも偽でもないのである。

　フランチェスコッティの分析は何の問題もなくこの例を扱うことができる。彼によれば、(28)の *even* 発話が適切なのは、次の2つの条件が成立する場合である。すなわち、(i)文脈的に決定されるいかなる S_j (たとえば *Moritz tried on the trousers*)も S^*(*Max tried on the trousers*)と共により包括的な真性の一部を形成しているとみなされうる。想定されたシナリオでは、この包括的真性は「グループの人々の大多数がそのズボンを試着した」のようなものかもしれない[14]。(ii)文脈的に決定される側面 X があり、この X(「主観的見込み(subjective likelihood)」のようなもの)に関して、S^*(*Max tried on the trousers*)の方がほとんどの S_j(*Moritz tried on the trousers*)より驚くことである。

　興味深いことに、これはフランチェスコッティの分析に全称量化が含まれることを示している。つまり、彼の条件(i)は、**いかなる** S_j も S^* と併せてより包括的な1つの真性の一部を形成しなければならないことを述べている。ライカンやバーカーに反して、フランチェスコッティは比較クラスに対する全称量化があることを求め

ていない。言いかえると、(28)の *even* 発話が特定のグループの**誰も**がズボンを試着したと推意、ないしは意味論的に含意するはずであるという主張はないのである。観察する限り、フランチェスコッティの分析は、マックス以外の**どんな人**もズボンを試着したことを実際に要求しているように思えないのだが、これは明らかに見落しである。つまり、まさしくフランチェスコッティの分析は、*even* 発話の適切性に関して、(34)の条件を満たす少なくとも1つの真近隣文 S_j を必要とすると規定するべきである。このことを暗に想定しているのは間違いない。

　フランチェスコッティの分析は、(26)のベネットに対するライカンの反例も扱うことができる。これは、すべての人が家にいて、クラレンスの方がジェイムズよりやや家にいそうではないが、他の誰よりも家にいると思われるシナリオで発せられたものである。

(26)　　Even Clarence stayed home.
　　　　（クラレンスでさえ家にいた。）

ベネットに対する問題は、真でかつ知られていてかつ S^*(*Clarence stayed home*) ほど驚くことではない S_j が1つ（つまり、*James stayed home*）あるということだったことを思い出してほしい。フランチェスコッティの条件(ii)は、この例を扱うことができることを意味している。上述したように、この条件は S^* が**ほとんど**の S_j より驚くことでなければならないと述べている。そうすると、想定されたシナリオでの(26)の問題は、真あるいは関係のある S_j（すべての人が家にいたので多くの S_j が供給される、つまりグループの成員それぞれについて S_j がある）がないということではない。問題は S^*(*Clarence stayed home*) がほとんどの S_j より見込みが**あり**、そのうちの1つ（*James stayed home*）より見込みが**ない**にすぎないことである。言いかえると、このシナリオでは、フランチェスコッティの条件(ii)は満たされていない。なぜなら、クラレンスが家にいた方が他の**ほとんど**の人たちが家にいたほどありそうにないのではないからである。したがって、フランチェスコッティは(26)の発話がこのシナリオでは不適切であると正しく予測するだろう。

　では、フランチェスコッティの *even* の分析が *even-if* の例(6)(9)(12)をどのようにうまく説明できるのか考察しよう。もっとも重要な問いは、なぜ(6)がその帰結節を「意味論的に含意」するあるいは推意する一方で、(9)と(12)はしないのかをフランチェスコッティが説明しうるのかどうか、またどう説明しうるのか、ということである。

(6)　　　Even if you were the last man on earth, I wouldn't marry you.

（たとえあなたが地球上最後の男になったとしても、私は結婚するつもりはない。）

(9) Even if he drank **just a little** his boss would fire him.

（彼がたとえ**ほんの少し**でも飲んだら、上司は彼をクビにするだろう。）

(12) Even if his wife smoked, his boss would fire him.

（たとえ彼の妻がタバコを吸ったとしても、上司は彼をクビにするだろう。）

直感的に、(6)がなぜ話し手が聞き手と結婚するつもりがないと強く推意するのかを、フランチェスコッティが説明するのは必ずしも簡単ではないと筆者には思える。もしFrancescotti(1995, p.162とp.167)の2条件が(6)に適用されれば、(35)の条件が成立する場合にその発話は適切となるはずである。

(35) (i) S^*(*If you were the last man on earth, I wouldn't marry you*)のいかなる文脈的に決定される真近隣文 S_j(たとえば *If I were in love with somebody else, I wouldn't marry you* や *If I didn't like you, I wouldn't marry you*)についても、S^* の真性と S_j の真性はより包括的な1つの真性の一部と当然みなされ、かつ

(ii) 文脈的に決定される側面 X があり、この X(「一般に認められた基準」のようなもの）に関して、S^*(*If you were the last man on earth, I wouldn't marry you*)の方がほとんどの S_j よりも驚くことである。

このことが、話し手が聞き手と結婚するつもりがないことを(6)の発話が「意味論的に含意」あるいは推意すると予測される唯一の方法は、S^* と S_j がその当然一部でなければならない「より包括的な真性」が、「いかなる状況でも私はあなたと結婚するつもりがない」のようなものであると筆者には思える。しかしながら、当該の「より包括的な真性」が「私があなたと結婚するつもりがない状況が数々ある」のようなより弱いものであるはずがないことを指し示すものがこの分析には一切ない。そのため、くり返しになるが、われわれに残されたのは語用論がこの例を説明するのに重要な役割を果たさなければならないということだが、それがどのようになされるのかについての明示的な分析は与えられていない。実際のところ、これまで議論してきた理論研究者の中に1人として語用論が自身の分析にどれほど重要であるかを認めている人はいない。筆者自身の分析において語用論の役割に相応の重要性を与えるように配慮し、*even* の意味論と関連性理論という語用論的原理の相互作用がデータをどのように説明するかについての分析を提供する。

　ここまで、フランチェスコッティにはベネットの分析に対するライカンによる反

第 6 章 *Even* と *even if* 235

例を扱うのに問題がないことを示してきた。しかしながら、バーカーの反例に関していえば、ことはそれほど単純でない。Barker(1991, pp.4–5)が引用する 3 つの例のうち 1 つだけここで見ていこう。

(31) 　*A*　Only three people won a prize this year: Brain and Smart, as expected, and, unexpectedly Smith, who is last year's worst student.
　　　B　Even Smith won a prize!
　　　(A　今年は 3 人しか賞を取らなかった。ブレインとスマートは予想通りで、予想外は去年ビリの学生のスミスだ。
　　　　B　スミスさえ賞を取ったんだ！)

バーカーによると、(31)の B の発話はベネットの 3 条件を満たしていても不適切である。そうすると、この B の発話はフランチェスコッティの 2 条件も満たすのか、またフランチェスコッティの分析はこの種の例を適切に扱えるのか。フランチェスコッティによれば、ここでの B の発話の適切性条件は(36)のようなものになるだろう。

(36) 　(i)　*S**(*Smith won a prize*)のいかなる文脈的に決定される真近隣文 *S_j*(*Brain won a prize*、*Smart won a prize*)について、*S** の真性と *S_j* の真性はより包括的な 1 つの真性の一部と当然みなされ、かつ
　　　(ii)　文脈的に決定される側面 *X* があり、この *X*(ここでは「以前の成績に基づく見込み」のようなもの)に関して、*S**(*Smith won a prize*)の方がほとんどの *S_j*(*Brain won a prize*、*Smart won a prize*)よりも驚くことである。

くり返しになるが、要点は条件(i)が求める「より包括的な真性」という点であると筆者には思われる。なぜ(31)の B の発話が適切でないのか説明する 1 つの方法は、*S** と *S_j* が当然その一部とみなされる「より包括的な真性」がないと主張することである。もしないとすれば、これはベネットの分析への反例にもならないだろう。しかしながら、バーカーは、当該のより包括的な真性は、おそらく「3 人しか賞を取らなかった」であると主張することでこの可能性を考慮している。そうすると、これに対してフランチェスコッティ(この件ではベネットも)が応じる 1 つの方法は、どういう理由にしろ「3 人しか賞を取らなかった」は妥当な種の包括的真性ではないと述べることである。こうすればもちろん問題をかわすことになるが、Francescotti(1995, pp.170–172)は異なった方法で応じている。
　フランチェスコッティはバーカーの例の不適切性は *even* の使用自体とは何ら関

係がないと論じている。Francescotti(1995, p.171)は、まず S^* が 2 つの真近隣文（*Brain won a prize* と *Smart won a prize*）のみを有していると述べ、それゆえに *Smith won a prize* は「僅差で優位にある」と述べている。フランチェスコッティがこれで何を言わんとするのか筆者にはまったくわからないが、S^* の方がそのほとんどの真近隣文よりも驚くことでなければならないという条件(ii)に言及しているにちがいないと筆者は考えている。もしそうなら、フランチェスコッティが言わんとしているにちがいないのは、*Smith won a prize* が、その**ほとんど**の真近隣文よりも驚くことであるにすぎないということである。きわめて明らかなことだが、実際はそうではない。上述したように、このシナリオでは *Smith won a prize* には 2 つの真近隣文（*Brain won a prize* と *Smart won a prize*）しかなく、Francescotti(1995, p.170)自身が認めるように、明らかに想定されたシナリオでは S^* はこのいずれよりも驚くことである。言いかえると、S^*(*Smith won a prize*)は単にその**ほとんど**の真近隣文より驚くことではなく、**すべて**の近隣文より驚くことなのである。であるから、バーカーの反例へのフランチェスコッティの応対の第 1 段階は、よくても不可解であり、最悪の場合まったくの見当違いということになる。

　フランチェスコッティによる次の段階は、(31)の B の発話の *even* の使用が A の要点を外していると論じることである。Francescotti(1995, p.171)によると、この発話が「適切となるのは、話し手がブレインとスマートに比べてスミスが賞を取った意外性を強調している場合のみである」。さらに、A の発話はまったく異なること、つまりどれほどわずかな人しか賞を取らなかったのか、そしてごくわずかな人しか取らなかった場合にスミスが賞を取ることがどれほど驚くことであるのかを強調しているとフランチェスコッティは主張している。そして、(37)は、A が述べた論点をより正確にとらえており、A の発話に対する完璧に容認可能な返答であると主張している。

(37)　You mean even Smith won a prize when so few were able to do so!
　　　（ほとんどの人が賞を取れなかったときにスミスさえ取ったってことね。）

この発話が容認可能であろうがなかろうが、この論旨はやはりバーカーの懸念に対処できていない。A の発話内容が真で B によって知られていたが、A がそれ以前に何も言わなかったというシナリオを考えてみよう。そのような A が何も話していない状況であれば、A の発話に対して B の発話が要点を外しているといわれることはないだろう。それでもやはり B は *Even Smith won a prize* を適切に発することはできないだろう。そうすると、これらの例にはフランチェスコッティが与えていない説明が必要になると思われる。

第 6 章　*Even* と *even if*　237

　本節の結論として、フランチェスコッティは、ベネットの分析に対するライカンによる反例も、6.4 節で議論した「全称的」分析の反例もすべて回避する分析を行っているが、ベネットの分析に対するバーカーの反例もフランチェスコッティには問題となる。要するに、上記の分析のうちすべての例を扱うことができるものは1つもないのである。次節では、問題となる例をまとめ、それが誰にとって問題となるのか、なぜ問題となるのかに注目し、その後まだ考察していないタイプの分析に移る。その分析とは、*even* の意味に対する尺度的アプローチである。

6.6　評価

これまで議論してきた *even* の意味の分析はいずれも十分適切とはいえない。存在的分析にとって問題となる例を扱うことができる全称的分析は、存在的分析によって回避される問題に直面し、存在的分析は全称的分析によって回避される問題に直面するように思われる。以下では、反例をすべて扱うことができる *even* の分析をどのようにして見つけるべきかがより明らかになることを期待し、すべての反例を1つのシナリオに「翻訳して」いく。

　すべての反例に必要と思われることは、何らかの点で順序づけられる人のグループであるので、どのくらい優秀なら試験に合格するのかに準じて順序づけられる学生のグループを決めておく。その学生は(38)にあるように、もっとも有能な学生から始まり、能力の低い学生へという順で列挙されている。

(38)　　April, Maynard, June, Julie, Augusta, Sebastian and Neville.
　　　　（エイプリル、メイナード、ジューン、ジュリー、オーガスタ、セバスチャン、ネヴィル）

このとき、ベネットに対するライカンの反例は(A)のように翻訳される。

(A)　　シナリオ：全員が試験に落ちた。
　　　　Susan　?Even **Sebastian** failed the exam.
　　　　（スーザン　?**セバスチャン**でさえ試験に落ちた。）

これがベネットにとって問題となるのは、ベネットの分析が、S^* ほど驚くことではない1つの S_j（この場合、*Neville failed the exam*）の他にも S_j があることを要求しないからである。フランチェスコッティが示すように、この反例を回避するのに必要なのは、このシナリオでは満たされていないのだが、これを、S^* が**ほとんどの** S_j よ

り驚くことであるという条件へと強めることがすべてなのである。なぜなら、単に S^* は 1 つの S_j より驚くことであり、ほとんどの S_j より驚くことではないからである。

バーカーの反例をこのような条件に翻訳したものが(B)である。

(B)　　シナリオ：エイプリルとメイナードとネヴィルだけが試験に合格した。
　　　　Susan　?Even **Neville** passed the exam.
　　　　（スーザン　?ネヴィルでさえ試験に合格した。）

ネヴィルが試験に合格したことは他の 2 人のいずれよりも驚くことなので、この例はベネットの条件を満たすだけでなくフランチェスコッティの条件をも満たしている。実際、このように提示されると、(B)はライカンの修正分析にとっても問題となろう。この状況でエイプリルとメイナードだけが試験に合格すると期待された人であり、それゆえにライカンの真理条件が満たされ、つまり、合格すると期待されたすべての人プラスネヴィルが合格したということが少なくとも考えられる。しかしながら、この状況下でスーザンの発話はもはや容認可能になると筆者には考えられない。したがって、この例の不適切性を説明できる唯一の分析はバーカー自身の分析であり、それは *Neville passed the exam* が *everyone in the group passed the exam* のような全称量化の極端な例であることを要求する。明らかに、この要求は想定されたシナリオでは満たされない。

　しかしながら、この分析にも反例はある。たとえば、ライカンの初期の分析に対する反例を思い出してほしい。先ほどの学生のグループに当てはめると、スーザンの発話は、たとえグループ全員が試験に合格したわけではなかったとしても、(C)のシナリオでは完全に容認可能である。

(C)　　シナリオ：ネヴィル以外の全員が試験に合格した。
　　　　Susan　Even **Sebastian** passed the exam.
　　　　（スーザン　　セバスチャンでさえ試験に合格した。）

このシナリオで、ネヴィルとセバスチャンを除く全員が試験に合格すると期待されたと想定すると、ライカンの修正分析はなぜこの発話が容認可能なのか（そして真と判断されるのか）説明できる。つまり、実際のところ、試験に合格すると期待されるすべての人プラスセバスチャンが合格したのは事実である。問題は、その発話がそれでも容認可能となるのはエイプリルとメイナードとジューンだけが合格すると期待される場合であると筆者が考えている点にある。この状況下でスーザンの発話

が真となるはずなのは、エイプリルとメイナードとジューンとセバスチャンが合格する場合でありその場合に限り、それゆえにスーザンの発話はここでは（ジュリーとオーガスタも合格したことを知っているので）容認可能になるはずがない、とライカンなら予測するだろう。

　この例がバーカーにとってさらに問題となるのは、その容認性に *Sebastian passed the exam* が全称量化の極端な例である必要があるからである。しかしながら、この全称量化がどのようなものになりうるのかを確かめるのは困難である。それは、ネヴィルが合格しなかったために、*everyone in the group passed the exam* であるはずはなく、セバスチャンが合格すると期待される人のグループの一員でなく、それゆえに *Sebastian passed the exam* が全称量化の極端な例になり得ないので、*everyone who was expected to passed the exam* であるはずもない。唯一の代案は同語反復的な *everyone who passed the exam passed the exam* であるように思われる。

　最後に、ライカンの修正分析に対する筆者自身の反例がある。これは（D）のように翻訳されうる。くり返しになるが、たとえ合格すると期待された全員が合格したわけではなくとも、スーザンの発話は完全に容認可能である。

(D)　　　シナリオ：エイプリル以外の全員が試験に合格し、エイプリルは不可解な
　　　　　　　　理由で落ちた。
　　　Susan　Even **Neville** passed the exam. So, I can't understand why April didn't.
　　　（スーザン　**ネヴィル**でさえ試験に合格した。だから、なぜエイプリルが
　　　　　　　　合格しなかったのか理解できない。）

ライカンに公平を期して言うなら、スーザンの発話それ自体では、エイプリルが落ちたことを付け加えなければ、エイプリルを含む全員が合格したと推意するとおそらく理解されると言わなければならない。問題はむしろ、そのような明示的な条件づけが何の矛盾にも陥らないということにあり、このことは、「試験に合格すると期待されたすべての人プラスネヴィルが合格した」という全称量化が（D）のスーザンの発話の真理条件的内容の問題であるというライカンの主張に疑義を投げかける。

　バーカーは全称量化が推意にすぎないとは主張していないので、この例はバーカーにとって問題とならないだろう。結局のところ、推意は矛盾なく取り消し可能なものなのである。しかしながら、バーカーが全称量化の語用論的含意を**慣習的**推意、つまり *even* の**言語的にコード化された**意味の問題とみなすならば、いずれ問題となるかもしれない。というのも、矛盾なく慣習的推意を取り消すことは通例できないからである。たとえば、*but* 節が *therefore* の使用によって伝達される前提・帰結関係を取り消すよう意図される（39）は奇異であり、一方 *but* 節がグループのす

240

べての人が試験に合格したという想定を取り消す(40)は奇異ではない。

(39)　　?Peter is an Englishman and he is, therefore, brave, but I don't mean to imply that his being brave follows from his being an Englishman.
　　　　(?ピーターはイギリス人で、それゆえに勇敢だが、彼の勇敢さは彼がイギリス人であることから得られると暗に意味するつもりはない。)

(40)　　Even Neville passed the exam, but I don't mean to imply that everyone did.
　　　　(ネヴィルでさえ試験に合格したが、全員が合格したと暗に意味するつもりはない。)

たとえバーカーがこの例を扱うことができたとしても、彼の分析が(C)でつまずくことはすでに示された。

　まとめると、対処がもっとも困難な例は(B)と思われ、これはバーカーの(30)–(32)の例に類似している。考察したすべての分析のうち、バーカーの分析だけが、なぜこれが容認できないのかを説明できる。しかしながら、(C)は(おそらく(D)も)バーカーの分析に対して対処できない問題を呈している。そうすると、挑戦すべきは、(B)のスーザンの発話がなぜ容認できないのかを説明できるくらい「全称的」ではあるが、(C)と(D)の容認性を説明できないほど「全称的」ではない分析を見つけることである。

6.7　*Even* の尺度的分析

6.7.1　語用論的蓋然性尺度：Fauconnier(1975)

これまでの議論と照らし合わせると、尺度の概念が *even* と *even if* に満足のいく分析を供するのに必要であると筆者は考えている。事実、*even* の分析に尺度を利用してきた理論研究者は数多くいる。たとえば、Fauconnier(1975, p.364)は、*even* を、その焦点要素が最低となる(つまり、蓋然性がもっとも低い)語用論的蓋然性の尺度の存在をマークするものとして分析している。発話の表出命題から *even* の焦点要素を引くと命題スキーマ R が得られ、α が焦点要素を表すとすると、その尺度は、χ が尺度上 α より上位の任意の要素であるとして、$R(\alpha)$ が語用論的に $R(\chi)$ を含意するというものになる。これまで用いてきた用語に翻訳すると、S^* がいかなる S_j も語用論的に含意する(筆者は「推意する」という語を使いたいが)ような S^* があるという主張になる。たとえば、(10)に当てはめると、*even* は、ズボンを試着する人々のグループの中でマックスが試着しそうになく、それで彼が試着すること

が尺度上にいる他の誰もが試着したと推意することを指示しているとみなされることになる。

(10)　　　Even **Max** tried on the trousers.
　　　　　（**マックス**でさえそのズボンを試着した。）

したがって、フォコニエの分析は実質的に全称的分析の尺度版である。これは、フォコニエの分析が全称的分析で扱うことができる例を説明するのに何ら問題はないということを意味する。しかしながら、同様に、フォコニエの分析は全称的分析が直面する問題と同じような問題に陥る。

　肯定的な面として、フォコニエの分析はなぜ(A)のスーザンの発話が容認できないのかを端的に説明する。

(A)　　　シナリオ：全員が試験に落ちた。
　　　　Susan　?Even **Sebastian** failed the exam.
　　　　（スーザン　?**セバスチャン**でさえ試験に落ちた。）

フォコニエの説明によると、*even* はセバスチャンがグループの中でもっとも試験に落ちそうにないことを指し示す。しかしながら、このことはこの例の背景知識に反している。すなわち、エイプリルが(38)のグループの中でもっとも試験に落ちそうにないメンバーなのである。さらに、フォコニエの分析は(B)のスーザンの発話が容認不可能であることをもうまく説明できる。

(B)　　　シナリオ：エイプリルとメイナードとネヴィルだけが試験に合格した。
　　　　Susan　?Even **Neville** passed the exam.
　　　　（スーザン　?**ネヴィル**でさえ試験に合格した。）

くり返しになるが、*even* は、ネヴィルが可能性の尺度上でもっとも低い要素で、それはネヴィルが合格することが他の人も全員合格することを推意するようなものであることを指し示す。しかしながら、これは背景知識(他の人が全員合格したわけではないことを知っている)とぶつかり、したがってスーザンの発話を不適切と感じるのである。

　フォコニエの尺度は論理的(ないしは意味論的)含意というよりは語用論的含意の尺度であるから、(D)のスーザンの発話は、上述した全称的分析では問題となるが、容認可能であることも説明可能である。

242

(D)　シナリオ：エイプリル以外の全員が試験に合格し、エイプリルは釈然とし
　　　ない理由で落ちた。

Susan　Even **Neville** passed the exam. So, I can't understand why April didn't.
（スーザン　**ネヴィル**でさえ試験に合格した。だから、なぜエイプリルが
　　　　　合格しなかったのか理解できない。）

これまでと同じように、*even* は S^* が尺度上のすべての S_j を語用論的に推意するよ
うなものであることを指示するとする。想定されたシナリオでは、これはおそらく
NEVILLE$_X$ PASSED EXAM$_Y$ がエイプリルを含むグループの他の人も全員合格したと推
意することを意味するだろう。しかしながら、APRIL$_Z$ PASSED EXAM$_Y$ は語用論的含
意にすぎないので、フォコニエはこの想定が矛盾なく取り消されうることを正しく
予測するだろう。尺度が存在する**こと**、および S^* がその極値にあることは単に
even のコード化された意味の一部であり、他に何が尺度上にあるのかに関する情
報はまったく言語的にコード化されていないということに注意してほしい。した
がって、スーザンの発話が容認可能なのは、それが *even* の言語的にコード化され
た意味（の一部）を取り消しているわけではないからである。そうすると、（D）の分
析に関していえば、フォコニエはライカンだけでなく、おそらくバーカーよりも優
位にあると思われる。

　さらに、フォコニエは、なぜ（6）の発話が、話し手（メアリー）がいかなる状況下
でも聞き手（ピーター）と結婚するつもりがないと推意すると感じられるのかという
ことも容易に説明できる。

（6）　Even if you were the last man on earth, I wouldn't marry you.
　　　（たとえあなたが地球上最後の男になったとしても、私は結婚するつもり
　　　はない。）

ここでの *even* の焦点は先行節にあり、そのため、おそらく *even* によって喚起され
る尺度はピーターが地球上最後の男であることがメアリーが彼と結婚しないもっと
もありそうにない状況の尺度であり、IF PETER$_X$ WERE THE LAST MAN ON EARTH,
MARY$_Y$ WOULDN'T MARRY PETER$_X$ はメアリーが尺度上の他のいかなる状況下でも
ピーターと結婚するつもりがないということを推意することになる。

　例（9）もフォコニエの分析には何ら問題ではない。フォコニエは、これがジョン
の上司スーがいかなる状況下でもジョンをクビにすることを推意も、あるいは意味
論的に含意もしないことを正しく予測するだろう。

（ 9 ）　　Even if he drank **just a little** his boss would fire him.
　　　　（彼がたとえ**ほんの少し**でも飲んだら、上司は彼をクビにするだろう。）

Even の焦点は *just a little* にあるので、尺度上の命題は次のようなものだろう。すなわち、IF JOHN$_X$ DRANK JUST A LITTLE JOHN$_X$'S BOSS WOULD FIRE HIM(S^*)、IF JOHN$_X$ DRANK AN AVERAGE AMOUNT JOHN$_X$'S BOSS WOULD FIRE HIM、IF JOHN$_X$ DRANK A LOT JOHN$_X$'S BOSS WOULD FIRE HIM などである。*Even* は S^* が尺度上の他の命題を語用論的に推意することを指示する。この尺度によってジョンが飲んだいかなる状況下でもスーはジョンをクビにするという結論に至るが、これはスーがいかなる状況下でもジョンをクビにするのとまったく同じではないのである。

　しかしながら、(C)のスーザンの発話が完全に容認可能であるという直感を説明する場合に問題が生じる。

（C）　　シナリオ：ネヴィル以外の全員が試験に合格した。
　　　　Susan　Even **Sebastian** passed the exam.
　　　　（スーザン　**セバスチャン**でさえ試験に合格した。）

フォコニエの分析では、セバスチャンがグループの中で試験にもっとも合格しそうにない成員ではない（ネヴィルがもっとも低い）ので、スーザンの発話は容認不可能であると予測すると思われる。もちろんセバスチャンは実際に試験に合格したグループの中でもっとも合格しそうにない成員であり、そうなると、もしかしたらフォコニエの分析が救われる方法があるのかもしれない。

　対照的に、なぜ(12)は、スーがジョンをクビにすることを推意しないのか説明する段になると、その解決策はないようである。

（12）　　Even if his wife smoked, his boss would fire him.
　　　　（たとえ彼の妻がタバコを吸ったとしても、上司は彼をクビにするだろう。）

ここでは、(6)と同様に、*even* の焦点は先行節全体にあり、したがって、おそらくフォコニエは、ジョンの奥さんの喫煙がスーがジョンをクビにすることはまずない状況であるということをこの発話が伝えていると分析するだろう。しかしながら、明らかにそうではない。すなわち、たとえば、ジョンが仕事を完璧に行った場合にスーが彼をクビにする見込みの方がはるかに低いだろう。このことは、(12)の発話が、容認不可能か、あるいはいかなる状況下でもスーがジョンをクビにすることを語用論的に推意するかのいずれかを、フォコニエは予測することになることを示

唆していると思われる。ただし、明らかに実際は容認不可能でもなく、語用論的に推意することもない。

　以上、まとめると、フォコニエの分析はこれまで議論した例のほとんどをうまく説明することはできるが、(12)が深刻な問題となる。その理由は、*even* が常に焦点要素を、一連の選択肢の中でもっともありそうにないものとして特徴づけるというフォコニエの主張は正しいはずがないからである。Kay(1990)はこの問題を回避する代案を提示している。

6.7.2　情報性尺度：Kay(1990)

Kay(1990)[15] によって提案された分析はフォコニエの分析とは2つの重要な点で異なる。すなわち、(a)ケイは当該の尺度が必ずしも見込みの尺度でなければならないとは想定しておらず、(b)*even* がその焦点要素を尺度上の最低をマークするとはみなしていない。その代わり、*even* は、それが生起する文ないし節がすでにコンテクストの一部と想定される特定の別の命題より強い(つまり、より情報量がある)命題を表出することを指示するとケイは提案している(Kay, 1990, p.66)。ケイが説明に用いている情報性の概念は彼のいう「尺度モデル」によって定義づけられる。

　端的にいえば、この考えにおける尺度モデルは少なくとも2つの順序集合 X と Y、および X の1つの要素と Y の1つの要素から成るペアを命題に写像する命題関数から成る。たとえば、X は試着したい気持ちに応じて順序を付け、もっとも気持ちが強い人から並べられた人々の集合(たとえば {フリッツ、モーリッツ、マックス})としよう。そして、Y はズボンがどれほど魅力的かに応じて順序を付け、もっとも魅力的なものから並べられたズボンの集合としよう。この場合、尺度モデルにおける命題関数は人・ズボンのペアを命題 PERSON X TRIED ON TROUSERS Y に写像することになる。そうすると、命題 P が命題 Q を意味論的に含意するのは、Q のペアの方が P のペアより真命題を導く見込みがもっともあるペアに近い場合である。このペアは「原点」とよばれ、この場合にはもっとも気持ちが強い人ともっとも魅力的なズボンから成るペアとなろう。なぜなら、PERSON X TRIED ON TROUSERS Y という形式の命題が真となるのであれば、それはたしかに THE MOST WILLING PERSON TRIED ON THE MOST ENTICING TROUSERS にちがいないからである。Q の方が原点に近いのは、少なくとも1つの値が P の値より低く、2つの値いずれも原点より高くない場合である。言いかえると、THE LEAST WILLING PERSON TRIED ON THE LEAST ENTICING TROUSERS は THE MOST WILLING PERSON TRIED ON THE MOST ENTICING TROUSERS を意味論的に含意する。同様に、THE LEAST WILLING PERSON TRIED ON THE LEAST ENTICING TROUSERS は THE MOST WILLING PERSON TRIED ON THE LEAST ENTICING TROUSERS をも意味論的に含意するという次第である。

これを、マックスとモーリッツとフリッツ全員がズボンを試着したことを話し手も聞き手も知っているコンテクストで発せられた例(10)に当てはめてみよう。

(10)　　Even **Max** tried on the trousers.
　　　　（**マックス**でさえそのズボンを試着した。）

おそらく、前提となる尺度モデルは今述べたようになるだろう。そして、このモデルにおいて S^*(MAX$_X$ TRIED ON TROUSERS$_Y$)はあらゆる S_j(MORITZ$_Z$ TRIED ON TROUSERS$_Y$ と FRITZ$_Q$ TRIED ON TROUSERS$_Y$)を意味論的に含意する（または S^* の方がより情報量がある）のは、フリッツがモーリッツより服を試着したい気持ちが強く、モーリッツがマックスよりその気持ちが強いからである。したがって、S^* は原点にもっとも近い命題なのである[16]。

　本節の冒頭で触れたように、ケイは、*even* が、コンテクスト内にすでにある他の既出命題（「文脈命題」）より S の表出命題の方が情報量があるという情報をコード化していると考えている。言いかえると、この説明は S^* がただ１つの S_j よりも情報量があることを要求するのである。したがって、存在的分析の尺度版といってもよいと思われる。それゆえに、上で議論した存在的分析と同類の例に苦慮することが予想される。実際、シナリオ(A)におけるスーザンの発話に対して誤った予測をするだろう。この例は((B)–(D)と同様に)既存の尺度モデルで説明可能なものとして提示される。これには、(38)のようなもっとも有能な人から始まる学生の順序集合｛エイプリル、メイナード、ジューン、ジュリー、オーガスタ、セバスチャン、ネヴィル｝と、もっとも簡単なものから始まる試験の順序集合と、学生・試験のペアを STUDENT X FAILED EXAM Y という形式の命題に写像する命題関数が含まれている。そうすると、このモデルで SEBASTIAN$_2$ FAILED EXAM$_X$ の方が NEVILLE$_1$ FAILED EXAM$_X$ より情報量があるのは、ネヴィルがもっとも出来の悪い学生であり、それゆえにネヴィルが試験に落ちることが他の誰もが落ちるより真となりそうだからである。これは、(A)におけるスーザンの発話が容認可能なはずであることを意味している。なぜなら、S の表出命題(SEBASTIAN$_2$ FAILED EXAM$_X$)の方が文脈命題 NEVILLE$_1$ FAILED EXAM$_X$ より情報量があるからである。したがって、ケイはベネットとまったく同じ問題に直面すると思われる。

　しかしながら、ベネットと異なり、ケイはなぜ(B)におけるスーザンの発話が適切でないのかを説明できるかもしれない。というのも、ここで関与する尺度モデルが(問題の命題が STUDENT X **PASSED** EXAM Y という形式を有していることを除いて)上記と同じになるはずであると仮定するのは妥当と思われるからである。しかしながら、このことが意味するのは、NEVILLE$_1$ PASSED EXAM$_X$ が他の人が全員試験に合格する

ことを意味論的に含意するということである。明らかに、ここではそうではない。言いかえると、この場合に前提とされる尺度モデルはなく、それゆえにスーザンの発話は容認不可能であると思われる。シナリオ(C)もケイには何の問題もない。それでも同じ尺度モデルを想定すると、SEBASTIAN$_2$ PASSED EXAM$_X$ はコンテクストにおける他のいくつかの命題（AUGUSTA$_3$ PASSED EXAM$_X$ や JULIE$_4$ PASSED EXAM$_X$ など）より情報量があり、そのためケイはここでのスーザンの発話が適切であると正しく予測する。最後に、ケイが(D)を扱うことができるかははっきりしない。くり返しになるが、ケイによると、*even* は、S^*(NEVILLE$_1$ PASSED EXAM$_X$)が尺度上の他の命題より情報量があることを指示する。ここではたしかにそうであり、そのため *Even Neville passed the exam* というスーザンの発話は容認可能と予想されるだろう。しかしながら、このシナリオでもっともよび出される見込みのある尺度は、ネヴィルの合格が（エイプリルを含む）他の全員の合格を意味論的に含意するようなものであると思われる。したがって、当該の意味論的含意が論理的ないしは意味論的であるならば、スーザンの発話は全体として矛盾とみなされるはずだが、実際はそうではない。言いかえると、ケイは問題となる例のうち、2つは説明できるが、残りの2つは説明できないのである。

条件文の例を扱うこととともなると、ケイの分析は功罪合わせもつと思われる[17]。たとえば、ケイの分析は、メアリーはピーターと結婚するつもりがないことを(6)が推意するのは、前提とされる尺度モデルが S^*(IF PETER$_X$ WERE THE LAST MAN ON EARTH, MARY$_Y$ WOULDN'T MARRY PETER$_X$)が尺度上で**もっとも**情報量がある命題で、したがって IF X, MARY$_Y$ WOULDN'T MARRY PETER$_X$ という形式の他のすべての命題を意味論的に含意するようなものと想定される場合に限ることを正しく予測するだろう。しかしながら、ケイの分析に関してそのような解釈（*even* が断固として尺度の極値をマークするとみなされない）を強要するものはない。この例の代替説明では、尺度モデルにおける他の唯一の命題（つまり、表出命題ほど情報量がない文脈的に利用可能な命題）が IF PETER$_X$ WEREN'T THE LAST MAN ON EARTH, MARY$_Y$ WOULDN'T MARRY PETER$_X$ となるだろう。これによって、なぜ MARY$_Y$ WOULDN'T MARRY PETER$_X$ がここで推意されるのかが説明されるだろう。しかしながら、なぜ尺度にはこの2つの命題のみ含まれなければならないのか、あるいは PETER$_X$ WERE THE LAST MAN ON EARTH が PETER$_X$ WERE NOT THE LAST MAN ON EARTH より多く有している特質はどのようなものかは必ずしもはっきりしない。

ケイは、なぜ(12)がその帰結節を推意しないのかを説明する方が容易であると思っているようである。こう言えるようになるのは、S^*(IF JOHN$_X$'S WIFE SMOKED, JOHN$_X$'S BOSS WOULD FIRE HIM)が前提とされる尺度モデルでもっとも情報量のある命題ではなく、ただ単に文脈的に利用可能な他の命題（たとえば IF JOHN$_X$ SMOKED,

JOHN$_X$'S BOSS WOULD FIRE HIM)より情報量がある場合である。同様に、ケイなら、なぜ(9)がジョンの上司が彼をクビにすることを推意しないのかを説明できるだろう。表出命題(IF JOHN$_X$ DRANK JUST A LITTLE, JOHN$_X$'S BOSS WOULD FIRE HIM)が文脈的に利用可能な他の命題(たとえば、IF JOHN$_X$ DRANK A LOT, JOHN$_X$'S BOSS WOULD FIRE HIM)より情報量があることが even によって指示されるのである。このことから言えることは、明らかに、ジョンの上司がどんな場合にも彼をクビにするということにならないということである。しかしながら、これらすべての例の説明は、何が尺度モデルの一部と理解されるのか、とりわけどの文脈命題が扱われているのかに左右されることが決定的であることに注意してほしい。Kay(1990, p.63)が想定するのは、尺度モデルに聞き手と話し手の共有知識の一部である一連の命題が含まれ、文脈命題が「すでにコンテクストに存在しているものと理解される(Kay, 1990, p.66)」ことである。しかしながら、ケイは、話し手が共有知識の一部と想定するのはどの命題なのかを聞き手がどのように導き出すのかについてほとんど何も述べていない。

　まとめると、Fauconnier(1975)と Kay(1990)の尺度的分析は、いかなる純粋な存在的分析や純粋な全称的分析よりも例全般を説明する見込みがあると思われる。しかしながら、どちらの分析もあらゆるタイプの例を扱うことができるわけではない。フォコニエとケイ(そして、実際にここで議論してきた分析を行った他の理論研究者)が苦慮する主たる理由は、even の意味を特定の状況での even 文の解釈を導き出すのに語用論がそれほど大きな役割を果たすわけではないというように分析しようとしていることである。しかしこれまでみてきたように、語用論的要因をまったくなしで済ますことはできないのである。つまり、ベネットとフランチェスコッティは語用論的に決定される近隣文とより包括的な1つの真性に拠っており、ライカンの量化の領域(特定の状況で期待されること)は語用論的に決定されなければならないし、同じことがバーカーの全称量化命題 S_u にも当てはまり、さらにフォコニエの尺度もケイの尺度も少なくとも部分的には語用論的に決定されなければならないのである。こういった観察を考慮すると、語用論が even 発話の解釈に果たす役割をこれらの理論研究者の誰ひとりとして明示的に認めておらず、ましてや理論的に真っ当な分析を試みないのは驚きに値するだろう。

　次節以降で、even の意味の尺度的分析を提案する。この分析は、フォコニエとケイの研究に負っているが、同じくらい多くを Sperber and Wilson(1986/1995)の関連性理論という語用論的枠組みに負っている。

248

6.8 *Even* の手続き的尺度分析 [18]

6.8.1 推論による語用論的含意の尺度

尺度性に関する限りフォコニエとケイにならいながら、関連性理論の観点で分析を
行い、*even* は(41)のような手続きをコード化していることを提案したい。

(41)　　S^* が、*even* の焦点要素が異なる少なくとも 1 つの想定(S_j)を含む尺度の極
　　　　値にあり、S^* の真性が尺度上のすべての想定を顕在的ないしはより顕在
　　　　的にするようなコンテクストで S^* を処理せよ。

Sperber and Wilson(1986)の定義に基づき、ある想定が特定の時に個人にとって顕
在的なのは、そのときその個人が想定を表示し、それを真ないしはおそらく真と受
け入れることができる場合でありその場合に限るということを思い出してほしい。
これが意味するのは、*even* 発話を用いて表出命題が真であると伝達する話し手は、
どんな S_j も同じコンテクストで真の可能性があることも指示しているということ
である。言いかえると、関与する尺度は Sperber and Wilson(1986)が考えるような
語用論的含意の尺度であるということである。もしこの分析が正しければ、発話に
even を用いて表出命題を伝達する話し手は、S^* といかなる S_j を伝達するだけでな
く、S^* によって S_j が顕在的ないしはより顕在的になることを保証する文脈想定を
も伝達していることになる。

　このことを(10)を例に用いて説明しよう。手続き(41)によると、*even* は表出命
題($\textsc{Max}_\textsc{x}$ tried on trousers$_\textsc{y}$)を顕在的ないしはより顕在的にする想定の尺度の極
値にあることを指示している。

(10)　　Even **Max** tried on the trousers.
　　　　（**マックス**でさえそのズボンを試着した。）

発話(10)はマックスがそのズボンを試着したことを実際に伝達する、つまり話し
手がそれを真と考えているということを指示するので、いかなる S_j も真であると
話し手が信じていることを推意することにもなる。上で暗示したように、マックス
がズボンを試着したことが真であることにより、他の人も試着したという想定が顕
在的ないしはより顕在的になると考える理由が話し手にあるにちがいない。これ
は、マックスがいかなる服も試着したがらないので、彼がそのズボンを試着したこ
とが他の人も試着した見込みが高いことを意味するような想定であろう。定石通
り、聞き手は、*even* の使用によって推意される想定の尺度とその尺度を許可する

文脈想定をよび出し、あるいはこれを構築する際、関連性理論による解釈ストラテジーに従う。つまり、聞き手は尺度をよび出し、あるいは構築するのに最小の労力の道筋をたどり、関連性の期待が満たされたところで解釈を止めるのである。したがって、聞き手がどの S_j（そしていくつの S_j）とどのような文脈想定を推論するのかは、概ね聞き手にとって何が容易によび出し可能なのか、どの程度の認知効果を期待しているのか次第である。たとえば、マックスがモーリッツとフリッツと一緒に衣料品店に行き、マックスが試着を嫌がることから、マックスのどんな服の試着もモーリッツとフリッツもそれを試着したことを十分示すことになることを知っている聞き手は、(42)–(44)の想定を含む尺度と(45)の文脈想定を容易によび出すことができるだろう。この文脈想定は、(42)の真性が他の2つの想定を顕在的ないしはより顕在的にすることを保証するのである。

(42)　Max$_X$ TRIED ON TROUSERS$_Y$

(43)　FRITZ$_Z$ TRIED ON TROUSERS$_Y$

(44)　MORITZ$_Q$ TRIED ON TROUSERS$_Y$

(45)　MAX$_X$ IS MORE RELUCTANT THAN MORITZ$_Q$ OR FRITZ$_Z$ TO TRY ON ANY GARMENT

言いかえると、マックスがそのズボンを試着したことだけでなく、モーリッツとフリッツも試着したことも、マックスはモーリッツとフリッツより試着したがらないということも話し手が伝達していると、聞き手が理解する可能性は極めて高い。

　一方、もし聞き手がマックス（そしてあとの2人）について何も知らなければ、そのズボンを試着した人が他にいることと、マックスがそのズボンを（あるいはおそらく他のいかなる服も）それほど試着したがらないかもしれないこと以上に特定的なことは何も推論しないだろう。なぜなら、マックスがズボンを試着したいかなる状況においても他の誰かが試着したにちがいないと信じる理由が話し手になければならないからである。以下で、この分析が例全般をどのように説明することができるかを示す。まず、問題となる(A)–(D)の場合から始めよう。

　筆者の分析は、(A)のスーザンの発話が想定されるシナリオで適切でないことを正しく予測するだろう。

(A)　　　シナリオ：全員が試験に落ちた。
　　　　Susan　?Even **Sebastian** failed the exam.
　　　　（スーザン　?**セバスチャン**でさえ試験に落ちた。）

250

ここでは、この事実をよく知る聞き手は Sebastian$_2$ failed exam$_X$ と Neville$_1$ failed exam$_X$ だけでなく Augusta$_3$ failed exam$_X$, Julie$_4$ failed exam$_X$ ... April$_7$ failed exam$_X$ も含む想定の尺度をよび出す見込みがもっとも高い。問題は、Sebastian$_2$ failed exam$_X$ がそのような尺度の極値にないこと、つまりこの状況では発話によってネヴィルが試験に落ちたことが顕在的ないしはより顕在的になるだけで、他のいかなる人も落ちたという想定は顕在的ないしはより顕在的にならないということである。言いかえると、このシナリオでもっとも容易によび出し可能な尺度は、*even* によって指示されるようなものではないということである。そうすると、尺度の厳密な性質と内容は語用論的に推論されるだけであり、言語的にコード化されていないので、状況に見合うように尺度を調整することが理論上は可能なはずである。しかしながら、Sebastian$_2$ failed exam$_X$ が極値にある尺度に至るには、聞き手は Neville$_1$ failed exam$_X$ 以外の他のすべての想定を捨てなければならないだろう。想定されるシナリオにおいて、これは 5 つの想定を捨てることを意味するが、5 つすべてがすでに話し手に顕在的なのである。このことは聞き手に極めて大きい処理労力を課すことになるように思われ、したがって *even* を含む発話が容認不可能と感じるのである。

　シナリオ(B)におけるスーザンの発話はやや異なる理由で問題となる。

(B)　　　シナリオ：エイプリルとメイナードとネヴィルだけが試験に合格した。
　　　　Susan　?Even **Neville** passed the exam.
　　　　（スーザン　?**ネヴィル**でさえ試験に合格した。）

ここでの問題は、当該の学生グループをよく知る聞き手なら誰でも、推意される尺度に Neville$_1$ passed exam$_X$ に始まり April$_7$ passed exam$_X$ までと中間の可能性をすべて含む一連の想定が含まれると想定することである。これが妥当なのは、全員の試験に合格する見込みに基づいて、ネヴィルが合格したいかなる状況でも、他の人もすべて合格したと思われるからである。したがって、ネヴィルが合格したと話し手が伝達することが、他の人もすべて合格したと聞き手に結論づけさせるだろう。しかしながら、与えられたシナリオではそうではない。言うなれば、スーザンの発話はそのことを推意すると理解されるだろう。もし聞き手がエイプリルとメイナードとネヴィルだけが合格したことを知っていれば、スーザンの発話は容認不可能となる。もし知らなければ、スーザンの発話から、ネヴィルとグループの他の人がすべて合格したと推論するだろうという点で著しく間違った解釈に至るだろう。このことは、筆者の分析が、*even* の「存在的」分析で問題となる例を扱うことができることを意味する。では、「全称的」分析で問題となるシナリオ(C)と(D)も

第 6 章　*Even* と *even if*　251

扱えることを明らかにしよう。

　全称的分析に対して(C)が引き起こす問題は、全員が試験に合格したわけではな
かったとしても、スーザンの発話が適切となることである。

(C)　　　シナリオ：ネヴィル以外の全員が試験に合格した。
　　　　Susan　Even **Sebastian** passed the exam.
　　　　（スーザン　**セバスチャン**でさえ試験に合格した。）

筆者自身の分析は、スーザンの発話が適切であるために全員が試験に合格したこと
を要求しないのは明らかなはずである。*Even* が指し示すのは、SEBASTIAN$_2$ PASSED
EXAM$_X$ が想定の尺度の極値にあり、その結果、尺度上の他のすべての想定が顕在
的ないしはより顕在的になるということだけである。そうすると、学生グループを
よく知る聞き手は、NEVILLE$_1$ PASSED EXAM$_X$ が、SEBASTIAN$_2$ PASSED EXAM$_X$ をはじ
めとする他のすべての想定を顕在的にするような想定であり、ここでのスーザンの
発話の表出命題が NEVILLE$_1$ PASSED EXAM$_X$ を含む尺度の極値にはないことがわかる
だろう。もっとも容易により出し可能な尺度の極値にない命題を表出するものを話
し手が選んで発するという事実は、聞き手に、話し手が極値にある命題を主張する
ことができないか、もしくはしたくないかのいずれかであると想定させることにな
るだろう。つまり、聞き手は、ネヴィルが試験に合格しなかったが他の人は全員合
格したと結論づけることになりそうである。スーザンの発話が容認可能なのは、
SEBASTIAN$_2$ PASSED EXAM$_X$ がもっとも強い想定、つまり NEVILLE$_1$ PASSED EXAM$_X$ を
含まない想定を容易により出しうる尺度があるからである。

　最後に、シナリオ(D)におけるスーザンの発話も、全員が試験に合格したわけで
はないにもかかわらず容認可能である。

(D)　　　シナリオ：エイプリル以外の全員が試験に合格し、エイプリルは釈然とし
　　　　　　　　　ない理由で落ちた。
　　　　Susan　Even **Neville** passed the exam. So, I can't understand why April didn't.
　　　　（スーザン　**ネヴィル**でさえ試験に合格した。だから、なぜエイプリルが
　　　　　　　　　合格しなかったのか理解できない。）

上述したように、学生グループのことをよく知っている聞き手がエイプリルが試験
に落ちたことを知らなかったとして、ここでのスーザンの発話の前の部分から（エ
イプリルをはじめとする）全員が合格したと結論づけ、聞き手を誤解させないために
は第 2 文によって明示的に釈明される必要があると筆者は考えている。ライカン

の分析の問題は、そのような釈明が矛盾という結果になるはずだが、実際にはそうならないということである。筆者の分析では、聞き手はおそらくエイプリルが試験に合格したと最初に結論づけるだろうが、この想定は矛盾なく取り消されうる推意にすぎないとなるだろう。このことが、*even* の使用の結果として推意が生じるという事実にもかかわらず言えるのは、*even* が推意そのものを**コード化している**のではなく、聞き手がその推意を導出しやすくするように単にコンテクストに**制約を課す**からである。顕示的な釈明によって聞き手は、APRIL7 PASSED EXAMX を含む尺度からそれを含まない尺度へと、よび出された想定の尺度を結果的に変更するだけである。シナリオ(A)とは異なり、*even* のコード化された意味とは整合しないもっとも容易によび出し可能な尺度から整合する尺度へ移行することは、聞き手がもっともよび出し可能性の高い尺度の極値にある1つの想定を捨てることだけを要求するのである。これによって必要とされる処理労力は、発話を容認不可能にするほどではないと思われる。

このように、これまでのところ、筆者の *even* によってコード化された手続きの分析が非条件文の例全般を扱うことができることを示してきた。残されていることは、*even-if* 条件文の特性が説明できること、さらにどのように説明できるのかを示すことである。

まず、(6)について考えてみよう。これは帰結節が真であるという強い語用論的含意を伝えている。

（6）　Even if you were the last man on earth, I wouldn't marry you.
　　　　（たとえあなたが地球上最後の男になったとしても、私は結婚するつもりはない。）

定石通り、*even* が指し示すのは、聞き手が、表出命題(IF PETERX WERE THE LAST MAN ON EARTH, MARYY WOULDN'T MARRY PETERX)の真性によって尺度上の他のすべての想定が顕在的ないしはより顕在的になるような尺度の極値にあるというコンテクストの中でそれを処理するということである。そうすると、他にどのような想定が尺度上にありうるのかを確かめるのは比較的容易である。IF MARYY WERE IN LOVE WITH SOMEONE ELSE, MARYY WOULDN'T MARRY PETERX から IF MARYY COULDN'T STAND PETERX, MARYY WOULDN'T MARRY PETERX までいかなる想定も考えられる。しかしながら、IF PETERX WEREN'T THE LAST MAN ON EARTH, MARYY WOULDN'T MARRY PETERX が(6)の表出命題の真性によって顕在的ないしはより顕在的にされるようなコンテクストをよび出すことも比較的容易である。もし男性が地球上最後の男の場合、そうでなければ女性が結婚を考えなかった男と結婚する（あるいはする

はずである）という文脈想定は、結婚や生殖によって人類を救うことについての従来の考え方をわかっている人なら誰でもよび出すことが比較的容易である。この文脈想定は、IF PETER$_X$ WERE THE LAST MAN ON EARTH, MARY$_Y$ WOULDN'T MARRY PETER$_X$ がメアリーはピーターが地球上最後の男である場合でも結婚するつもりがないという想定を顕在的ないしはより顕在的にするような尺度を許可する。言いかえると、（6）のメアリーの発話は、ピーターが地球上最後の男であろうがなかろうが、メアリーが彼と結婚するつもりがないことを含意するということである。

　上述したが、ジョンの上司がどれほど異常に厳格かを議論しているシナリオにおいてジルが（12）を発するなら、ジョンがクビになることを含意しているとは理解されないだろう。

(12)　　Even if his wife smoked, his boss would fire him.
　　　　（たとえ彼の妻がタバコを吸ったとしても、上司は彼をクビにするだろう。）

くり返すことになるが、*even* の使用は、表出命題（IF JOHN$_X$'S WIFE SMOKED JOHN$_X$'S BOSS WOULD FIRE JOHN$_X$）が想定の尺度の極値にあり、その真性が尺度上の他のいかなる想定も顕在的ないしはより顕在的にすることを指示する。そうすると、IF JOHN$_X$'S WIFE DIDN'T SMOKE, JOHN$_X$'S BOSS WOULD FIRE JOHN$_X$ が表出命題（IF JOHN$_X$'S WIFE SMOKED, JOHN$_X$'S BOSS WOULD FIRE JOHN$_X$）によって顕在的ないしはより顕在的になるコンテクストを見出すのはあまり容易ではない。つまり、ジョンの妻がタバコを吸う場合にスーがジョンをクビにするいかなる状況でも、ジョンの妻がタバコを吸わない場合にスーがジョンをクビにすることはあり得ないのである。その代わり、このコンテクストで表出命題によって顕在的ないしはより顕在的になる想定の範囲には、IF JOHN$_X$ SMOKED, JOHN$_X$'S BOSS WOULD FIRE JOHN$_X$ や IF JOHN$_X$ DRANK, JOHN$_X$'S BOSS WOULD FIRE JOHN$_X$ のような想定が含まれるだろう。言いかえると、話し手はジョンがクビになることを伝達していると聞き手が理解するのが正当化されることはないということである。

　この 6.8.1 節では、*even* の意味の手続き的分析を提案した。この分析は Fauconnier（1975）と Kay（1990）の尺度的分析を手掛かりとしてはいるが、関連性理論の観点からとらえている。筆者は、この分析が例全般、つまり *even* だけを含む例も *if* と結びつく例も説明することができることを例証していると思う。筆者自身の分析が本質的には尺度的であることから、本分析とフォコニエとケイの分析の決定的な違いを指摘することは価値があろう。

254

6.8.2 尺度的分析間の区別

本章で議論した分析すべての中で、筆者自身の分析は Fauconnier(1975) にもっとも近い。フォコニエと同様に、*even* は、表出命題が尺度上の他のすべての想定を語用論的に推意するような尺度の極値にあることを指示すると考えている。筆者の分析が関連性理論的に表され、フォコニエの分析はそうではないことに加え[19]、2つの分析間の唯一の本質的な違いは、フォコニエが尺度を見込みの尺度でなければならないとしていることである。言いかえると、フォコニエは、表出命題から S_j への推論を許可する文脈想定を「表出命題は真でありそうにないので、その真性が他のすべての想定の真性を推意する」というような想定に限っている。このため、6.7.1 節で議論したように、フォコニエは、なぜ (12) が容認可能で、ジョンの上司がジョンをクビにすることを推意しないのかを説明することが困難である。6.8.1 節で示唆したように、筆者自身の分析がこの問題に直面することはない。これは (41) の手続きが、S^* が真でありそうにない命題であることを要求するのではなく、単にどんな理由であれ、尺度上の他のすべての命題を推意するようなものであればよいからである。

筆者の分析と Kay(1990) の違いはより顕著である。6.7.2 節で観察したように、ケイの分析は性質的には Bennett(1982) と Francescotti(1995) の存在的分析に近く、一方筆者自身の分析は Lycan(1991, 2001) のような全称的分析に近い。このため、ケイが (A) と (6) の例を扱うことには問題があるが、筆者にはない。また、ケイが (D) を分析するのが困難だとみなす理由は、ケイの尺度が語用論的含意ではなく意味論的含意の尺度であるからである。

したがって、まとめると、筆者の分析は Fauconnier(1975) と Kay(1990) によって提案された分析と尺度的性質は共有しているものの、ここで挙げた例をより完全に扱えるようになる側面が決定的に異なっている。さらに、筆者は *even* 発話の解釈の際 (もちろんあらゆる発話に当てはまるが) 語用論が果たす中心的役割を明示し、文脈想定と S_j のよび出し可能性がどのように *even* 発話の容認性と解釈に影響しうるのかを克明に説明しようとしてきた。このような根拠に基づき、6.8.1 節で提案した分析の方がここで議論した他の分析より好ましいはずであると主張する。しかしながら、他の分析と同様に、筆者自身の分析への反例となるかもしれない例が少なくとも1つある。

6.8.3 反例と思しき例

筆者が提案した分析が、考察した他のすべての分析と共有するのは、適切な *even* 発話には少なくとも1つの S_j が存在しなければならない (かつ真でなければならないかまたはそのいずれか) という仮定である。ただ実際には、この一致した見解に疑義

を投げかける例がある。たとえば、多くの話し手・聞き手にとって(46)のスーザンの発話は記述されたシナリオの中で完全に容認されると思われる[20]。

(46)　　シナリオ：ネヴィル以外に誰も試験に合格していない。
　　　　Susan　Even **Neville** passed the exam, so I can't understand why no-one else did.
　　　　（スーザン　**ネヴィル**でさえ試験に合格したんだから、なぜ他の誰も合格しなかったのか理解できないよ。）

この種の例が本当に容認されるなら、少なくとも1つのS_jの真性が、発話時に話し手と聞き手に共有される背景想定でなければならないと仮定する分析にだけ問題を呈するのではなく、筆者自身の分析にも問題となると思われる。何といっても、筆者の主張は、*even* が Neville_1 PASSED EXAM_X の真性が少なくとも1つのS_jを顕在的ないしはより顕在的にすることを指示すると述べているからである。しかしながら、これは、S_jの真性が前提されるという要求ほど強くないということを注記しなければならない。事実、スーザンは、(46)の発話をする際に、Neville_1 PASSED EXAM_X の真性がネヴィル以外の人も合格したという想定を顕在的ないしはより顕在的にすると実際に信じていると論じられるだろう。ただこの特定のシナリオでは、その推論が行われないことをスーザンは知っているのである。実際のところ、なぜネヴィル以外の人が合格しなかったのか理解できないとスーザンが述べているというまさにこの事実が、ネヴィルが合格したのならそれ以外の人も合格したとスーザンが期待するであろうということを指示している。

　実際のところ、同じような状況が、(47)のような非平叙文の *even* 発話に当てはまる[21]。

(47)　　Did even **Neville** pass the exam?
　　　　（**ネヴィル**でさえ試験に合格したの。）

これまで議論してきた分析の理論研究者の誰も、平叙文発話以外の発話における *even* の使用について考察した人はいない。そのような発話には真理条件がなく、それゆえに表出命題の真性が必要とされないことから、理論研究者の多くは非平叙文の場合を簡単に説明できないように思われる。事実、同じ問題がおそらくアイロニー発話や他の非字義的発話にも生じるだろう。このような場合すべてにおいて、S^* の真性が適切な発話に要求されないことは確かであり、その上どんなS_jも真でなければならないことは疑わしいのである。筆者の分析はこの種の例を問題なく説

明できると考えている。

定石通り、*even* の使用は、表出命題（Neville₁ passed examₓ）の真性が尺度上の他の想定を顕在的ないしはより顕在的にするような語用論的含意の尺度の極値に表出命題があることを指示する。例(47)とそれに対応する平叙文(48)との唯一の違いは、後者が表出命題を伝達し、それゆえに尺度上の他の想定をも顕在的ないしはより顕在的にすることである。

(48)　　Even **Neville** passed the exam.
　　　　（**ネヴィル**でさえ試験に合格した。）

一方、(47)は表出命題を伝達せず、したがって他の想定を顕在的ないしはより顕在的にすることはない。しかしながら、*even* の使用によって話し手は、表出命題が、真であるとすれば、尺度上の他のどんな想定をも推意することを伝達しているのである。このように考えると、(41)の手続きは、修正することなく例全般を分析できるのである。

本章ではこれまで、*even* に関する文献の多くを再検討し、最終的に筆者自身の分析を提案し擁護した。この分析が議論した他の分析よりもすぐれていると信じている。本書の結章に行く前に、譲歩表現と譲歩的解釈の問題に戻ろう。

6.9　譲歩性再訪

4章の冒頭で、譲歩ないしは譲歩的解釈の概念を定義することをまず試み、次にこの定義に基づき *but*、*although*、*even if* といった特定の表現の意味分析を試みることによって得られることはさほど多くないと論じた。その代わり、そのような表現の言語的意味を分析することから始め、次にしかるべき一般化が有意義かどうかを確かめるべきであると論じた。これまで *but*、*although*、*even if* の分析を提案し議論してきた今、少なくとも暫定的に一般化することができるはずである。

これまでの文献[22]における合意は、「譲歩」ないしは「譲歩的」関係が成立するのは、発話（より一般的には談話の一片）が先行談話によって生じる何らかの期待を否認する場合であると思われる。4章から6章の3つの章において、*but* は網羅的とはいえないまでも、かなりの例で期待否認を指示すると解釈され、一方 *although* と *even if* はそれとは異なった方法でよりよく分析されることを示したと筆者は考えている。それゆえに、「譲歩」という概念は、この「合意」に基づく定義では、これらのどの表現の言語的意味もとらえることはできないのである。

しかしながら、*but*、*although*、*even if* には共通項がある。すなわち、いずれも、

先行談話によって生み出される**期待**と同じくらい強い、あるいは確定的なことの否認ではないにしても、ある程度否定ないしは否認の概念を含む意味をもっているのである。*But* の場合、否認は直接的だが、これは *but* の指示がまさに否認であるからである。*Although* の場合には、否認は間接的である。というのも、*although* は聞き手が推論を保留することを指示し、この保留は推論が行われれば至るであろう結論の否認に帰するものとみなされるからである。

　Even if と否認を結びつけるのは、さほど直接的ではない。筆者が *even* を、表出命題(S^*)の真性によってあらゆる S_j が顕在的ないしはより顕在的になるような少なくとも 1 つの「近隣」命題 S_j を含む尺度の極値に S^* があるコンテクストで、その発話が処理されなければならないということをコード化していると分析したことを思い出してほしい。たとえば、(49)の *even if* 発話では、*even* の使用が指示するのは、表出命題(IF NEVILLE$_X$ STUDIES ALL NIGHT, NEVILLE$_X$ WILL FAIL EXAM$_Y$)が IF P, NEVILLE$_X$ WILL FAIL EXAM$_Y$ という形式の命題を少なくとも 1 つ顕在的ないしはより顕在的にするということである。

（49）　　Even if I study all night, I'll fail the exam.
　　　　　（たとえ一晩中勉強しても、試験に落ちるだろう。）

上述したように、表出命題(IF NEVILLE$_X$ STUDIES ALL NIGHT, NEVILLE$_X$ WILL FAIL EXAM$_Y$)から尺度上の他の想定(IF P, NEVILLE$_X$ WILL FAIL EXAM$_Y$)への推論を許可する想定がなければならない。この例(や他にも数多くある同じような例)において、許可する想定の妥当な候補は、IF X FAILS AN EXAM IN CIRCUMSTANCES IN WHICH ONE WOULDN'T EXPECT X TO FAIL, X WILL FAIL THE EXAM IN OTHER CIRCUMSTANCES TOO のようなものになるだろう。言いかえると、表出命題は聞き手にとって顕在的かもしれない想定、つまり一晩中勉強する人は、目下勉強している試験に合格するだろうという想定を否認するだろう。しかしながら、この否認は *even* によってコード化されたものではないことに注意してほしい。なぜなら、単に *even* の意味と整合する数あるタイプのコンテクストの 1 つで否認が生じるだけだからである。言いかえると、*even-if* 発話はその表出命題が話し手にとって顕在的かもしれない想定を否認することを意味するコンテクストで解釈されることが多いかもしれないが、常にそうだとは決して限らないのである。

　これまでの議論は、*but* と *although* 対 *even if* との間の興味深い重要な違いを浮き彫りにする。*But* と *although* の場合、2 つの節があり、そのうちの 1 つが(直接的であれ間接的であれ)他方の節の推意を否認ないしは削除するとみなされる。一方、*even if* の場合、2 つの節の結合が先行節を帰結節の否定と結びつける想定を否認す

258

るかもしれない。しかしながら、*even-if*発話が否認と解釈される場合、それが*but*ないしは*although*を含む発話と似ているのは、2つの想定のうち片方だけがいかなるときにも成立するという期待を正当化する想定を背景にして、2つの想定が同時に(潜在的にも現実的にも)成立するものとして提示される点である。ここで、もし「譲歩」関係ないしは「譲歩的解釈」のようなものがあるとすれば、それは次のようなことではないかと筆者は考えている。つまり、話し手が、明示的に伝達する想定のうち1つだけがいかなるときにも成立しうるという帰結を正当化する文脈想定と共に、2つの想定が同時に真であることを(明示的に)伝達しているということである。しかしながら、この定義が、*yet*、*still*、*nevertheless*、*though*などのようなさらに広い意味での「譲歩的」表現の分析に対して興味深い一般化に通じ、かつ可能な出発点以上のものを提供するとは考えていない。最終的には、今後これらの表現についてそれ自身の分析が今後なされなければならないということである。*Even-if*発話に関して本質的に譲歩的なものは何もないということが、この見解のさらなる帰結である。つまり、譲歩的解釈とは、単に*even*の意味と*if*の意味に整合するある範囲の解釈の1つにすぎないということである[23]。

これが「譲歩」表現*but*、*although*、*even if*の議論の結論である。このような表現を例に取り、関連性理論という認知的アプローチがいわゆる「非真理条件的」表現をどのように扱うことができるのかを示してきた。あとは本書の主要な論点をまとめ、そのもっとも重要な主張を強調するだけである。これを結章で行うことにする。

結章

　本書の前半の焦点は、伝統的な真理条件的観点でとらえられない意味をもつ有意味な言語表現の現象にあった。ここで論証したのは、(a)真理条件という概念は言語表現の分析を行う際に必要な道具でも十分な道具でもなく、(b)「真理条件的」表現タイプと「非真理条件的」表現タイプの意味論的区別のようなものはないという2点であった。それに代わって、言語的意味はスペルベル＆ウィルソンによる関連性理論によって提案された認知的観点から分析されるべきであるということを主張した。このアプローチに基づくと、言語的意味タイプ間に2つの認知的区別が存在する。すなわち、概念的表現は心的表示に写像し、手続き的表現は心的操作への制約をコード化している。3.6節で示したように、「非真理条件的」と目されるすべての表現が概念的・手続き的区別のいずれか一方の側に当てはまるわけではない。つまり、概念的情報をコード化するものもあるが、大半は手続き的情報をコード化しているのである。本書の後半では、「非真理条件的」表現の部分集合、すなわち「譲歩表現」の but、*although*、*even if* について検証し、いずれも手続き的観点から分析した。

　この結章では、まず関連性理論の言語的意味論への認知的アプローチが、概念的・手続き的区別を手にしたことで、1章で議論した合成性と意味論的無垢の基準を満たすかどうか、そしてどのように満たすのかについて考察する。次に、3.3.3節での観察に加えて、手続き的意味の本質についてさらなる一般化が行えるのかどうかを問い、手続き的意味についての研究が実りをもたらすと考えられる将来への展望を述べて終わることにする。

意味論的無垢、合成性、認知

　1章で論証したが、言語的意味論に対する真理条件的(そして実際には真性に基づく他の)アプローチが合成性と意味論的無垢を同時に維持することができないのは、真理条件が常に文脈依存的だからである。言いかえると、言語的意味に対する真理条件的アプローチは、複合表現の意味が構成素の意味と結合の仕方によって完全に決定されるという原則(合成性)と、与えられた表現のいかなるものも、その言語的意味はあらゆるコンテクストを通して一定であるという原則(意味論的無垢)の双方

を維持できるわけではないということである。

　合成性と文の意味は真理条件であるという主張を維持しながら、表現の言語的意味を真理条件への貢献と同一視することは、意味論的無垢を犠牲にすることになる。実際、*he* や *today* のような表現はコンテクストによって真理条件への貢献が異なるのである。同時に、表現の真理条件への貢献がコンテクストを通して一定であると主張する（したがって意味論的無垢を維持する）ことは、文の意味（つまり、文の真理条件）を合成性により分析することを不可能にする。たとえば、*he* によってそれが生起する発話の真理条件に「ある男性」が常に与えられるなら、(1)のメアリーの発話の（言語的意味と思われる）真理条件は、もはや部分の意味（つまり真理条件への貢献）と結合の仕方によって完全に決定されることはないのである。

（1）　*Peter*　Where is Jack?
　　　　Mary　He's on his way.
　　　　（ピーター　ジャックはどこにいるの。
　　　　　メアリー　彼なら帰宅途中よ。）

1.4 節で、言語的意味に対して真理条件によるアプローチよりむしろ認知的コード化によるアプローチの方が、意味論的無垢も合成性も維持することを可能にすることを示唆した。今や筆者は関連性理論的アプローチがこれをどのように行うのかを説明する立場にある[1]。

　この説明の基盤は、言語的意味が真理条件的観点ではなく認知的観点でとらえられるという事実である。すなわち、関連性理論的アプローチによると、言語表現の意味は概念表示か手続きであり、一方文の意味は構造的概念表示であり、これに手続きが付随しているのである[2]。この全体像が与えられれば、言語表現（概念的か手続き的、あるいはその双方であろうが）の、生起する文の意味に対する貢献がコンテクストを通して一定であると述べることに関して問題となることは一切ない。たとえば、*he* という語は常に文の意味に同じ手続き（言ってみれば「ひとりの男性の指示対象を見出せ」のようなもの）を付与し、*bachelor* という語は常に文によってコード化される論理形式に概念 BACHELOR を付与する。同じように、文の意味は構成素と結合の仕方によって完全に決定されると述べることも何ら問題ない。要するに、文の意味は真理条件ないしは命題よりかなり不完全で抽象的なものであるということである。

　合成性と意味論的無垢の問題を述べてきたが、真理条件的言語意味論に取って代わる関連性理論の意味論について、とりわけ手続き的意味について述べるべきことがまだもう少しある。では、それについて考えよう。

結章 261

手続き的意味

手続き的意味の本質についてより綿密な観察を行うことが可能になるのは、手続き的意味をもつ表現が数多く分析された場合に限ると 4.3.2 節で述べた。4 章から 6 章で、3 つの異なる言語表現 but、although、even の手続き的分析を提案した。3 つの手続きを (2)–(4) に再掲する。

（2） *but*
後続する内容 (つまり Q) を顕在的想定の否認として処理せよ。

（3） *although*
削除されることになる結論へと導く、後続する内容 (つまり P) からの推論を保留せよ。

（4） *even*
S^* が、even の焦点要素が異なる少なくとも 1 つの想定 (S_j) を含む尺度の極値にあり、S^* の真性が尺度上のすべての想定を顕在的ないしはより顕在的にするようなコンテクストで S^* を処理せよ。

これらの手続きを比較することによって、手続き的意味の本質についてこれまでより少しは多くのことを述べることができるはずである。

But と *although* がコード化している手続きが共通に有していることは何かについて理解するのは比較的容易である。どちらも本質的に、話し手が聞き手に発話の**推意**を導出する際にいかなる推論の道筋をたどるよう意図しているのかを指示している。すなわち、but も although も伝達の非明示的側面に影響を与えていることは確かである。

一方 even は事情がやや異なると思われる。話し手が聞き手にどの推論の道筋をたどるよう意図しているのかを聞き手に指示しているというより、話し手が聞き手に発話を処理するよう意図しているコンテクストを構成する想定の性質と範囲を指示している。少なくとも原則的には、文脈想定へのこの制約は**推意**だけでなく**表意**の導出に含まれる推論プロセスに影響を及ぼす。しかしながら、このことが even に当てはまるかどうかは明らかではない。たとえば (5) において、even がそれを含む発話の表出命題に違いを作り出すことができるように思われるという 3.6.7 節で行った考察を思い出してほしい。

（5）　Mary was annoyed that John even ate the cake.
　　　（メアリーはジョンがケーキさえ食べたと苛立った。）

　語用論的プロセスの帰結が表意に至ろうとも推意に至ろうとも、そのプロセスで役割を果たすコンテクストに even が制約を課すという事実は、明示的ないしは非明示的伝達に影響を及ぼす even の柔軟性を説明することになるかもしれない。

　まとめると、4章から6章で提示した分析は手続き的意味の2つの異なるタイプの存在を指摘する。すなわち、推論の道筋を際立たせる手続きと文脈想定を際立たせる手続きが存在するということである。もちろん推論の道筋と文脈想定は互いに独立して存在するわけではない。特定の推論の道筋をたどることは必然的に一定の範囲の文脈想定をよび出すことに関与し、特定の範囲の文脈想定をよび出すことは個人に推論の一定の道筋をたどらせ、他の道筋をたどらせないことになる。言いかえると、2つのタイプの手続きに共通するのは、Blakemore(1987)によって予測されたように、発話の意図された解釈を導出することに関わる推論プロセスに制約を課し、これにより話し手が意図しなかった推論の道筋をたどるという不必要な処理労力を聞き手にかけないということである。But と although が、特定の推論のルートを指示することによって直接的に推論プロセスに制約を課すのに対し、even は特定の文脈想定を他のものよりも、よりよび出し可能にすることによって推論に間接的制約を課す。あらゆる手続き的意味がこの2つのカテゴリーのいずれかに当てはまるかどうかを今後の研究でみるのは興味深いことだろう。

　少なからず興味をそそるさらなる問いは、論理演算子 ¬、&、∨、→ に相当する自然言語の not、and、or、if ... then のコード化された意味は何か、それらが概念的・手続き的枠組みにどのように適合するのかということである。さらに、論理形式の統語論・意味論のインターフェイスレベルに関する重要な問いがいくつかある。たとえば、1つの発話がコード化する論理形式がいくつあるかを何が決定するのか、また実際のところ関連性理論による解釈ストラテジーにとって1つの発話ないしは処理単位を構成するのは正確には何なのか。この問いは、手続き的意味が語用論的推論にいかに制約を課すのかを完全に理解するには重要な問いである。最後に、4章から6章で示されたように、but、although、even は、**推意**の復元に帰結する推論プロセスに制約を課す。一方、代名詞(もしかしたら発語内的不変化詞と態度不変化詞も)によってコード化された手続き的意味は発話の論理形式からその**表意**を導く推論プロセスに制約を課しているが、その手続きの本質はさらに研究する価値があると思われる。このような2種の「機能的に」異なる手続き的意味の類似点と相違点を研究することは、最終的には手続きのコード化一般と発話処理におけるその役割の理解を深めることになるだろう。

263

注

第1章　言語的意味と真理条件

1　実際、真理条件という概念にまったく関わらない理論は多くはない。Iten(2000a)で議論したように、Anscombre and Ducrot(1986)による論証理論(Argumentation Theory)はその数少ないうちの1つである。

2　最終的には「真理条件的」・「非真理条件的」区別が言語的意味のタイプを区別する妥当な方法ではないことを主張するつもりなので、非真理条件的という表現にこれ以降もかぎ括弧を用いていく。

3　言いかえると、筆者は、真理条件的かどうかに関係なく、意味論を言語的にコード化された意味と、語用論を推論的に派生される意味と同等にとらえている。これは関連性理論における標準的な意味論・語用論の区別である。これが意味論と語用論の区別に対する他のアプローチとどのように比較されるかの議論については、Carston(1999a)を参照のこと。

4　合成性と意味論的無垢が真性に基づく枠組みでの解釈は、後の章で採用される認知的アプローチ内での解釈とは異なる。この問題に関するより深い議論については、Powell(2000, 2002)を参照のこと。

5　フレーゲの見解は第2章でより詳細に議論する。

6　ただし、注1で言及したAnscombre and Ducrot(1986)の反対意見に注意のこと。Ducrot(1993)はこの見解をとりわけ明確に表明している。

7　実際に指示される実体が女性であるということがこの文の真性への必要条件かどうかについては疑問が残る。その実体が女性と見られる、あるいは表示されるべきであるという方がより正確なように思われる。(船や車やコンピューターが *she* で指示されることを考慮すること。)

8　これは多くの理論研究者によって共有される仮定であるが、異議を唱える注目に価する研究者もわずかにいる。たとえば、Cappelen and Lepore(2004)やBorg(2005)はこの種の文は、話し手がその発話によって伝達しようと意図した内容と同じでない完全命題を表出するという立場を採っている。このような立場は後でより詳細に議論する。

9　この例、および本書を通じて、下付きの「x」や「y」などは当該概念が特定の個人または対象物の1つであることを指し示すために用いる。たとえば、Sue_x はある特定の人の概念であり、単にSueと呼ばれるならだれでもよいというわけではない。小型大文字は命題(後に概念表示とみなされるべきと論じる)と言語形式(本文中ではイタリックで表され、番号の付いた例では表されない)を区別するために

用いる。

10 もちろん、これに疑義を唱え、指標辞を含む文がコンテクストに関係なく真理条件を与えられると主張することもできるだろう。たとえば、(7)が真となるのはある女性がチョコレートを好きである場合でありその場合に限ると主張してもよいだろう。Carston(2002, pp.61-64)はこの見解について2つの考え方を詳細に議論している。1つ目は、she のような指標辞は「ある女性」という内容を表す命題に貢献するというもので、一方2つ目は、これは指標辞のコード化された意味によって単に意味論的に含意されているというものである。この見解の2つの考え方への説得力のある反論についてはカーストンの議論を参照のこと。ただし、その反論についてここではこれ以上追求しない。

11 これ以上複雑にならないようにするために、さしあたりこれらの例のいくつかで指標辞の果たす役割についてはこの程度にしておく。

12 筆者が気づく限り、このアプローチを実際に採っている人は誰もいない。筆者は完全を期してそれに言及しているだけである。

13 このことはすべての文脈依存表現に当てはまるが、例外の可能性があるのは、いわゆる「純粋」指標辞、つまり I、here、now である。純粋指標辞と他の種類の指標辞の区別に関して後ほどより詳細に述べる。

14 Gross(1998/2001, 3章)では、意味的言語能力の真理条件理論が自然言語の広範な文脈依存性を説明することができるかどうか、そしてどのように説明できるのかについて詳細に考察されている。彼も自然言語の意味論に対する真性に基づくアプローチがこのような事実を適切に扱うのは極めて困難であるという結論に至っている。

15 ここでの議論は、ある特定の言語表現がその主文の真理条件的内容に影響を与えるかどうか、さらにはどのように影響を及ぼすのか、必ずしも簡単に述べることはできないという事実を曲げることになる。この難しさと可能な解決方法は、3章にて詳細に論じる。

16 詳細な議論は Powell(2000, 2002)を参照のこと。

17 本節で取り上げるこれ以降の例では、可能な限り議論の対象になっている言語的要素が見分けやすいようにイタリックで表記する。〈訳者注：日本語訳には下線を引く。〉

18 フレーゲ、グライス、そして最近では Wilson(unpublished a)などを参照のこと。

19 定冠詞 the は「非真理条件的」意味の好例であるかもしれない。Powell(2000, 2001)を参照のこと。確定記述のトピックは複雑で、本書の話の流れの中で、十分扱うことはできない。だからこそ、本書ではあえて取り上げない。

20 筆者は、より適切な語がないので request を使っている。命令文のすべての用法が要求という行為を構成すると主張してもいないし信じてもいない。

21 疑問文に関する限り、このことは修正が少し必要である。Yes-no 疑問文だけが完全命題を表出し、wh 疑問文が表出する命題は不完全である。

注 265

22 文副詞全般に関する詳細な議論は、Ifantidou(2001)にある。

23 このような不変化詞がそもそも言語体系の一部をなしているのかはっきりしない。言いかえると、そもそも不変化詞にコード化された言語的意味があるのかがはっきりしない。しかし、もしコード化された意味があるのなら、不変化詞の意味は明らかに「非真理条件的」であり、このため本書ではこのカテゴリーに分類している。この問題についてのさらに詳しい議論は Wharton(2000; 2003a, b)を参照のこと。

24 なぜ、ここで *huh* が *eh* と同じカテゴリーに分類されているかは、すぐには明らかではないかもしれない。というのも *huh* は話し手が発話の命題内容から距離をおいていることを指示しているようにみえるからである。したがって、*eh* や *huh* は話し手が発話の表出命題を伝達していないことを指示する特徴を共有しているといえよう。たとえば *eh* の場合、その命題が質問されているのに対し、*huh* の使用はその命題が賛成できない、あるいは馬鹿げているものとして提示している。

25 この言明は 3.6.7 節で修正されるか、少なくとも異議を唱えることになる。

26 Bach(たとえば 1994, 1999)はこのことに同意しないだろう。バックによると、ここで議論したような連結語は、「言われていること」、つまりその連結語が生起する発話の真理条件的内容の一部である。彼の見解は 2 章でより詳細に議論する。

27 Blakemore(2000, 2002)に、*but*、*however*、*nevertheless* の類似点と相違点について興味深い議論がある。

28 4 章と 6 章で、アプリオリな自然類としての譲歩連結語というものはないと論じる。ここで用いられている便宜的なラベルは、便宜的以上のものではない。

29 この類の副詞を「真理条件的」か「非真理条件的」かのいずれに分類するという問題は、真理条件的分析を与える Lycan(1984)のような研究者もいれば、「非真理条件的」に扱う Urmson(1963)のような発話行為論者もいるという事実によって、脚光を浴びることになる。

第 2 章 「非真理条件的」意味への諸アプローチ

1 フレーゲの「思考」という概念のより詳細な説明は後述する。

2 Miller(1998, p.33)が指摘しているように、フレーゲの思考という概念が主観的なものでも心理的なものでもないということを理解することは重要である。これに則ると、思考とは抽象的実体である。

3 フレーゲにとって概念とは値が常に真理値である関数であることに注意すること(Miller, 1998, p.15)。

4 真理条件という概念とそれに関する直感についてのさらなる議論に関して、3.5 節を参照のこと。

5 たしかにこのことは yes/no 疑問文に当てはまるように思える。しかしながら、1 章で言及したように、wh 疑問文の場合、その関係命題は不完全であり、それゆえ

266

に完全な真理条件が与えられないという言い方がよいだろう。

6 この点は間違いなくフレーゲの説明が妥当である。ただ、すべての理論研究者が
これに同意するわけではないことを 4 章で見る。

7 ここの *mean* が *refer to* として理解されなければならないのは、ドイツ語の原典か
ら明らかである。

8 このことは、しばしば文が真か偽かがわからずに文の意味がわかることを考慮す
れば、かえってもっともであるように思われる。

9 *Yesterday* は「純粋指標辞」という特別種の一例であり、1.5.1 節で簡潔に議論し
た。議論の簡素化のために、ここでは *he* や *she* ではなく *yesterday* を例として用い
ている。

10 すべてのいわゆる純粋指標辞についてもいえるが、このことは *yesterday* のまさに
すべての使用に当てはまるわけではない。たとえば、直接引用や比喩的使用で
は、*yesterday* は発話の前日以外の日を(あるいはより長い期間さえも)指し示すこ
とがある。たとえば(i)(ii)はその例である。

(i) Mary said: 'I drank far too much yesterday'.
    (メアリーは「昨日かなりの量を飲んだ」と言った。)

(ii) Yesterday, all my troubles seemed so far away.
    (昨日、すべての悩みがどこかへ行ってしまったようだった。)

11 カプランはこの 2 つの案のうちどちらの方がよいかについては言及していない。
個人的には、第 1 案の方が第 2 案よりも魅力的であると思う。その理由は、第 1
案であれば 2 種類の妥当性、つまり(真性の点から定義される)論理的妥当性と(情
報限定化の点から定義される)表現的妥当性が区別できる可能性が残されるからで
ある。

12 非平叙文は例外であるという可能性もあるが、これについてカプランは議論して
いない。

13 Stalnaker(1974/1991)はこのことに同意しないであろう。Stalnaker(1974/1991,
p.475)によると、「意味論的な視点からは、前提と意味論的含意は平行する、相容
れない意味関係である。A が B を前提とするのは、A とその否定の双方が B を必
然的に伴う場合でありその場合に限る。一方、A が B を意味論的に含意するの
は、A が B を必然的に伴い、その否定は伴わない場合でありその場合に限る」(下
線はストルネーカーによる)。この見解によると、意味論的含意と前提は相互排他
的であることになる。

14 指標辞はこれに対する例外となる可能性がある。たとえば、*he* の使用は指示対象
が男性であることを論理的に前提としていると少なくとも考えられる。とはい
え、1 章の注 7 で述べた疑問に注意のこと。

15 ある種の前提の語用論的概念のはじまりに関する同様の論旨については Wilson
(1975)を参照のこと。

16 下付きの *x* は、特定の野原が指示されていることを示している。

注　267

17　Recanati(1987, pp.258–260)を参照のこと。

18　これは、（コード化され、そして推論された）真理条件的内容プラスコード化され
た「非真理条件的」内容に相当するものになることに注目するべきである
（Recanati, 1987, p.248 を参照のこと）。

19　現時点では、この意味において Recanati(1987)は明示的な遂行表現を発語内効力
を指示する手立てとみなしていないことに注意することが重要である。Recanati
(1987)によると、明示的な遂行表現を含む文の発話は、間接的には遂行表現に
よって記述される発話内行為の遂行であるにすぎない。

20　もちろん、これは疑問法がコード化していることを単純化しすぎてはいるが、当
座の目的としてはこれで十分である。疑問文の扱いに関する詳細は、3.6.3 節を参
照のこと。

21　Lycan(1999, pp.108–112)は、この定義立ての企ては失敗に終わる運命にあること
を納得のいくかたちで論じている。グライスは最終的には、話し手の意味(speaker
meaning)だけが文と語の意味を説明できるという考えを破棄せざるを得ず、結果
的には、伝統的な真理条件的意味理論に至るのである。

22　ここで問題となる但し書きは、グライスが「言われていること」を「意味されて
いること」の一部としてとらえているということである。したがって、発話の表
出命題がことごとく「言われていること」としてみなされるわけではない。たと
えば、アイロニー発話や John is a lion といったようなメタファー発話の表出命題
は、「言われていること」とはみなされない。というのは、この表出命題は当該発
話の話し手の意味することの一部ではないからである。

23　Grice(1968/1989, pp.118–119)はこの 2 つの行為にしか言及していないが、質問を
するという発話行為もまた中心的発話行為とみなしていると思われる。

24　Blakemore(2000; 2002, p.48)が指摘していることだが、発話行為の概念を「付加
(adding)」のようなものに適用することに違和感を覚える。Rieber(1997)はグラ
イス学派の考える、付加や説明、対比といった非中心的発話行為が直面する問題
のいくつかを克服する慣習的推意に関する代案を提案している。しかしながら
Blakemore(2002, pp.49–53)は、リーバーが「非真理条件的」連結語の意味の妥当
な分析を提案するのに成功していないと指摘している。

25　グライスが指標辞の言語的意味をどのように分析したいと考えていたのかは明ら
かでない。

26　グライス自身が高次の発話行為によって慣習的推意を分析していることを考慮す
ると、バックが高次の発話行為によって数多くの表現の意味を分析しながら、同
時に慣習的推意のような概念に対して反論するのはやや不可解である。したがっ
て、バックの立場の主旨は、グライスの慣習的推意の場合におけるほんの一部
が、実際には「言われていること」の一部であるということである。

27　Neale(1999, p.58)もまたこのような考察を行っている。But の解釈可能な範囲に関
する詳細な議論は、本書の 4 章を参照のこと。

268

28 次章で触れることになるが、Bach(1999)も Neale(1999)も、別々にこの結論に
至っている。

29 ここでの議論では Anscombre and Ducrot(1983, 1986, 1989)の論証理論への言及は
省略している。この理論は真理条件的枠組みの中に「非真理条件的」言語的意味
を適合させることから始め、急進的「非真理条件的」アプローチとして終わって
いる。徹底的な議論については Iten(2000a)を参照のこと。

第3章　関連性理論と「非真理条件的」意味

1 新情報が既知情報と相互作用することができる方法にはより多くの方法があるの
はもっともなことだろう。たとえば、新しい情報が、文脈含意の喚起、既存想定
の強化、または既存想定の矛盾と削除というより、記憶の中に蓄積されている既
存情報の再構築に通じることも考えられる。誰かを気分よくさせるといった、よ
り感情的な効果のタイプのものもありうる。しかしながら、上述したこの3種の
効果は通常文献の中で引用されているものである。

2 「聞き手(hearer)」と「話し手(speaker)」は、「受信者(addressee)」と「伝達者
(communicator)」という少々窮屈な語の代わりとして用いている。筆者は正真正
銘の話し手と同様に、書き手や非言語的伝達者を指示するために「話し手」とい
う語を使用している。少しの違いを考慮に入れれば、同じことが「聞き手」と
「受信者」の語の関係にも当てはまる。

3 これはウィリアム・バトラー・イェイツの詩 No Second Troy の最後の2行である。
この詩をアイルランド人であることを示すよい例として勧めてくれたことに対し
て、アン・ゴールデンに感謝したい。

4 (7)のジョアンの発話は Searle(1965/1996, p.115)の例と極めて似ている。サール
の例では、第2次世界大戦中にイタリア軍に捕らえられた1人のアメリカ人兵士
が、自分がドイツ人将校であるとイタリア人兵士たちに信じさせるために Kennst
du das Land, wo die Zitronen blühen?(レモンの木の花が咲く土地を知っているか)
と発する。サールが論じているように、アメリカ人兵士が、Kennst du das Land,
... という発話によって、自分がドイツ人将校であると非自然的に意味していると
みなされるべきではない。たとえグライスによるその概念の定義が、アメリカ人
兵士が非自然的に意味していると予測したとしてもである。実際、この兵士がこ
のことを非自然的に意味したと述べることに何か不都合なところがあるとは筆者
は思わない。結局、自分がドイツ人将校であることを自分自身の発話でイタリア
人兵士たちに伝達することが彼の意図なのである。この種の例は、非自然的意味
によって言語的意味を説明しようとするときにのみ、真に問題となる。この企て
が遭遇する御しがたい問題についての優れた概説は Lycan(1999, pp.108–113)を参
照のこと。筆者が言いたいのは、非自然的意味について真性が何であれ、うまく
いけば(7)の発話によってジョアンは自分がアイルランド人であることを意図明示

的に伝達するのと同じように、アメリカ人兵士は自分がドイツ人将校であること
を意図明示的に伝達したということである。グライスの非自然的意味の概念と、
関連性理論の意図明示的伝達という概念間の相違についての詳細な議論は Wharton(2003b)を参照のこと。

5　Sperber(1994a)が議論しているように、この関連性の期待がどのような伝達行為
であれ、正確にどのようなものかは、話し手の能力と好みに関する聞き手の想定
をはじめとして、数多くの要因次第である。

6　関連性理論の枠組みによる、話し手が伝達しようと意図していることを聞き手が
どう計算するかに関するより詳細な分析は Wilson and Sperber(2002)を参照のこ
と。

7　実際、このような語用論的推論を遂行するシステムは、Fodor(1983)のインプッ
トモジュールの機能的または構造的な特徴のすべてを保持するわけではないこと
が議論されてきた。しかしながら、この語用論的推論過程は比較的迅速、かつ領
域特定的であることから、別の見方では「モジュール的」と論じることもできる
（詳細は Sperber, 1994b を参照のこと）。語用論的過程がモジュール的かどうか、
そしていかなる点でモジュール的かという問題は筆者のここでの関心事の中心で
はなく、これ以上追求しない。

8　伝達されたことは完全命題でなければならない。というのは、話し手が命題断片
的内容にどのように情報意図と伝達意図をもちうるのかを理解するのは困難だか
らである。

9　ブレイクモアは時に異なった言い方をしている。すなわち、*so* は、後に続くもの
がコンテクスト内のよび出し可能な想定から引き出される結論であることを指示
すると述べている。明らかに、(17)において(a)の表出命題は(b)のコンテクスト
におけるそのようなよび出し可能な想定であろう。この言いかえは、*so* が発話の
冒頭で発せられた場合、つまり *so* によって導かれる発話の前に伝達されるものが
何もない場合に有用である。

10　概念的言語的意味の意識へのよび出し可能性に関してここで述べていることは、
Recanati(1993, p.246)による、言語的（文の）意味は意識へ直接よび出すことはでき
ないとの主張と正反対のように思われる。この不一致は、ルカナティが文の意味
全体を考えていることから生じているだけで、表面的なものかもしれない。文の
意味全体は、手続き的意味を含んでいるということが避けられないから、全体と
して意識によび出されない。言い方を変えれば、この不一致はより深いところに
あるものかもしれない。文の言語的意味が「非常に抽象的」であると主張してい
るルカナティは、（筆者は間違っていると思うが）すべての言語的意味を手続き的
にみているのかもしれない。

11　この例は、概念表示は真理判断可能であり、（たいていの）言語表現は概念表示を
コード化するという主張が、事実上の言語表現の意味についての真理条件的分析
にならないということをも例証しているというべきであろう。1章で提示したよ

270

うに、言語的意味の真理条件的分析は、文に真理条件を付与しうるという仮定に拠るものである。文が真特性をもつ概念表示をコード化しているという主張はこの仮定には拠らない。次の例が示すように、明らかに非命題的表現でさえもここで意図されている意味で真理判断可能である。

(i) 　[C is clearly looking for her glasses]

　　A 　On the table.

　　B 　That's not true — they're in your bag.

　　（[C は明らかに自分のメガネを探している]

　　　A 　テーブルの上だよ。

　　　B 　そうじゃない、君のバッグの中だよ。）

12 　これはやや単純化しすぎたものである。実際のところ、メアリーはおそらく SUSAN$_X$ has been to Munich recently のようなことを伝達していると思われる。スーザンが人生のある時点で（赤ん坊のときにでも）ミュンヘンに行ったことがあるということをメアリーが伝達したと理解されることはあり得ない。

13 　上の注 8 を参照のこと。

14 　もし、注 12 で示唆されるように、メアリーが明示的に伝達することが SUSAN$_X$ has been to Munich recently のようなことであれば、該当する論理形式の発展には指示付与とともに拡充も含まれるだろう。

15 　この発話行為記述そのものは、部分的に（統語論的倒置の）コード解読によって、部分的に語用論的推論によって導出されることに注意してほしい。非平叙文タイプの関連性理論による扱いについては後でより詳しく述べる。

16 　そのような概念が関連性理論の立場で必要とされるかどうかは 3.5 節のトピックである。

17 　Sperber and Wilson (1998, pp.193–194) と Wilson and Sperber (2002, p.609) を参照のこと。

18 　ルカナティにとっては、「発話によって言われていること」＝「発話の（直感的）真理条件的内容」であることに注意してほしい。より最近の研究で、Recanati (2001b, 2003) は最小限の「言われていること」と最大限の「言われていること」の概念を区別している。最小限の概念には言語的に要求される語用論的プロセス、つまり、ルカナティのいう「飽和 (saturation)」（大雑把にいうと、指示付与）のプロセスのみの結果が含まれている。最大限の概念とは言われていることの初期の概念と同じもの、つまり発話の直感的な真理条件的内容であり、これは飽和と自由拡充によって得られる。

19 　利用可能性原理の詳細な議論は Carston (2002, pp.166–169) を参照のこと。Carston (2002, pp.191–197) はスコープテストとそれに関係する問題も議論している。

20 　Neale (1999, p.56) と Bach (1999, p.345) はどちらも、そのような発話の真理条件に関する直感は人によって大いに異なると指摘している。彼らのアプローチについては後ほど詳しく述べる。

注 271

21 この条件は必要不可欠である。なぜなら、動詞 kiss を含む発話によって伝達された概念は、必ずしもコード化された KISS であるとは限らないからである。すなわち、1 章で述べた bachelor の例と同様に、伝達された概念は、コード化された概念が語用論的に調整されたものになるかもしれない。

22 2.5.4 節で議論したように、指標辞はバックの IQ テストの問題点も浮き彫りにする。Bach (2001) によると、発話によって「言われていること」は言語的にコード化されていることプラス狭いコンテクスト(話し手や発話時など)によってのみ決定され、このレベルでは話し手の意図はこの中に含まれない。バックの説明によると、she の言語的意味は「ある特定の女性」であり、この場合指示付与には話し手の意図が重要なので(she は純粋指標辞ではないので)、「ある特定の女性」は「言われていること」に現れるものとなるにちがいないというのである。ゆえに、IQ テストが正しければ She likes chocolate as Joan said that a certain female likes chocolate (ある特定の女性はチョコレートが好きだとジョアンが言ったから、その女性はチョコレートが好きだ)というジョアンの発話を報告できるはずである。明らかに、これは発話を適切に報告しておらず、IQ テストの結果はバックによる代名詞 she (およびその他の非純粋指標辞)の分析とは整合しない。

23 明らかに、これは主節の法標識のみに当てはまる。概して従属節はそれ自体の高次表意を有していない(ただし、5.4.2 節を参照のこと)。

24 再びもち出すが、失語症が有力な証拠になると思われる。もし失語症患者が笑顔やしかめ面、間投詞を解釈し産出できる一方で、明らかな言語的項目はできないのであれば、間投詞は言語的でないという仮説が支持されるだろう。逆に、間投詞が明らかな言語的項目と同じ側に分類されるなら、それ自体はおそらく言語的なものといえるだろう。

25 ここでの説明は、焦点について極めて漠然と特徴づけたものである。焦点に関連する現象の関連性理論の枠組みによる詳細な議論は、Sperber and Wilson (1986, pp.202–217) を参照のこと。

26 ここで取り上げた一連の例は、ロビン・カーストン(個人談話)に負っている。

第 4 章　否認、コントラスト、訂正：but の意味

1 くり返すことになるが、Bach (1999) が、少なくともところどころで、譲歩的表現のいくつかを「言われていること」に貢献するものとして扱っているという点で例外的である。

2 たいていの例(おそらくすべてといっていいが)では、even though は解釈の違いを生み出さずに although と交換可能である。本書のこれ以降では、特記しない限り、although を用いたどの例も even though を用いても同等にうまく機能するものと考えていく。

3 このことは、文献の中で、分類法による多くの試みによって例証されている(たと

えば、Quirk et al., 1972、Halliday and Hasan, 1976、Mann and Thompson, 1986, 1988、Hovy and Maier, 1994、Rudolph, 1996、Bell, 1998)。

4　Mann and Thompson(1986)や下記で示される証拠を参照のこと。

5　以下のような全称量化と結びつく *but* の「例外」の使用はここでは扱わない。

   (i)　Everyone but Bill came to the party.
     （ビルを除くだれもがパーティーに来た。）

6　文献を通じて、P と Q は統語論的節と表出命題の双方を表すものとして使われる。筆者はこの章および次の 2 つの章で、この慣例に概ね従う。その言語的要素と表出命題との間の違いが決定的であるところでは常に、筆者は意味されることを明示的に述べる（全体として、P と Q はそういった状況において統語論的節を表すのに取っておき、一方、命題には異なるラベルが使われる）。

7　当然のこととして、Blakemore(1987, p.138)は、*but* の「コントラスト」使用も想定の否認に関わると論証している。このことから、Foolen(1991, p.84)は、Blakemore(1987)がコントラスト *but* の期待否認 *but* への収斂を主張していると結論づけている。後に Blakemore(1989)はこの 2 種の *but* の使用を区別したかったようだが、最新の研究である Blakemore(2002)において最初の立場に戻っている。

8　くり返しになるが、そのような読みは可能ではある。たとえば、*the onions are fried* は他のものすべても炒められているだろうということを推意すると理解されるだろう。

9　実際に A & D(1977, p.39)は、この条件を、P *mais*$_{SN}$ Q を発することが結局のところ単一の発話行為の遂行となる一方で、P *mais*$_{PA}$ Q の発話は 2 つの別々の発話行為の遂行に関わるものであるという主張に言いかえている。Blakemore(1989)の *but* の分析は、4.8.1 節で議論することになるが、この主張を追従している。

10　Carston(1996b, pp.322–325)のメタ言語否定の見解によれば、（現実世界の描写であれ、可能世界の描写であれ）発話の命題内容に異議を唱えるためにメタ言語否定が使用されていることには驚くべきことは何もない。しかしながら、Carston(1999b, p.379)が「エコー」否定として「メタ言語的」と「メタ概念的」の 2 種を区別していることは注目したい。前者は形式の側面に異議を唱えるために使用され、後者は内容の側面について異議を唱えるときに使用される。そのため、カーストンはここでの否定を「メタ言語的」というよりは「メタ概念的」であるものとして記述することになろう。

11　これ以降、筆者は多義性と語彙的あいまい性の間の違いをほとんど無視する。こうする理由は、認知的観点から、いくつか区別される意味をもつ 1 つの語彙項目があると主張するのか、あるいは複数の異なる同音異義語があると主張するのかは、実際にはほとんど違いがないと思われるからである。つまり、両者とも意味であれ語彙項目であれ、複数の項目が心的辞書に蓄積されていることになる。同

時に、多義性の場合、異なった意味を関係づける共有された核となる意味がなければならない。多義語のすべての意味を結びつける核となる意味が1つなければならない限り、多義性の分析は同音異義語を想定する分析とはいうほどの差異はない。ほぼ完全な語用論的観点からの多義性の議論については Papafragou(2000) を参照のこと。

12 *Aval* と *ela* については Dascal and Katriel(1977)を参照のこと。

13 もちろん挙げられた多くの英語の例と同様に、この発話が完全に容認される解釈がある。たとえば、B が翌日までに課題を終わらせなければならないが、A が B に終わらせるのは不可能だと言ったというシナリオなら、B は期待否認を表明しようとして *but* を用いて(54)を発することができるだろう。つまり *it's impossible* は B がこの課題を終わらせようとしないことを推意し、その一方で *it's necessary* は B が終わらせようとすることを推意するだろう。

14 対応する英語の例とは異なり、この文はどのようなコンテクストにおいても容認されない。

15 筆者はこのことが(24)にさえも当てはまると論証したい。(i)のシナリオを考えてみよう。

(i)　*A*　If your sister here, or another close relative, co-signs, you can get a loan.
　　　B　That is not my sister but my mother.
　　　(A　ここにいらっしゃるお姉さんかご親族の方が連帯保証人になれば、お金が借りられますよ。
　　　　B　姉ではなく母です。)

ここでは両方の解釈が同時に適用されるかもしれない。第1節はそこにいる女性が連帯保証人になれないことを推意する一方で、第2節はなれることを推意する。同時に、B はそこにいる女性が B の姉〈訳者注：原文では A's sister となっているが、誤植であると思われる〉であるという A の誤った想定を明らかに訂正している。

16 しかしながら、Blakemore(2002, p.54)が観察するように、バックが(*moreover* のような)「発話修飾語(utterance modifier)」とよぶものの分析は、グライスの慣習的推意の分析と多かれ少なかれ一致すると思われる。このことはグライスの慣習的推意の概念を排除しようとするバックの試みを著しく損なうことになる。

17 Bach(1999)の「非真理条件的」意味へのアプローチについてのより詳細な議論は、前述の 2.5.4 節と Blakemore(2002, pp.53–58)、Hall(2004)を参照のこと。

18 Neale(1999, pp.58–59)の *but* の考えは、バックのものと非常に近似している。ニールもまた、*but* がコード化する「コントラスト」は漠然としたものにすぎず、特定の使用の場において語用論的に拡充されなければならないと信じている。2.5.4 節で触れたように、複数の命題を表出する単一文の問題についても、この両者は

274

一致している。

19 もちろん、素朴な意味では、*but* も *and* も共に「合成的」である。つまり、両者とも他の言語要素と結びつき文を形成する。しかし、ここで問題になっている類の合成性とは、互いに修飾しあう意味の相互作用を含んでいることが決定的である。

20 この基準が与えられるとすると、A & D の *mais* の説明もまた機能的見解としてみなされることに注目してほしい。

21 たとえば、(95)において、第1節がピーターも首都に住んでいると推意すること、すなわち *but* 節によって否認される推意として理解されるならば、*but* は容認されるだろう。このことは、もしこの例が以下のように変えられれば、より明らかになるだろう。

    A   John and Peter don't live in the same place, do they?
    B   No. John lives in Hampstead but Peter lives in Peckham.
    (A ジョンとピーターは同じところには住んでいないんだよね？
     B ええ、ジョンはハムステッドに住んでいるが、ピーターはペッカムに住んでいるよ。)

この例では、*John lives in Hampstead* は、ピーターもまた北ロンドンの高級な地域に住んでいるという想定が生じるかもしれないので、*but* は容認可能である。この想定は *Peter lives in Peckham* によって否認される。

22 しかしながら、後に触れることになるが、ブレイクモアは発話冒頭とやりとり冒頭使用の *but* も考察している。

23 伝達の観点からいえば、聞き手に顕在的ではないある想定が削除されることになることは、その想定がある時点で聞き手に顕在的になるおそれがない限り、聞き手にとっていかに関連性を有するのかを理解するのは難しい。この種の例は後に議論する。

24 Blakemore(2002, pp.110–113)は *but* の訂正使用は顕在的想定の否認をコード化しているという分析と整合するという見解に同意しているようである。しかしながら、彼女の説明はここで示したものとは明らかに同じではない。

25 これは Iten(2000b, 2000c)が *although* に対して提案している手続きと実際には同一であるとホールは指摘している。同様の分析を次章で導入し擁護していくので、筆者は *but* と *although* 間の差異に関する議論を概ね5章に残しておく。

第5章　譲歩と否認：*although* の意味

1 公平に言って、ホールは両者(*although* と *but*)の間に統語論上の違いがあることを認めている。彼女の言い分は「*although* は *but* と同じ制約をコード化している(た

だし裏返しになっているが）」(Hall, 2004)というものである。後の議論で明らかになるが、筆者は、*but* と *although* の違いはもっと深いものがあると考えている。

2 この文は容認可能な印象は与えまい。少なくともとっつきは、ピーターが天気に影響力をもっていると暗示していると思われよう（つまり、その非論理含意は「通常、もしピーターが出かけるなら、雨は降っていない」となる）。この種の例は本章のもう少し後で議論する。当座は、より容認可能なものと印象づけることになるかもしれない P と Q のこの結合の解釈のために読者に(7)を示しておきたい。

3 従属節と等位節を区別するさらなるテストについては Rouchota(1998b, pp.45–47)にある議論を参照のこと。

4 一般的に *although* が、意味の違いをもたらさずに *even though* で置きかえられることに注意してほしい。しかしながら、*even though* の使用は「直接否認」解釈をよりよび出しやすくすると思う人もいる。彼らにとって、*I need some fresh air even though it's raining* のような発話はギリギリ容認可能である。筆者は、*although* と *even though* が同意語であるかどうかの問いはしばしお預けにする。

5 しかしながら、談話の *although* と思しき使用があると思われる。(i)にみられるやり取りが観察されうることがある。

> (i) *A* This is a really nice house.
> *B* Although, I'm not sure that it's structurally sound.
> (A これは申し分なくいい家だ。
> B でもね、構造的にしっかりしているとは私には思えないけど。)

もちろん、これは運用上の間違いもしくは使用の変化といえよう。

6 たとえ譲歩性と因果性が二元的だとしても、この分析が、純粋に論理学の観点から表現されているので、関係の認知的内容に役立つかどうかは疑わしい。

7 しかしながら思い出してほしいのは、Bach(1999)が *although* を、少なくともその使用のある面については、彼の IQ テストにパスするからという理由で、言われていることに貢献するものとみなしていることである。たとえば、*John said that Peter went out although it was raining*（雨が降っていたのにピーターは出かけたとジョンが言った）というような間接引用は完全に容認される。

8 メタ言語否定の議論については Horn(1985)を参照のこと。関連性理論による再分析に関しては Carston(1996b)を参照のこと。

9 等位構造が統語論的にどうとらえられるべきかは議論の余地のある問題である。Carston and Blakemore(2005)に提案がいくつかあるので参照のこと。

10 *Peter* のような固有名詞は個々の概念をコード化するのではなく、発話の特定の場でそういう概念を補うよう手続き的に聞き手を導くという仮定のもとに、筆者は立っている。詳しくは、たとえば Recanati(1993)と Powell(1998)を参照のこと。

11 ここで並列する 2 つの文の順序を変えたのは、語用論上の非容認性を排除するた

めである。すなわち、*Peter didn't like the spinach. He ate it.* はそれほど容認可能な談
話片とはならない。

12 不必要な冗長性を避けるというグライスの精神を受けて、ここでも、これ以降も
命題を非常に簡略化して提示する。

13 もちろん、実世界の因果関係が特定の状況において成立しないという事実は、対
応する推論が保留されるべきであると話し手が指示する十分な理由になるであろ
う。このことは以下のケーニッヒの例を説明する際、決定的役割を果たすことに
なろう。

第6章 *Even* と *even if*

1 *Q, even if* P という形式の条件文と *even if* P, Q という形式の条件文とでは意味に大
きな違いはないように思われるので、この2つを区別せずに用いている。

2 例(1)と(2)にはケーニッヒの主張に反するとても自然な解釈があるということを
指摘してくれたことに対してロビン・カーストンに感謝したい。この自然な解釈
とは、ピーターがいつも雨の中出かけるような人であると話し手が伝達している
と容易に理解されるというものである。言いかえると、ケーニッヒの慣習的含意
とは正反対のことが伝達されると理解される解釈もあるということである。これ
はケーニッヒにとって明らかに問題だが、これ以上追求することはしない。なぜ
なら、これは筆者が提案する分析には何ら問題とならないからである。

3 ここで用いられている「合成性」という概念がこれまでの章で検討された概念的
合成性を超えるものに及ぶと理解されるべきであることに注意してほしい。すな
わち、ここでの「合成性」は1つ以上の手続きが発話の概念的内容に作用する場
合を含んでいるということである。

4 聞き手が、焦点がどこにあるのかをどのようにして決めるかは、音声学・音韻論
や統語論、語用論を含む説明を要する複合的な問題である。以下では、焦点化さ
れているのがどの構成素か明確であると単純に仮定し、必要な場合は焦点を常に
太字で示すことにする。

5 合成性という仮定は、発話が「譲歩的条件文」解釈を受けるためには *even* と *if* が
必ずしも隣接位置を占める必要がないという事実によって裏づけられる。たとえ
ば、*I wouldn't marry you if you were the last man on earth, even* はおそらく(6)と同じ解
釈を受ける。この点において、*even if* は *even though* と明らかに異なり、後者はお
そらく「イディオム群」として考える方がはるかに適切である。つまり、*I won't
marry you, though you're the last man on earth, even* という発話はかろうじて容認可能
であるが、*I won't marry you even though you're the last man on earth* と同じように解釈
されないのは確かである。

6 明らかな理由から Fauconnier(1975)はこれに当てはまらない。

7 注6で示唆されるように、もちろん、たとえば Horn(1969)や Fauconnier(1975)、

注 277

Anscombre and Ducrot(1976)などベネット以前の *even* の分析がある。

8　やや紛らわしいが、ベネットはこれを *even* の「スコープ(scope)」とよんでいる。

9　このような表記法は本章のこれ以降でもずっと使い続ける。ただし、筆者自身の
　分析では S^* と S_j は文というより命題を表すものとすることに注意してほしい。

10　ライカンが考察した反例の第2のタイプは(19)と同じように扱うことができ、し
　たがって筆者はここではそれについて議論しない。

11　Lycan(1991, pp.138–140)はこの例に対処するあらゆる方法を考察している。その
　うちの1つは、関連する事態の領域が第1節から第2節に調整されるというもの
　である。つまり、関連する事態に聞き手が話し手の妻を侮辱する事態が含まれる
　ことが第1節において十分想定されるかもしれないが、第2節によってそれが含
　まれないことが明らかになるということである。次の反例から生じる問題に対す
　る解決法がこの反例から生じる問題も解決するので、この可能性についてこれ以
　上詳細に議論するつもりはない。

12　S_j が断言されなければならないと主張するとき、バーカーの分析は Anscombre
　and Ducrot(1983)を踏襲しているようにみえる。彼らはただ *P, and even Q* という
　形式の例を考察し、*even* は、同じ帰結 *R* に対して *P* より *Q* の方が強く主張され
　ていることを指示していると分析していると思われる(Iten, 2000a)を参照のこ
　と)。

13　Barker(1994)は *even-if* 条件文の「帰結節の意味論的含意問題」についてより詳細
　な分析を行っている。しかしながら、Barker(1994)で提案されている分析が本書
　で提示する分析よりどこか優れているところがあるかは筆者にははっきりしない
　ので、これについてはこれ以上議論しない。

14　これまでの議論において、筆者は、この Bennett(1982)によって最初に導入され、
　Francescotti(1995)によって採用された「より包括的な1つの真性」という概念に
　対する非常に深刻な懸念に触れずにきた。後ほどフランチェスコッティの分析に
　対する評価の折にこの懸念について言及する。

15　König(1991a, pp.69–87)は概ねケイの分析を援用し、それに彼独自の前提と慣習的
　推意の解釈のみを加えている。ただ、彼独自の2つの概念はここでの議論では重
　要ではないと思われる。

16　もちろん *the trousers* は定項とみなされる。

17　ケイ自身は *even-if* 発話を実際に考察しておらず、したがってこれ以降の議論はお
　よそ思弁的なものである。しかしながら、このような思弁的考察を行うことが重
　要であると思われるのは、*even* のいかなる分析も *if* と相互作用する *even* を扱うこ
　とができるかどうか次第であるからである。

18　Delgado(1999)は矛盾と削除によって *even* の関連性理論的(手続き的)分析を提示
　している。このアプローチに対する反論に関しては Iten(2000c)を参照のこと。

19　実際のところ、フォコニエは、尺度がどのようにおよび出されるのかについて、関
　連性理論に拠ろうが他の理論に拠ろうが、語用論的な分析を一切していない。

278

20 筆者にこの種の例に気づかせてくれたのは、ジョージ・パウエルのおかげである。

21 興味深いことに、*even* を含む命令発話の例を思いつくことの方がはるかに困難である。*Don't even think about it!*(そのことを考えることさえするな。)、*Don't even look at her!*(彼女を見ることさえするな。)、*Be kind even to Mary!*(メアリーにさえ親切にしなさい。)を提示してくれたことに対し、ロビン・カーストンに感謝したい。ただ残念なことに、なぜこのような例が他の例に比べてまれなのかについて、現時点で説明を与えることはできない。

22 たとえば、Quirk et al.(1972)、Hovy and Maier(1994)、Oversteegen(1997)、Rudolph(1996)、Mann and Thompson(1986, 1988)を参照のこと。

23 注2で言及したケーニッヒによる *even-if* 発話の解釈に関する懸念を考慮すると、これがまさに望まれる結論であるように思われる。

結章

1 この問題のもっと徹底した議論に関して、Powell(2000, 2002)を参照のこと。

2 これは3章で提示した標準的関連性理論の全体像から少し逸脱しており、標準理論は文の意味の概念的側面にのみ言及していることに注意してほしい。ここで提示した全体像はスペルベル&ウィルソンの見解と完全に整合すると筆者は考えている。

参照文献

Abraham, W. 1979. *But. Studia Linguistica* 33, 89–119.

Almog, J., H. Wettstein, and J. Perry (eds). 1989. *Themes from Kaplan.* New York: Oxford University Press.

Anscombre, J.-C., and O. Ducrot. 1976. L'argumentation dans la langue. *Langages* 42, 5–27.

Anscombre, J.-C., and O. Ducrot. 1977. Deux *mais* en français? *Lingua* 43, 23–40.

Anscombre, J.-C., and O. Ducrot. 1983. *L'argumentation dans la langue.* Brussels: Pierre Mardaga.

Anscombre, J.-C., and O. Ducrot. 1986. Argumentativité et informativité. In M. Meyer (ed.). *De la métaphysique à la rhétorique.* Brussels: Mardaga.

Anscombre, J.-C., and O. Ducrot. 1989. Argumentativity and informativity. In M. Meyer (ed.). *From Metaphysics to Rhetoric.* Dordrecht: Kluwer Academic Publishers. 71–87. English translation of A & D (1986).

Atlas, J. 1984. Comparative adjectives and adverbials of degree: an introduction to radically radical pragmatics. *Linguistics and Philosophy* 7, 347–377.

Atlas, J. D. 1989. *Philosophy without Ambiguity: A Logico-Linguistic Essay.* Oxford: Clarendon Press.

Austin, J. L. 1962. *How to Do Things with Words.* Oxford: Oxford University Press. (坂本百大訳. 『言語と行為』東京：大修館書店 1978)

Bach, K. 1987. *Thought and Reference.* Oxford: Clarendon Press.

Bach, K. 1994. Conversational impliciture. *Mind and Language* 9, 124–162.

Bach, K. 1999. The myth of conventional implicature. *Linguistics and Philosophy* 22, 327–366.

Bach, K. 2000. Quantification, qualification and context: a reply to Stanley and Szabó. *Mind and Language* 15, 262–283.

Bach, K. 2001. You don't say. *Synthese* 128, 15–44.

Bach, K., and R. M. Harnish. 1979. *Linguistic Communication and Speech Acts.* Cambridge, MA: MIT Press.

Barker, S. 1991. *Even, still* and counterfactuals. *Linguistics and Philosophy* 14, 1–38.

Barker, S. 1994. The consequent-entailment problem for *even if. Linguistics and Philosophy* 17, 248–260.

280

Barwise, J., and J. Perry. 1981. Semantic innocence and uncompromising situations. *Midwest Studies in Philosophy* 6, 387–403.

Bell, D. M. 1998. Cancellative discourse markers: a core/periphery approach. *Pragmatics* 8.4, 515–541.

Bennett, J. 1982. *Even if. Linguistics and Philosophy* 5, 403–418.

Berckmans, P. 1993. The quantifier theory of *even. Linguistics and Philosophy* 16, 589–611.

Berlin, I. et al. (eds). 1973. *Essays on J. L. Austin.* Oxford: Clarendon Press.

Blakemore, D. 1987. *Semantic Constraints on Relevance.* Oxford: Blackwell.

Blakemore, D. 1989. Denial and contrast: a Relevance Theoretic account of *but. Linguistics and Philosophy* 12, 15–37.

Blakemore, D. 1997. On non-truth conditional meaning. *Linguistische Berichte. Sonderheft* 8, 82–102.

Blakemore, D. 2000. Procedures and indicators: *nevertheless* and *but. Journal of Linguistics* 36, 463–486.

Blakemore, D. 2002. *Relevance and Linguistic Meaning: The Semantics and Pragmatics of Discourse Markers.* Cambridge: Cambridge University Press.

Blutner, R. 2002. Lexical semantics and pragmatics. *Linguistische Berichte* 10, 27–58.

Borg, E. 2005. Saying what you mean: unarticulated constituents and communication. In R. Elugardo and R. Stainton (eds). *Ellipsis and Non-Sentential Speech.* Dordrecht: Kluwer.

Burge, T. 1974. Demonstrative constructions, reference, and truth. *The Journal of Philosophy* 71, 205–223.

Burton-Roberts, N. 1989. *The Limits to the Debate: A Revised Theory of Semantic Presupposition.* Cambridge: Cambridge University Press.

Cappelen, H., and E. Lepore. 2004. Radical and moderate pragmatics: Does meaning determine truth conditions? In S. G. Szabo (ed.). *Semantics vs. Pragmatics.* Oxford: Oxford University Press, 45–71.

Carston, R. 1988. Implicature, explicature, and truth-theoretic semantics. In Kempson (1988). 155–181.

Carston, R. 1996a. Enrichment and loosening: complementary processes in deriving the proposition expressed? *UCL Working Papers in Linguistics* 8, 61–88. Reprinted 1997 in *Linguistische Berichte. Sonderheft* 8, 103–127.

Carston, R. 1996b. Metalinguistic negation and echoic use. *Journal of Pragmatics* 25, 309–330.

Carston, R. 1998. *Pragmatics and the Explicit-Implicit Distinction.* University of London

参照文献　281

PhD thesis.

Carston, R. 1999a. The semantics/pragmatics distinction: a view from Relevance Theory. In K. Turner(ed.). *The Semantics-Pragmatics Interface from Different Points of View.* Oxford: Elsevier. 85–125.

Carston, R. 1999b. Negation, 'presupposition' and metarepresentation: a response to Noel Burton-Roberts. *Journal of Linguistics* 35, 365–389.

Carston, R. 2000. Explicature and semantics. *UCL Working Papers in Linguistics* 12, 1–44. Reprinted with revisions in S. Davis and B. Gillon(eds). 2004. *Semantics: A Reader.* Oxford: Oxford University Press, 817–845.

Carston, R. 2002. *Thoughts and Utterances: The Pragmatics of Explicit Communication.* Oxford: Blackwell.(内田聖二、西山佑司、武内道子、山﨑英一、松井智子訳『思考と発話―明示的伝達の語用論』東京：研究社出版 2008)

Carston, R., and D. Blakemore(eds). 2005. *Lingua: Co-ordination: Syntax, Semantics and Pragmatics* 115(4).

Clark, W. 1991. *Relevance Theory and the Semantics of Non-Declaratives.* University of London PhD thesis.

Dascal, M., and T. Katriel. 1977. Between semantics and pragmatics: the two types of 'but'– Hebrew 'aval' and 'ela'. *Theoretical Linguistics* 4, 143–172.

Davidson, D. 1967. Truth and meaning. *Synthèse* 17, 304–23. Reprinted in Davidson(1984). 17–36.

Davidson, D. 1984. *Inquiries into Truth & Interpretation.* Oxford: Clarendon Press.(野本和幸、金子洋之、植木哲也、高橋要訳『真理と解釈』東京：勁草書房 1991)

Davis, S.(ed.). 1991. *Pragmatics: A Reader.* Oxford: Oxford University Press.

Delgado Lavín, E. 1999. *Even* as a constraint on relevance: the interpretation of *even-if* conditionals. Talk delivered at the Sixth International Colloquium on Cognitive Science, San Sebastian.

Donnellan, K. 1966. Reference and definite descriptions. *Philosophical Review* 77, 281–304. Reprinted in S. Schwartz(ed.) (1977). *Naming, Necessity and Natural Kinds.* Icatha, NY: Cornell University Press. 42–65.(荒磯敏文訳「指示と確定記述」松阪陽一編訳『言語哲学重要論文集』東京：春秋社 2013, 91–129)

Dowty, D. R., R. E. Wall and S. Peters. 1981. *Introduction to Montague Semantics.* Dordrecht: Reidel.(井口省吾、山梨正明、白井賢一郎、角道正佳、西田豊明、風斗博之訳『モンタギュー意味論入門』東京：三修社 1987)

Ducrot, O. 1980. *Les echelles argumentatives.* Paris: Minuit.

Ducrot, O. 1984. *Le dire et le dit.* Paris: Minuit.

Ducrot, O. 1993. Pour une description non-véritative du langage. *Actes du congrès de linguistique de Séoul.* 86–98.

Dudman, V. H. 1989. Vive la Révolution! *Mind* 98, 591–601.

Dummett, M. 1981. *Frege: Philosophy of Language.* 2nd edn. London: Duckworth.

Fauconnier, G. 1975. Pragmatic scales and logical structure. *Linguistic Inquiry* 6/3, 353–375.

Fillmore, C. J., and D. T. Langendoen(eds). 1971. *Studies in Linguistic Semantics.* New York: Holt Rinehart and Winston.

Fodor, J. 1983. *The Modularity of Mind: An Essay on Faculty Psychology.* Cambridge, MA: MIT Press.(伊藤笏康、信原幸弘訳『精神のモジュール形式：人工知能と心の哲学』東京：産業図書 1985)

Fodor, J. 1985. Fodor's guide to mental representation. *Mind* 94, 76–100. Reprinted in J. Fodor. 1990. *A Theory of Content and Other Essays.* Cambridge, MA: MIT Press. 3–29.［本文のページ参照は Fodor(1990)］

Fodor, J. D. 1977. *Semantics: Theories of Meaning in Generative Grammar.* Hassocks: The Harvester Press.

Foolen, A. 1991. Polyfunctionality and the semantics of adversative conjunctions. *Multilingua* 10–1/2, 79–92.

Francescotti, R. M. 1995. *Even*: the conventional implicature approach reconsidered. *Linguistics and Philosophy* 18, 153–173.

Fraser, B. 1998. Contrastive discourse markers in English. In Jucker and Ziv(1998). 301–326.

Frege, G. 1892. Über Sinn und Bedeutung. *Zeitschrift für Philosophie und philosophische Kritik* 100, 25–50. Translated as 'On sense and reference' in Geach and Black(1970). 56–78.(土屋俊訳「意義と意味について」坂本百大編『現代哲学基本論文集 I』東京：勁草書房 1986, 1–44. 黒田亘、野本和幸編『フレーゲ著作集 4 哲学論集』東京：勁草書房 1999, 71–102 に再録． 野本和幸訳「意義と意味について」松阪陽一編訳『言語哲学重要論文集』東京：春秋社 2013, 5–58)

Frege, G. 1918. Der Gedanke. Eine logische Untersuchung. *Beiträge zur Philosophie des deutschen Idealismus* 1, 58–77. Translated as 'The thought' in McGuinness(1984). 351–372.(野本和幸訳「思想―論理探求（ I ）」黒田亘、野本和幸編『フレーゲ著作集 4 哲学論集』東京：勁草書房 1999, 203–235)

Geach, P. T. 1972. *Logic Matters.* Oxford: Blackwell.

Geach, P., and M. Black. 1970. *Translations from the Philosophical Writings of Gottlob Frege.* 3rd edn. Oxford: Blackwell.

Geirsson, H., and M. Losonsky(eds). 1996. *Readings in Language and Mind.* Oxford:

Blackwell.

Green, G. 1976. Main clause phenomena in subordinate clauses. *Language* 52, 382–397.

Grice, H. P. 1957. Meaning. *The Philosophical Review* 66, 377–388. Reprinted in Grice (1989). 213–223.

Grice, H. P. 1961. The causal theory of perception. *The Aristotelean Society: Proceedings, Supplementary Volume.* vol. 35, 121–152.

Grice, H. P. 1968. Utterer's meaning, sentence-meaning, and word-meaning. *Foundations of Language* 4, 225–242. Reprinted in Grice (1989). 117–137.

Grice, H. P. 1969. Utterer's meaning and intentions. *The Philosophical Review* 78, 147–177. Reprinted in Grice (1989). 86–116.

Grice, H. P. 1975. Logic and conversation. In P. Cole and J. Morgan (eds). *Syntax and Semantics.* vol. 3, New York: Academic Press. 41–58. Reprinted in Grice (1989). 22–40.

Grice, H. P. 1978. Further notes on Logic and Conversation. In P. Cole and J. Morgan (eds). *Syntax and Semantics.* vol. 9, New York: Academic Press. 113–127. Reprinted in Grice (1989). 41–57.

Grice, H. P. 1989. *Studies in the Way of Words.* Cambridge, MA: Harvard University Press. (清塚邦彦訳『論理と会話』東京：勁草書房 1998)

Gross, S. 1998/2001. *Essays on Linguistic Context-Sensitivity and its Philosophical Significance.* Harvard University PhD thesis. Published 2001 in the series *Studies in Philosophy: Outstanding Dissertations.* New York: Routledge.

Grote, B., N. Lenke, and M. Stede. 1997. Ma(r)king concessions in English and German. *Discourse Processes* 24, 87–117.

Haiman, J., and S. A. Thompson (eds). 1988. *Clause Combining in Grammar and Discourse.* Amsterdam: John Benjamins.

Hall, A. 2003. Discourse Connectives and Cognitive Effects: The Case of *But.* University of London MA dissertation.

Hall, A. 2004. The meaning of *but*: a relevance-theoretic reanalysis. *UCL Working Papers in Linguistics* 16, 199–236.

Halliday, M. A. K., and R. Hasan. 1976. *Cohesion in English.* London: Longman.

Hermes, H., F. Kambartel and F. Kaulbach (eds). 1969. *Gottlob Frege: Nachgelassene Schriften.* Hamburg: Felix Meiner Verlag.

Hermodsson, L. 1978. *Semantische Strukturen im kausalen und konditionalen Bereich.* Uppsala: Amquist and Wiksell.

Higginbotham, J. 1988. Contexts, models, and meanings: a note on the data of semantics. In

Kempson (1988). 29–48.

Hobbs, J. R. 1978. Why is discourse coherent? Technical note no. 176, SRI International, Menlo Park.

Horn, L. 1969. A presuppositional analysis of *only* and *even*. In R. I. Binnick et al.(eds). *Papers from the Fifth Regional Meeting of the Chicago Linguistics Society.* 98–107. Chicago, IL: University of Chicago.

Horn, L. 1985. Metalinguistic negation and pragmatic ambiguity. *Language* 61, 121–174.

Horn, L. 1989. *A Natural History of Negation.* Chicago, IL: University of Chicago Press. (Horn, L. 2001. *A Natural History of Negation.* 2nd edn. Stanford: CSLI Publications.(河上誓作監訳、濱本秀樹、吉村あき子、加藤泰彦訳『否定の博物誌』東京：ひつじ書房　近刊))

Horn, L. R. 1996. Presupposition and implicature. In Lappin (1996). 299–319.

Hovy, E., and E. Maier. 1994. Parsimonious or profligate: how many and which discourse structure relations? Unpublished manuscript.

Ifantidou-Trouki, E. 1993. Sentential adverbs and relevance. *Lingua* 90, 69–90.

Ifantidou, E. 1994. *Evidentials and Relevance.* University of London PhD thesis.

Ifantidou, E. 2001. *Evidentials and Relevance.* Amsterdam: John Benjamins.

Iten, C. 1997/1998a. *Because* and *although*: a case of duality? *UCL Working Papers in Linguistics* 9, 55–76. Reprinted in Rouchota and Jucker (1998). 59–80.

Iten, C. 1998b. The meaning of *although*: a relevance theoretic account. *UCL Working Papers in Linguistics* 10, 81–108.

Iten, C. 2000a. The relevance of Argumentation Theory. *Lingua* 110, 665–699.

Iten, C. 2000b. *Although* revisited. *UCL Working Papers in Linguistics* 12, 65–95.

Iten, C. 2000c. '*Non-Truth-Conditional' Meaning, Relevance and Concessives.* University of London PhD thesis.

Iten, C. 2002. *Even* and *even if*: the case for an inferential scalar account. *UCL Working Papers in Linguistics* 14, 119–157.

Jary, M. 2002. Mood in Relevance Theory: a re-analysis focussing on the Spanish subjunctive. *UCL Working Papers in Linguistics* 14, 157–187.

Jucker, A., and Y. Ziv (eds). 1998. *Discourse Markers: Descriptions and Theories.* Amsterdam: John Benjamins.

Kaplan, D. 1989a. Demonstratives. In Almog, Wettstein, and Perry (1989). 481–563.

Kaplan, D. 1989b. Afterthoughts. In Almog, Wettstein, and Perry (1989). 565–614.

Kaplan, D. 1999. What is meaning? Explorations in the theory of 'Meaning as Use'. Brief version–draft 1, ms., UCLA.

参照文献 285

Karttunen, L., and S. Peters. 1975. Conventional implicature in Montague Grammar. *BLS* I, 266–278.

Katz, J. 1984. An outline of Platonist grammar. In T. Bever, J. M. Carroll and L. A. Miller (eds). *Talking Minds: The Study of Language in Cognitive Science.* Cambridge, MA: MIT Press. 1–33.

Kay, P. 1990. *Even. Linguistics and Philosophy* 13, 59–111.

Kempson, R. 1975. *Presupposition and the Delimitation of Semantics.* Cambridge: Cambridge University Press.

Kempson, R. (ed.). 1988. *Mental Representations: The Interface between Language and Reality.* Cambridge: Cambridge University Press.

König, E. 1985. On the history of concessive connectives in English. Diachronic and synchronic evidence. *Lingua* 66, 1–19.

König, E. 1986. Conditionals, concessive conditionals and concessives: Areas of contrast, overlap and neutralization. In Traugott (1986). 229–246.

König, E. 1988. Concessive connectives and concessive sentences: cross-linguistic regularities and pragmatic principles. In J. A. Hawkins (ed.). *Explaining Language Universals.* Oxford: Blackwell. 145–166.

König, E. 1989. Concessive relations as the dual of causal relations. In D. Zaefferer (ed.). *Semantic Universals and Universal Semantics.* Dordrecht: Foris. 190–209.

König, E. 1991a. *The Meaning of Focus Particles: A Comparative Perspective.* London and New York: Routledge.

König, E. 1991b. Konzessive Konjunktionen. In Stechow and Wunderlich (1991). 631–639.

König, E., and P. Eisenberg. 1984. Zur Pragmatik von Konzessivsätzen. In G. Stickel (ed.) *Pragmatik in der Grammatik.* Düsseldorf: Schwann. 313–332.

Lahav, R. 1989. Against compositionality: the case of adjectives. *Philosophical Studies* 57, 261–279.

Lakoff, G. 1971. The role of deduction in grammar. In Fillmore and Langendoen (1971). 62–70.

Lakoff, R. 1971. If's, and's and but's about conjunction. In Fillmore and Langendoen (1971). 114–149.

Lang, E. 1984. *The Semantics of Coordination.* Amsterdam: John Benjamins.

Lappin, S. (ed.). 1996. *The Handbook of Contemporary Semantic Theory.* Oxford: Blackwell.

Larson, R., and G. Segal. 1995. *Knowledge of Meaning.* Cambridge, MA: MIT Press.

Levinson, S. 1979. Pragmatics and social deixis: reclaiming the notion of conventional implicature. *BLS* 5, 206–223.

Levinson, S. 1983. *Pragmatics*. Cambridge: Cambridge University Press.（安井稔、奥田夏子訳『英語語用論』東京：研究社出版 1990）

Löbner, S. 1987. Quantification as a major module of natural language semantics. In J. Groenendijk et al.(eds). *Studies in Discourse Representation Theory and the Theory of Generalized Quantifiers*. Dordrecht: Foris. 53–85.

Löbner, S. 1990. *Wahr neben Falsch. Duale Operatoren als die Quantoren natürlicher Sprache*. Tübingen: Niemeyer.

Lycan, W. 1984. *Logical Form in Natural Language*. Cambridge, MA: Bradford Books and MIT Press.

Lycan, W. 1991. *Even* and *even if. Linguistics and Philosophy* 14, 115–150.

Lycan, W. 1999. *Philosophy of Language: A Contemporary Introduction*. London and New York: Routledge.（荒磯敏文、川口由起子、鈴木生郎、峯島宏次訳『言語哲学―入門から中級まで』東京：勁草書房 2005）

Lycan, W. 2001 *Real Conditionals*. Oxford: Clarendon Press.

Lyons, J. 1977. *Semantics*. vol. 1. Cambridge: Cambridge University Press.

Mann, W. C., and S. A. Thompson. 1986. Relational propositions in discourse. *Discourse Processes* 9, 57–90.

Mann, W. C., and S. A. Thompson. 1988. Rhetorical Structure Theory: toward a functional theory of text organisation. *Text* 8, 243–281.

McCawley, J. 1991. Contrastive negation and metalinguistic negation. *Chicago Linguistics Society* 19: *The Parasession on Negation*, 189–206.

McGuinness, B.(ed.). 1984. *Gottlob Frege: Collected Papers on Mathematics, Logic and Philosophy*. Oxford: Blackwell.

Miller, A. 1998. *Philosophy of Language*. London: UCL Press.

Moeschler, J. 1989. *Modélisation du dialogue*. Paris: Hermes.

Moeschler, J., and A. Reboul. 1994. *Dictionnaire encyclopedique de pragmatique*. Paris: Seuil.

Neale, S. 1992. Paul Grice and the philosophy of language. *Linguistics and Philosophy* 15, 509–559.

Neale, S. 1999. Colouring and composition. In K. Murasugi and R. Stainton(eds). *Philosophy and Linguistics*. Boulder, CO: Westview. 35–82.

Nyan, T. 1998. *Metalinguistic Operators with Reference to French*. Bern: Peter Lang.

Oversteegen, L. 1997. On the pragmatic nature of causal and contrastive connectives. *Discourse Processes* 24, 51–85.

Papafragou, A. 2000. *Modality: Issues in the Semantics-Pragmatics Interface*. Oxford: Elsevier Science.

Perry, J. 1977. Frege on demonstratives. *Philosophical Review* 86, 474–497. Reprinted in Davis(1991). 146–159.

Perry, J. 1986. Thought without representation. *Proceedings of the Aristotelian Society Supplementary Volume* LX, 263–283.

Perry, J. 1998. Indexicals, contexts and unarticulated constituents. In A. Aliseda et al.(eds). *Computing Natural Language.* Stanford, CA: CSLI Publications. 1–11.

Pollock, J. 1976. *Subjunctive Reasoning.* Dordrecht: Reidel.

Powell, G. 1998. The deferred interpretation of indexicals and proper names. *UCL Working Papers in Linguistics* 10, 143–172.

Powell, G. 2000. Compositionality, innocence and the interpretation of NPs. *UCL Working Papers in Linguistics* 12, 123–144.

Powell, G. 2001. The referential-attributive distinction – a cognitive account. *Pragmatics and Cognition* 9, 69–98.

Powell, G. 2002. Underdetermination and the principles of semantic theory. *Proceedings of the Aristotelian Society* 102(3), 271–278.

Quirk, R., et al. 1972. *A Grammar of Contemporary English.* London: Longman.

Recanati, F. 1987. *Meaning and Force: The Pragmatics of Performative Utterances.* Cambridge: Cambridge University Press.

Recanati, F. 1993. *Direct Reference: From Language to Thought.* Oxford: Blackwell.

Recanati, F. 1998. Pragmatics. In E. Craig(ed.). *Routledge Encyclopaedia of Philosophy.* London: Routledge. 620–633.

Recanati, F. 2001a. Open quotation. *Mind* 110, 637–687.

Recanati, F. 2001b. What is said. *Synthese* 128, 75–91.

Recanati, F. 2002. Unarticulated constituents. *Linguistics and Philosophy* 25, 299–345.

Recanati, F. 2003. What is said and the semantics/pragmatics distinction. In C. Bianchi and C. Penco(eds). *The Semantics/Pragmatics Distinction: Proceedings from WOC 2002.* Stanford, CA: CSLI Publications.

Rieber, S. 1997. Conventional implicatures as tacit performatives. *Linguistics and Philosophy* 20, 51–72.

Rouchota, V. 1990. 'But': contradiction and relevance. *UCL Working Papers in Linguistics* 2, 65–81.

Rouchota, V. 1998a. Procedural meaning and parenthetical discourse markers. In Jucker and Ziv(1998). 97–126.

Rouchota, V. 1998b. Connectives, coherence and relevance. In Rouchota and Jucker(1998). 11–57.

Rouchota, V., and A. H. Jucker(eds). 1998. *Current Issues in Relevance Theory.* Amsterdam: John Benjamins.

Rudolph, E. 1996. *Contrast: Adversative and Concessive Expressions on Sentence and Text Level.* Berlin: Walter de Gruyter.

Searle, J. R. 1965/1996. What is a speech act? In M. Black(ed.). *Philosophy in America.* Ithaca, NY: Cornell University Press. 221–239. Reprinted in H. Geirsson and M. Losonski(eds). 1996. *Readings Language and Mind.* Oxford: Blackwell. 110–121.

Searle, J. R. 1968/1973. Austin on locutionary and illocutionary acts. *Philosophical Review* 77, 405–424. Reprinted in Berlin et al.(1973). 141–159.

Searle, J. R. 1969. *Speech Acts: An Essay in the Philosophy of Language.* Cambridge: Cambridge University Press.(坂本百大、土屋俊訳『言語行為—言語哲学への試論』東京：勁草書房 1986)

Searle, J. R. 1979. *Expression and Meaning: Studies in the Theory of Speech Acts.* Cambridge: Cambridge University Press.(山田友幸訳『表現と意味—言語行為論研究』東京：誠信書房 2006)

Sidiropoulou, M. 1992. On the connective *although. Journal of Pragmatics* 17, 201–221.

Sperber, D. 1994a. Understanding verbal understanding. In J. Khalfa(ed.) *What Is Intelligence?* Cambridge: Cambridge University Press. 179–198.(今井邦彦訳「ことばの理解を理解する」『知のしくみ：その多様性とダイナミズム』東京：新曜社 1997, 263–294)

Sperber, D. 1994b. The modularity of thought and the epidemiology of representations. In L. Hirschfeld and S. Gelman(eds). *Mapping the Mind: Domain Specificity in Cognition and Culture.* Cambridge: Cambridge University Press. 39–67.

Sperber, D., and D. Wilson. 1978. Les ironies comme mentions. *Poétique* 36, 399–412.

Sperber, D., and D. Wilson. 1981. Irony and the use-mention distinction. In P. Cole(ed.). *Radical Pragmatics.* New York: Academic Press. 295–318.

Sperber, D., and D. Wilson. 1986. *Relevance: Communication and Cognition.* Oxford: Blackwell.(内田聖二、中逵俊明、宋南先、田中圭子訳『関連性理論—伝達と認知』東京：研究社出版 1993)

Sperber, D., and D. Wilson. 1995. Postface. In D. Sperber and D. Wilson. *Relevance: Communication and Cognition.* 2nd edn. Oxford: Blackwell. 255–279.(内田聖二、中逵俊明、宋南先、田中圭子訳『関連性理論—伝達と認知　第 2 版』東京：研究社出版 1999)

Sperber, D., and D. Wilson. 1998. The mapping between the mental and the public lexicon. In P. Carruthers and J. Boucher(eds). *Thought and Language.* Cambridge: Cambridge

University Press. 184–200.

Stalnaker, R. 1974. Pragmatic presuppositions. In M. Munitz and P. Unger(eds). *Semantics and Philosophy*. New York: New York University Press. 197–214. Reprinted in Davis (1991). 471–481.

Stanley, J. 2000. Context and logical form. *Linguistics and Philosophy* 23, 391–434.

Stechow, A. von, and D. Wunderlich(eds). 1991. *Semantik/Semantics. Ein internationales Handbuch der zeitgenössischen Forschung/An International Handbook of Contemporary Research*. Berlin and New York: Walter de Gruyter.

Strawson, P. F. 1971. *Logico-Linguistic Papers*. London: Methuen.

Strawson, P. F. 1973. Austin and 'locutionary meaning'. In Berlin et al.(1973). 46–68.

Sweetser, E. E. 1990. *From Etymology to Pragmatics: Metaphorical and Cultural Aspects of Semantic Structure*. Cambridge: Cambridge University Press.(澤田治美訳『認知意味論の展開―語源学から語用論まで』東京：研究社出版 2000)

Takeuchi, M. 1997. Cause-consequence conjunctive particles in Japanese. *UCL Working Papers in Linguistics* 9. 127–148. Reprinted in Rouchota and Jucker(1998). 81–103. (日本語版　武内道子『手続き的意味論―談話連結語の意味論と語用論』東京：ひつじ書房 2015, 217–238)

Tarski, A. 1944. The semantic conception of truth and the foundation of semantics. *Philosophy and Phenomenological Research* 4, 341–75. Reprinted in Geirsson and Losonsky(1996). 36–64.

Traugott, E. C., et al.(eds). 1986. *On Conditionals*. Cambridge: Cambridge University Press.

Traugott, E. C., and R. B. Dasher. 2001. *Regularity in Semantic Change*. Cambridge: Cambridge University Press.

Urmson, J. 1963. Parenthetical verbs. In C. Caton(ed.). *Philosophy and Ordinary Language*. Urbana: University of Illinois Press. 220–240.

Van der Auwera, J. 1986. Conditionals and speech acts. In Traugott, et al.(1986). 197–214.

Van der Sandt, R. A. 1988. *Context and Presupposition*. London: Croom Helm.

Veltman, F. 1986. Data semantics and the pragmatics of indicative conditionals. In Traugott, et al.(1986). 147–168.

Wharton, T. 2000. Interjections, language and the 'showing'/'saying' continuum. *UCL Working Papers in Linguistics* 12, 173–213.

Wharton, T. 2003a. Natural pragmatics and natural codes. *Mind and Language* 18, 447–477.

Wharton, T. 2003b. *Pragmatics and the Showing/Saying Distinction*. University of London PhD thesis.

Wilson, D. 1975. *Presuppositions and Non-Truth-Conditional Semantics*. New York and

London: Academic Press.

Wilson, D. unpublished a. Varieties of non-truth-conditional meaning.

Wilson, D. unpublished b. Semantic theory lecture notes. UCL 1998–99.

Wilson, D., and D. Sperber. 1988a. Mood and the analysis of non-declarative sentences. In J. Dancy, J. Moravcsik and C. Taylor (eds). *Human Agency: Language, Duty and Value.* Stanford, CA: Stanford University Press. 77–101.

Wilson, D., and D. Sperber. 1988b. Representation and relevance. In Kempson (1988). 133–153.

Wilson, D., and D. Sperber. 1992. On verbal irony. *Lingua* 87–1/2, 53–76.

Wilson, D., and D. Sperber. 1993. Linguistic form and relevance. *Lingua* 90, 1–25.

Wilson, D., and D. Sperber. 1998. Pragmatics and time. In. R. Carston and S. Uchida (eds). *Relevance Theory: Applications and Implications.* Amsterdam: John Benjamins. 1–22.

Wilson, D., and D. Sperber. 2002. Truthfulness and relevance. *Mind* 111, 583–632.

Winter, Y., and M. Rimon 1994. Contrast and implication in natural language. *Journal of Semantics* 11, 365–406.

英日対照表

aboutness　アバウト性

accessibility　よび出し可能性

and-conjunction　and による連言

Argumentation Theory　論証理論

assertion　断言

assertoric sentence　実然文(論理学)

assumption　想定

assumption schema　想定スキーマ

attitudinal adverbial　態度副詞

attitudinal particle　態度不変化詞

attributive use　帰属的使用

Availability Principle　利用可能性原理

backwards inference　逆行推論

basic explicature　基礎表意

benevolence　好み

broadening　拡張

character(↔ content)　意味特性(カプランの用語)

coding(encoding)　コード化

cognitive effect　認知効果

Cognitive Principle of Relevance　関連性の認知原理

coherence　一貫性

communicative assumption　伝達想定

communicative intention　伝達意図

Communicative Principle of Relevance　関連性の伝達原理

compositionality　合成性

computation(↔ representation)　計算

conceptual representation　概念表示

conjunct　連言肢

conjunction　連言(文)・連辞

concessivity　譲歩性

conditional　条件文

connective　連結語

content(↔ character)　内容(カプランの用語)

context　コンテクスト

context-dependent expression　文脈依存表現

contextual implication　文脈含意

conventional implicature　慣習的推意

conversational implicature　会話的推意

coordination　等位

covert(↔ overt)　非顕示的(な)

decoding(↔ coding, encoding)　コード解読

declarative utterance　平叙文発話

definite description　確定記述

demonstrative　指示詞

descriptive(↔ interpretive)　記述的

dictive　言表的な

dictiveness　言表性

disambiguity　あいまい性の除去

discourse connective/marker　談話連結語・談話標識

Discourse Representation Theory　談話表示理論

dissociative　距離をおいた

duality　二元性

echoic use　エコー的使用

enrichment　(意味)拡充

entailment　意味論的含意

existential quantification　存在量化

expectation of relevance　関連性の期待

explicature　表意

explicit(↔ implicit)　明示的(な)

expressive content　表現内容(カプランの

用語）

expressive correctness　表現的正確性（カプランの用語）

felicity conditions　適切性条件

focus particle　焦点化詞

force　発話の力（フレーゲの用語）

hidden indexical　隠された指標辞

higher-level explicature　高次表意

host utterance　主発話

illocutionary act　発語内行為

illocutionary adverbial　発語内的副詞

illocutionary force　発語内効力

illocutionary particle　発語内的不変化詞

implicated conclusion　推意結論

implicated premise　推意前提

implicature　推意

implicit(↔ explicit)　非明示的（な）

indexical　指標辞

indexicality　指標性

inference　推論

informative intention　情報意図

interpretive(↔ descriptive)　解釈的

intuition　直感

irony　アイロニー

language of thought　思考言語

lexical entry　語彙項目

linguistic device　言語的手立て

linguistic underdeterminacy　言語的意味決定不十分性

literal meaning　字義的意味

locutionary act　発語行為

logical form　論理形式

manifestness　顕在性

manner adverbial　様態副詞

maxim　格率

Mentalese　心的言語

metaphor　メタファー

Modified Occam's Razor(MOR)　修正版オッカムのかみそり

module　モジュール

mood　法性

mood indicator　法標識

mutual manifestness　相互顕在性

natural meaning　自然的意味

neighbour sentence　近隣文

non-demonstrative inference　非検証的推論

non-natural meaning　非自然的意味

non-truth-conditional　非真理条件的

operator　演算子

optimal relevance　最適関連性

ostensive communication　意図明示的伝達

overt(↔ covert)　顕示的（な）

particle　不変化詞

perlocutionary act　発語媒介行為

phatic act　用語的行為（オースティンの用語）

phonetic act　音声的行為（オースティンの用語）

presupposition　前提

procedural　手続き的

processing effort　処理労力

proposition　命題

proposition expressed　表出命題

propositional attitude　命題態度

propositional content　命題内容

quantifier　量化子

reference　指示（フレーゲの用語）

reference assignment　指示付与

relevance-theoretic comprehension strategy　関連性理論による解釈ストラテジー

representation(↔ computation)　表示

rhetic act　意味的行為（オースティンの用語）

saturation　飽和

semantic innocence　意味論的無垢

英日対照表　293

sense　意義（フレーゲの用語）
speech act　発話行為
strengthening　強化
sub-propositional　命題断片的
thought　思考
timeless meaning　無時間的意味
tone　トーン（フレーゲの用語）
truth　真性
truth-conditional　真理条件的
truth-evaluable　真理判断可能な
truth property　真特性
T-sentence　T-文
unarticulated　（言語的に）発現されてい
　　　ない
underdeterminacy　決定不十分性
universal quantification　全称量化
universal quantifier　全称量化子
vagueness　漠然性
what is implicated　推意されていること
what is said　言われていること

事項索引

あ行

あいまい性　87, 133–140
IQ テスト　61, 271(注 22)
アバウト性　6, 16, 94
意義　5, 33
意識へのよび出し可能性　81
1 階の発話行為 対 高次の発話行為　60
意図的指標辞　8
意図明示的伝達　69–74
意味的行為　48
意味特性　38–39, 42
意味の意味論 対 使用の意味論　40
意味の手続き化　107
(言語的)意味論　3, 4, 263(注 3)
意味論的意味　3
意味論的前提　43
意味論的無垢　4, 17, 259–260
言われていること　53, 56–59, 265(注 26)
エコー的使用　130
音声的行為　48

か行

解釈的命題態度　103
概念的意味 対 手続き的意味　81–85, 144–145, 190–192, 259
概念の合成性　81–85, 274(注 19)
概念的情報　76, 78
概念のコード化 対 手続きのコード化　77–81

概念表示　77
隠された指標辞　88
確定記述　18, 264(注 19)
可能世界　5
慣習的推意　58, 141, 239
間投詞　21
関連性の伝達原理　74
関連性の認知原理　67–69
関連性理論　16, 29, 67–76, 247
関連性理論における真理条件　94–99
関連性理論による解釈ストラテジー　74, 249, 262
記述的正確性　40
記述的命題態度　103
記述内容　40
基礎表意　93
逆接関係　119, 173–174
強化(認知効果も参照)　68
グライスの精神　156–157, 276(注 12)
計算　75, 77
形式性　59
言語獲得　80
言語的意味決定不十分性　6, 27, 32, 43, 75, 87
言語と世界の関係　5
言語表現の意味　16
言語モジュール　77, 78
顕在性　248
顕在的(な)想定　157–159
顕示的伝達　69–74

言表性 59

高次の発話行為 60

高次表意 89–90, 194

合成性 4–5, 16–17, 211–212, 259–260, 276（注 3）

コード解読 77

こころの計算的表示理論 76

こころのモジュール性 269（注 7）

固有名詞 18, 33, 275（注 10）

語用論 69, 247, 263（注 3）

語用論的意味 2–3

語用論的蓋然性尺度 240

語用論的含意尺度 248

語用論的前提 23, 44–46

語用論的連結語 26–27

コンテクスト（への制約） 3, 7, 38, 46

コントラスト 141–144

さ行

最小意味論 10

思考 33, 265（注 2）

思考言語 76

指示 33

指示詞 7, 9, 17–18

指示付与 8, 17

自然記号（対 言語記号） 107

自然的意味（対 非自然的意味） 55, 69

失語症 80, 81, 271（注 24）

質問（疑問文） 19, 34, 54, 264（注 21）, 265（注 5）

自動的指標辞 8

指標辞 16, 17–18, 37, 65, 77, 100–102

指標性 7

修正版オッカムのかみそり 133

従属節 175, 192–193

純粋指標辞 7, 264（注 13）, 266（注 9）

条件文 210–212, 216–217

条件文による真理条件 12

焦点 25–26, 113, 211, 271（注 25）, 276（注 4）

焦点化詞 25–26, 112–114

情報意図 71

情報性尺度 244

譲歩関係 116, 173, 256–257, 271–272（注 3）

譲歩性 115–117, 256–258

譲歩的条件文 209–212

処理労力 74

真性 1, 5, 41

心的言語 76

「真プラス」 41

真理条件 1–17, 18, 19, 33, 94–98, 260

真理条件的意味（対 非真理条件的意味） 3, 28–29, 259, 263（注 2）

真理条件的意味論 1–17, 260

真理条件的内容 7, 9

真理条件の文脈依存性 27

真理判断可能性 82–83

推意 23, 89–90, 92–94, 261–262

推論 80, 261–262

スコープテスト 95–98, 270（注 19）

生産性 4, 76

絶対的関連性 67–69

狭いコンテクスト 8

前提 23, 25, 42–47, 62

前提的表現 22–25, 109–111

相互顕在性 73, 157

相対的関連性 69

事項索引　297

た行

体系性　4, 76
態度副詞　19–20, 105–107
態度不変化詞　21
多義　133, 272–273（注 11）
談話連結語　26–27
中心的発話行為　58
チョムスキー派の言語学者　6
適切性条件　212, 229, 231–232
手続き的意味　80, 144–145, 261–262
手続き的情報　76, 78
伝達意図　72
伝達（される／された）想定　89–91,
　　157–158
等位　174–175, 192–193
同音異義語　133
トーン　32, 35–37

な行

内容　38, 41–42, 51
二元性　184–186
認知科学　81
認知過程　76
認知効果（強化、文脈含意、矛盾と削除
　　も参照）　68, 79–80
認知的意味　259

は行

（言語的に）発現されていない構成素　9
発語行為　48
発語内行為　49
発語内効力　34, 49
発語内的副詞　20, 105–106
発語内的不変化詞　21–22
発語媒介行為　48, 49

発話　9
発話解釈　79, 261–262
発話行為　19, 102
発話行為理論　47–66
発話の力　32, 34, 51
反論的否定　129
非顕示的伝達　72
非検証的推論　73
非自然的意味　55, 69
「非真理条件的」意味　2–3, 16–29, 263
　　（注 2）
非真理条件的表現　2, 27–29
非中心的発話行為　59
非平叙文　21, 49, 65, 88
非明示的伝達　86–94
表意　89–90, 91–94, 195, 261–262
表意 対 推意　91–94
表意 対 表出命題　90
表現的正確性　40
表現内容　40
表示　76
表出命題　17, 63, 89–90, 97–98, 192–198
広いコンテクスト（狭いコンテクストも
　　参照）　8
フォーダー流の概念　76
フレーゲ流の概念　33, 265（注 3）
文脈依存表現　7, 16–17
文脈含意（認知効果も参照）　68–69
文脈上のパラメーター　8
法標識　18–19, 99, 102–105

ま行

無時間的意味　55
矛盾と削除（認知効果も参照）　68, 154
明示的・非明示的区別　86–89, 92–93,

93–94

明示的伝達（表意も参照）　86–94

命題　5, 6, 7, 263（注 9）, 264（注 10）

命題行為　51

命題態度　103

命題内容　22

メタ言語否定　123, 129–130, 272（注 10）

や行

用語的行為　48

様態副詞　20

よび出し可能な想定　160

ら行

量化子　33

利用可能性原理　95, 270（注 19）

連結語　33

論証理論　15, 132

論理形式　77, 89, 192–193, 193–196, 262

論理演算子　262

語彙索引

although 26, 61, 173–182, 256–258
  although 対 *but* 173–178, 204–207
  although のコード化された手続き
    198, 261
  関連性理論による *although* の分析
    198–204
  談話の *although* 275（注 5）
  談話冒頭の *although* 176–178, 205–
    206
  発話冒頭の *although* 162, 205–207
and 192–193
but 26–27, 56–57, 61–62, 79, 256–258
  but 対 *although* 173–178, 204–207
  but のあいまい性分析 127–140
  but のコード化された手続き 161,
    261
  間接否認 *but* 119–120, 162, 173–174
  関連性理論による *but* の分析
    153–172
  期待否認 *but* 118–120, 131–132,
    151–153, 153–155
  コントラスト *but* 120–122, 151–152,
    153–157, 163
  スペイン語の *pero* と *sino* 123–124,
    127
  談話 *but* 124–125
  談話冒頭 *but* 124–126, 154–155
  直接否認 *but* 118–120, 161–163, 174
  訂正 *but* 123, 127–131, 152, 159,
    163–164

  ドイツ語の *aber* と *sondern* 122–124,
    128
  取り消しの *but* 145–151
  発話冒頭 *but* 124–126
  ヘブライ語の *aval* と *ela* 146–149
even 25–26
  even のコード化された手続き 248,
    261
  even の尺度的分析 215–216, 240–247,
    253–254
  even の全称的分析 216–231
  even の存在的分析 215–216, 231–237
  関連性理論による *even* の分析
    248–256
  比較級の強意語 219–220
even if 256–258
  even if 対 *even though* 276（注 5）
even though 271（注 2）, 275（注 4）
here 7–8
I 7–8
nevertheless 79
now 7–8

人名索引

Abraham, W.	121, 124, 133
Anscombre, J. -C.	15, 127–132, 133–136, 263（注 1, 注 6）, 268（注 29）, 276（注 7）, 277（注 12）
Austin, J. L.	31, 47–53
Bach, K.	6, 14, 31, 53, 61–66, 97–98, 101, 142, 265（注 26）, 271（注 22）, 271（注 1）
Barker, S.	227–231, 238, 239–240
Barwise, J.	4
Bell, D. M.	124–125, 149–151
Bennett, J.	212–216, 225–226, 227–228, 237–238
Blakemore, D.	26, 64, 78-79, 85, 121, 133, 142, 144, 153–157, 165, 166–167, 265（注 27）, 267（注 24）, 269（注 9）, 272（注 7）, 274（注 24）
Blutner, R.	84
Borg, E.	10, 263（注 8）
Burge, T.	12
Burton-Roberts, N.	44
Cappelen, H.	8–10, 263（注 8）
Carston, R.	6, 9, 11, 14, 64, 86, 88, 129–130, 195–196, 263（注 3）, 264（注 10）, 272（注 10）
Clark, W.	105
Dascal, M.	145–151
Dasher, R. B.	107
Davidson, D.	4
Delgado Lavin, E.	277（注 18）
Dowty, D. R.	5
Ducrot, O.	15, 127–132, 133–136, 263（注 1, 注 6）, 268（注 29）, 277（注 12）
Dummett, M.	32, 36–37
Fauconnier, G.	240–244, 253–254
Fodor, J.	76, 269（注 7）
Foolen, A.	121–122, 151–153, 272（注 7）

人名索引　301

Francescotti, R. M.	231–237
Fraser, B.	141, 175
Frege, G.	5, 31–38, 263（注 5）, 264（注 18）
Green, G.	175
Grice, H. P.	31, 54–61, 69–70, 133, 140–141, 264（注 18）
Gross, S.	264（注 14）
Grote, B.	124
Hall, A.	64, 160, 167–171, 174, 198, 274（注 1）
Harnish, R. M.	31, 53
Hermodsson, L.	185
Higginbotham, J.	12–14
Horn, L.	129, 134
Ifantidou, E.	96, 98, 105, 264（注 22）
Iten, C.	15, 81, 131, 159–161, 165, 187, 198, 263（注 1）, 268（注 29）
Jary, M.	105
Kaplan, D.	7, 18, 31, 38–42
Katriel, T.	145–151
Katz, J.	16
Kay, P.	244–247, 254
König, E.	116, 119, 132, 173–174, 184–190, 209–210, 277（注 15）
Lahav, R.	84
Lakoff, G.	118, 133
Lakoff, R.	118, 120, 133, 206
Lenke, N.	124
Lepore, E.	8–10, 263（注 8）
Levinson, S.	111
Löbner, S.	184
Lycan, W.	216–227, 237–238, 265（注 29）, 267（注 21）, 268（注 4）
Mann, W. C.	272（注 4）
Miller, A.	33–34, 265（注 2, 注 3）
Neale, S.	58, 97–98, 267（注 27）, 267–268（注 28）, 273（注 18）
Papafragou, A.	272–273（注 11）
Perry, J.	4, 8, 9, 37
Peters, S.	5
Pollock, J.	211

Powell, G.	263(注4), 264(注16, 注19), 275(注10), 278(注1)
Quirk, R.	115
Recanati, F.	6, 14, 18, 46–47, 53–54, 88, 95, 132, 266(注17), 267(注18), 269 (注10), 275(注10)
Rieber, S.	142, 157, 267(注24)
Rimon, M.	121–122, 132, 182–184
Rouchota, V.	81, 84, 205, 275(注3)
Rudolph, E.	141
Searle, J. R.	31, 47, 50–51, 268–269(注4)
Sidiropoulou, M.	183–184
Sperber, D.	16, 53, 68, 69, 72, 73, 74, 81, 88, 99, 102–105, 130, 157, 248, 269 (注5, 注6, 注7)
Stalnaker, R.	23, 44–46, 266(注13)
Stanley, J.	88
Stede, M.	124
Strawson, P. F.	1, 2, 51–53
Sweetser, E. E.	178–182
Takeuchi, M.	81
Tarski, A.	4
Thompson, S. A.	272(注4)
Traugott, E. C.	107
Urmson, J.	265(注29)
Wall, R. E.	5
Wharton, T.	107, 265(注23), 269(注4)
Wilson, D.	16, 43, 53, 68, 69, 72, 73, 74, 81, 88, 99, 102–105, 130, 157, 248, 264(注18), 266(注15), 269(注6)
Winter, Y.	121–122, 132, 182–184

著者紹介

Corinne Beatrice Iten (コリン　イテン)

スイス生まれ。1994 年 9 月 UCL 言語学科入学、1996 年 BA 取得、さらに博士課程へ進み、2000 年 PhD 取得。2004 年 College of Law(現在は University of Law)で法学への転向を図り、2006 年 Bar Vocational Course (BVC) を終える。以後、Pump Court Chambers で法廷弁護士 (Barrister) の見習い期間を経て、2007 年正式に法廷弁護士の資格を得る。家族法、とりわけ児童保護法をもっぱら手掛けている。

主な著書・論文

- *'Non-Truth-Conditional' Meaning, Relevance and Concessives.* 2000 年　University College London 言語学科への博士論文
- *Even* and *even if*: the case for an inferential scalar account. 2002 年　*UCL Working Papers in Linguistics* 14.

訳者紹介

武内道子 (たけうち みちこ)

ソウル生まれ。1968 年国際基督教大学大学院教育学教育方法論(英語教育法)修士課程修了。1972 年インディアナ大学大学院言語学科修士課程修了。博士課程へ許可される。埼玉工業大学助教授、神奈川大学短期大学部教授を経て、2000 年神奈川大学外国語学部教授。2010 年定年退職。現在神奈川大学名誉教授。

主な著書・論文

・『手続き的意味論―談話連結語の意味論と語用論』2015 年　ひつじ書房
・『発話と文のモダリティ―対照研究の視点から』(編著)2011 年　ひつじ書房

黒川尚彦 (くろかわ なおひこ)

京都生まれ。1997 年大阪教育大学大学院教育学研究科修士課程(英語学)修了。2010 年大阪大学大学院文学研究科博士後期課程単位取得満期退学。2013 年博士(文学)を取得。大阪工業大学情報科学部特任講師を経て、2016 年同大学専任講師。

主な著書・論文

・*Oppositeness and Relevance.* 2013 年　大阪大学への博士論文
・Semantic Requirements for *on the contrary.* 2012 年　*Memoirs of Osaka Institute of Technology*(大阪工業大学紀要)

山田大介 (やまだ だいすけ)

神奈川県小田原生まれ。2003 年神奈川大学大学院外国語学研究科英語英文学専攻博士前期課程修了。2007 年リーズ大学大学院言語音声学科修士課程修了。2009 年神奈川大学大学院外国語学研究科英語英文学専攻博士後期課程単位取得満期退学。2013 年大月市立大月短期大学准教授を経て、現在同大学教授。

主な著書・論文

・「つなぎ言葉 Filler と関連性―you see と you know の議論から」2013 年　神奈川大学言語研究 第 35 号
・*English filler* you know: *an approach from relevance-theoretic account.* 2007 年　Leeds 大学への修士論文

言　語　学　翻　訳　叢　書　第　19　巻

認知語用論の意味論
—真理条件的意味論を越えて—

発行	2018 年 5 月 28 日　初版 1 刷
定価	3800 円＋税
著者	コリン・イテン
訳者	武内道子、黒川尚彦、山田大介
発行者	松本功
装丁者	渡部文
印刷・製本所	三美印刷株式会社
発行所	株式会社 ひつじ書房

〒112-0011 東京都文京区千石 2-1-2　大和ビル 2 階

Tel.03-5319-4916　Fax.03-5319-4917

郵便振替 00120-8-142852

toiawase@hituzi.co.jp

http://www.hituzi.co.jp/

造本には充分注意しておりますが、落丁・乱丁などがございましたら、
小社かお買上げ書店にておとりかえいたします。ご意見、ご感想など、
小社までお寄せ下されば幸いです。

ISBN978-4-89476-894-9

[刊行書籍のご案内]

手続き的意味論　談話連結語の意味論と語用論

武内道子著　　定価 7,800 円＋税

関連性理論は、語用論を解釈の学ではなく、認知科学として位置づけた。本書は、この認知語用論の枠組みによって、言語表現には、発話の命題内容に寄与するのでなく、解釈の方向を聞き手に指示する意味に特化しているものがあることを示し、新しい意味論を提示する。日本語の談話連結語に例を求め、発話の命題内容ではなく、その解釈過程にいかなる制約を課すかという意味を論証している。著者の 20 年におよぶ研究の集大成である。